全国高等教育自学考试指定教材
电子商务专业（专科）

市场营销

（含：市场营销自学考试大纲）
（2018 年版）

全国高等教育自学考试指导委员会　组编
主　编　　汪旭晖
副主编　　张其林　郭一凡

中国人民大学出版社
·北京·

图书在版编目（CIP）数据

市场营销/汪旭晖主编. —北京：中国人民大学出版社，2018.4
全国高等教育自学考试指定教材
ISBN 978-7-300-25654-2

Ⅰ.①市… Ⅱ.①汪… Ⅲ.①市场营销学-高等教育-自学考试-教材 Ⅳ.①F713.50

中国版本图书馆 CIP 数据核字（2018）第 059077 号

全国高等教育自学考试指定教材
电子商务专业（专科）
市场营销
（含：市场营销自学考试大纲）
（2018 年版）
全国高等教育自学考试指导委员会　组编
主　编　汪旭晖
副主编　张其林　郭一凡
Shichang Yingxiao

出版发行	中国人民大学出版社		
社　　址	北京中关村大街 31 号	**邮政编码**	100080
电　　话	010－62511242（总编室）		
网　　址	http://www.crup.com.cn http://www.ttrnet.com（人大教研网）		
印　　刷	北京市鑫霸印务有限公司		
规　　格	185 mm×260 mm　16 开本	**版　　次**	2018 年 4 月第 1 版
印　　张	19.25	**印　　次**	2022 年 8 月第 5 次印刷
字　　数	451 000	**定　　价**	48.00 元

官方淘宝店　网址：http://shop136348527.taobao.com

本书如有质量问题，请与教材供应部门联系。

组编前言

21 世纪是一个变幻莫测的世纪，是一个催人奋进的时代。科学技术飞速发展，知识更替日新月异。希望、困惑、机遇、挑战，随时随地都有可能出现在每一个社会成员的生活之中。抓住机遇，寻求发展，迎接挑战，适应变化的制胜法宝就是学习——依靠自己学习、终身学习。

作为中国高等教育组成部分的自学考试，其职责就是在高等教育这个水平上倡导自学、鼓励自学、帮助自学、推动自学，为每一个自学者铺就成才之路。组织编写供读者学习的教材是履行这个职责的重要环节。毫无疑问，这种教材应当适合自学，应当有利于学习者掌握和了解新知识、新信息，有利于学习者增强创新意识，培养实践能力，形成自学能力，也有利于学习者学以致用，解决实际工作中所遇到的问题。具有如此特点的书，我们虽然沿用了“教材”这个概念，但它与那种仅供教师讲、学生听，教师不讲、学生不懂，以“教”为中心的教科书相比，已经在内容安排、编写体例、行文风格等方面都大不相同了。希望读者对此有所了解，以便从一开始就树立起依靠自己学习的坚定信念，不断探索适合自己的学习方法，充分利用自己已有的知识基础和实际工作经验，最大限度地发挥自己的潜能，达到学习的目标。

欢迎读者提出意见和建议。

祝每一位读者自学成功。

全国高等教育自学考试指导委员会

2017 年 1 月

目　录

市场营销自学考试大纲

市场营销

市场营销

自学考试大纲

出版前言

为了适应社会主义现代化建设事业的需要，鼓励自学成才，我国在 20 世纪 80 年代初建立了高等教育自学考试制度。高等教育自学考试是个人自学、社会助学和国家考试相结合的一种高等教育形式。应考者通过规定的专业考试课程并经思想品德鉴定达到毕业要求的，可获得毕业证书；国家承认学历并按照规定享有与普通高等学校毕业生同等的有关待遇。经过 30 多年的发展，高等教育自学考试为国家培养造就了大批专门人才。

课程自学考试大纲是国家规范自学者学习范围、要求和考试标准的文件。它是按照专业考试计划的要求，具体指导个人自学、社会助学、国家考试、编写教材、编写自学辅导书的依据。

随着经济社会的快速发展，新的法律法规不断出台，科技成果不断涌现，原大纲中有些内容过时、知识陈旧。为更新教育观念，深化教学内容方式、考试制度、质量评价制度改革，使自学考试更好地提高人才培养的质量，各专业委员会按照专业考试计划的要求，对原课程自学考试大纲组织了修订或重编。

修订后的大纲，在层次上，本科参照一般普通高校本科水平，专科参照一般普通高校专科或高职院校的水平；在内容上，力图反映学科的发展变化，增补了自然科学和社会科学近年来研究的成果，对明显陈旧的内容进行了删减。

全国高等教育自学考试指导委员会经济管理类专业委员会组织制定了《市场营销（三）自学考试大纲》，经教育部批准，现颁发施行。各地教育部门、考试机构应认真贯彻执行。

全国高等教育自学考试指导委员会
经济管理类专业委员会
2018 年 1 月

Ⅰ　课程性质与课程目标

一、课程性质和特点

“市场营销（三）”课程是全国高等教育自学考试经济管理类电子商务专业的专业必修课程，是学生职业能力提高和拓展所必须的学习领域课程。

市场营销学是一门理论研究与实践应用并重的学科，是建立在经济科学、行为科学和现代管理理论之上的应用科学。本课程是为培养和检验自学应考者掌握市场营销学的基本理论、基本知识、基本方法和基本技能而设置的。

通过本课程的学习，考生可以比较全面系统地掌握市场营销学的基本理论、基本知识和基本方法，认识在发展社会主义市场经济的过程中加强企业营销管理的重要性，了解分析市场营销环境、制定市场营销组合决策、组织和控制市场营销活动的基本程序和方法，学会用营销知识指导企业开展营销管理活动，培养识别、分析和解决营销问题的能力。

本课程力图描绘市场营销的核心理念与专业核心技能，并进行适当的营销技能、态度的训练，尤其是对管理人员的营销思维模式的形成起主要支撑作用。本课程对考生从事营销相关职业的能力培养和营销职业素质的养成起主要支撑或明显促进作用，在专业课程体系中发挥着重要的承前启后的作用。

二、课程目标

1. 正确理解市场营销的基本概念和基本原理，全面掌握现代市场营销观念的内容；
2. 理解影响消费者购买行为的主要因素，掌握消费者购买行为的整个决策过程；
3. 深刻理解市场细分的概念、依据、原则和方法；
4. 懂得如何进行目标市场选择，掌握目标市场策略和市场定位策略；
5. 深刻理解产品整体概念及层次构成，掌握产品组合策略、产品生命周期营销策略、品牌策略；
6. 理解营销定价目标，掌握定价方法和定价策略；
7. 理解影响分销渠道选择的因素和分销策略，掌握设计和管理分销渠道的方法；
8. 牢固树立以消费者需求为中心的市场营销观念，并以此观念为指导去研究和解决市场营销的理论和实际问题；
9. 立足本课程应用性的特点，紧密联系实际，学会分析案例，解决实际问题，把学科理论的学习融入对经济活动实践的研究和认识之中，切实提高分析问题，解决问题的能力。

三、与相关课程的联系与区别

市场营销学是以经济学、管理学等为基础建立的一门独立学科，它是工商管理类各专业的专业基础课，以它为基础派生的专业课主要有“市场调查与预测”“广告概论”“贸易实务”“消费心理学”“消费者行为学”“推销策略与艺术”“公共关系学”“服务营销”“商务谈判”“国际市场营销学”等。

四、课程的重点和难点

本课程的重点和难点在后文的“课程内容与考核要求”中有详细介绍，请社会助学单位及自学考生准确把握。

Ⅱ　考核目标

识记（Ⅰ）：要求考生能够识别和记忆本课程中有关市场营销概念及市场营销原理的主要内容，并能够根据考核的不同要求，做正确的表述、选择和判断。

领会（Ⅱ）：要求考生能够领悟和理解本课程中有关市场营销概念及原理的内涵及外延，理解相关市场营销知识的区别和联系，并能根据考核的不同要求对市场营销问题进行逻辑推理和论证，做出正确的判断、解释和说明。

简单应用（Ⅲ）：要求考生能够在识记和领会的基础上，能运用一两个基本概念、基本原理解决简单的理论联系实际的问题，得出正确的结论或做出正确的判断。

综合应用（Ⅳ）：要求考生能够在简单应用的基础上，能运用跨章节的多个知识点，综合分析和解决复杂的现实问题，为市场营销活动提出对策建议。

Ⅲ　课程内容与考核要求

第一章　市场营销导论

一、学习目的与要求

1. 重点理解市场、市场营销的内涵和市场营销的核心概念；
2. 深刻理解市场营销观念、市场营销组合策略；
3. 理解市场营销管理的实质和任务、市场营销学的性质及研究方法。

二、课程内容

第一节　市场营销基本概念
（一）市场
（二）市场营销
（三）市场营销的核心概念
第二节　市场营销管理概述
（一）市场营销管理的实质
（二）市场营销管理的任务
（三）市场营销管理的过程
（四）市场营销组合策略
第三节　市场营销观念
（一）市场营销观念的历史变革
（二）市场营销观念的新发展
第四节　市场营销学概述
（一）市场营销学的概念、作用和特点
（二）市场营销学的性质
（三）市场营销学的研究对象和核心思想
（四）市场营销学的研究方法

三、考核知识点与考核要求

（一）市场营销基本概念
1. 识记：（1）市场的概念；（2）市场的功能。

2. 领会：(1) 市场营销的含义；(2) 市场营销的作用。
(二) 市场营销管理概述
1. 识记：(1) 市场营销管理的实质；(2) 市场营销管理的任务。
2. 领会：(1) 市场需求状态；(2) 市场营销管理的过程。
3. 简单应用：市场营销组合策略。
(三) 市场营销观念
1. 识记：(1) 市场营销观念；(2) 市场营销观念的历史变革。
2. 领会：(1) 传统营销观念；(2) 现代市场营销观念。
3. 简单应用：五种营销观念的比较。
(四) 市场营销学概述
1. 识记：(1) 市场营销学的概念；(2) 市场营销学的作用；(3) 市场营销学的特点。
2. 领会：(1) 市场营销学的性质；(2) 市场营销学的研究对象。
3. 简单应用：市场营销学研究方法的选择。
4. 综合应用：现代市场营销的研究方法。

四、本章重点、难点

市场营销的含义，市场营销管理的任务，市场营销组合策略，市场营销观念及其演进，新旧市场营销观念的比较。

第二章　营销调研与市场需求预测

一、学习目的与要求

1. 理解市场营销信息系统的构成；
2. 理解市场营销调研的含义、特点、类型及程序；
3. 掌握市场调研的方法；
4. 懂得如何估算企业当前的市场需求；
5. 掌握市场需求预测的基本方法。

二、课程内容

第一节　市场营销信息系统
(一) 市场营销信息系统的基本概念
(二) 市场营销信息系统的构成
第二节　市场营销调研概述
(一) 市场营销调研的含义及特点
(二) 市场营销调研的类型
(三) 网络市场营销调研
(四) 市场营销调研的内容

（五）市场营销调研的程序
（六）调查问卷的设计
第三节　市场调研方法
（一）访问法
（二）观察法
（三）实验法
（四）网络市场调研方法
第四节　市场需求预测
（一）市场需求测量
（二）影响市场需求的因素
第五节　市场需求预测的方法
（一）定性预测法
（二）定量预测法

三、考核知识点与考核要求

（一）市场营销信息系统
1. 识记：市场营销信息系统的基本概念。
2. 领会：市场营销信息系统的构成。
（二）市场营销调研概述
1. 识记：（1）市场营销调研的含义；（2）市场营销调研的程序。
2. 领会：（1）描述性市场调研；（2）解释性市场调研；（3）预测性市场调研。
3. 简单应用：设计调查问卷。
4. 综合应用：网络市场营销调研。
（三）市场调研方法
1. 识记：（1）间接资料调研方法；（2）直接资料调研方法。
2. 领会：（1）面谈调查；（2）邮寄调查；（3）电话调查；（4）留置调查。
（四）市场需求预测
1. 识记：市场需求测量的内容。
2. 领会：影响市场需求的因素。
3. 简单应用：（1）测定市场需求量；（2）测定企业需求量。
4. 综合应用：（1）估算市场需求潜量；（2）估算企业需求潜量。
（五）市场需求预测的方法
1. 识记：（1）定性预测法的含义；（2）定量预测法的含义。
2. 领会：（1）定性预测法的类型；（2）定量预测法的类型。
3. 简单应用：（1）集合意见法；（2）时间序列分析法。
4. 综合应用：（1）专家意见法；（2）统计需求分析法。

四、本章重点、难点

市场营销信息系统的构成，市场营销调研的特点，宏观市场调研与微观市场调研，间接资料调研方法与直接资料调研方法。

第三章　市场营销环境分析

一、学习目的与要求

1. 掌握市场营销环境的概念和特征；
2. 掌握市场营销环境的构成要素；
3. 理解市场营销微观环境和宏观环境的内容以及对企业的影响；
4. 掌握 SWOT 分析法和企业面对市场营销环境变化时应采取的策略。

二、课程内容

第一节　市场营销环境概述
（一）市场营销环境的概念
（二）市场营销环境的特征
（三）市场营销与环境的关系
第二节　市场营销宏观环境
（一）人口环境
（二）经济环境
（三）自然和科学技术环境
（四）政治和法律环境
（五）社会和文化环境
第三节　市场营销微观环境
（一）外部微观环境
（二）内部微观环境
第四节　市场营销环境分析的方法
（一）营销环境的机会与威胁
（二）企业的优势和劣势
（三）SWOT 分析法

三、考核知识点与考核要求

（一）市场营销环境概述
1. 识记：市场营销环境的概念。
2. 领会：（1）市场营销环境的特征；（2）市场营销与环境的关系。
3. 简单应用：市场营销环境的构成要素。
（二）市场营销宏观环境
1. 识记：市场营销宏观环境的概念。
2. 领会：（1）人口环境；（2）经济环境；（3）自然和科学技术环境；（4）政治和法

律环境；(5) 社会和文化环境。

(三) 市场营销微观环境

1. 识记：市场营销微观环境的概念。

2. 领会：(1) 外部微观环境因素分析；(2) 内部微观环境因素分析。

(四) 市场营销环境分析的方法

1. 识记：(1) 营销环境的机会与威胁；(2) 企业的优势和劣势。

2. 领会：(1) 营销环境机会分析；(2) 营销环境威胁分析。

3. 简单应用：(1) 企业营销环境的机会分析；(2) 企业营销环境的威胁分析。

4. 综合应用：SWOT 分析法。

四、本章重点、难点

市场营销环境的概念与特征，市场营销与环境的关系，内部微观环境因素分析，外部微观环境因素分析，市场营销宏观环境因素分析，营销环境的机会与威胁，企业的优势和劣势。

第四章　市场与购买者行为分析

一、学习目的与要求

1. 了解市场的构成和类型；
2. 了解消费者和组织购买者购买行为的模式和类型；
3. 体会消费者和组织购买者购买行为的影响因素；
4. 掌握消费者和组织购买者购买行为的决策模式。

二、课程内容

第一节　市场的构成与类型

(一) 市场的构成

(二) 市场的类型

第二节　消费者购买行为分析

(一) 消费者购买行为模式

(二) 消费者购买的角色与行为类型

(三) 消费者购买行为的影响因素

(四) 消费者购买行为的决策模式

第三节　组织购买行为分析

(一) 组织购买行为模式

(二) 组织购买的角色与行为类型

(三) 组织购买行为的影响因素

(四) 组织购买行为的决策模式

三、考核知识点与考核要求

（一）市场的构成与类型
1. 识记：市场的构成要素。
2. 领会：组织市场的类型。
3. 简单应用：（1）分析消费者市场的特征；（2）分析组织市场的特征。
（二）消费者购买行为分析
1. 识记：（1）消费者购买的角色；（2）消费者购买行为的类型。
2. 领会：消费者购买行为模式。
3. 简单应用：判断消费者购买行为的影响因素。
4. 综合应用：分析消费者购买行为的决策模式。
（三）组织购买行为分析
1. 识记：（1）组织购买的角色；（2）组织购买行为的类型。
2. 领会：组织购买行为模式。
3. 简单应用：判断组织购买行为的影响因素。
4. 综合应用：分析组织购买行为的决策模式。

四、本章重点、难点

消费者购买行为模式，消费者购买行为的影响因素和决策模式，组织购买行为的影响因素和决策模式。

第五章　目标市场营销战略

一、学习目的与要求

1. 了解市场细分的含义及客观基础；
2. 理解市场细分的依据及原则；
3. 掌握如何评估细分市场，理解目标市场选择的模式和目标市场覆盖战略的种类；
4. 领会市场定位策略。

二、课程内容

第一节　市场细分
（一）市场细分的概念及作用
（二）市场细分的客观基础
（三）市场细分的依据
（四）市场细分的原则
（五）市场细分的方法
（六）市场细分的步骤

第二节　市场选择

（一）目标市场的定义

（二）评估细分市场

（三）目标市场选择的模式

（四）目标市场覆盖战略的种类

（五）选择目标市场覆盖战略的依据

第三节　市场定位

（一）市场定位的概念和有效条件

（二）市场定位的步骤

（三）市场定位的方法

（四）市场定位策略

三、考核知识点与考核要求

（一）市场细分

1. 识记：（1）市场细分的含义；（2）市场细分的原则。

2. 领会：（1）市场细分的作用；（2）市场细分的客观基础。

3. 简单应用：（1）进行消费者市场细分；（2）进行组织市场细分。

4. 综合应用：市场细分的方法及步骤。

（二）市场选择

1. 识记：（1）目标市场的定义；（2）目标市场覆盖战略的种类。

2. 领会：目标市场选择的模式。

3. 简单应用：评估细分市场。

4. 综合应用：选择目标市场覆盖战略的依据。

（三）市场定位

1. 识记：（1）市场定位的概念；（2）市场定位的方法。

2. 领会：市场定位的有效条件。

3. 简单应用：运用市场定位策略。

4. 综合应用：按步骤实施市场定位。

四、本章重点、难点

消费者市场细分的依据，目标市场选择的模式，目标市场覆盖战略的种类，市场定位的方法及策略。

第六章　产品策略

一、学习目的与要求

1. 理解产品整体概念；

2. 掌握产品组合策略；

3. 理解新产品的概念及新产品开发的程序；

4. 掌握产品生命周期各个阶段的特点及相应的营销策略。

二、课程内容

第一节　产品与产品组合

（一）产品整体概念

（二）产品分类

（三）产品组合

（四）产品组合的优化和调整

第二节　新产品开发策略

（一）新产品的概念

（二）新产品开发流程

（三）新产品的采用过程

第三节　产品生命周期策略

（一）产品生命周期的概念

（二）产品生命周期各阶段的特点

（三）产品生命周期各阶段的营销策略

三、考核知识点与考核要求

（一）产品与产品组合

1. 识记：(1) 产品及产品组合的概念；(2) 产品整体概念的五个层次；(3) 产品的分类。

2. 领会：产品组合的优化与调整。

（二）新产品开发策略

1. 识记：(1) 新产品的概念；(2) 新产品开发流程。

2. 领会：新产品的分类。

3. 简单应用：新产品的采用过程。

（三）产品生命周期策略

1. 识记：(1) 产品生命周期的概念；(2) 产品生命周期四阶段（导入期、成长期、成熟期、衰退期）。

2. 领会：产品生命周期各阶段的特点。

3. 简单应用：判断产品处于生命周期的哪一阶段。

4. 综合应用：产品生命周期各阶段的营销策略。

四、本章重点、难点

产品整体概念，产品组合的优化和调整，新产品开发流程及采用流程，产品生命周期各阶段的特点及相应的营销策略。

第七章　品牌策略

一、学习目的与要求

1. 了解品牌的概念、内涵及种类；
2. 熟悉品牌决策的基本流程和几种常用的品牌决策；
3. 掌握品牌管理的基本内容、组织形式以及品牌延伸。

二、课程内容

第一节　品牌概述
（一）品牌的概念与内涵
（二）品牌的种类
（三）品牌的作用
第二节　品牌决策
（一）品牌建立决策
（二）品牌使用者决策
（三）品牌名称决策
（四）品牌扩展决策
（五）品牌再定位决策
第三节　品牌管理
（一）品牌管理的基本内容
（二）品牌管理的组织形式
（三）品牌延伸

三、考核知识点与考核要求

（一）品牌的基本概念
1. 识记：品牌的定义。
2. 领会：品牌的内涵与品牌的核心价值。
3. 简单应用：品牌的作用。
4. 综合应用：品牌种类的划分。
（二）品牌决策
1. 识记：（1）品牌决策的基本流程；（2）品牌建立的作用。
2. 领会：（1）品牌建立决策；（2）品牌使用者决策；（3）品牌归属决策；（4）品牌扩展决策；（5）品牌再定位决策。
3. 简单应用：品牌扩展的对策分析。
4. 综合应用：品牌再定位决策的实施。

（三）品牌管理

1. 识记：(1) 品牌管理的内涵；(2) 品牌管理的基本内容；(3) 品牌管理的组织形式。
2. 领会：(1) 品牌延伸的概念；(2) 品牌延伸的作用。
3. 简单应用：品牌延伸的影响因素。
4. 综合应用：品牌延伸的实施。

四、本章重点、难点

重点：品牌种类的划分，品牌再定位决策，品牌延伸的策略；难点：品牌决策的基本流程，品牌名称决策，品牌延伸的影响因素。

第八章　价格策略

一、学习目的与要求

1. 理解影响企业定价决策的内外部因素；
2. 熟悉企业一般的定价目标和方法；
3. 掌握各种常用的定价策略；
4. 了解企业主动调价与被动调价。

二、课程内容

第一节　企业定价依据

（一）价格的内涵

（二）影响企业定价决策的因素

第二节　定价目标

（一）生存导向定价目标

（二）利润导向定价目标

（三）销售导向定价目标

（四）竞争导向定价目标

第三节　定价方法

（一）基于成本的定价方法

（二）基于需求的定价方法

（三）基于竞争的定价方法

第四节　定价策略

（一）新产品定价策略

（二）产品组合定价策略

（三）折扣定价策略

（四）差别定价策略

（五）心理定价策略

（六）促销定价策略
（七）地理定价策略
第五节　价格调整
（一）主动调价
（二）被动调价

三、考核知识点与考核要求

（一）企业定价依据
1. 识记：（1）影响定价决策的内部因素；（2）影响定价决策的外部因素。
2. 领会：内外部因素对企业产品定价决策的具体影响。
（二）定价目标
1. 识记：四种定价目标的含义（生存导向定价目标、利润导向定价目标、销售导向定价目标、竞争导向定价目标）。
2. 领会：（1）利润导向定价目标的具体形式；（2）竞争导向定价目标的具体形式。
3. 简单应用：不同导向定价目标的适用情境。
（三）定价方法
1. 识记：三种定价方法的含义（基于成本的定价方法、基于需求的定价方法、基于竞争的定价方法）。
2. 领会：（1）基于成本的定价方法的具体形式；（2）基于需求的定价方法的具体形式；（3）基于竞争的定价方法的具体形式。
3. 简单应用：总成本加成定价法、目标收益定价法、边际成本定价法、盈亏平衡定价法。
（四）定价策略
1. 识记：各种定价策略的含义。
2. 领会：（1）新产品定价策略的主要形式及优缺点；（2）产品组合定价策略的主要形式；（3）折扣定价策略的主要形式；（4）差别定价策略的主要形式；（5）心理定价策略的主要形式。
3. 综合应用：企业定价策略的选择。
（五）价格调整
1. 识记：企业主动调价的原因。
2. 领会：（1）企业主动调价引发的市场反应；（2）企业被动调价的反应过程及应对措施。

四、本章重点、难点

重点：影响定价决策的因素，定价目标和方法，定价策略；难点：定价方法与策略的具体应用。

第九章　渠道策略

一、学习目的与要求

1. 理解分销渠道的含义，了解分销渠道的功能、流程、模式和系统；

2. 掌握分销渠道策略选择的影响因素，掌握制造商对分销渠道成员和渠道冲突的管理；

3. 了解物流在产品实体分配过程中的作用，掌握物流策略；

4. 理解网络分销渠道的含义，掌握网络分销渠道的管理。

二、课程内容

第一节　分销渠道概述

（一）分销渠道的含义、功能和流程

（二）分销渠道的模式与系统

第二节　分销渠道决策与管理

（一）分销渠道决策

（二）分销渠道管理

第三节　物流策略

（一）物流的含义与目标

（二）物流策略

第四节　网络分销渠道策略

（一）网络分销渠道概述

（二）网络分销渠道管理

三、考核知识点与考核要求

（一）分销渠道概述

1. 识记：（1）分销渠道的含义；（2）中间商的经济效果。

2. 领会：（1）分销渠道的功能；（2）分销渠道的流程。

3. 简单应用：（1）选择分销渠道的模式；（2）建立分销渠道的系统。

（二）分销渠道决策与管理

1. 识记：分销渠道冲突的类型。

2. 领会：分销渠道的评估。

3. 简单应用：（1）分销渠道成员管理；（2）分销渠道冲突的解决。

4. 综合应用：分销渠道的设计。

（三）物流策略

1. 识记：（1）物流的含义；（2）物流的目标。

2. 领会：制订物流目标时考虑的因素。

3. 简单应用：选择物流策略。

（四）网络分销渠道策略

1. 识记：（1）网络分销渠道的含义；（2）电子商务的分类。

2. 领会：（1）网络分销渠道的结构；（2）网络分销渠道的特点；（3）网络分销渠道的设计。

3. 简单应用：设计网络分销渠道的形式。

4. 综合应用：进行网络分销渠道的管理。

四、本章重点、难点

分销渠道的含义，分销渠道的功能和流程，分销渠道的模式、分销渠道策略的选择模式分销渠道设计的过程，分销渠道成员的管理，渠道冲突的管理，物流的含义与目标，物流策略，网络分销渠道的管理。

第十章　整合营销传播策略

一、学习目的与要求

1. 了解和掌握整合营销传播的内涵、特征和开发流程，重点掌握整合营销传播决策的影响因素；

2. 了解和掌握广告策划和实施过程，掌握销售促进的方式和销售促进策略决策过程；

3. 了解和掌握直接营销策略的工具和人员推销的步骤。

二、课程内容

第一节　整合营销传播概述

（一）整合营销传播的内涵及特征

（二）整合营销中的4C观念

（三）整合营销传播的作用

（四）整合营销传播的开发流程

（五）影响整合营销传播决策的因素

第二节　大众传播策略

（一）广告策略

（二）销售促进策略

（三）公共关系策略

第三节　人员传播策略

（一）直接营销策略

（二）人员推销策略

三、考核知识点与考核要求

（一）整合营销传播概述

1. 识记：（1）整合营销传播的内涵及特征；（2）整合营销中的4C观念。

2. 领会：整合营销传播的作用。

3. 简单应用：分析影响整合营销传播决策的因素。

4. 综合应用：建立整合营销传播的开发流程。

（二）大众传播策略。

1. 识记：（1）广告的概念以及作用；（2）销售促进的概念；（3）公共关系的概念以及特点。

2. 领会：（1）广告设计的原则；（2）销售促进的方式；（3）公共关系策略的方式。

3. 简单应用：（1）实施广告策划的过程；（2）销售促进策略的决策过程；（3）公共关系策略的决策过程。

（三）人员传播策略

1. 识记：（1）直接营销的概念；（2）人员推销策略的概念。

2. 领会：（1）直接营销策略的工具；（2）人员推销策略的特点。

3. 简单应用：（1）直接营销策略的效果测评；（2）人员推销的步骤。

四、本章重点、难点

重点：整合营销传播的作用，销售促进的方式，影响整合营销传播决策的因素，广告策划和实施过程，人员推销的步骤；难点：整合营销传播的开发流程，销售促进策略的决策过程，公共关系策略的决策过程，直接营销策略的工具。

第十一章　营销计划、组织、实施与控制

一、学习目的与要求

1. 掌握市场营销计划的概念及内容；
2. 掌握市场营销组织的类型；
3. 理解市场营销实施的过程，掌握市场营销控制的步骤及类型。

二、课程内容

第一节　市场营销计划

（一）市场营销计划的概念

（二）市场营销计划的作用

（三）市场营销计划的类型

（四）市场营销计划的内容

第二节　市场营销组织

（一）市场营销组织的演变过程

（二）市场营销组织的类型

（三）市场营销组织的职能

（四）市场营销组织的设计

第三节　市场营销实施

（一）市场营销实施中出现的问题及其原因

（二）市场营销实施应具备的技能

（三）市场营销实施的过程

第四节　市场营销控制

（一）市场营销控制的概念

（二）市场营销控制的原则

（三）市场营销控制的步骤

（四）市场营销控制的类型

（五）市场营销审计

三、考核知识点与考核要求

（一）市场营销计划

1. 识记：（1）市场营销计划的概念；（2）市场营销计划的作用。

2. 领会：市场营销计划的类型。

3. 简单应用：（1）按计划时期长短划分营销计划；（2）按计划范围划分营销计划；（3）按计划程度划分营销计划。

4. 综合应用：制作市场营销计划。

（二）市场营销组织

1. 识记：（1）简单的销售部门；（2）兼具营销职能的销售部门；（3）独立的营销部门；（4）现代营销部门；（5）现代营销公司。

2. 领会：（1）职能型营销组织；（2）地区型营销组织；（3）产品管理型营销组织；（4）市场管理型营销组织；（5）矩阵型营销组织。

（三）市场营销实施

1. 识记：（1）市场营销实施中出现的问题；（2）市场营销实施中出现问题的原因。

2. 领会：（1）市场营销实施应具备的技能；（2）市场营销实施的过程。

（四）市场营销控制

1. 识记：（1）市场营销控制的概念；（2）市场营销控制的步骤。

2. 领会：（1）市场营销控制的原则；（2）市场营销审计的内容和实施过程。

3. 简单应用：市场营销控制的类型。

4. 综合应用：市场营销控制的具体实施。

四、本章重点、难点

市场营销计划的概念及内容，市场营销组织的类型和职能，市场营销组织的设计，市场营销控制的类型，市场营销控制方法的具体应用。

Ⅳ 关于大纲的说明与考核实施要求

一、课程自学考试大纲的目的和作用

课程自学考试大纲是根据专业自学考试计划的要求，结合自学考试的特点而确定的。其目的是对个人自学、社会助学和课程考试命题进行指导和规定。

课程自学考试大纲明确了课程学习的内容以及深广度，规定了课程自学考试的范围和标准。因此，它是编写自学考试教材和辅导书的依据，是社会助学组织进行自学辅导的依据，是自学者学习教材、掌握课程内容知识范围和程度的依据，也是进行自学考试命题的依据。

二、课程自学考试大纲与教材的关系

课程自学考试大纲是进行学习和考核的依据，教材是学习掌握课程知识的基本内容与范围，教材的内容是大纲所规定的课程知识和内容的扩展与发挥。课程内容在教材中可以体现一定的深度或难度，但在大纲中对考核的要求一定要适当。

大纲与教材所体现的课程内容应基本一致；大纲里面的课程内容和考核知识点，教材里一般也要有。反过来教材里有的内容，大纲里就不一定体现。

三、关于自学教材

《市场营销》，全国高等教育自学考试指导委员会组编，汪旭晖主编，中国人民大学出版社，2018 年版。

四、关于自学要求和自学方法的指导

本大纲的课程基本要求是依据专业考试计划和专业培养目标而确定的。课程基本要求还明确了课程的基本内容，以及对基本内容掌握的程度。基本要求中的知识点构成了课程内容的主体部分。因此，课程基本内容掌握程度、课程考核知识点是高等教育自学考试考核的主要内容。

为有效地指导个人自学和社会助学，本大纲已指明了课程的重点和难点，在章节的基本要求中一般也指明了章节内容的重点和难点。

本课程共 5 学分。

市场营销学是一门实践性很强的应用学科，市场营销学的理论是在对企业大量经营实践经验的总结基础之上概括和提炼形成的，它源于实践，又反过来指导实践，为实践服务。因此，自学者在学习“市场营销”课程时，也应该自觉地使理论与实践结合起来，在实践中去理解、体会、掌握、运用、检验理论。

本教材的内容涉及市场营销的各个方面，知识范围广泛，既有市场营销的理论和策略，又有具体的实务操作。全书是一个有机整体，各章又具有相对独立性。自学者应首先全面系统地学习教材的各章各节，根据教学大纲的要求，掌握大纲要求识记、领会、应用的内容。

把学习基本理论、基本知识、基本方法与分析、解决实际问题结合起来。首先，要弄懂基本理论、基本原理、基本知识和基本方法；其次，要学习运用这些知识联系实际解决企业营销的有关实际问题。重点是要深刻领会教材内容，将知识转化为能力，提高运用知识分析问题和解决问题的能力。

五、对社会助学的要求

1. 学生应以教学大纲为依据，以教学实施方案为核心，按照各章的教学要求，系统地、全面地学习。侧重掌握基本理论、基本原理、基本知识。学生应在全面掌握教材内容的基础上，有目的地深入学习重点章节，切忌在没有全面学习教材的情况下孤立地去抓重点。

2. 课程内容有重点与一般之分，但考试的重点是理论联系实际的分析，要求学生能综合运用所学的知识进行分析。

3. 要正确处理学习知识与考试的关系。学习知识是目的，考试仅是手段和形式。因此，学生应全面、系统地学习和掌握运用基本理论和基本知识，要为用而学，不要为考试而学。从考试的角度讲，我们也会加强对学生实际应用能力的检查，全面考核学生综合运用知识的能力。

4. 考试的准备。本教材各章后都有一些思考题，学生学完基本理论知识和基本原理后，这些练习题都是各章应该掌握的内容。另外，对各章中提及的小案例要认真地理解。

六、对考核内容的说明

1. 本课程要求考生学习和掌握的知识点内容都作为考核的内容。课程中各章的内容均由若干知识点组成，在自学考试中成为考核知识点。因此，课程自学考试大纲中所规定的考试内容是以分解为考核知识点的方式给出的。由于各知识点在课程中的地位、作用以及知识自身的特点不同，自学考试将对各知识点分别按四个认知（或叫能力）层次确定其考核要求。

2. 在考试之日起 6 个月前，由全国人民代表大会和国务院颁布或修订的法律、法规都将列入相应课程的考试范围。凡大纲、教材内容与现行法律、法规不符的，应以现行法律法规为准。命题时也会对我国经济建设和科技文化发展的重大方针政策的变化予以体现。

七、关于考试命题的若干规定

1. 本课程采取闭卷笔试考试方式，试卷满分 100 分，60 分及格，考试时间为 150 分钟。

2. 本大纲各章所规定的基本要求、知识点及知识点下的知识细目，都属于考核的内容。考试命题既要覆盖到章，又要避免面面俱到。要注意突出课程的重点、章节重点，加大重点内容的覆盖度。

3. 命题不应有超出大纲中考核知识点范围的题，考核目标不得高于大纲中所规定的相应的最高能力层次要求。命题应着重考核自学者对基本概念、基本知识和基本理论是否了解或掌握，对基本方法是否会用或熟练。不应出与基本要求不符的偏题或怪题。

4. 本课程在试卷中对不同能力层次要求的分数比例大致为：识记占20%，领会占30%，简单应用占30%，综合应用占20%。

5. 要合理安排试题的难易程度，试题的难度可分为：易、较易、较难和难四个等级。每份试卷中不同难度试题的分数比例一般为：2∶3∶3∶2。

必须注意试题的难易程度与能力层次有一定的联系，但二者不是等同的概念。在各个能力层次中对于不同的考生都存在着不同的难度。

6. 本课程考试命题的主要题型有单项选择题、多项选择题、简答题、论述题、案例分析等。在命题工作中必须按照本课程大纲中所规定的题型命制，考试试卷使用的题型可以略少，但不能超出本课程大纲对题型规定。

V　题型举例

一、单项选择题（在每小题列出的备选项中只有一项是最符合题目要求的，请将其选出）

1. 下列哪一个营销观念属于现代营销观念？（　　）

A. 生产观念　　B. 产品观念　　C. 推销观念　　D. 市场营销观念

2. 市场营销管理任务的基础是（　　）。

A. 生产　　B. 分配　　C. 交换　　D. 促销

3. 市场营销调研过程中的首要工作是（　　）。

A. 撰写调研报告　　B. 讨论调研主题

C. 制订调查计划　　D. 确定收集资料的来源和方法

4. 调查人员能直接与被调查对象见面、听取其意见、观察其反应的市场营销调研方法是（　　）。

A. 面谈调查　　B. 邮寄调查　　C. 留置调查　　D. 电话调查

二、多项选择题（在每小题列出的备选项中至少有两项是符合题目要求的，请将其选出，错选、多选或少选均不得分）

5. 产品组合涉及的维度包括（　　）。

A. 适应度　　B. 长度　　C. 深度　　D. 宽度　　E. 关联度

6. 市场营销调研按其要完成的任务一般分为以下类型（　　）。

A. 描述性市场调研　　B. 解释性市场调研

C. 预测性市场调研　　D. 统计性市场调研

E. 实证性市场调研

7. 市场营销环境的特征包括（　　）。

A. 客观性　　B. 差异性　　C. 相关性　　D. 动态性　　E. 宏观性

三、简答题

8. 简述品牌再定位的原因。

9. 简述撇脂定价的优点。

四、论述题

10. 试述消费者购买行为的决策流程。

11. 企业自身因素是怎样影响分销渠道的设计的？

五、案例分析题

美国某化学公司将其几十个不同的塑胶企业重组为一个企业之后，面临的首要问题之一就是如何对新企业进行竞争性定位。对其竞争对手的客户进行的初步调查显示：在客户偏好方面，该公司只排第三位，落后于处于行业领先地位的其他两家公司。同时调查还显示，客户对塑胶供应商的服务均不满意。有些客户评价说："塑胶的供应者就像沿街兜售小商品的小贩一样，仅在价格和供货上竞争，而不提供服务。"上述调研结果为该公司制定营销战略提供了依据，为了区别于竞争对手并建立自己的优势，该公司不再局限于仅提供优质的产品，而且还注重提供服务，并且开始寻求与客户建立密切的关系。也就是说，公司不仅出售产品，还出售服务；公司不仅满足于将产品销售给顾客，更为重要的是通过全方位的服务使客户满意。为此，公司在产品说明书、保证、安装、维修、送货、技术培训、客户咨询等方面给顾客提供全方位的服务。营销部门的一位高级经理说："不论顾客使用塑胶去做简单的安全带还是复杂的飞机设备，公司都要去帮助他们在市场上获得成功。"这种新的营销战略使公司真正成为一个顾客导向型企业。在"不仅销售塑胶，还销售服务，同时注重与客户建立伙伴型关系"战略思想的指导下，该公司取得了巨大的成功，很快成为塑胶行业的主导者。

根据上述案例，回答下列问题：

(1)"不仅出售产品，还出售服务"体现了该化学公司对哪个产品层次的重视？请具体解释该产品层次的内涵并对该化学公司的这种做法进行评价。

(2)该化学公司是如何处理企业和客户的关系的？体现了关系营销中哪一层次的营销思想？

(3)作为服务于产业市场的塑胶公司，你认为它最适宜使用何种促销策略？阐述理由。

后　记

2017 年 4 月，由全国高等教育自学考试指导委员会办公室召开了全国高等教育自学考试课程大纲、教材编前会，会上确定了“市场营销（三）”课程自学考试大纲编写的指导思想、基本原则和要求。

本大纲由东北财经大学汪旭晖教授负责编写。大纲完成后，北京航空航天大学方虹教授、北京外国语大学崔校宁副教授、东北财经大学张杨副教授参加审稿工作，由全国高等教育自学考试指导委员会经济管理类专业委员会审定。

全国高等教育自学考试指导委员会
经济管理类专业委员会
2018 年 1 月

市场营销

编写说明

“市场营销（三）”课程是全国高等教育自学考试经济管理类专业课程，本书是该课程考试的指定教材，除供全国高等教育自学考试经济管理类专业考生备考使用外，同时还供各大专院校相关专业的师生在教学过程中使用，也是企事业单位经营管理人员自修提高的指导用书。

本书根据全国高等教育自学考试指导委员会颁发的《高等教育自学考试专业和课程改革方案》规定的培养目标和改革要求组织编写，其目的是为培养适应社会主义市场经济发展需要的应用型专业人才服务。在社会主义市场经济条件下，市场营销理论广泛应用于企业、政府和非营利性组织机构，涉及社会经济生活的各个方面。“市场营销”不仅是经济管理类各专业的必修课，也是人文、哲学和社会科学等专业的重要课程。

本书共 11 章，主要研究内容是市场营销活动及其规律，即企业在特定的市场竞争环境下，为了满足顾客潜在和现实的需求，以市场营销调研和市场需求预测为基础，针对目标市场所实施的营销管理和营销控制的过程。

本书由东北财经大学汪旭晖教授担任主编，张其林、郭一凡担任副主编，王东明、张建军、于婷宜、陈鑫、朱力、林晶、王婷婷、任晓雪、李璐琳、刘志、刘昀、雷娜及包头财经信息职业学校王琦凡参与编写。具体分工为：第一章：汪旭晖、郭一凡；第二章：汪旭晖、陈鑫；第三章：于婷宜、朱力；第四章：张其林、林晶；第五章：汪旭晖、王婷婷；第六章：汪旭晖、任晓雪；第七章：王琦凡；第八章：张建军、李璐琳；第九章：郭一凡、刘志；第十章：张其林、王东明；第十一章：刘昀、雷娜。最后由汪旭晖、张其林、郭一凡和王东明进行统稿。

本书在编写过程中，参考借鉴了国内外诸多营销学界前辈和同人的研究成果，北京航空航天大学方虹教授、北京外国语大学崔校宁副教授、东北财经大学张杨副教授在本书审稿过程中提出了很多宝贵建议，在此一并表示最诚挚的谢意。尽管我们付出了很多精力，但由于编者水平有限，书中难免有疏漏和不当之处，恳请广大读者批评指正。

编者

2018 年 1 月

第一章　市场营销导论

学习目标

1. 重点理解市场、市场营销的内涵和市场营销的核心概念。
2. 深刻理解市场营销观念、市场营销组合策略。
3. 理解市场营销管理的实质和任务、市场营销学的性质及研究方法。

引导案例

京东创造顾客价值的突围战

京东商城是中国电子商务领域最受消费者欢迎和最具影响力的电子商务网站之一。2017年8月3日，2017年“中国互联网企业100强”榜单发布，京东排名第四位。实际上，京东一直在亏损。不过，投资者并没有因京东亏损而担忧京东的前景，之所以这样，是因为京东在不断创造顾客价值。

京东商城大多数直接与厂家签订供货协议，具有更强的议价能力，因此京东的商家进价更低，而且京东在交易成本和毛利率的追求上都更低。此外，在京东消费，顾客不必承担买到假货的风险。对此，京东创始人刘强东宣称：“京东重新塑造了中国电子商务的信任。从创业的第一天起，我们就坚守着正品行货、不卖假货的底线，这条底线的背后是对商业伦理的敬畏和对消费者价值的尊重。”超便捷的物流，也是京东创造顾客价值的重要内容。以前，大部分的网上购物群体能接受下单后1～3天从库房发货、3～5天收货。但是京东发现消费者的要求越来越高，于是一次次提速。2010年，京东宣布推出“211限时达”服务：北京、上海、广州、成都四城市由京东自营配送的区域，小件商品均可实现上午11:00前提交现货订单，当日送达；夜里11:00前提交现货订单，第二天上午送达。目前，京东自营配送已经覆盖了全国300个城市，其中25个承诺“211限时达”，履约率能够达到97%。尽管这样会增加配送成本，但却能提升客户满意度。刘强东认为，物流是否迅捷占了购物满意度的70%。“将更多的钱花在物流上可以改善客户的购物体验。如果物流速度慢，70%的钱就跑了。”在京东购物，消费者下完订单后可收到短信和邮件，了解订单哪天能发出。“客户获得充裕的信息，才能信任这个平台。”业内人士指出，京东最爱研究顾客心理——如何让人们在京东商城购物时得到满足与快乐，是京东思考最多的问题。刘强东认为，“做生意是一门艺术，你必须去思索顾客究竟需要什么”。而让每一位顾客都开心、快乐，则正是京东迅速崛起的原因。

以顾客需求为中心是现代营销理念的核心，企业更充分地理解顾客需求的变化，以此为指导为顾客创造价值，可以达成资源的合理有效利用。作为现代市场营销的第一个基本元素，顾客价值决定经营的价值，这就需要经营者站在顾客的立场，运用顾客的思维方式，集中公司的能量，打破企业与顾客之间的边界，与顾客互动，一起创造价值。

资料来源：乐在其中：京东是如何在连续亏损中创造顾客价值?. http://yn.winshang.com/news-392483.html. (2014-10-04)[2017-10-20]. 有改编.

第一节　市场营销基本概念

市场营销是现代企业管理的重要职能之一，是连接企业和市场的桥梁和纽带。在互联网经济时代，市场营销在开拓潜在市场、满足市场顾客需求、提高企业核心竞争力等方面，发挥着日益重要的作用。要理解市场营销的含义，首先应当明确“市场”在营销学中的特定含义。

一、市场

（一）市场的概念

市场就是指买卖双方交换商品的场所，是商品经济的范畴。也可以说，市场是一定时间、地点条件下商品交换关系的总和。综上所述，市场的概念有狭义与广义之分。狭义的市场是指买卖商品的场所，这里的场所指的是有限的区域。广义的市场是指一切具有需求或欲望，并且愿意和可能从事交换，来使需求和欲望得到满足的潜在顾客和现实顾客。

从定义中，我们看到市场包括三部分：人、场所、商品。这三者是必不可少的。这里的人是指具有资源并愿意支配资源换取商品的群体。商品是用来交换的劳动产品。随着信息社会的发展，更多的网上商店应运而生，我们通常称为虚拟商场。市场的大小取决于交易量的多少。只有人口多，购买力高，才能成为一个有潜力的大市场。但是，如果产品不适合需要，引不起人们的购买欲望，对销售者来说，仍然不能成为现实的市场。所以，市场是指具有特定需要和欲望，而且愿意并能够通过交换来满足这种需要或欲望的全部潜在顾客与现实顾客。

因此，市场营销学中市场的大小取决于三个因素，即人口数量的多少、购买力的大小及购买欲望是否强烈，用公式表示：市场＝人口数量＋购买力＋购买欲望。

人口数量的多少是构成市场的基本因素，在人口既定的情况下，购买力从一定程度上决定了市场规模和市场容量；购买欲望是将潜在购买变为现实购买的重要条件。这三个因素相互制约，相辅相成，在三个因素全部具备时形成现实的市场。

小案例

三大新兴力量引领中国消费新经济

BCG（波士顿咨询）和阿里研究院联合发布的一份报告——《中国消费新趋势：三大动力塑造中国消费新客群》指出，尽管中国整体GDP增速放缓至5.5%，但中国消费市场规模仍以年均10%的增速增长，居全球之冠。到2020年，中国消费市场规模将增长到6.5万亿美元。中国经济将从投资为主导转向以消费为主导。

一方面，2016年国内消费对中国经济增长的贡献率上升到64.6%，成为经济增长的主要力量；另一方面，中国人每年不仅购买大量国外消费品，2016年还进口了1.6万亿美元的产品，全年出国达到1.3亿人次。

上述报告认为，三大新兴力量——上层中产和富裕阶层消费者、新时代年轻消费者，以及网络购物，将成为中国消费新动力，分别贡献75%、69%和51%的消费增长。报告同时指出，中国网络购物迎来了爆发式增长，移动端购物的增长尤其惊人。线下零售商在拓展数字化渠道，而线上商家也在拓展线下的渠道，这两个市场的进一步融合将会产生增量的消费。此外，单身、银发等新消费人群兴起。相比过去，消费者对品牌的了解更多，年龄、性别等消费界限也在逐渐消失。中国已经迎来了全民消费时代，随之催生出“都市潮男一族”“活跃的银发族”“都市单身贵族”“体验至上主义”“环保人士”等新客群。

资料来源：三大新兴力量引领中国消费新经济.（2015－12－28）[2017－10－10]. http://news.21so.com/2017/21cbhnews_0629/331359.html. 有改编.

（二）市场的功能

市场产生的基础是存在社会分工，同时又存在不同的所有者导致的商品生产。市场活动的基本内容有其共同性。

市场的功能一般表现为市场在运作过程中存在的客观职能。主要有：

（1）交换功能。通过市场进行商品的销售和购买，实现商品所有权与货币持有权之间的相互交换，使买卖双方都得到满足。市场成为连接生产与消费的纽带。

（2）价值实现功能。商品价值是在生产领域创造出来的，而价值的实现是在市场上通过市场交换来完成的。通过市场交易，商品的销售方获得了货币，实现商品的价值，消费者取得产品，产品进入消费阶段。

（3）反馈功能。市场是信息汇集的场所，能在一定程度上自发地调节产销之间、供求之间的经济利益关系。它包括调节商品供求总量的状况、商品供求构成状况、商品供求的主要品种状况和本行业商品的供求状况。供求关系是市场调研人员研究市场问题最重要的信息。通过买卖双方的接触来影响供求诸因素的传递，不仅为企业的微观决策提供依据，有利于更好地组织生产经营活动，而且也为政府的宏观决策提供依据，有利于经济计划管理和加强宏观控制，从而起到反馈作用。

（4）调节功能。市场供求和价格变化，能引起和迫使人们调节生产和消费，并自发地调节双方的交换利益关系，有助于生产资料和消费资料在国家或民众之间的分配，促进社会资源的合理配置。

（5）服务功能。为了保证交换和供给功能的顺利实现，各种服务于市场的机构和设施，包括银行、咨询、信托、保险、仓储和运输公司等，在市场上应运而生，分别发挥其不同的功能和作用，能把分属的经营活动和错综复杂的买卖关系结合成一个有机整体。

二、市场营销

（一）市场营销的含义

市场营销（marketing）是指企业的市场营销活动，也指市场营销学这一学科。从实质上讲，市场营销指的是一种活动，尤其是企业的经营管理活动。它广泛地存在于各种主体之间的交换活动之中，因而说，市场营销从实质上说是一种社会性的经营管理活动。

在现代市场经济环境下，从企业的角度来讲，市场营销是企业最核心的一项经营管理活动或经营管理职能。甚至可以说企业众多经营管理职能中，最显著、最独特、最核心的职能是市场营销。这是因为，现代市场营销贯彻“营销围着顾客转，企业围着营销转”的经营指导思想，企业财务管理、人力资源管理、生产管理、技术管理、供应管理等都是为营销活动提供后勤保障和服务的，这些管理也可以说都是花费、投入，只有在营销环节才有可能实现收入，从而有可能创利。传统企业与现代企业的组织机制如图 1－1 和图 1－2 所示。

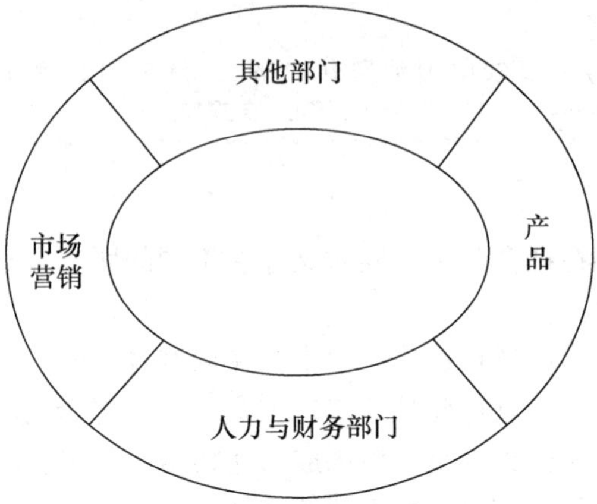

图 1－1　传统企业的组织机制

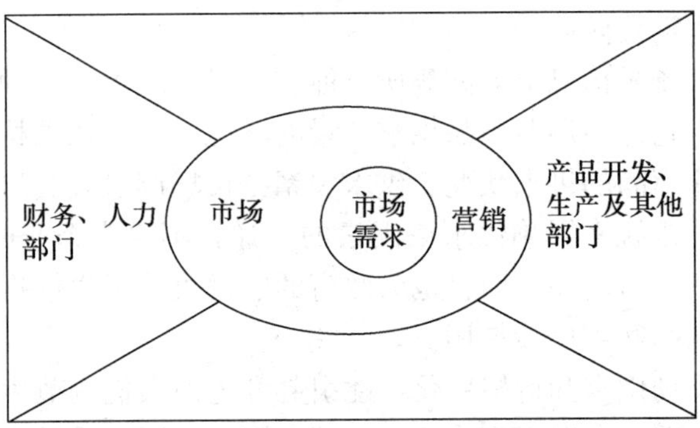

图 1－2　现代企业的组织机制

现代市场营销学认为，推销是市场营销活动的一个组成部分，但不是最重要的部分；推销是企业营销人员的职能之一，但不是最重要的职能。如果企业能够搞好市场营销研究，了解购买者的需要，然后按照购买者的需要来设计和生产合适的产品，同时合理定价，做好销售渠道选择、销售促进等市场营销工作，那么本企业的产品就能顺利地销售出去。

1960 年美国市场营销协会（AMA）给市场营销的定义为："市场营销是引导货物和劳务从生产者向消费者或用户的企业商务活动过程。"这一解释尽管比"营销—销售（推销）"的认识更进一步，但仍然不能全面准确地概括现代企业营销活动的全过程。事实上，为了占领市场，扩大销售，实现企业的预期目标，企业不仅要进行引导产品流向消费者或用户这一段的经济活动，而且要进行"产前活动"（如市场调研、产品开发）和"售后活动"（如售后服务、满意度调查）。因此，市场营销活动既包括企业在流通领域内进行的活动，也包括生产过程的产前活动和流通过程结束后的售后活动。顾客不是全过程的终点，而是另一个起点。

由此看来，所谓市场营销，就是在变化的市场环境中，旨在满足消费需要、实现企业目标的商务活动过程，具体包括市场调研、目标市场选择、产品开发、产品定价、渠道选择、产品促销、产品储存和运输、产品销售和售后服务等一系列与市场有关的企业业务经营活动。

（二）市场营销的作用

第一，解决生产与消费的矛盾，满足生活消费和生产消费的需要。在商品经济条件下，社会的生产和消费之间存在着空间与时间上的分离、双方信息不对称等多方面的矛盾。市场营销的任务就是使生产和消费的不同需要相适应，以实现生产和消费的统一。

第二，实现商品的价值和增值。市场营销通过产品创新、分销、促销、定价、服务和加速相互满意的交换关系，使商品中的价值和附加值得到社会的认可。

第三，避免社会资源和企业资源的浪费。市场营销从顾客需求的角度出发，根据需求条件安排生产，最大限度地减少产品无法销售的情况出现，避免了社会资源和企业资源的浪费。

第四，满足顾客的需求，提高人民的生活水平和生存质量。市场营销活动的目标之一是通过各种手段最大限度地满足顾客需求，最终提高社会总体生活水平和人民生存质量。

三、市场营销的核心概念

（一）需要、欲望与需求

营销者必须努力理解目标市场的需要、欲望和需求。需要（needs）是指人类的基本要求，如食品、空气、水、衣服和住所。人们还对休闲、教育和娱乐有着强烈的需要。当需要指向具体的可以满足需要的特定物品时，需要就变成了欲望（wants）。欲望受到人们所处社会的影响。需求（demands）是指对有能力购买的某个具体产品的欲望。很多人对超级跑车有欲望，但只有少数人能购买得起并且愿意买。公司不仅要估计有多少人对公司的产品有欲望，还要估计有多少人真正愿意并且有能力购买公司的产品。

（二）交换和交易

交换（exchange）是营销的核心概念，指以自己的某种物品为代价，从他人那里换取需要的物品的行为。交换的发生，必须满足五个条件：至少有两方参与；参与方都拥有一些对方认为有价值的东西；参与方都有能力沟通并运送彼此所需的东西；参与方都可以自由接受或拒绝对方所提供的东西；参与方认为同另一方交易是合适的或者有此意愿的。

交换是创造价值的过程，因为通常的结果是让双方的状况都更好。如果双方相互协商——努力达成双方满意的条款，双方就是在进行交换。在达成共识时，交易就发生了。交易（transaction）是指买卖双方或多方的价值的交换。交易至少涉及两种有价值的东西，以及彼此同意的条件、时间和地点。

注意交易不同于转让。在转让（transfer）中，A 方给 B 方某些东西，但是并没有收到任何有形的东西作为回报，礼物、补助金和慈善捐款都属于转让。转让行为也可以通过交换的概念来理解，营销者已经扩大了营销的概念，既囊括了交易行为，也包括对转让行为等的研究。

通常，营销者会从另一方的角度来探寻行为反应。企业想要有人购买其产品，候选人想要选票，社会团体想要活跃的成员。营销包括各种用来从目标受众处得到所期望的反应的行为。

（三）目标市场、定位和细分

在市场上，营销者很难做到使每个人都满意。每个人喜欢的面包、房子、汽车和音乐都不尽相同。因此，营销者需要依据顾客对不同的产品或营销组合的偏好或需要，识别和描述具有明显不同特征的购买者群体。这些细分市场可以通过购买者的人口特征、心理和行为差异来加以区分。接下来，营销者决定哪些细分市场有更大的商机，能成为自己的目标市场（target markets）。公司为每一个选定的目标市场开发市场供应品，这些供应品是针对目标购买者开发的，能够给这些购买者带来核心利益。例如，沃尔沃公司的目标市场是把汽车安全性作为重要考虑因素的购买者，公司为这些顾客开发汽车，因此，其汽车定位为消费者可以买到的最安全的汽车。公司只有精心选择目标市场，并且准备定制的营销方案，才能做到最好。

（四）产品和品牌

公司提出价值主张来应对需要，这是公司提供给消费者满足其需要的一系列利益。无形价值主张的有形体现是产品，这可以是有形商品、服务、信息和体验的组合。当提供产品和服务的来源众所周知时，就形成了品牌。提到麦当劳这一品牌，人们就会联想到汉堡、快乐、孩子、快餐和金色拱门。这些联想就构成了品牌形象。

（五）价值和满意

价值是一个非常重要的营销概念。营销可以被视为对顾客价值的识别、创造、传播、传递和监督。产品如果能够给目标购买者带来价值和满意，它就会成功。顾客会在不同的产品中选择他们认为可以带来最大价值的产品。价值（value）反映了顾客对有形和无形利益以及成本的认识。价值随着质量和服务水平的提高而上升，随着价格的上升而下降，当然其他要素也可能发挥重要作用。满意（satisfaction）反映了一个人依据对产品的认知性能或效果与其预期的对比之后得出的判断。

（六）营销渠道

为了接触目标市场，营销者使用了三种不同的营销渠道：信息沟通渠道（communication channels）、分销渠道（distribution channels）和服务渠道（service channels）。在为产品选择这三种渠道的最佳组合时，营销者明显面临设计上的一个难题。

信息沟通渠道向目标客户发送信息，并从客户那里接收信息。这个渠道包括报纸、杂志、广播、电视、邮件、电话、广告牌、海报、传单和网络。此外，销售人员的面部表情和衣着、零售店的外观以及其他许多媒介也传递着信息。营销者为了弥补更普遍使用的单向渠道（广告）的不足，正在不断增加对双向交流渠道（新媒体）的使用。

营销者利用分销渠道向购买者或使用者展示、销售、传递有形的产品或服务。分销渠道包括分销商、批发商、零售商和代理商。营销者还使用服务渠道与潜在顾客进行交易。服务渠道包括能够使交易更便利的仓库、运输公司、银行和保险公司等。

（七）供应链

营销渠道将营销者和目标购买者联系起来，而供应链描述了从原材料到零部件到交付给最终购买者的最终产品这样一条更长的渠道。供应链代表价值传递系统，每个公司只能占有整个价值链产生的全部价值的一部分。当公司收购竞争对手或者向价值链上下游移动时，它的目标就是获得更高比例的供应链价值。

（八）营销环境

营销环境包括任务环境（task environment）和大环境（broad environment）。

任务环境包括产品生产过程、分销过程和促销过程的直接参与者，如公司、供应商、分销商、经销商和目标顾客。原材料供应商和服务供应商都属于供应商。服务供应商包括营销调研公司、广告公司、银行和保险公司、交通和通信公司等。除分销商和零售商外，还包括代理人、经纪人、制造商代表和其他协助寻找顾客并对顾客进行销售的人。

大环境包括六个方面：人文环境、经济环境、自然环境、技术环境、政治法律环境和社会文化环境。这些环境包含多股力量，对任务环境的参与者具有重要的影响，营销者必须紧密跟踪环境的发展趋势和变化，及时对自己的营销战略进行调整。

第二节　市场营销管理概述

一、市场营销管理的实质

从事交换活动需要相当多的工作和技巧。营销管理乃是发生在当一桩潜在交易中至少有一方正考虑着如何从另一方获得所渴求的反应的那些目的和手段的过程。我们引用美国市场营销协会 1985 年认可的对营销管理所下的定义：营销（管理）是计划和执行关于商品、服务和主意的观念、定价、促销和分销，以创造能符合个人和组织目标的交换的过程。

这个定义的含义是，营销管理是一个过程，包括分析、计划、执行和控制；它覆盖商品、服务和主意；它建立在交换的基础上，其目的是产生对有关各方的满足。

二、市场营销管理的任务

市场营销管理的主要任务是刺激消费者对产品的需求，但不能局限于此。它还帮助公司在实现其营销目标的过程中影响需求水平、需求时间和需求构成。因此，市场营销管理的任务是刺激、创造、适应及影响消费者的需求。从此意义上说，市场营销管理的本质是需求管理。

任何市场均可能存在不同的需求状况，市场营销管理的任务是通过不同的市场营销策略来解决不同的需求状况。根据需求水平、时机和性质的不同，可归纳出八种不同的需求状况（见表 1－1）。

表 1－1　　市场营销管理的任务

市场需求状况	市场营销类型	改变后的市场需求状况
负需求	改变性营销	正需求
无需求	刺激性营销	有需求

续前表

市场需求状况	市场营销类型	改变后的市场需求状况
潜在需求	开发性营销	实际需求
下降需求	重振营销	恢复需求
不规则需求	协调性营销	适应需求
充分需求	维持营销	维持需求
过量需求	抑制营销	降低需求
有害需求	反营销	消灭需求

（一）负需求（negative demand）

负需求是指市场上众多顾客不喜欢某种产品或服务，如近年来许多老年人为预防各种老年疾病不敢吃甜食和肥肉，又如有些顾客害怕有危险而不敢乘飞机，或害怕化纤纺织品有毒物质损害身体而不敢购买化纤服装。市场营销管理的任务是分析人们为什么不喜欢这些产品，并针对目标顾客的需求重新设计产品、定价，作更积极的促销，或改变顾客对某些产品或服务的信念，诸如宣传老年人适当吃甜食可促进脑部血液循环，乘坐飞机出事的概率比较小等。把负需求变为正需求，称为改变性营销。

（二）无需求（no demand）

无需求是指目标市场顾客对某种产品从来不感兴趣或漠不关心，如许多非洲国家居民从不穿鞋子，对鞋子无需求。市场营销者的任务是创造需求，通过有效的促销手段，把产品利益同人们的自然需求及兴趣结合起来，称为刺激性营销。

（三）潜在需求（latent demand）

即现有的产品或服务不能满足许多消费者的强烈需求。例如，老年人需要高植物蛋白、低胆固醇的保健食品，美观大方的服饰，安全、舒适、服务周到的交通工具等，但许多企业尚未重视老年市场的需求。企业市场营销的任务是准确地衡量潜在市场需求，开发有效的产品和服务，即开发性营销。

小案例

特斯拉得名于美国物理学家以及电力工程师尼古拉特斯拉的塞尔维亚姓。特斯拉汽车公司（Tesla Motors）是一家生产和销售电动汽车以及零件的公司，只制造纯电动车。特斯拉汽车集独特的造型、良好的操控性能与先进的技术于一身，是公路上速度最快且最为节省燃料的车子。

随着石油能源短缺和环境污染越来越严重，石油价格高涨，汽车市场对于新能源汽车的需求越来越强烈。纯电动车将会被消费者广泛接受，前景光明。2013 年，特斯拉发布的第一季财报中，该公司销售 Model S 车型 4 900 辆，超过原先预定的 4 500 辆的目标。销售营收为 5.55 亿美元，同比增长 27 倍。强劲的市场需求所带来的订单促使公司整体规模效应提升，预计二季度北美地区交付车辆超过 4 500 辆，2013 年全年交付量将从 2 万辆上升至 2.1 万辆。

资料来源：朱洪春，庄薇薇，付宏科. 市场营销实务. 上海：上海交通大学出版社，2017.

（四）下降需求（falling demand）

即目标市场顾客对某些产品或服务的需求出现了下降趋势，如近年来城市居民对电风扇的需求已饱和，需求相对减少。市场营销者要了解顾客需求下降的原因，或通过改变产品的特色，采用更有效的沟通方法再刺激需求，或通过寻求新的目标市场，以扭转需求下降的格局，即重振营销。

（五）不规则需求（irregular demand）

许多企业常面临季节、月份、周、日、时对产品或服务需求的变化，而造成生产能力和商品的闲置或过度使用。如公用交通工具，在运输高峰时不够用，在非高峰时则被闲置不用。又如旅馆在旅游旺季时紧张和短缺，在旅游淡季时被空置。再如节假日或周末时，商店拥挤，平时则顾客稀少。市场营销的任务是通过灵活的定价、促销及其他激励因素来改变需求时间模式，这称为协调性营销。

（六）充分需求（full demand）

即某种产品或服务目前的需求水平和时间等于期望的需求，但消费者需求会不断变化，竞争日益加剧。因此，企业营销的任务是改进产品质量及不断估计消费者的满足程度，维持现时需求，这称为维持营销。

（七）过度需求（overfull demand）

即市场上顾客对某些产品的需求超过了企业供应能力，产品供不应求。比如，人口过多或物资短缺，引起交通、能源及住房等产品供不应求。企业营销管理的任务是减缓营销，可以通过提高价格、减少促销和服务等方式使需求减少，即抑制营销。企业最好选择那些利润较少、要求提供服务不多的目标顾客作为减缓营销的对象。减缓营销的目的不是破坏需求，而只是暂缓需求水平。

（八）有害需求（unwholesome demand）

即对消费者身心健康有害的产品或服务，诸如烟、酒、毒品、黄色书刊等。企业营销管理的任务是通过提价、传播恐怖及减少可购买的机会或通过立法禁止销售，称为反营销。目的是采取相应措施来消灭某些有害的需求。

三、市场营销管理的过程

市场营销管理是人们规划并执行理念，对创意、产品和劳务进行定价、促销和分销，以满足顾客需要和实现组织目标而产生交换行为的过程。市场营销管理过程指在企业的战略指导下制订和实施市场营销计划的过程，是企业为实现任务和目标而发现、分析、选择和利用市场机会的管理过程，营销管理应当包含分析市场机会、选择目标市场、策划营销战略、设计营销方案和实施营销计划五个方面。

（一）分析市场机会

1. 发现和识别市场机会

企业可采取以下方法来发现和识别市场机会：

（1）收集市场信息。营销人员可通过经常阅读报刊、参加展销会、研究竞争者的产品、召开献计献策会、调查研究消费者的需要等来寻找、发现或识别未满足的需要和新的市场机会。

(2) 分析产品/市场矩阵。营销人员也可利用产品/市场分析矩阵（见图 1－3）来寻找、发现增长机会。

	现有产品	新产品
现有市场	市场渗透Ⅰ	产品开发Ⅱ
新市场	市场开发Ⅲ	多角化Ⅳ

图 1－3　产品/市场分析矩阵

区域Ⅰ对应状态为现有市场、现有产品，企业分析的重点是消费者对现有产品的需求及满足程度，并由此决定市场渗透的程度。若消费者对现有产品需求较旺，则可对现有市场渗透扩张，否则，就进行适度收缩。

区域Ⅱ对应的状态为现有市场、新产品，企业分析的重点是现有市场上是否仍有其他未被满足的相关需求存在，若有，则说明现有市场中存在机会，企业可以通过开发新产品来满足这种市场需求。

区域Ⅲ对应的状态为新市场、现有产品，企业分析的重点是新市场是否存在对企业现有产品的需求，若存在，则说明企业营销中存在机会，企业可以扩大生产满足新市场对产品的需求。

区域Ⅳ对应的状态为新市场、新产品，企业分析的重点是新市场中是否存在未被满足的消费者需求，若存在，则采取多元化经营战略。

(3) 进行市场细分。营销人员还可通过市场细分来寻找、发现最好的市场机会，拾遗补阙。营销人员不仅要善于寻找、发现有吸引力的市场机会，而且要善于对所发现的各种市场机会加以评估，决定哪些市场机会能成为本企业有利可图的企业机会。

2. 评估市场机会

在现代市场经济条件下，某些市场机会能否成为某企业的企业机会，不仅要看利用这种市场机会是否与该企业的任务和目标相一致，而且要看该企业是否具备利用这种市场机会、经营这种业务的条件，该企业是否在利用这种市场机会、经营这种业务方面比其潜在的竞争者有更大的优势，因而能享有更大的“差别优势”。

此外，还要进一步对每种有吸引力的企业机会进行评价。也就是说，还要进一步调查研究：谁购买这些产品？他们愿意花多少钱？他们要买多少？顾客在何处？谁是竞争对手？需要什么分销渠道？通过调查研究这些问题，营销人员要分析研究营销环境、消费者市场、生产者市场、中间商市场和政府市场。此外，企业的财务部门和生产部门还要估算成本，以确定这些市场机会能否转变为给企业带来利润的企业机会。

（二）选择目标市场

市场机会的发现使企业知道了它应当去满足什么样的需要，但要建立起企业在其将要进入的市场中的相对优势，还必须知道它应当满足哪些人的需要。这是因为对同样需要的满足，不同人群所要求的满足形式、程度和成本等是不一样的，企业只有认识了这些对需要的满足方式所存在的差异，才能提供最受欢迎的满足方式，去满足一个或几个消费群体的特定需要，从而在市场中建立起自己的相对优势。这就需要对市场进行细分（segmenting)、选择目标市场（targeting）和进行市场定位（positioning）。

（三）策划营销战略

企业进行了市场的选择和定位后，就必须对有关的营销战略问题做出安排，以使自己在市场营销过程中有明确的指导思想。营销战略直接受公司的业务战略计划的指导，只是在具体产品的开发上，要进行更为具体的策划和落实。对于新产品的开发、品牌的管理与经营、市场的进入、市场的布局、市场的促销等方面，都要做出具有新意和实效的战略策划，以保证企业的营销目标能够顺利实现。

与业务战略的制定一样，针对某一个具体产品和具体市场的营销战略也可以分为几个阶段，抓住几个重点，相互衔接，递次推进，最终达到将产品打入市场并占领市场的目的。

营销战略的选择还必须从企业实际的市场地位和竞争实力出发。在一个寡头垄断的市场上，企业通常会处于不同的市场地位，如领导者、挑战者、追随者或补缺者等，企业只有从实际的市场地位出发去选择相应的营销战略，才可能取得成功。

（四）设计营销方案

营销战略的实施必须转化为具体的营销方案。营销方案规定了营销活动的每一个步骤和每一个细节。营销方案一般至少应包括以下三项内容。

1. 市场营销组合的确定

市场营销组合是为了满足目标市场的需求，企业对自身可以控制的各种市场营销要素如质量、包装、价格、广告、销售渠道等的优化组合。

企业可控制的市场营销要素有很多，为了便于分析运用，需要将其进行归类。最流行的分类方法是美国的 E. J. 麦卡锡教授提出的分类方法，他把各种市场营销要素归纳为四大类：产品（product）、价格（price）、渠道（place）和促销（promotion），简称“4Ps”。所谓市场营销组合就是这 4 个“P”的搭配与组合。它体现了现代市场营销观念指导下的整体营销思想，我们将在后面对市场营销组合策略进一步进行说明。

2. 营销的费用预算

对所要达到的营销目标，必然需要相应的营销费用的投入。营销费用的提取与控制，可依据销售额比率，也可依据达到营销目标的实际需要，有时甚至要根据竞争对手的营销费用水平，以求在竞争实力上能保证均衡。在做营销费用预算时，要避免过于考虑同已有的业绩挂钩，有时在销售业绩不好的情况下，更需要加大营销的力度，对营销费用的预算可能反而要求更高。

3. 营销资源的分配

在具体的营销计划中，应当对营销资源（包括营销费用）在各项具体的营销中进行合理的分配，以达到整合营销的效果。营销资源的分配不仅要考虑在各种策略工具（如产品、价格、渠道、促销）中形成合理结构，而且要考虑在不同区域市场（如北方、南方、东部、西部）中的合理分配，有时还要考虑在不同的阶段和时期中的适量投入，以形成营销活动的节奏感和持续性。

（五）实施营销计划

营销计划的实施是营销目标实现的最终努力，再好的营销计划也只有在得到充分实施之后才能显示出它的效果。而营销计划的成功实施则取决于一个高效的营销组织系统和一套完备的营销控制程序。

企业的营销组织可以根据企业的性质、任务的不同而有所不同。但从一般管理原理的角度讲，它都会由一个处于公司决策层次的分管领导（如营销副总经理）、一个专门的职能部门（如营销部或市场部）以及一支从事营销活动的工作人员队伍所组成。营销副总经理负责公司营销职能同其他职能乃至公司决策层面的沟通与协调；营销部负责公司营销活动的策划、组织与实施；营销队伍则是开展具体营销活动的基本力量。

营销控制是保证营销计划顺利实施的重要环节，一般主要抓好三个方面的控制：年度计划的控制，即从数量和进度上保证营销计划的实施；盈利能力的控制，即从营销的质量上进行检验和提高；战略控制，则是注意营销计划同环境的适应性，以及保证营销活动能促使企业总体战略目标的实现。

四、市场营销组合策略

（一）市场营销组合的内涵

所谓市场营销组合，是指企业针对目标市场的需要，综合考虑环境、能力、竞争状况，对自己可控制的各种营销因素（产品、价格、渠道、促销等）进行优化组合和综合运用，使之协调配合，扬长避短，发挥优势，以取得更好的经济效益和社会效益。

市场营销组合是现代市场营销理论的一个重要概念。1953 年，美国哈佛大学教授尼尔·博登（Neil Borden）在美国市场营销学会的就职演说中创造了“市场营销组合”（marketing mix）这一术语，其意是指市场需求或多或少地在某种程度上受到所谓“营销变量”或“营销要素”的影响。为了寻求一定的市场反应，企业要对这些要素进行有效的组合，从而满足市场需求，获得最大利润。

市场营销组合是制定企业营销战略的基础，做好市场营销组合工作可以保证企业从整体上满足消费者的需求。市场营销组合是企业对付竞争者强有力的手段，是合理分配企业营销预算费用的依据。

从管理决策的角度看，影响企业市场营销活动的各种因素（变数）可以分为两大类：一是企业不可控因素，即营销者本身不可控制的市场营销环境，包括微观环境和宏观环境；二是企业可控因素，即营销者自己可以控制的产品、商标、品牌、价格、广告、渠道等，而 4Ps 就是对各种可控因素的归纳。

（1）产品策略（product strategy），主要是指企业以向目标市场提供各种适合消费者需求的有形和无形产品的方式来实现其营销目标。其中包括对同产品有关的品种、规格、式样、质量、包装、特色、商标、品牌以及各种服务措施等可控因素的组合和运用。

（2）价格策略（pricing strategy），主要是指企业以按照市场规律制定价格和变动价格等方式来实现其营销目标，其中包括对同定价有关的基本价格、折扣价格、津贴、付款期限、商业信用以及各种定价方法和定价技巧等可控因素的组合和运用。

（3）渠道策略（placing strategy），主要是指企业通过合理地选择分销渠道和组织商品实体流通的方式来实现其营销目标，其中包括对同分销有关的渠道覆盖面、商品流转环节、中间商、网点设置以及储存运输等可控因素的组合和运用。

（4）促销策略（promotion strategy），主要是指企业通过利用各种信息传播手段刺激消费者的购买欲望，促进产品销售，以实现其营销目标，其中包括对同促销有关的广告、人员推销、营业推广、公共关系等可控因素的组合和运用。

上述四个方面的策略组合起来，总称为市场营销组合策略。市场营销组合策略的基本思想在于：从制定产品策略入手，同时制定价格、分销渠道及促销策略，组合成策略总体，以便达到以合适的商品、合适的价格、合适的促销方式，把产品送到合适的地点的目的。企业经营的成败，很大程度上取决于这些组合策略的选择和它们的综合运用效果。

（二）市场营销组合的特点

市场营销组合为企业的一个非常重要的营销管理方法，具有以下特点：

（1）市场营销组合具有动态性。构成营销组合的“4Ps”的各个自变量，是最终影响和决定市场营销效益的决定性要素，而营销组合的最终结果就是这些变量的函数，即因变量。从这个关系看，市场营销组合是一个动态组合。只要改变其中的一个要素，就会出现一个新的组合，产生不同的营销效果。

（2）市场营销组合具有多层次性。市场营销组合由许多层次组成，就整体而言，4Ps 是一个大组合，其中每一个 P 又包括若干层次的要素。这样，企业在确定营销组合时，不仅更为具体和实用，而且相当灵活；不但可以选择四个要素之间的最佳组合，而且可以恰当安排每个要素内部的组合。

（3）市场营销组合具有整体协同作用。企业必须在准确地分析、判断特定的市场营销环境、企业资源及目标市场需求特点的基础上，才能制定出最佳的营销组合。所以，最佳的市场营销组合的作用，决不是产品、价格、渠道、促销四个营销要素的简单数字相加，即 $4Ps \neq P + P + P + P$，而是使它们产生一种整体协同作用。就像中医开出的重要处方，四种草药各有不同的效力，治疗效果不同，所治疗的病症也相异，而且这四种中药配合在一起的治疗，其作用大于原来每一种药物的作用之和。市场营销组合也是如此，只有它们的最佳组合，才能产生一种整体协同作用。正是从这个意义上讲，市场营销组合又是一种经营的艺术和技巧。

（4）市场营销组合具有应变能力。市场营销组合作为企业营销管理的可控要素，一般来说，企业具有充分的决策权。例如，企业可以根据市场需求来选择确定产品结构，制定具有竞争力的价格，选择最恰当的销售渠道和促销媒体。但是，企业并不是在真空中制定的市场营销组合。随着市场竞争和顾客需求特点及外界环境的变化，企业必须对营销组合随时纠正、调整，使其保持竞争力。总之，市场营销组合对外界环境必须具有充分的适应力和灵敏的应变能力。

第三节　市场营销观念

营销观念，也叫作营销导向、营销理念、营销管理哲学等，是企业制定营销战略、实施营销战略、组织开展营销活动所遵循的一系列指导思想的总称。树立科学的营销观念，在市场营销活动中具有重要作用。现代营销管理的首要环节就是通过教育、培训、引导、说服等一系列活动，使企业全员树立起科学正确的现代营销观念。

一、市场营销观念的历史变革

企业经营观念是企业经营活动的指导思想，是企业如何看待顾客和社会的利益，即如何处理企业、顾客和社会三者利益之间比重的关键。无论是西方发达国家的企业还是我国的企业，经营观念思想演变都经历了由“以生产为中心”转变为“以顾客为中心”，从“以产定销”转变为“以销定产”的过程。企业经营观念的演变过程，既反映了社会生产力及市场趋势的发展，也是企业领导者对市场营销发展客观规律认识深化的结果。

现代企业的市场营销管理观念可归纳为五种，即生产观念、产品观念、推销观念、市场营销观念和社会市场营销观念，如图 1－4 所示。其中，前三者属于传统营销观念，后两者属于现代市场营销观念。

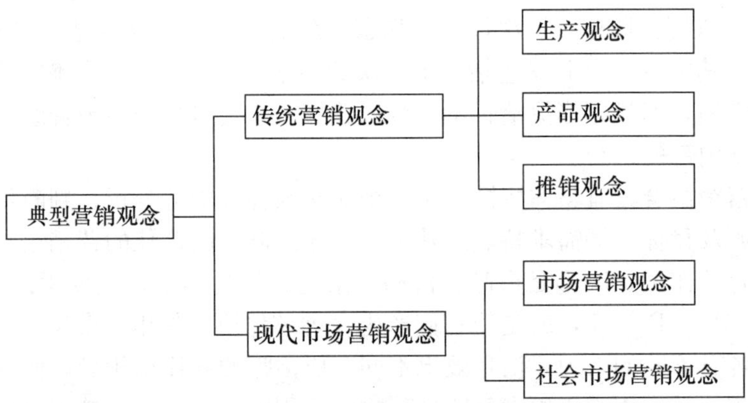

图 1－4　典型的五种营销观念

（一）生产观念

生产观念是指导销售者行为最古老的观念之一，它产生于 20 世纪 20 年代以前。以生产观念为主导的企业经营哲学不是从消费者需求出发，而是从企业生产出发的。它的主要表现是“我生产什么，就卖什么”。生产观念认为，消费者喜欢那些可以随处买到而且价格低廉的产品，企业应致力于提高生产效率和分销效率，扩大生产、降低成本以扩展市场。生产观念是一种重生产、轻市场营销的商业哲学。

生产观念是在卖方市场条件下产生的。在资本主义工业化初期以及第二次世界大战末期和战后一段时期内，由于物资短缺，市场产品供不应求，生产观念在企业经营管理中颇为流行。过去，我国在计划经济体制下，市场产品短缺，产品销售不成问题，因此，工商企业在其经营管理中也奉行生产观念。

小案例

美国福特汽车就曾宣称："不管顾客需要什么颜色的汽车，我只生产一种黑色的。"这就是生产观念的典型表现。1923 年，福特汽车公司在美国汽车市场上所占的份额约为 57%。生产观念忽视了对顾客的需求研究。当顾客需要的是低价格、容易买到的产品时，在生产观念指导下，企业可能获得极大的成功。但是，当顾客的需求和市场发生变化时，这种观念往往会使企业陷入困境。结果从 1921 年到 1940 年期间，福特在美国汽车市场的销售份额从 55.7%降至 18.9%。

资料来源：朱洪春，庄薇薇，付宏科．市场营销实务．上海：上海交通大学出版社，2017.

（二）产品观念

产品观念也是一种比较早的企业经营观念。产品观念认为，消费者最喜欢高质量、多功能和具有某种特色的产品，企业应致力于生产高质量产品，并不断加以改进。这一观念产生于市场产品供不应求的“卖方市场”形势下。企业推出一款新产品时，也很容易产生产品观念。此时，营销者最容易患上“市场营销近视”，即不适当地把注意力放在产品上，而不是放在市场需求上，在市场营销管理中缺乏远见，只看到自己的产品质量好，而看不到市场需求在变化，致使企业经营陷入困境。

小案例

美国某钟表公司自 1869 年创立到 20 世纪 50 年代，一直被公认为是美国最好的钟表制造商之一。该公司在市场营销管理中强调生产优质产品，并通过由著名珠宝商店、大型百货公司等构成的市场营销网络分销产品。1958 年之前，公司销售额始终每年呈上升趋势，但此后其销售额和市场占有率开始下降。造成这种状况的主要原因是市场形势发生了变化：这一时期的许多消费者对名贵手表已经不再感兴趣，而趋向于购买那些经济、方便、新颖的手表；而且，许多制造商为了迎合消费者的这一需要，已经开始生产低档产品，并通过廉价商店、超级市场等大众分销渠道积极推销新产品，从而夺得了该钟表公司大部分的市场份额。该钟表公司竟然没有注意到这一市场形势的变化，仍然继续生产精美的传统样式的手表，并借助传统的渠道销售。他们的营销者认为，自己的产品质量好，顾客必然会愿意购买。结果，该企业的经营遭受重大挫折。

（三）推销观念

推销观念（或称销售观念）产生于 20 世纪 20 年代末至 50 年代初，是许多企业采用的另一种观念，表现为“我卖什么，顾客就买什么”。它认为，消费者通常表现出一种购买惰性或抗衡心理，如果按照其购买意愿，消费者一般不会总购买某一企业的产品，因此，企业必须积极推销和大力促销，以刺激消费者大量购买本企业的产品。推销观念在现代市场经济条件下被大量用于推销那些非渴求物品，即购买者一般不会想到要去购买的产品或服务。许多企业在产品过剩时，也常常奉行推销观念。

20世纪20年代至50年代初是资本主义国家由“卖方市场”向“买方市场”过渡的阶段。这一时期，由于科学技术的进步，大规模生产模式得到推广，产品产量迅速增加，逐渐出现了市场产品供过于求、卖方之间竞争激烈的新形势。尤其在1929—1933年的资本主义经济危机期间，大量产品积压，销售不出去，因而迫使企业重视采用广告术与推销术去销售产品。许多企业家认识到：即使有物美价廉的产品，也未必能卖得出去；企业要在日益激烈的市场竞争中求得生存和发展，就必须重视推销。例如，美国皮尔斯堡面粉公司在此经营观念的导向下，当时就提出“本公司旨在推销面粉”。

这种观念虽然比前两种观念前进了一步，企业开始重视广告术与推销术，但其实质仍然是以生产为中心。

（四）市场营销观念

市场营销观念是作为对上述诸观念的挑战而出现的一种新型的企业经营哲学。这种观念以满足顾客的需求为出发点，即“顾客需要什么，就生产什么”。尽管这种思想由来已久，但其核心原则直到20世纪50年代中期才基本成型。当时社会生产力迅速发展，市场趋势表现为供过于求的买方市场，同时人们的收入迅速提高，可以对产品进行选择，企业之间产品的竞争加剧，企业开始认识到，必须转变经营观念，才能求得生存和发展。市场营销观念认为，实现企业各项目标的关键，在于正确确定目标市场的需求和欲望，并且比竞争者更有效地传送目标市场所期望的产品或服务，进而比竞争者更有效地满足目标市场的需求和欲望。

市场营销观念的出现，使企业经营观念发生了根本性的变化，也使市场营销产生了一次革命。市场营销观念同推销观念相比具有很大的差别：（1）推销观念注重卖方需要，市场营销观念则注重买方需要；（2）推销观念以卖方需要为出发点，考虑如何把产品变成现金，而市场营销观念则考虑如何通过制造、传送产品以及与最终消费产品有关的所有事物，来满足顾客的需要。可见，市场营销观念的四个支柱是市场中心、顾客导向、协调的市场营销和利润。推销观念的四个支柱是工厂、产品导向、推销和赢利。从本质上说，市场营销观念是一种以顾客需要和欲望为导向的哲学，这是消费者主权论在企业市场营销管理中的体现。

许多优秀的企业都是奉行市场营销观念的。如本田汽车公司要在美国推出一款雅阁牌新车。在设计新车之前，他们派出工程技术人员专程到洛杉矶地区考察高速公路的情况，实地丈量路长、路宽，采集高速公路的柏油，拍摄进出口道路的设计。回到日本后，他们专门修了一条9英里长的高速公路，就连路标和告示牌都与美国公路上的一模一样。在设计行李箱时，设计人员的意见有分歧，他们就到停车场观察了一个下午，看人们如何去放行李。回来以后，设计人员的意见马上统一了。后来，本田公司的雅阁牌汽车一到美国就备受欢迎，被称为“全世界都能接受的好汽车”。

（五）社会市场营销观念

社会市场营销观念是对市场营销观念的修改和补充。它产生于20世纪70年代西方资本主义出现能源短缺、通货膨胀、失业增加、环境污染严重和消费者保护运动盛行的新形势下，市场营销观念回避了消费者需要、消费者利益和长期社会福利之间隐含冲突的现实。社会市场营销观念认为，企业的任务是确定各个目标市场的需要、欲望和利益，并以保护或提高消费者和社会福利的方式，比竞争者更有效、更有利地向目标市场提供能够满足其需要、欲望和利益的物品或服务。社会市场营销观念要求市场营销者在制定市场营销策略时，统筹兼顾三个方面的利益，即企业利润、消费者需要和社会利益。

上述五种观念，其产生和存在都有其历史背景和必然性，都是与一定的条件相联系、相适应的。企业为了求得生存和发展，就必须树立具有现代意识的市场营销观念和社会营销观念。把五种观念作一个基本的比较，不难看出，前面三种具有本质的相同点，可以统称为传统的营销观念。传统的营销观念以企业为中心，以“产”定“销”；而市场营销观念及社会市场营销观念以顾客为中心，以“销”定“产”。这五种营销观念的比较如表 1-2 所示。

表 1-2　　五种营销观念的比较

<table>
<tr><th>营销观念</th><th>核心</th><th>原则</th><th>规划顺序</th><th>手段</th><th>目的</th></tr>
<tr><td>生产观念</td><td rowspan="3">产品</td><td>产什么卖什么</td><td rowspan="3">以“产”定“销”</td><td>提高生产规模与效率</td><td rowspan="5">实现企业利润及其他目标</td></tr>
<tr><td>产品观念</td><td>酒香不怕巷子深</td><td>提高产品质量</td></tr>
<tr><td>推销观念</td><td>产品是卖出去的</td><td>推销与广告</td></tr>
<tr><td>市场营销观念</td><td>顾客</td><td>主观为自己、客观为他人</td><td rowspan="2">以“销”定“产”</td><td rowspan="2">整体营销手段</td></tr>
<tr><td>社会市场营销观念</td><td>顾客需要、社会利益与企业利益</td><td>保护或者提高消费者利益及社会福利</td></tr>
</table>

二、市场营销观念的新发展

在生产观念、产品观念、推销观念、市场营销观念、社会市场营销观念之后又有了关系营销、绿色营销、文化营销、整合营销、网络营销等概念。

（一）关系营销

关系是指人和人或人和事物之间的某种性质的联系。在社会学上，关系是随着人类社会的诞生而出现，随着社会的发展而发展的。在远古时代，社会成员为了征服自然、获得生存而保持一定的相互协调关系。其特点是关系被无意识运用，来调整相互之间的利益分配；随着社会分工的出现，人们之间的种种联系由于利益而更加持久；随着人们交往活动的增加，关系呈网络状地迅速扩散，使得人类社会关系平均持续时间下降。

关系营销是在“社会学时代”的大背景下，于 20 世纪 90 年代伴随着市场经营理念的发展而产生的。关系营销把营销活动看成是一个企业与消费者、供应商、分销商、竞争者、政府机构及其他公众发生互动作业的过程，企业经营活动的核心是建立并发展这些公众的良好关系。

关系营销的基础和关键是“承诺”与“信任”。承诺是指交易一方认为与另一方的相处关系非常重要而保证全力以赴地保持这种关系，它是保持某种价值关系的一种愿望和保证。信任是当一方对其交易伙伴的可靠性和一致性有信心时产生的，它是一种依靠交易伙伴的愿望。

（二）绿色营销

绿色营销是在当今社会环境破坏、污染加剧、生态失衡、自然灾害威胁人类生存和发展的背景下提出来的新观念。20 世纪 80 年代以来，伴随着各国消费者环保意识的日益增强，世界范围内掀起了一股绿色浪潮，如绿色工程、绿色工厂、绿色商店、绿色商品、绿色消费等新概念应运而生。不少学者认为，我们正走向绿色时代，21 世纪将是绿色世纪。在这股浪潮的冲击下，绿色观念也相应产生。

绿色营销观念主要是强调把消费需求、企业利益和环保利益三者有机地统一起来。它最突出的特点，就是充分考虑到资源利用与环境保护的问题，要求企业从产品设计、生产、销售到使用，整个营销过程都要考虑到资源的利用和环保利益，做到安全、卫生和无公害等。它的目标是实现人类的共同愿望和需要，即资源的永续利用和保护以及生态环境的改善。

（三）文化营销

文化营销是指企业成员共同默认并在行动上付诸实施，从而使企业营销活动形成文化氛围的一种营销观念。它反映的是现代企业营销活动中经济与文化的不可分割性。企业的营销活动不可避免地包含着文化因素，企业应善于运用这些文化因素。

文化营销是指把商品作为文化的载体，通过市场交换进入消费者的意识，它在一定程度上反映了消费者对物质和精神追求的各种文化要素。文化营销既包括浅层次的构思、设计、造型、装潢、包装、商标、广告、款式，又包含对营销活动的价值评判、审美评价和道德评价。它包括三层含义：（1）企业需借助或适应不同特色的环境文化开展营销活动；（2）文化因素需渗透到市场营销组合中，综合运用文化因素，制定出有文化特色的市场营销组合；（3）企业借助商品，将自身的企业文化推销给广大的消费者，使企业能够更好地被广大的消费者所接受。

（四）整合营销

“整合营销”概念最初是以整合营销传播（Integrated Marketing Communication，IMC）形式出现的。1991 年，美国市场营销学教授唐·舒尔茨（Don Schultz）提出了“整合营销传播”的新概念，认为整合营销传播是一个“管理与提供给顾客或者潜在顾客的产品或服务有关的所有来源的信息的流程，以驱动顾客购买企业的产品或服务并保持顾客对企业产品、服务的忠诚度”。

舒尔茨认为，传统的以 4P（产品、价格、渠道、促销）为核心的营销框架，重视的是产品导向而非真正的消费者导向，制造商的经营哲学是“消费者请注意”。面对 20 世纪 90 年代市场环境的新变化，企业应在营销观念上逐渐淡化 4P、突出 4C。4C 是指消费者（consumer）、成本（cost）、便利（convenience）和沟通（communication），强调了考虑消费者的需要和欲望以及如何与消费者进行双向沟通。制造商的经营哲学更加“注意消费者”，以整合企业内外部所有资源为手段，再造企业的生产行为与市场行为，充分调动一切积极因素以实现企业统一的传播目标。IMC 强调与顾客进行多方面的接触，并通过接触点向消费者传播清晰、一致的企业形象，具有如下特征：在整合营销传播中，消费者处于核心地位；对消费者深刻全面的了解，是以建立资料库为基础的；整合营销传播的核心工作是培养真正的“消费者价值”观，与那些最有价值的消费者保持长期的紧密联系；以本质上一致的信息为支撑点进行传播；企业不管利用什么媒体，其产品或服务的信息一定得清楚、一致；以各种传播媒介的整合运用作手段进行传播；凡是能够将品牌、产品类别和任何与市场相关的信息传递给消费者或潜在消费者的过程与经验，均被视为可以利用的传播媒介。

随后，整合营销传播开始扩展为整合营销。整合营销发展为“根据目标设计企业的战略，并支配企业各种资源以达到企业目标”。

（五）网络营销

网络营销是企业整体营销战略的一个组成部分，是为实现企业总体经营目标，以互联网为基本手段营造网上经营环境的各种活动。网络营销贯穿于企业开展网上经营的整个过程，从信息发布、信息收集，到开展网上交易为主的电子商务阶段，网络营销一直都是一项重要内容。实践证明不同子市场的客户存在着不同的需求，甚至子市场中客户的个别需求也会经常变化。这个阶段，消费者市场不再是群，而是把每一个个性化的消费者单独作为一个市场进行分析。网络营销最适用于那些善于收集单个客户信息的企业，这些企业所经营的产品能够借助客户数据库的运用实现交叉销售，或产品需要周期性地重构或升级，或产品价值很高。

企业的生存与发展越来越依赖于其对市场的认知能力与适应能力，这是市场营销学得以迅速发展的根本原因。市场营销是通过市场交换满足现实或潜在需要的综合性经营销售活动过程。在这个过程中，企业必须树立与市场发育相适应的营销观念，才可能在竞争中立于不败之地。

第四节 市场营销学概述

一、市场营销学的概念、作用和特点

（一）市场营销学的概念

市场营销学是一门建立在经济学、行为科学、现代管理理论基础之上的综合性的应用科学，研究以满足消费者的需求为中心的企业营销活动过程及其规律性，具有全程性、综合性、实践性等特点。市场营销学于20世纪初期产生于美国。随着社会经济及市场经济的发展，市场营销学发生了根本性的变化，从传统市场营销学演变为现代市场营销学，其应用从营利组织扩展到非营利组织，从国内扩展到国外。如今，市场营销学已经成为与企业管理相结合，并同经济学、行为科学、人类学、数学等学科相结合的应用边缘管理学科。

（二）市场营销学的作用

市场营销学是一门实践性很强的应用学科，认真学习和研究市场营销学，对于借鉴他

国经营现代企业的经验和方法，提高企业营销素质，增强企业活力和竞争力，在国外激烈的市场竞争中取胜，加速我国经济建设的步伐，具有重要的现实意义。

（1）研究市场营销学，有助于更好地满足社会需要。市场营销观念强调以消费者的需求和利益为中心，按照市场需求组织产品的生产和供应，有助于资源配置优化，生产效率提高，并更好地满足消费者的现实需要与潜在需要。

（2）研究市场营销学，有利于解决产品市场实现问题。加速商品的流通速度，商品变现，可能产品转化为现实产品。

（3）研究市场营销学，有利于增强企业的市场竞争力。了解消费者需求，分析市场环境，制定和实施有效的营销组合策略，企业必将极大地提高营销素质，改善经营管理，增强应变与竞争能力。

（4）研究市场营销学，有利于进一步开拓国际市场。只有了解目标市场，制定相应的国际营销策略，才能更有效地开拓国际市场，发展我国的对外贸易。

（三）市场营销学的特点

1. 广泛性

广泛性是指市场营销学具有广泛的应用范围。只要存在市场经济，无论什么类型的组织和个人，都要与市场打交道，都要掌握市场营销知识，这决定了市场营销学具有广泛性的特点。首先表现为市场营销主体的广泛性。营利组织、非营利组织和个人都要参与市场活动，便都成为市场营销的主体。其次表现为市场营销客体的广泛性。不仅商品、服务进入市场，参与营销，就是生产商品的企业、经营者也成为市场营销的对象。再次表现为市场竞争的广泛性。在市场经济条件下，竞争无所不在。而市场营销是以研究市场竞争为导向的，因此，一切参与竞争的组织和个人都必须研究市场营销问题。最后表现为市场活动的广泛性。市场营销已突破了商品流通领域，上延到生产领域的产前活动，包括市场调研、产品设计等，下伸至消费领域，包括维修、送货、安装等服务和消费者行为研究。同时，它既研究企业内部的营销管理，又研究企业外部的市场环境，并通过创造良好的外部环境为企业发展创造条件。

2. 全程性

全程性是指市场营销研究的范围包括进行市场决策和贯彻执行该决策的全部内容。市场决策包括战略决策和战术决策两个层次，每个层次都包含丰富的内容。市场营销学就是从调查研究开始，制定各种营销战略和营销策略，并通过切实可行的具体措施，来保证实现组织的目标。市场营销学的研究范围，在实践中不断扩大，从生产领域的产前活动到消费领域的售后服务，既要研究加强内部营销管理，又要分析、适应外部市场环境。因此，市场营销学的研究领域已扩大到社会再生产的全过程。

3. 综合性

综合性是指它综合运用多方面的理论来研究纷繁复杂的市场现象。如运用经济学、行为科学、哲学、社会学、心理学、会计学、统计学、经济计量学、数学、运筹学等学科的理论和方法，来研究市场营销环境，分析消费者心理和消费者行为，从而制定出相应的营销战略和策略。

4. 实践性

实践性是指市场营销的理论原则来源于实践，反过来又指导企业的实践活动。正是这种实践性，才使市场营销理论显示出强大的生命力。市场营销学是有效指导企业适应情况多变的目标市场的实践指南，它着重研究买方市场条件下企业的市场营销管理问题。市场营销理论也只有应用于实践，才能显示其强大的生命力。

5. 发展性

发展性是指市场营销学的理论和方法随着客观形势和市场营销经验的发展而不断地充实和发展。市场营销的发展性，决定了人们对它的研究永远不能停步，必须不断创新。

二、市场营销学的性质

（一）市场营销学是一门科学

市场营销学是什么性质的科学？它是否是一门科学？对此，国内外学术界持有不同的见解。概括起来，大致分为三种观点：第一种观点认为，市场营销学不是一门科学，而是一门艺术。他们认为，工商管理（包括市场营销学在内）不是科学而是一种教会人们如何作营销决策的艺术。第二种观点认为，市场营销学既是一种科学，又是一种行为和一种艺术。这种观点认为，管理（包括市场营销学）不完全是科学，也不完全是艺术，有时偏向科学，有时偏向艺术。当收集资料时，尽量用科学方法收集和分析，这时科学成分比较大；当取得资料，要作最后决定时，这时艺术成分就大一点，因为主要是依据企业领导者的经验和主观判断。这种双重性观点，主要问题在于将市场营销同市场营销学混同起来了。市场营销是一种活动过程、一种策略，因而是一种艺术。市场营销学是对市场营销活动规律的概括，因而是一门科学。第三种观点认为，市场营销学是一门科学。这是因为，市场营销学是对现代化大生产及商品经济条件下工商企业营销活动经验的总结和概括，它阐明了一系列概念、原理和方法。市场营销理论与方法一直指导着国内外企业营销活动的发展。

（二）市场营销学是一门应用科学

市场营销学是一门经济科学还是一门应用科学，学术界对此存在两种观点：一种观点认为市场营销学是一门经济科学，是研究商品流通、供求关系及价值规律的科学；另一种观点认为市场营销学是一门应用科学。无疑，市场营销学是于20世纪初从经济学的“母体”中脱胎出来的，但经过几十年的演变，它已不是经济科学，而是建立在多种学科基础上的应用科学。美国著名市场营销学家菲利普·科特勒指出：“市场营销学是一门建立在经济科学、行为科学、现代管理理论之上的应用科学。”因为“经济科学提醒我们，市场营销是用有限的资源通过仔细分配来满足竞争的需要；行为科学提醒我们，市场营销学是涉及谁购买、谁组织，因此，必须了解消费者的需求、动机、态度和行为；管理理论提醒我们，如何组织才能更好地管理其营销活动，以便为顾客、社会及自己创造效用”。

（三）市场营销学既包括宏观营销学又包括微观营销学

美国著名市场营销学家麦卡锡在其代表作《基础市场学》中明确指出，任何商品经济社会的市场营销均存在两个方面：一个是宏观市场营销；另一个是微观市场营销。宏观市场营销把市场营销活动与社会联系起来，着重阐述市场营销与满足社会需要、提高社会经济福利的关系，它是一种重要的社会过程。宏观市场营销的存在是由于社会化大生产及商品经济社会要求某种宏观市场营销机构及营销系统来组织整个社会所有的生产者与中间商的活动，组织整个社会的生产与流通，以实现社会总供需的平衡及提高社会的福利。微观市场营销是指企业活动或企业职能，是研究如何从顾客需求出发，将产品或劳务从生产者转到消费者手中，实现企业赢利目标。它是一种企业经济活动的过程。由于西方国家受资本主义私有制的局限，其学术界主要是研究企业的微观营销，对宏观营销研究不十分重视，即使对宏观营销进行研究，也不是从实现社会总供需平衡的角度来研究，而只从客观角度来研究企业营销的总体作用。我国实行的是以社会主义公有制为主体的、多种经济成分并存的社会主义市场经济，国家实行宏观计划调控，因而从微观及宏观两个角度来研究市场营销非常重要。

三、市场营销学的研究对象和核心思想

（一）市场营销学的研究对象

主要研究卖主的产品或服务如何转移到消费者和用户手中的全过程。探讨在生产领域、流通领域和消费领域内运用一整套开发原理、方法、策略，不断拓展市场的全部营销活动以及相应的科学管理。

市场营销学的研究对象主要包括以下内容：市场需求；如何最大限度地满足顾客（市场）的需求；如何采用更好的方法和技巧，使产品有计划、有目的地进入最有利润潜力的市场；在满足市场需求的同时，如何最大限度地实现企业的利润目标。一言以概之，市场营销学主要研究的是企业的营销活动及其规律性。

（二）市场营销学的核心思想

按照对市场营销研究对象的表述，可以看出它的核心思想：企业必须面向市场、面向消费者，必须适应不断变化的环境并及时做出正确的反应。企业的存在要为消费者或用户提供令人满意的各种产品或服务，并且要用最小的费用、最快的速度将产品送达消费者或用户手中。企业应该而且只能在消费者或用户的满足中实现自己的各项目标。

四、市场营销学的研究方法

研究市场营销学的方法是随着市场营销学的发展而变化的。在 20 世纪 50 年代前，对市场营销学的研究主要采用传统的研究方法，包括产品研究法、机构研究法、职能研究法。20 世纪 50 年代以后，市场营销学从传统市场营销学演变为现代市场营销学，研究方法主要是现代科学方法，包括管理研究法、系统研究法及社会研究法。

（一）市场营销学的传统研究方法

1. 产品研究法

即以产品为中心的研究方法，是以产品为主体，对某类产品诸如农产品、工业品、矿产品、消费品及劳务等进行分别研究，包括产品的设计、包装、厂牌、商标、定价、分销、广告及市场开拓。这种研究方法可详细地分析研究各类产品市场营销中遇到的具体问题，但需耗费巨大的人力、物力和财力，而且工作的重复性很大。

2. 机构研究法

即以人为中心的一种研究方法。这种方法以研究市场营销制度为出发点，研究渠道制度中各个环节及各种类型的市场营销机构，诸如代理商、批发商、零售商等。

3. 职能研究法

即从市场营销的各种职能，诸如交换功能（购买与销售）、供给功能（运输与储存）、便利功能（资金融通、风险承担、市场信息等）以及企业执行各种功能中必定或可能遇到的问题，来研究和认识市场营销问题。

（二）现代市场营销的研究方法

进入 20 世纪 50 年代以后，市场营销学发生了革命，研究市场营销学的方法也随之发生了变化。

1. 管理研究法

管理研究法是一种从管理决策的角度来分析、研究市场营销问题的方法，它综合了产品研究法、机构研究法和职能研究法。从管理决策的观点看，企业营销受两大因素的影响：一是企业不可控因素，诸如人口、经济、政治、法律、自然、社会文化等因素；二是企业可控因素，即产品、价格、分销及促销。企业营销管理的任务在于全面分析外部不可控因素的作用，针对目标市场需求的特点，结合企业的目标和资源，制定出最佳的营销组合策略，实现企业赢利目标。

2. 系统研究法

系统研究法是系统理论具体应用的一种研究方法，是从企业内部系统、外部系统，以及内部和外部系统如何协调来研究市场营销。企业内部系统主要是研究企业内部各职能部门，诸如生产部门、财务部门、人事部门、销售部门等如何协调，以及企业内部系统同外部系统的关系如何协调。企业外部系统主要研究企业同目标顾客外部环境的关系。内部与外部系统又是通过商品流程、货币流程、信息流程联结起来的。只有市场营销系统的各组成部分相互协调，才能产生高的营销效益。

3. 社会研究法

社会研究法主要是研究企业营销活动对社会利益的影响。市场营销活动，一方面带来了社会经济的繁荣，提高了社会及广大居民的福利；另一方面造成了某些负面效应，诸如污染社会及自然环境，破坏社会生态平衡等。因此，有必要通过社会研究方法，寻求使市场营销的负面效应减少到最低限度的途径。

近年来，市场营销研究方法都是以实证主义方法论为基础的。实证主义是传统的西方哲学派别，又称实证哲学。其基本观念是：社会科学研究的对象是纯客观的，社会现象背后存在着必然的因果规律；社会现象是可以被感知的，经验是科学知识的唯一来源，只有被经验证明的知识才是科学。它强调感觉经验、排斥形而上学，认为通过对现象的归纳就可以得到科学定律。

营销学方法论不等同于营销研究方法或具体技术，它是对营销研究方法的系统研究和评价。在西方研究概念中，规范的研究都以实证主义方法论为指导。如商品学派和职能学派都是建立在实证主义的基础上的。实证主义的基本方法是因果关系陈述和概率统计关系陈述，但是在市场营销的过程中却又充满了随机性，这一点与教育科学研究一致。

实证主义强调知识的可观察性。如细分市场特征、竞争者行为、某一类消费者对某个具体产品的购买行为等。这些都是可观察的。长期以来，实证主义一直是市场营销研究的主要方法。我们研究营销学基本采用的是观察（案例）—归纳（总结共性）—分析（案例中说明的问题）—判断（归纳出结论）—预测（提出指导性的意见）的归纳模式。

本章小结

本章详细地介绍了市场营销学的相关概念，其中重点介绍了市场、市场营销、市场营销学的概念。通过学习本章，学生可以掌握市场营销管理任务和市场营销观念的演变，了解市场营销学的研究方法，学会应用市场营销观念并会根据相应的案例了解当时的营销观念属于哪一种。随着信息化社会的发展，营销观念也在发生着变化，本章详细地介绍了最新的营销模式和思维。

思考题

1. 如何理解市场、市场营销、市场营销管理这三个概念之间的联系和区别?

2. 如何理解市场营销学的性质和研究对象?

3. 如何理解市场营销观念? 企业应如何借鉴使用?

4. 现代市场营销观念的重点是什么?

5. 随着计划经济向市场经济的转变，人们开始意识到市场的重要性，一切以市场为中心去生产开发新产品，但最终人们都认为“卖出去才是硬道理”。你怎么理解这句话?

6. 以当地的某一企业为背景，通过调研，分析其市场营销观念是否符合现代市场经济的发展要求，并进一步说明树立正确的营销观念对企业发展的重要性。

第二章　营销调研与市场需求预测

学习目标

1. 理解市场营销信息系统的构成。
2. 理解市场营销调研的含义、特点、类型及程序。
3. 掌握市场调研的方法。
4. 懂得如何估算企业当前的市场需求。
5. 掌握市场需求预测的基本方法。

引导案例

重视市场调查的 LEVI'S 公司

LEVI'S 是美国西部最有名的名字之一。它也是世界上第一条牛仔裤的发明人李维·施特劳斯(Levi Strauss)的名字。1847 年,年仅十七岁的李维·施特劳斯从德国移民至纽约,几乎完全不会讲英语的他在美国的起初几年是为他的两名兄长打工。他在纽约及肯德基一带的偏僻市镇和乡村到处贩卖布料及家庭用品,有时甚至露宿路边或在空的车房里过夜。加州淘金热的消息使年轻的施特劳斯相当入迷,他于 1853 年搭船航行到圣弗朗西斯科(现译为旧金山),随身携带了数卷营帐及篷车用的帆布准备卖给迅速增加的居民。但他发现帆布有更好的用途,因为有一名年长的淘金人告诉他应该卖的是适合挖金用的长裤,于是他把卖不完的帆布送到裁缝处订制了第一条 LEVI'S 牛仔裤。就在那一天,LEVI'S 的传奇诞生了。

当时淘金工所穿的衣服皆为一般棉布衣,不耐磨,而牛仔裤则以其坚固、耐久、穿着合适获得了当时西部牛仔和淘金者的喜爱,大量的订货纷至沓来。李维·施特劳斯于 1853 年成立了牛仔裤公司,以淘金者和牛仔为销售对象,大批量生产"淘金工装裤"。

起初,李维·施特劳斯用厚实的帆布裁出低腰、直裤腿、窄臀围的裤子;后来,他放弃帆布,改用斜纹粗棉布,那是一种在法国纺织以不变色靛蓝染料织成的强韧棉布,穿起来更舒服。由于此种裤子穿起来精悍利落,因此深得牛仔们的喜爱,渐渐便成为牛仔们的特色。

从 1860 至 1940 年期间,李维公司对原创设计作了不少改良,包括铆钉、拱形的双马保证皮标以及后袋小旗标,如今这些都是世界著名的正宗 LEVI'S 牛仔裤标志。目前,LEVI'S 公司的牛仔裤的确已成美国传统,对全世界的人来说,它代表的是西部的拓荒力量和精神。

在 LEVI'S 公司的发展历程中,始终坚持搞好市场调查,树立牢固的市场观念,按用户需要组织生产。根据市场调查和长期积累的经验,LEVI'S 公司把青年人作为目标市场。为满足青年人的需要,LEVI'S 公司坚持把耐穿、时髦、合体作为开发新产品的主攻方面,力争使自己的产品长期占领青年人市场。在 20 世纪 60 年代,公司了解到许多美国妇女喜欢穿男装牛仔裤,便根据这种情况,经过深入调查,设计出适合妇女穿的牛仔裤、便装和裙子。1978 年的妇女牛仔服装销售额增加了 58%。

为了满足市场需要,LEVI'S 公司十分重视对消费心理的分析。1974 年,为了拓展欧洲市场,研究市场变化趋势,了解消费者爱好,LEVI'S 公司向德国顾客提出了"你们穿 LEVI'S 的牛仔裤,是要价钱低、样式好,还是合身"的问题。调查结果表明,多数人首先追求的是"合身"。于是,公司派专人在德国各大学和工厂进行实验,一种颜色的裤子,竟生产出了不同尺寸、不同规格和 45 种型号,大大拓展了销路。公司还根据市场调查获得的各种有关用户的信息资料,制订出五年计划和第二年度计划。虽然市场竞争相当激烈,但由于 LEVI'S 公司积累了相当丰富的市场调查经验,所制订的生产和销售计划同市场实际销售量只差 1%~30%,基本做到了产销统一。LEVI'S 公司的销售网遍及世界 70 多个国家,公司对所属的生产和销售部门实行统一领导。公司认为产销是一个共同体,二者必须由一个上级来决定,工厂和市场之间要建立经常性的情报联系,使工厂的生产和市场的需求保持统一。为此，公司设立了进行市场调查的专门机构，在国内外进行市场调查，为公司的决策提供依据。

正确的市场决策，带来了LEVI'S公司的大发展。公司在20世纪40年代末销售额只有800万美元，1979年增加到20亿美元，30年增加了250倍。近20年来，LEVI'S公司已发展成为活跃于世界舞台的跨国企业，公司按地区分为欧洲分部、拉美分部、加拿大分部和亚太分部。各分部分管生产、销售、市场预测等项事宜。LEVI'S公司拥有120家大型工厂，设存货中心和办事处以及3个分公司（美国LEVI'S牛仔裤公司、LEVI'S国际公司和BSE公司）。分公司有规模庞大、设备先进的生产厂42家，最大的一家年生产能力达到1 600万条。1979年，LEVI'S公司在美国国内总销售额达13.39亿美元，国外销售盈利超过20亿美元，雄居世界10大企业之列。

资料来源：http：//doc. mbalib. com/view/228bd2024c15dc52a1ce4a569666680a. html.

第一节 市场营销信息系统

一、市场营销信息系统的基本概念

市场营销信息系统是一个由人员、机器设备和计算机程序所组成的相互作用的复合系统，它连续有序地收集、挑选、分析、评估和分配恰当的、及时的和准确的市场营销信息，为企业营销管理人员制订、改进、执行和控制营销计划提供依据。

二、市场营销信息系统的构成

市场营销信息系统，由内部报告系统、营销情报系统、营销调研系统和营销决策支持系统组成，如图2-1所示。

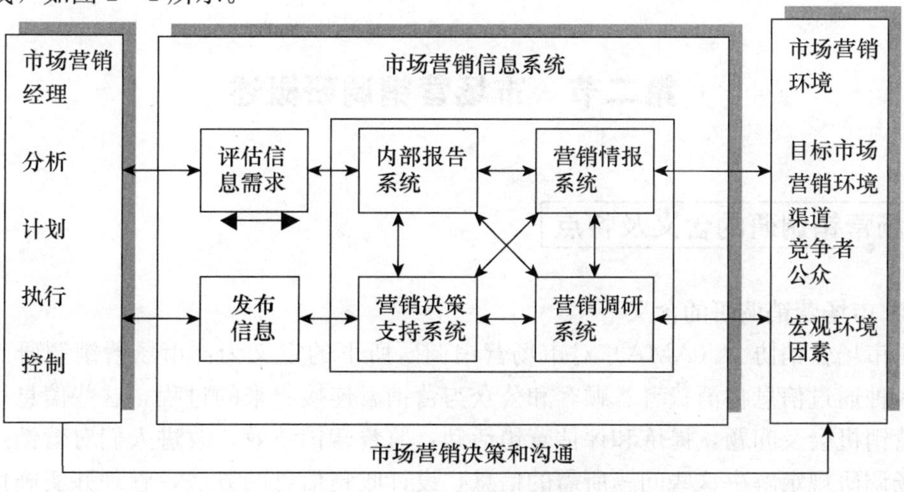

图2-1 市场营销信息系统

（一）内部报告系统

内部报告系统亦称内部会计系统，它是企业营销管理者经常要使用的最基本的信息系统。内部报告系统的主要功能是向营销管理人员及时提供有关订货数量、销售额、产品成本、存货水平、现金余额、应收账款、应付账款等各种反映企业经营状况的信息。通过对这些信息的分析，营销管理人员能够发现市场机会、找出管理中的问题，同时可以比较实际状况与预期水准之间的差异。其中订货—发货—开出收款账单这一循环是内部报告系统的核心，销售报告是营销管理人员最迫切需要的信息。

（二）营销情报系统

营销情报系统是指市场营销管理人员获得日常的有关企业外部营销环境发展趋势等信息的一整套程序和来源。它的任务是利用各种方法收集、侦察和提供企业营销环境最新出现的信息。营销情报系统与内部报告系统的主要区别在于后者为营销管理人员提供事件发生以后的结果数据，而前者为营销管理人员提供正在发生和变化中的数据。

（三）营销调研系统

上述两个子系统的功能都是收集、传递和报告有关日常的和经常性的情报信息，但是企业有时候还需要对营销活动中出现的某些特定的问题进行研究。比如企业希望测定某一产品广告的效果。市场营销调研系统的任务就是系统地、客观地识别、收集、分析和传递有关市场营销活动等各方面的信息，提出与企业所面临的特定的营销问题有关的研究报告，以帮助营销管理者制定有效的营销决策。营销调研系统不同于营销信息系统，它侧重于对企业营销活动中某些特定问题的解决。

（四）营销决策支持系统

营销决策支持系统也称营销管理科学系统，它通过对复杂现象的统计分析，建立数学模型，帮助营销管理人员分析复杂的市场营销问题，做出最佳的市场营销决策。营销决策支持系统由两个部分组成，一个是统计库，另一个是模型库。统计库的功能是采用各种统计分析技术从大量数据中提取有意义的信息。模型库包含了由管理科学家建立的解决各种营销决策问题的数学模型，如新产品销售预测模型、广告预算模型、厂址选择模型、竞争策略模型、产品定价模型以及最佳营销组合模型等。

第二节　市场营销调研概述

一、市场营销调研的含义及特点

（一）市场营销调研的含义

美国市场营销协会（AMA）对市场营销调研所下的定义为：市场营销调研（市场调查）是一种通过信息将消费者、顾客和公众与营销者连接起来的过程。这些信息用于识别和确定营销机会及问题，提炼和评估营销活动，监督营销绩效，改进人们对营销过程的理解。市场调研规定解决这些问题所需的信息，设计收集信息的方法，管理并实施信息收集过程，分析结果，最后沟通所得出的结论及其意义。简单地说："市场营销调研是指对与营销决策相关的数据（商品交换过程中产生的信息）进行计划、收集和分析并把结果向管理者沟通的过程。"

在商品经济社会的初期，商品生产规模小，产量和品种有限，市场交易范围狭小，供求变化较稳定，竞争不很激烈，商品生产经营者较易掌握市场变化。因此，市场调研仅处在原始的、自发的、低级的状态。而在现代相对发达的市场经济条件下，商品生产的规模日益扩大，生产量巨大，品种、规格、花色繁多；消费需求不但量大，而且层次多、复杂多变，供求关系变化迅速，市场规模突破了地区甚至国家的界限，竞争日益激烈。面对这样的状况，企业只有通过市场调研充分掌握市场信息，才能做出正确的经营决策，立于不败之地。

市场调查解决的主要问题是：现有顾客由哪些人或组织构成？潜在顾客由哪些人或组织构成？这些顾客需要购买哪些产品或服务？为什么购买？何时何地以及如何购买？

（二）市场营销调研的特点

以服务于企业预测和决策的需要为目的、系统收集和分析信息的现代市场调研是一项专业性很强的工作，从本质上看是一种对市场行为的科学研究工作。现代市场营销调研的基本特点如下。

1. 目的性

市场营销调研是有关部门和企业针对市场的科研活动，它有明确的目的性。这一目的性不仅是设计市场调研方案的前提，也是衡量市场调研是否有价值的基础。现代市场营销调研以提供有关部门和企业进行市场预测和决策所需的信息为目的，这种明确的目的性表现在收集、整理、分析市场信息及在各个阶段都具有严密的计划。

2. 系统性

现代市场营销调研过程是一项系统工程，它有规范的运作程序。市场营销调研人员应全面系统收集有关市场信息的活动，做到对影响市场运行的各种经济、社会、政治、文化等因素进行理论与实践分析相结合、分门别类研究与综合分析相结合、定性分析与定量分析相结合、现状分析与趋势分析相结合的系统性综合研究。如果单纯就事论事，不考虑周围环境等相关因素的影响，就难以有效把握市场发展及变化的本质，得到准确的调研结果。

3. 真实性

现代市场营销调研的真实性，具体表现为两方面的要求：第一，调查资料数据必须真实地来源于客观实际，而非主观臆造。任何有意提供虚假信息的行为，从性质上说不属于市场调查行为。例如，有的国家在医疗卫生保健的调查中，有意把霍乱、禽流感等传染性疾病的发病率报得很低，生怕报高了会有损本国的形象，吓跑外国旅客。第二，调查结果应该具有时效性，即调研所得结论能够反映市场运行的现实状况，否则，不仅会增加费用开支，而且会使有关部门和企业的决策滞后，导致决策失败。市场营销调研的时效性应表现为及时捕捉和抓住市场上任何有用的信息资料，及时分析，及时反馈，为有关部门和企业的活动提供决策建议或依据。总之，现代市场营销调研的真实性要求从业人员提高职业道德和专业素质，充分利用现代科技手段和方法收集和分析市场信息，做到准确、高效地反映现代市场运行的状况。

二、市场营销调研的类型

按其要完成的任务，市场营销调研一般分为以下三种类型。

（一）描述性市场调研

描述性市场调研的任务在于客观反映市场各个要素及其相互关系的现状。它是通过详细的调查和分析，对市场营销活动的某个方面进行客观的描述，对已经找出的问题作如实的反映和具体回答。多数的市场营销调研都为描述性调研，例如调查消费者购买力、竞争对手状况、产品市场占有率等。在调查中，搜集与市场有关的各种资料，并对这些资料进行分析研究，揭示市场发展变化的趋势，其特点是回答市场现状是什么，其意义是为企业的市场营销决策提供科学的依据。

（二）解释性市场调研

解释性市场调研的目的在于检验某种理论假设，或说明解释某类客观现象，寻求现象之间关系存在的条件。由于因果关系是建立理论解释的主要方式之一，因此，解释性市场调研也常常被称为"因果性市场调研"。在市场调研中凡是要回答"为什么"的时候，都属于解释性市场调研。例如，某公司尽管调低了产品的销售价格，但产品销售量仍然下降，公司不能确定究竟是广告支出减少所致，还是由于大量竞争对手加入市场，或者是公司的产品质量满足不了顾客的要求。要解决这一问题，就需要进行解释性市场调研活动。解释性市场调研的特点在于，在一定的理论指导下，全面收集有关因素的实际资料，在此基础上通过对资料的科学分析，检验原有的理论或假设，从而对客观现象给予理论解释和证明。这种调查的意义在于，调研人员可以向决策部门提供较完整的市场信息，并提出有科学依据的具体建议。

（三）预测性市场调研

预测性市场调研的目的在于对市场的发展趋势及变动幅度做出科学估计。它的特征是，在科学理论的指导下，通过运用科学方法对过去、当前市场信息的综合分析研究，预测未来市场的走势。预测性市场调研是企业制定市场营销决策和方案的重要依据和基础，它对企业制订有效的营销计划、避免较大的风险和损失，有着特殊的意义。

上述三类市场调研是相互联系的。尽管在特定时期，为解决某个特定问题，会强调或突出某一种市场调研类型，但是从市场调研的基本目的看，回答市场现状"是什么""为什么""将来是什么"等问题，是现代市场调研的基本职能和任务。

三、网络市场营销调研

网络市场调研又称网上调查或在线调查。网络市场调研是指企业利用互联网作为沟通和了解信息的工具，对消费者、竞争者一级整体市场环境等与营销有关的数据系统进行调查分析研究。这些相关的数据包括顾客需要、市场机会、竞争对手、行业潮流、分销渠道以及战略合作伙伴方面的情况。网络市场调研与传统的市场调研相比有着无可比拟的优势，如调研费用低、效率高、调查数据处理方便、不受时间地点的限制。因此网络市场调研成为网络时代企业进行市场调研的主要手段。

与传统市场营销调研方法相比，网络市场营销调研有如下优点。

（一）调研信息的及时性和共享性

网络信息经由高速的网络传输速度，能够快速地传送到连接上网的网络用户端，而且网上投票信息经过统计分析软件初步处理后，可以看到阶段性结果，而传统的市场调研得出结论需经过很长的一段时间。同时，网上调研是开放的，任何的网络用户都可以参加投票和查看结果，这保证了网络调研的共享性。由于企业网络站点的访问者一般都是对企业产品有一定的兴趣，对企业市场调研的内容认真思考之后才回复的，所以网络市场调研的结果是比较客观和真实的，能够反映消费者的真实要求和市场发展的趋势。

（二）调研方式的便捷性和经济性

在网络上进行市场营销调研，仅凭一台电脑便可以进行交流互动，完成调查问卷。调研者在企业站点上发出电子调查问卷，提供相关的信息，或者及时修改、充实相关信息，被调研者只需在电脑前按照自己的实际情况填写问卷，之后调研者利用计算机对被调研者反馈回来的信息进行整理和分析即可，这种调研方式是十分便捷的。同时，网络调研非常经济，它可以节约传统调查中大量的人力、物力、财力和时间的耗费；它省却了印刷调研问卷、派访问员进行访问、电话访问等工作；网络调研也不会受到天气、交通、工作时间等的影响；调查过程中最繁重、最关键的信息收集和录入工作也将分布到众多网上用户的终端上完成；信息检验和信息处理工作均由计算机自动完成。所以网络调研能够以最经济、便捷的手段完成。

（三）调研过程的交互性和充分性

网络的最大优势是交互性。这种交互性也充分体现在网络市场调研中。网络市场调研某种程度上具有人员面访的优点，在网上调查时，被访问者可以及时就问卷相关的问题提出自己的看法和建议，可减少因问卷设计不合理而导致的调查结论出现偏差等问题。消费者一般只能针对现有产品提出建议甚至是不满，而对尚处于概念阶段的产品则难以涉足，而在网络调研中消费者则有机会对从产品设计到定价和服务等一系列问题发表意见。这种双向互动的信息沟通方式提高了消费者的参与性和积极性，更重要的是能使企业的营销决策有的放矢，从根本上提高消费者满意度。同时，网络调研又具有留置问卷或邮寄问卷的优点，被访问者有充分的时间进行思考，可以自由地在网上发表自己的看法。这些优点形成了网络调研的交互性和充分性特点。

（四）网络调研结果的可靠性和客观性

相比传统的市场调研，网络调研的结果比较可靠和客观。这是因为，首先，企业站点的访问者一般都对企业产品有一定的兴趣，被调查者是在完全自愿的原则下参与调查，调查的针对性强。而传统的市场营销调研中的随机询问法，实质上是带有一定的“强制性”的。其次，被调查者主动填写调研问卷，证明被调查者一般对调查内容有一定的兴趣，回答问题就会相对认真，所以问卷填写可靠性高。最后，网络市场营销调研可以避免传统市场营销调研中人为因素干扰所导致的调查结论的偏差，因为被访问者是在完全独立思考的环境中接受调查的，能最大限度地保证调研结果的客观性。

（五）网络调研无时空和地域的限制性

传统的市场调研往往会受到区域与时间的限制，而网络市场调研可以 24 小时全天候进行，同时也不会受到区域的限制。

（六）调研信息的可检验性和可控制性

利用互联网进行网上调研收集信息，可以有效地对采集信息的质量实施系统的检验和控制。首先，网上市场调查问卷可以附加全面规范的指标解释，有利于消除被访者因对指标理解不清或调查员解释口径不一而造成的调查偏差。其次，问卷的复核检验由计算机依据设定的检验条件和控制措施自动实施，可以有效地保证对调查问卷100%的复核检验，保证检验与控制的客观公正性。最后，通过对被调查者的身份验证技术可以有效地防止信息采集过程中的舞弊行为。

四、市场营销调研的内容

（一）宏观市场调研的内容

从现代市场基本要素构成分析上看，宏观市场调研是从整个经济社会的角度，对于社会总需求与供给的现状及其平衡关系的调研。具体内容包括：

（1）社会购买力及其影响因素调查。社会购买力是指在一定时期内，全社会在市场上用于购买商品或服务的货币支付能力。社会购买力包括三个部分：居民购买力、社会集团购买力和生产资料购买力。其中，居民购买力，尤其是居民用于购买生活消费品的货币支付能力（即居民消费购买力），是调查的重点。

居民购买力的计算公式如下：

居民购买力＝居民货币收入总额－居民非商品性支出±居民储蓄存款增减额
±居民手存现金增减额

（2）社会购买力投向及其影响因素调查。主要内容是调查社会商品零售额情况，并分析其构成。这类调查还可以采用统计调查的方式，从买方角度分析购买力投向的变动。调查影响购买力投向变化因素的主要内容包括：消费品购买力水平及变动速度、消费构成变化、商品价格变动、消费心理变化和社会集团购买力控制程度变动等。

（3）消费者人口状况调查。调查的主要内容有：人口总量、人口地理分布状况、家庭总数和家庭平均人数、民族构成、年龄构成、性别构成、职业构成、教育程度等。这种调查有着长期的历史传统，在 20 世纪 50 年代中期形成的“市场细分”概念，是目前仍很流行的消费者调查参考框架之一。

（4）市场商品供给来源调查。对于商品供给来源的调查内容包括：国内工农业生产部门的总供给量、进口商品量、国家储备拨付量、物资回收量和期初结余量等。

（5）市场商品供应能力调查。商品供应能力调查是对工商企业的商品生产能力和商品流转能力的调查，主要内容包括：企业现有商品生产能力和结构、企业经营设施、设备的状况、科技成果转化速度、企业资金总量、企业盈利和效益情况、企业技术水平和员工素质、交通运输能力、生产力布局等。

（二）微观（企业）市场调研的内容

微观市场调研则是从微观经济实体（企业）的角度出发对市场要素进行调查分析，它是现代市场调研的主体内容。由于市场变化的因素很多，企业市场调研的内容也十分广泛，一般来说，涉及企业市场营销活动的方方面面都应调研，主要内容如下：

(1) 市场需求的调研。从市场营销的理念来说，顾客的需求和欲望是企业营销活动的中心和出发点，因此，对市场需求的调研，应成为市场调研的主要内容之一。市场需求情况的调研包括：对现有顾客需求情况的调研（包括需求什么、需求多少、需求时间等）；现有顾客对本企业产品（包括服务）满意程度的调研；现有顾客对本企业产品信赖程度的调研；对影响需求的各种因素变化情况的调研；对顾客的购买动机和购买行为的调研；对潜在顾客需求情况的调研（包括需求什么、需求多少和需求时间等）。

(2) 产品的调研。产品是企业赖以生存的物质基础。一个企业要想在竞争中求得生存和发展，就必须始终如一地生产出顾客需要的产品来。产品调研的内容包括：产品设计的调研（包括功能设计、用途设计、使用方便和操作安全的设计、产品的品牌和商标设计、产品的外观和包装设计等）；产品系列和产品组合的调研；产品生命周期的调研；对老产品改进的调研；对新产品开发的调研；对于如何做好销售技术服务的调研等。

(3) 价格的调研。价格对产品的销售和企业的获利情况影响很大，积极开展产品价格的调研，有助于企业制定正确的价格策略。价格调研的内容包括：市场供求情况及其变化趋势的调研；影响价格变化各种因素的调研；产品需求价格弹性的调研；替代产品价格的调研；新产品定价策略的调研；目标市场对本企业品牌价格水平的反应等。

(4) 促销的调研。促销调研的主要内容是企业的各种促销手段、促销政策的可行性，其中一般企业较为重视的有广告的调研（广告媒体、广告效果、广告时间、广告预算等的调研）、人员推销的调研（销售力量大小、销售人员素质、销售人员分派是否合理、销售人员报酬、有效的人员促销策略的调研）、各种营业推广的调研；公共关系与企业形象的调研。

(5) 销售渠道的调研。销售渠道的合理选择，产品储存和运输的恰当安排，对于提高销售效率、缩短交货期和降低销售费用有着重要的作用。因此，销售渠道的调研也是市场调研的一项重要内容。销售渠道调研的内容包括：各类中间商（包括批发商、零售商、代理商、经销商）应如何选择；仓库地址应如何选择；各种运输工具应如何安排；如何既满足交货期的需要，又降低销售费用等。

(6) 竞争的调研。竞争的存在，对于企业的市场营销有着很大的影响。因此，企业在制定各种市场营销策略之前，必须认真调研市场竞争的动向。竞争的调研包括：竞争对手的数量（包括国内外）及其分布、市场营销能力；竞争产品的特性、市场占有率、覆盖率；竞争对手的优势与劣势、长处与短处；竞争对手的市场营销组合策略；竞争对手的实力、市场营销战略及其实际效果；竞争发展的趋势等。

以上各项内容，是从市场调研的一般情况来讲的，各个企业市场环境不同，所遇到的问题不同，因而所要调研的问题也就不同，因此企业应根据自己的具体情况来确定调研内容。

五、市场营销调研的程序

现代市场营销调研是一项科学研究活动，在长期的实践中形成了一套严格的工作程序，保证了市场调研的质量和效率。一般来说，市场营销调研活动由以下五个步骤构成。

（一）讨论调研主题

讨论调研主题是市场调研的第一步，在这里要明确：该调研项目属于何种性质，涉及哪些具体范围，要达到什么目标，工作量多大和调查人员如何配备。具体而言，调研人员首先应搜集企业内外部的有关资料，进行初步分析，探索问题之所在，发现和了解各影响因素之间的相互联系。在此基础上，调研人员可以找企业内部有关人员进行座谈，并向精通本问题的人员以及用户代表征求意见，听取他们对该问题的看法和评价。然后将问题进行定位，即明确此次调研的主题。

（二）制订调研计划

调研计划的制订应根据实际需要，因地制宜、因事制宜、慎重选择，以免调研方式不当，造成调查结果的不正确。市场调研计划包括以下内容：（1）调查的目的，即说明“为什么要进行这个主题的调查”“通过调查能知道什么”“知道后将采取什么措施”等问题。（2）调查的项目，即将调查的主题具体化，明确规定要调查的指标或因素。（3）调查的对象，即要说明是面向所有消费者还是某一部分消费者。（4）调查的地点，即要说明是选择某一城市还是几个城市，是选择某城市的一个区还是特定的销售环境。（5）调查的方式，即搜查调查资料的具体方法。（6）人员的配备及日程安排。根据调查的具体内容来配备调查人员，同时对调查人员进行必要的培训，使其掌握市场的基本技能以及调查过程中的工作内容、程序等；调查前要对调查过程中所要做的各项工作做出日常安排，并列出调查进度表，包括工作项目、所需时间、起止时间等。

（三）确定收集资料的来源和方法

调研人员首先应确定收集哪些资料、采取何种方法搜集，再依据调研方案选定的方法和时间、地点安排，访问被调研对象，收集资料。收集的资料归纳起来可分为两种类型：一种是一手资料，又称原始资料，这是调研人员通过实地调查亲自搜集的资料；另一种是二手资料，是他人搜集并经过整理的资料。这些资料有些来源于企业内部，有些来源于企业外部。内部资料如公司的资产负债表、损益表、销售报告、存货记录等；政府文件如统计年鉴、行业统计资料等；专业信息公司资料如国内的零点调查公司出售的各种专项资料等。一般来说，一手资料获取成本高，但资料适用性强，二手资料则相反。在具体应用时，可以根据调查问题的性质、要求的深度、费用预算、调研时间长短和实施能力等方面进行选择，可单独使用，也可以结合使用。

（四）资料的统计和分析

收集来的资料信息杂乱无序，只有通过整理分析才能有效使用。根据调研方案的规定，按统计清单处理数据，把复杂的原始数据变成易于理解的资料，并对其给予全面系统的统计和理论分析。因此，调研人员首先要对资料进行编辑整理、分类、列表、编号，以便存档、查找和使用；再运用市场营销分析系统中的统计方法和模型方法对收集的信息加以编辑、计算、加工和整理，去伪存真、删繁就简；最后用文字、图表、公式将资料中潜在的关系、变化趋势表达出来，从已知推断未知，得出科学的调查结论。

（五）撰写调研报告

这是市场调研的最后一个环节，是形成调研结论的环节。调研报告是整个调研工作的结晶，提交市场调研报告是完成调研的标志。对于商业性市场调研公司来说，调研报告也是其提交客户的有关工作的主要结果。调查报告应注意紧扣调研主题，突出重点。一般应该包括对调研活动的目的、范围和采用方法的简单说明、调研的结论性意见、供参考的对策建议等。

六、调查问卷的设计

调查问卷是以书面形式了解被调查对象的反应和看法，并以此获得资料和信息的载体。市场调查问卷就是用科学的方法系统地搜集、记录、整理和分析有关市场的信息资料，从而了解市场发展变化的现状和趋势，为企业经营决策、广告策划、广告写作提供科学的依据。要设计一份比较完善的调查问卷，通常要掌握以下内容。

（一）调查问卷的构成

调查问卷一般由开头、正文和结尾三个部分组成。

1. 调查问卷的开头

这部分用来说明调查的意义和目的、调查的项目和内容、对被调查者的希望和要求等。主要包括：（1）问候语。（2）填表说明。（3）问卷编号。

2. 调查问卷的正文

问卷的正文即问卷的问题，问题是调查问卷的主体和核心，是调查者与被调查者沟通信息的载体。问题部分的形式通常用问句形式，也叫题型。调查问卷的题型主要为表格式和问答式两种。表格式一般由标题、前言、问题表格、备注等组成。表格式的特点是简练、清晰、一目了然。内容较单一的调查问卷多用表格式。问答式的样式一般为标题、前言、问句、备注等。问答式的特点是形式灵活、使用方便。内容较复杂的调查问卷多用问答式。

3. 调查问卷的结尾

问卷的结尾可以设置开放题，征询被调查者的意见、感受，或记录调查情况；也可以是感谢语以及其他补充说明。

（二）调查问卷设计的目标和程序

1. 调查问卷设计的目标

（1）使访问员能够顺利发问并顺利记录，以使取得的资料正确、没有偏差；

（2）使被调查者能够充分地理解问题，并乐意真实回答且能够顺利回答，不会出现偏差；

（3）不为取得不需要的资料浪费一个问题，也不遗漏一个问句以致需要的资料残缺不全；

（4）问卷在调查完成后，能够方便地检查（有没有虚假成分和错漏）和整理；

（5）取得的资料要为统计分析提供方便。

2. 调查问卷设计的程序

第一步，明确调研主题与所需的资料。调查前，须仔细思考所要调查的对象。在市场细分的前提下，要考虑实行差别化营销策略还是无差别营销策略。须认清调查对象是否为自己所针对的目标对象，以提高调查信息的有效性。

第二步，明确调查对象的类型。问卷调查对象的不同，问卷的设计方式及其内容的繁复程度也会不同。因此，在决定问题内容时，问题必须贴近调查对象，不要出现与调查对象无关的题目。

第三步，决定问题形式。问题的形式一般有以下几种：（1）开放自由式问题，让被访者自由回答，不受限制。例如，“请问您或您的家人最喜欢的牙膏品牌有哪些?”。（2）二分式问题，把问题简化成是与否两种答案。例如：“会不会开车？（1）会（2）不会。”（3）多选式问题，对于一个问题列举几个答案，让被访者在限定的答案中选。例如：“请问您使用过以下哪些品牌的洗发水？（1）飘柔；（2）海飞丝；（3）拉芳；（4）夏士莲；（5）飘影。”（4）顺位式问题，在提出问题时，让被访者按要求依次回答。例如：“请问您在选购电冰箱时，认为哪些方面最重要、次重要和最不重要？（1）功能多；（2）制冷性强；（3）省电；（4）保修期长；（5）服务好。”

第四步，对问卷进行小组测试。调研人员应将设计好的问卷在小组内进行测试，确保所设置的问题不会出现极端结果。

（三）调查问卷提问项目的设计

从整体上看，一份问卷中的内容不宜过多，不必要的问题不要列入。在设计调查问卷提问项目时，需要注意以下几点：

（1）避免问题中包含过多的计算。问题的设计应着眼于取得最基本的信息，计算应在数据处理阶段通过计算机程序进行，这样可以减少被调查者的负担。提问的内容尽可能短；用词要确切、通俗；一项提问只包含一项内容；避免诱导性提问；避免否定形式的提问；避免敏感性问题。

（2）避免单纯依靠被调查者的记忆回答问题，应该提供一定的提示或选择。在当今信息过度的时代，遗忘和记忆的差错会导致被调查者无法提供全面和准确的资料。例如，很多人都不能直接回答“昨天晚上你看了哪个牌子的洗发水广告”这个问题，但是如果提供可供选择的选项，回答则容易并且准确得多。

（3）避免直接提问窘迫性问题。窘迫性问题是指应答者不愿在调查人员之前作答的某些问题，如私人问题，不为一般社会道德所接纳的行为或态度，或有碍声誉的问题。这类问题直接提问往往会遭到拒绝，因此应该采用非直接、联想式提问。

（4）避免出现诱导性倾向，提问尽量客观。在有外界压力存在的情况下，被调查者提供的是符合压力施加偏好的方案，而不是他自己真正的想法。因此，提问应为被调查者营造自由回答的气氛，避免诱导性倾向。

（四）问卷问题顺序的设计

问题顺序的安排有一定的规律可循。正确的顺序应该遵循问题之间的逻辑，前后连贯，先易后难，避免顺序的不当安排而导致访问被中止。例如，问卷开始就要求被调查者填写姓名、性别、年龄、婚否、职业等，好像在填写申请表而不是调查问卷，这样很容易遭到反感而被被调查者拒绝。对问题顺序的安排可参考以下几点：

（1）基本信息应安排在最前面，分类信息居中，鉴别性信息放在最后。基本信息是指达到研究目的所必需的信息，如对产品、价格、促销信息的调查；分类信息是指被调查者的年龄、性别、职业等供分组归类的资料；鉴别性信息是指被调查者的姓名、住址等。

（2）问题的安排应先易后难。容易、直观、清楚的问题置前，困难、复杂、敏感、窘迫的问题置后。调查中，调查人员与被调查人员交流的深入，被调查者可能减少或消除原有的戒备心理，愿意回答一些复杂、敏感的问题，从而使调查获得尽可能多的信息。

（3）总括性问题应先于特定性问题。总括性问题是指对某个事物总体特征的提问，如“在选择电视机时，哪些因素会影响你的选择?”。特定性问题是指对事物某个要素或某个方面的提问，如“在您选择电视机时，屏幕尺寸是您第几位考虑的因素?”。

（4）问题的数量必须合理，应该既保证搜集到全面的资料，又尽量保持问卷的简短，同时也尽力使问卷整体、连贯、和谐、生动，能调动被调查者的积极性。

第三节　市场调研方法

市场调研方法有间接资料调研方法和直接资料调研方法。间接资料调研方法是通过收集内部资料和外部资料来了解有关市场信息，把握市场机会。直接资料是指通过实地调研收集的资料，也称第一手资料。直接资料调研方法有多种，常用的有访问法、观察法、实验法。

一、访问法

访问法是指通过询问的方式向被调查者了解市场资料的一种方法。访问既可在备有正式问卷的情况下进行，也可在没问卷的情况下进行。

（一）面谈调查

面谈调查是调查人员直接访问被调查对象，向被调查对象访问有关的问题，以获取信息资料。通常，调查人员根据事先拟好的问卷或调查提纲上问题的顺序，依次进行提问；有时，亦可采用自由交谈的方式进行。使用面谈法进行调研，可以一个人面谈，也可以几个人集体面谈，分别称为个人访问和集体访问。

采用这种方法，调查人员能直接与被调查对象见面，听取其意见，观察其反应，因此，这种方法的灵活性较大，没有什么固定的格式，可以简单地谈，也可深入详细地谈，所涉及的问题范围可以很广，也可以较窄。同时，这种方式的问卷或调查表回收率较高且质量易于控制。缺点是调查成本比较高，调查结果受调查人员业务水平和被调查者回答问题真实与否的影响很大。

（二）邮寄调查

邮寄调查是将事先设计好的问卷或调查表，通过邮件的形式寄给被调查对象，由他们填好以后按规定的时间邮寄回来。使用邮寄调查法的显著优点是：选择调查范围不受任何的限制，即可以在很广的范围选取样本；被调查者有比较充裕的时间来考虑答复的问题，使问题回答得更为准确；不受调查人员在现场的影响，得到的信息资料较为客观、真实。其缺点是邮件回收率很低，各地区寄回来的比例也不一样，因此影响调查的代表性。也就是说，我们无法判断寄回信件的人与不寄回信件的人态度到底有什么区别。如果简单地用邮寄回来信件人的意见，代表全体被调查者的意见，那就会冒很大风险。

（三）电话调查

电话调查是由调查人员根据抽样的要求以及预先拟订的内容，通过电话访问的形式访问被调查对象而获取信息资料的方法。电话访问法的优点在于：可以短时期内调查较多的对象，成本比较低，并能以统一的格式进行访问，所得信息资料便于统计处理。其缺点是：不易得到被调查者的合作，不能访问较复杂的问题，调查难以深入。

（四）留置调查

留置调查就是由调查人员将事先设计好的问卷或调查表当面交给被调查对象，并说明回答问题的要求，留给被调查对象自行填写，然后由调查人员在规定的时间收回。这种访问的方式，其优缺点介于面谈法和邮寄调查法之间。其优点是，调查问卷回收率高，被调查者可以当面了解填写问卷的要求，避免由于误解调查内容而产生的误差。同时，采用留置调查法，被调查者的意见可以不受调查人员意见的影响，填写问卷的时间较充裕，便于思考回忆。其主要缺点是，调查地域范围有限，调查费用较高，不利于对调查人员的活动进行有效的监督。

二、观察法

（一）观察法的类型

观察法，是指通过跟踪、记录被调查对象的行为特征来取得第一手资料的调查方法。在观察过程中，可以通过耳听、眼看或借助于摄影设备和仪器等手段来获得某些主要信息。观察法通常有以下几种具体的形式：

（1）实验观察和非实验观察。从调查人员是否对观察实行控制来划分，观察可分为实验观察和非实验观察。实验观察是在人为设计的环境中进行的观察。例如，如果要了解商场售货员对挑剔顾客的态度，调查人员可以以顾客的身份去购物，并有意识地做一些事或说一些话以刺激售货员，观察售货员将会做出什么样的反应，从而了解情况。非实验观察是在自然状况下进行观察，所有参与的人和物都不受控制，跟往常一样，例如，调查人员在自然状况下观察商场售货员接待顾客、提供服务的过程。

（2）结构观察和无结构观察。根据调查人员观察方式的不同，可分为结构观察和无结构观察。结构观察是事先根据调查的目的，对观察的内容、步骤做出规定，以此来实施观察。无结构观察通常只规定调查的目的和任务，调查人员可以按照调查目的和任务的要求确定观察的内容。采用结构观察法，事先列出观察的内容，调查结果容易统计分析，但由于调查人员的意见有时会不知不觉地参与进去，不可避免地会对调查结果产生影响。无结构观察常用在调查人员对调查对象缺乏足够了解的情况下，实施观察时较为灵活，可作为进行深一步调查的基础。

（3）直接观察和间接观察。从调查人员对所调查情景的介入程度划分，可分为直接观察和间接观察。直接观察是调查人员直接加入到调查的情景之中进行观察。采用直接观察，观察结果的准确性较高。间接观察是调查人员不直接介入所调查的情况，而是通过观察与调查对象直接关联的事物来推断调查对象的情况。如通过观察对象的广告形式、内容、重复频率等来了解其竞争策略和产品优势。

（4）公开观察和非公开观察。从调查人员在观察过程中是否公开身份划分，可分为公开观察和非公开观察。公开观察，即被调查者知道调查人员的身份，调查目标要求明确，被调查者可以有针对性地为调查人员提供所需的资料。采用公开观察时，被观察者意识到自己受人观察，可能表现得不自然，或者有意识地改变自己的惯常态度和做法，这种不真实的表现往往导致观察结果失真。为了减少公开观察的偏差，调查人员可以进行非公开观察，即调查人员在观察过程不要暴露自己的身份，使被观察者在不受干扰的情况下真实地表现自己，这样观察的结果会更加真实可靠。

（5）人工观察和仪器观察。根据观察中记录的主体划分，可分为人工观察与仪器观察。人工观察是由调查人员直接在观察现场记录有关内容，并根据实际情况对观察到的现象做出合理的推断。人工观察容易受调查人员自身人为因素的影响，如主观偏差、情绪反应等都会影响到调查的结果。仪器观察是随着科学技术的进步，一些先进的设备、手段，如录音、摄像等进入调查领域而出现的一种新的观察方法。如通过在商场的不同部位安装摄像系统，可以较好地记录售货人员和顾客的行为表现。借助仪器设备进行现场观察，记录效率较高，也比较客观。但仪器观察所记录的内容还需要调查人员作进一步的分析，这就要求调查人员应具备丰富的分析经验和较高的专业技术水平。

（二）观察法的应用

实践中，观察法运用得比较广泛，经常用于以下情况：

（1）商品购买者特征的研究。主要了解各种商品的购买者的年龄、性别、外在形象、人数等。这种研究可以为市场细分、广告目标的确定提供依据。

（2）家庭商品储存调查。通过观察消费者家庭中储存的商品品牌、数量等情况，可以了解消费者对不同品牌商品的喜好程度。

（3）商店的人流量调查。可以了解不同时间、位置的人流分布情况，为企业调整劳动组织、合理安排营业时间、开展有针对性的服务提供依据。

（4）营业现场布局调查。通过观察营业现场商品陈列、货位分布、橱窗布置、现场广告、顾客留言等内容，可以了解判断企业的管理水平，及时提出相应的修改意见。

（5）营业人员服务水平调查。通过观察售货员接待顾客的服务方式、接待频率、成交率等，可以掌握吸引顾客的最佳服务方式。

除此之外，还可以运用观察法观察了解城市的人口流量、车辆流量，为预测地区市场发展提供依据，或运用观察法监督、检查市场活动。

小案例

在西方国家中，顾客观察法已成为企业提供的一种特殊服务，收费很高。美国《读者文摘》曾经报道，专门从事观察业务的商业密探在美国大行其道。帕科·安德希尔（Paco Underhill）成立了一家名为伊维德罗森希尔（Envidronsell）的公司，它多年来一直追踪观察购物者。其客户包括麦当劳、星巴克、雅诗兰黛和百视达。该公司的调查人员研究不同的零售点，并且利用独特的方法记录下购物者的行为。他们还应用剪报板、跟踪单、视像设备以及敏锐的眼睛来描述购物者行为的每个细微差别。

他们的调查结果给很多商店提出了许多实际的改进措施。例如，他们用一卷胶片拍摄了一家主要是青少年光顾的音像商店，发现这家商店把磁带陈列在孩子们拿不着的很高的货架上，便指出应把磁带的陈列放低18英寸，结果磁带销售量大大增加。又如一家叫伍尔沃思的公司，一直困惑于商店后半部分的销售额远远低于其他部分，安德希尔的调查人员通过观察和拍摄现场解开了这个谜。在销售高峰期，现金出纳机前顾客排着长长的队伍，一直延伸到商店的另一端，这实际上妨碍了顾客从商店的前面走到后面，后来商店专门安排了结账区，结果商店后半部分的销售额增加得很快。

他们还出过很多的点子。例如建议商店增加椅子，放一台电视机，让丈夫观看电视，耐心地等待妻子逛商店；又如建议采取各种措施来减少顾客排长队的厌烦。

三、实验法

实验法是指在市场调查中，通过实验对比来取得市场情况第一手资料的调查方法。它是由市场调查人员在给定的条件下，对市场经济活动的某些内容及其变化加以实际验证，以此衡量其影响效果的方法。

实验法是从自然科学中的实验求证理论移植到市场调查中来的，但是对市场上的各种发展因素进行实验，不可能像自然科学中的试验一样准确。这是因为市场上的实验对象会受到多种不可控因素的影响。例如在实验期间，新的替代产品上市、竞争对手营销策略的改变、消费者的迁移等任何因素的变化，都会不同程度地反映到市场上来，从而影响到实验的效果。尽管如此，通过实验法取得的市场情况第一手资料，对预测未来市场的发展还是有很大帮助的。例如，为了提高商品包装的经济效果，可以运用实验法，在选择的特定地区和时间内进行小规模试验性改革，试探性了解市场反应，然后根据试验的初步结果，再考虑是否需要大规模推广，或者决定推广的规模。这样做有利于提高工作的预见性，减少盲目性。同时，通过实验对比，还可以比较清楚地了解事物发展的因果联系，这是访问法和观察法不易做到的。因此，在条件允许时，采用实验法进行市场调查还是大有益处的。

由于实验法只适用于对当前市场现象的影响分析，对历史情况和未来变化则影响较小，这就使实验法的应用受到一定的局限。尽管如此，在实践中实验调查法的应用范围还是比较广泛的。一般来讲，改变商品品质、更新商品包装、调整商品价格、推出新产品、更改广告形式内容、变动商品陈列方式等，都可以采用实验法调查、测试其效果。

四、网络市场调研方法

利用网络进行市场调查有两种方法：一种是直接进行的一手资料调研，即网络市场直接调研；另一种方法是利用互联网的媒体功能，在互联网上收集二手资料，即网络市场间接调研。

（一）网络市场直接调研

网络市场直接调研指的是为当前特定的目的在互联网上收集一手资料或原始信息的过程。直接调研的方法有四种：网上观察法、专题讨论法、在线问卷法和网上实验法。使用最多的是专题讨论法和在线问卷法。

1. 网上观察法

网上观察的实施主要是利用相关软件和人员记录登录网络浏览者的活动。相关软件能够记录登录网络浏览者浏览企业网页时所点击的内容和浏览的时间；在网上喜欢看什么商品网页；看商品时，先点击的是商品的价格、服务、外形还是其他人对商品的评价；是否有就相关商品和企业进行沟通的愿望等。

2. 专题讨论法

专题讨论法可通过 Usenet 新闻组、电子公告牌（BBS）或邮件列表讨论组进行。其步骤如下：第一，确定要调查的目标市场；第二，识别目标市场中要加以调查的讨论组；第三，确定可以讨论或准备讨论的具体话题；第四，登录相应的讨论组，通过过滤系统发现有用的信息，或创建新话题，让大家讨论，从而获得有用的信息。

3. 在线问卷法

在线问卷法即请求浏览其网站的每个人参与企业的各种调查。在线问卷法可以委托专业公司进行。问卷的设计方法上文已经提过，这里不再赘述。

4. 网上实验法

网上实验法可以通过在网络中投放不同内容和形式的广告进行。设计几种不同的广告内容和形式在网页或者新闻组上发布，也可以利用 E-mail 传递广告。广告的效果可以通过服务器端的访问统计软件随时监测，也可以通过查看客户的反馈信息量的大小来判断，还可借助专门的广告评估机构来评定。

（二）网络市场间接调研

网络市场间接调研指的是网上二手资料的收集。二手资料的来源有很多，如公共图书馆、大学图书馆、贸易协会、市场调查公司、广告代理公司、专业团体、企业情报室等。再加上众多综合型 ICP（互联网内容提供商）、专业型 ICP，以及成千上万个搜索引擎网站，使得互联网上二手资料的收集非常方便。互联网上虽有海量的二手资料，但要找到自己需要的信息，一方面必须熟悉搜索引擎的使用，另一方面要掌握专题型网络信息资源的分布。网上查找资料主要通过三种方法：利用搜索引擎；访问相关的网站，如各种专题性或综合性网站；利用相关的网上数据库。

1. 利用搜索引擎查找资料

提供一个搜索入口，根据搜索者提供的关键词，反馈出的搜索结果是与关键词相关的商业信息，比如供求信息、产品信息、企业信息以及行业动态信息，并且给予搜索者一定的信息分拣引导，以满足搜索者的实际需求。

2. 访问相关网站收集资料

如果知道某一专题的信息主要集中在某些网站，可直接访问这些网站，获得所需的资料。

3. 利用网上数据库查找资料

网上数据库有付费和免费两种。在国外，市场调查用的数据库一般都是付费的。

第四节　市场需求预测

一、市场需求测量

（一）市场需求测量的内容

市场需求测量，是依据有关市场的信息、资料进行分析而做出对市场发展趋势的判断。市场需求测量的内容广泛，可以划分为产品层次、空间层次和时间层次三种类型，其中产品层次必须落实到空间层次上，而产品层次和空间层次都要受到时间层次的制约。

（二）市场需求测量的几个变量

1. 市场需求量

市场需求量是指在某一地区和某一时期内，在一定的营销环境和营销方案的作用下，愿意购买某一产品的顾客群体的总数。这个定义包括八个因素：

（1）产品。因为产品范围是广泛的，即使是同一类产品的实际需求往往存在多种差异，在企业进行需求测量时，要明确规定产品的范围。

（2）总量。它通常表示需求的规模，可用实物数量、金额数量或相对数量来衡量。如全国手机的市场需求可被描述为 7 000 万台或 1 500 亿元，广州地区的手机市场需求占全国的总需求的 10%。

（3）消费者群体。在对市场需求测量时，不仅要着眼于总市场的需求，还要分别对各细分市场的需求加以确定。

（4）地理区域。在一个地域较广的国家里，不同地域间的市场需求量存在差异。

（5）时间周期。由于企业的营销计划一般有长期、中期、短期之分，与之相对应有不同时期的需求测量。

（6）营销环境。在进行市场需求测量时，应注意对各类因素的相关分析。

（7）购买。只有购买需求才能转变成真正的市场需求。

（8）企业的营销活动。通常，企业的营销决策对市场需求有直接的影响。

2. 市场需求潜量

市场需求潜量是指在一定时期、一定市场区域内，特定的营销环境以及企业促销力度下，某一产品可能的最高市场需求量。这个概念特别强调特定的营销环境，主要是因为在不同的营销环境下市场需求潜量有着明显的差异。例如，繁荣期的汽车市场潜量明显高于衰退期。

3. 企业需求量

企业需求量是指企业在市场需求总量中所占的份额。可用公式表示如下：

$$Q_I = S_I \times Q$$

式中：Q_I——第 I 个企业需求量；

S_I——第 I 个企业的市场占有率；

Q—— 市场需求总量。

企业的市场占有率指的是企业需求在市场需求总量中所占的比重。从公式可以看到，企业需求量的大小不仅取决于企业产品的市场占有率，而且还取决于该产品的市场需求总量。

4. 企业需求潜量

企业需求潜量是指某企业经过促销努力，在市场开发达到最高程度的情况下，出现的最高水平的市场需求量。在特殊情况下，企业需求潜量可能与市场潜量等同，但在绝大多数情况下，企业需求潜量低于市场需求潜量。

二、影响市场需求的因素

商品的市场需求会随着消费者自身因素及其所处的外界环境的变化而变化。影响顾客群体购买的因素有很多，主要的有以下四个。

（一）外界环境

市场需求受到众多环境因素的影响，例如，新产品的更新换代造成旧产品的市场需求锐减，科技的进步促进了某些高新技术产品的市场需求的飙升。

（二）消费习惯

消费习惯决定着顾客群体或每一顾客对某种商品的消费方式和消费数量。例如，高收入阶层喜好用昂贵的住宅和汽车来体现其身份，随着我国经济的快速发展，不断扩大的高收入阶层对这些昂贵的住宅和汽车的需求大大增长。

（三）促销刺激

企业的市场促销行为影响它们的产品市场需求。例如，产品的价格上涨或下跌，购物的优惠措施，新产品的免费试用等，都可能改变人们的购物兴趣和欲望。

市场需求和企业的市场营销力度具有一定的对应关系（如图 2-2 所示）。市场需求曲线是从最低需求逐步上升的，能够达到的最大需求水平称为需求潜量。最低需求是指企业没有任何促销行为时，受到消费者本身消费习惯、生活需要等因素的影响，市场上出现的对某种产品的需求，也称为基本需求或市场最小量。随着促销费用的增加，促销活动对顾客购买欲望产生越来越大的影响，市场需求因此不断上升。

一般而言，促销活动对市场需求的刺激作用，受到购物心理和消费习惯等因素的影

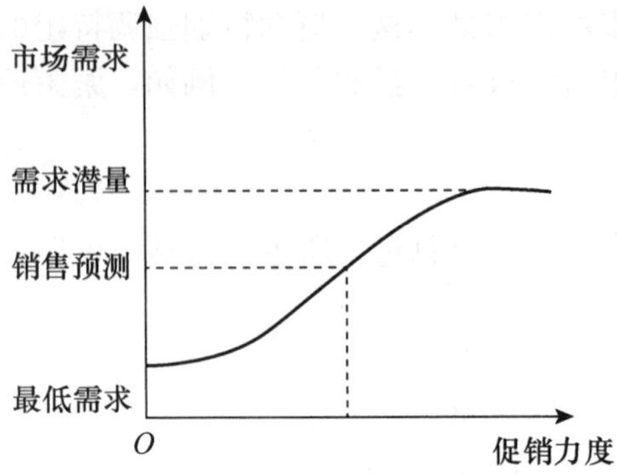

图 2－2　市场需求和市场促销力度的关系

响，是一个逐步减弱的过程。在促销费用相对较少、促销力度较弱的阶段，随着促销力度的提高，市场需求以较高的速度增长，并且有不断加快的趋势；当促销力度加大到相对较高的水平后，市场需求随促销费用增加而增长的速度逐步下降，市场需求曲线变得接近于一条水平线。在此之后，企业继续增加促销费用，其效果则趋向于零，即加大促销力度不再可能显著地带来市场需求的增加，这时所达到的市场需求水平也是顾客消费的饱和水平，已经达到市场需求的最大界限，称为需求潜量。所以，企业适当利用促销手段，掌握好促销的力度，才能为企业带来最大的经济效益。

（四）顾客群体的构成

顾客群体的构成包括群体的人口数量以及各收入层次的构成等因素，这些因素也会影响着市场需求。对于日常生活必需品，如食品、饮料、服装等，人口数量越多，其市场需求量就越大。而对于价格较高的商品，如等离子电视、数码相机等，其市场需求量不但取决于人口数量，还取决于人们的收入水平，只有高收入水平的人口数量多，其市场需求才会比较高。

第五节　市场需求预测的方法

一、定性预测法

定性预测法是预测人员根据掌握的调查资料和自身的经验、判断能力对预测对象未来的发展变化情况进行预测和推测的方法。

（一）集合意见法

集合意见法是将有关生产、销售、咨询等单位和个人集中在一起共同讨论市场的发展变化，进行综合判断提出预测方案的一种方法。

例如，某零售企业为确定明年化妆品的销售预测值，要求商品零售部门、公共宣传部门、商店管理部门及财会控制部门做出年度销售预测，各部门的预测数额如表 2－1 所示。

表 2-1　　各部门的预测数据表

预测部门	三点估计项目	销售量最高值	销售量最可能值	销售量最低值	期望值合计
商品零售	销售量 概率 预测期望值	1 200 0.25 300	850 0.50 425	600 0.25 150	875
公共宣传	销售量 概率 预测期望值	1 300 0.30 390	900 0.50 450	700 0.20 140	980
商店管理	销售量 概率 预测期望值	1 100 0.20 220	750 0.60 450	500 0.20 100	770
财会控制	销售量 概率 预测期望值	1 200 0.30 360	800 0.50 400	600 0.20 120	880

根据表 2-1 的数据，假定商品零售部门的重要性较大，权数定为 2，其他部门的权数均为 1，采用加权平均法计算的预测值为：

$$\frac{875\times2+980\times1+770\times1+880\times1}{2+1+1+1}=876$$

（二）专家意见法

即企业利用经销商、分销商、供应商以及其他一些专家的意见进行预测。利用专家意见有多种方式。例如组织一个专家小组进行某项预测，这些专家提出各自的估计，然后交换意见，最后经过综合，提出小组的预测。

目前，应用较普遍的是德尔菲法，它是由美国兰德公司率先提出并推广使用的一种方法。它有以下三个明显的特点：一是匿名，不公开预测专家的姓名与职务；二是采用函询的方式，专家们不必集中到一起讨论，通过函件往来发表自己意见和了解别人的意见；三是反馈，将各位专家的意见加以集中整理后，反馈给各位专家，让专家们参照别人的意见不断修正自己的判断，经过数次反馈后，再次收集专家们的意见，进行统计分析，计算综合预测值，一般以平均数或中位数来表示专家们意见的倾向性。

二、定量预测法

定量预测法，也称数学分析法，是在占有各项有关资料的基础上，根据预测的目标、要求，选择合适的数学模型进行预测，然后根据企业内部和外部的变化情况，加以分析，以取得所需要的预测值的方法。

（一）时间序列分析法

时间序列分析法是将过去的历史资料和数据，按时间顺序排列成一组数字序列进行分析的方法。这种方法有一个基本的假设，即事物过去和现在的发展变化趋向会继续延续到未来，它撇开对事物发展变化的因果关系的具体分析，直接从时间序列的统计数据中找出反映事物发展的演变模式，并据此推测目标的未来发展趋势，得到定量数据。经常使用的时间序列分析法有简单平均法、加权平均法、指数平均法和季节指数法等。

（二）统计需求分析法

时间序列分析法把过去和未来的销售都看成是一个时间函数，并与任何的实际需求因素无关。但是，任何产品的销售都受到许多因素的影响。统计需求分析法是为揭示影响销售的最重要的实际因素和研究它们的相互影响而设计的一套统计方法。最常见的分析因素有价格、收入、人口和推销。

统计需求分析法在于把销售作为因变量 Q 和一些需求自变量 X_1，X_2，X_3，…，X_N 的函数来说明。

$$Q=f(X_1,X_2,X_3,\cdots,X_N)$$

应用多元回归分析方法，可以用不同的方程统计出合适的数据，以寻找出最佳的预测因素和最合适的方程式。

例如，某日用电器公司为预测某地区的销售量，通过市场调查和分析判断，该地区日用电器需求量与该地区居民年人均收入和新增就业人数有着密切联系，它们之间的关系可用如下方程表示：

$$Q=53.886+4.822X_1+1.013X_2$$

式中：Q——日用电器的年销售额（亿元）

X_1——居民年人均收入（千元）

X_2——新增就业人数（十万）

设该地区今年的居民年人均收入为 15 000 元，新增就业人数为 40 万人，代入上式可预测出该地区用电器的需求量为：

$$Q=53.886+4.822\times15+1.013\times4=130.268(\text{亿元})$$

经调查表明，该地区今年的日用电器的实际需求量为 126.5 亿元，预测结果与它相差不大，说明这个方程是有效的。企业只要预测该地区明年的居民年人均收入与新增就业人数，就可以运用上式预测明年的需求量。

但是，企业在应用这种方法时，应注意可能会削弱统计需求方程有效性或用途的五个问题：观察值太少，自变量之间的相关关系太多，违背正态分布的假设，自变量与因变量之间的关系不清，未考虑到新的变量的出现。

本章小结

为了在竞争激烈的市场环境中求得生存与发展，企业必须重视对市场营销信息的搜集、处理及分析，建立起有效的市场营销信息系统，才能具备较强的应变能力，能够及时做出正确的决策。市场营销信息系统由内部报告系统、营销情报系统、营销调研系统和营销决策支持系统组成。

现代市场调研具有目的性、系统性、真实性的特点。市场营销调研所要完成的任务可以是描述性市场调研、解释性市场调研预测性市场调研。市场调研内容包括宏观市场调研与微观市场调研，微观市场调研是现代市场调研的主体内容。

一般来说，市场调研活动由讨论调研主题、制订调研计划、确定收集资料的来源和方法、资料的统计和分析、撰写调研报告5个步骤构成。

市场调研方法有间接资料调研方法和直接资料调研方法。间接资料调研方法是通过内部资料和外部资料收集来了解有关市场信息，这种方法相对简单。直接资料调研方法是指通过实地调研收集资料的方法，归纳起来可分为以下三类：访问法、观察法、实验法。

企业对市场需求进行测定时，主要测量市场需求量、市场需求潜量、企业需求量、企业需求潜量四个方面。

产品的市场需求会随着消费者自身因素及其所处的外界环境的变化而变化。影响顾客群体购买的因素有很多，主要的因素有外界环境、消费习惯、促销刺激、顾客群体的构成等。

企业进行市场需求预测时，可以采用定性预测法或定量预测法，也可以两种方法综合使用。

思考题

1. 市场调研的基本程序包括了哪些阶段？
2. 你认为实验法可以用于调查研究什么样的问题？
3. 比较描述性调研、解释性调研、预测性调研这三种市场调研类型有何差别。
4. 顾客群体的构成因素如何影响高档耐用消费品的需求？
5. 同一个汽车公司的两位销售经理，对下年度汽车的市场需求的估计各不相同，你认为这可能是哪些原因造成的？

第三章　市场营销环境分析

学习目标

1. 掌握市场营销环境的概念和特征。
2. 掌握市场营销环境的构成要素。
3. 理解市场营销微观环境和宏观环境的内容以及对企业的影响。
4. 掌握 SWOT 分析法和企业面对市场营销环境变化时应采取的策略。

引导案例

肯德基在香港的沉浮

商海沉浮，世事难料。1973 年 9 月，香港市场的肯德基公司突然宣布多间快餐店停业，只剩下四间还在勉强支持。到 1975 年 2 月，首批进入中国香港的美国肯德基连锁店集团全军覆没。

为了取得肯德基首次在香港推出的成功，肯德基公司进行了声势浩大的宣传攻势，在新闻媒体上大做广告，采用该公司的世界性宣传口号“好味道舔手指”。凭借广告攻势和新鲜劲儿，肯德基还是红火了一阵子，很多人都乐于一试。可惜好景不长，3 个月后，肯德基就“门前冷落鞍马稀”了。

在世界各地拥有数千家连锁店的肯德基为什么唯独在香港遭遇如此厄运呢？经过认真总结经验教训，发现是中国人固有的文化观念造成了肯德基的惨败。

首先，在世界其他地方行得通的广告词“好味道舔手指”在中国人的观念里不容易被接受。舔手指在中国被认为是不礼貌、不文雅的行为，味道再好人们也不会去舔手指。人们甚至对这种广告起了反感。

其次，肯德基的味道和价格不容易被接受。鸡是采用当地的鸡种，但其喂养方式仍是美国式的，鸡肉的味道是中国人不习惯的口味。另外，对于肯德基的价格一般市民有点儿承受不了，因而抑制了需求量。

最后，美国式服务难以吸引回头客。在美国，顾客一般是驾车到快餐店，买了食物回家吃，因此在店内通常是不设座的。而中国人喜欢一群人或三三两两在店内边吃边聊，不设座位的服务方式在香港难寻回头客。

10 年后，肯德基带着对中国文化的一定了解卷土重来，并大幅度调整了营销策略。广告方面低调，市场定价符合当地消费水平，市场定位于 16～39 岁的人。1986 年，肯德基新老分店的总数在香港为 716 家，占世界各地分店总数的十分之一，在香港快餐业中与麦当劳、汉堡王、必胜客并称四大快餐连锁店。

肯德基在香港市场上的沉浮深刻地说明了：市场犹如一匹烈马，只有了解它才能更好地驾驭它。任何企业的营销活动都是在一定的环境下进行的，企业的营销行为受到自身条件的制约，又受到外部条件的限制。制约和影响企业营销活动的外部力量和因素，就是企业的市场营销环境。企业主动地、充分地使营销活动与营销环境相适应，才能使营销活动产生最佳的效果，从而实现企业的营销目标。

资料来源：石青辉. 市场营销学. 厦门：厦门大学出版社，2012.

第一节 市场营销环境概述

一、市场营销环境的概念

市场营销环境通常是指影响企业市场营销活动及其目标实现的各种因素和动向。美国著名市场营销学家菲利普·科特勒对此的解释是：影响企业市场和营销活动的不可控制的参与者和影响力。具体地说就是："影响企业的市场营销管理能力，使其能否卓有成效地发展和维持与其目标顾客交易及关系的外在参与者和影响力。"因此，市场营销环境是指与企业营销活动有潜在关系的所有外部力量和相关因素的集合，它是影响企业生存和发展的各种条件的集合。

（一）市场营销环境的构成要素

不同的环境因素对营销活动各个方面的影响和制约不尽相同，同样的环境因素对不同的企业所产生的影响和形成的制约也会不同。通常来说，市场营销环境的构成要素主要包括两个方面：一是宏观环境要素；二是微观环境要素。微观环境要素直接影响和制约企业的市场营销活动，而宏观环境要素主要以微观营销环境为媒介间接地影响和制约企业的市场营销活动。前者可称为直接营销环境，后者可称为间接营销环境。两者之间并非并列关系，而是主从关系，即直接营销环境受制于间接营销环境。

（二）市场营销环境概念的发展历程

市场营销环境与市场营销一样，是一个不断完善和发展的概念。在20世纪30年代，西方的企业将销售市场作为营销环境。到了30年代后期，政府、工会、竞争者等有利害关系者被看作环境因素。进入20世纪60年代，西方企业家又把自然生态、科学技术、社会文化等作为重要的环境因素。20世纪70年代以来，随着资本主义国家政府对经济干预力度的加强，西方企业家开始重视对政治和法律环境的研究。这种对市场营销环境研究不断扩大的过程，国外市场学称为"企业的外界环境化"。20世纪80年代后期至90年代，企业家们普遍认识到环境对企业生存和发展的重要性，因而将对环境的分析研究作为企业营销活动研究最基本的课题。波特"五力"模型就产生于这一年代，目前仍是营销环境分析借助的主要模型工具之一。进入21世纪，由于互联网技术的飞速发展给市场营销环境带来新的变化，互联网背景下的营销环境越来越受到企业家的密切关注。

二、市场营销环境的特征

（一）客观性

客观性是市场营销环境的首要特征。市场营销环境作为一种客观存在，不以企业营销者的意志为转移，它有自己的运行规律和发展趋势，就这一层面来讲，企业是无法改变环境的，如企业不能改变人口因素、政治法律因素和社会文化因素等。需要注意的是，客观规律虽然无法改变，但企业可以通过自身活动去影响和控制其作用方式，使这种规律对营销活动产生有利的影响。另外，伴随着影响环境内容的不断拓展，现代企业所研究的营销环境本身就包括一些企业可以控制的因素。

（二）差异性

差异性指企业所处的地理环境、生产经营的性质、政府管理制度等存在差异。这种差异具体体现在两个方面：一方面，不同企业所处的外部环境是不同的；另一方面，同一种环境因素的变化对不同的企业与行业的影响也不尽相同。由于这些环境差异的存在，企业必须根据自身和环境的特点制定有针对性的营销策略。面对同一环境变化，不同企业需要根据环境变化的趋势和所处行业的特点，采取对应的影响策略。

（三）相关性

相关性是指营销环境是一个系统，在这个系统中，构成营销环境的各个因素和力量相互依存、相互影响并相互制约，某一因素的变化会带动其他因素的连锁变化，形成新的营销环境。社会经济现象的出现，往往不是由某个单一的因素所决定的，而是一系列相关因素共同作用的结果。例如，宏观环境中政治法律因素或经济政策的变动，会引起行业竞争环境的变动，从而形成新的竞争格局；企业开发新产品时，不仅要受到经济因素的影响，还要受到社会文化因素的制约。

（四）动态性

市场营销环境是企业营销活动的基础和条件，这种基础是处在动态变化之中的。市场营销环境是一个动态系统，构成营销环境的每一个因素都受到其他诸多因素的影响并且伴随社会经济的发展而不断变化。当然，市场营销环境的变化有快慢、大小之分，如科技、经济等因素的变化相对慢且小，对企业营销活动的影响也相对较长且稳定。

三、市场营销与环境的关系

企业营销活动与环境的关系是：营销既要适应环境又要设法改变环境。市场营销环境是企业经营活动的约束条件，它对企业的生存和发展有着非常重要的影响。现代营销学观点认为，企业经营成败的关键在于企业能否适应不断变化的市场营销环境。由于生产力水平的不断提高和科学技术的进步，外部环境的变化速度一般超过企业内部因素的变化速度。因此，企业经营和发展的程度决定其适应外部环境变化的能力。“适者生存”既是自然界演化的法则，也是企业营销活动的法则，如果企业不能适应外界环境的变化，则可能在市场竞争中失败并被淘汰。

强调企业对所处环境的适应和反应，并不意味着企业对于环境是无能为力或是束手无策的，企业不是消极和被动地改变自身以适应环境，而是积极主动地适应环境。也就是说，企业既可以通过不同的方式增强适应环境的能力，避免营销环境的威胁，也可以在变化的环境中寻找新机会，并可能在一定的条件下转变环境因素。或者说，企业运用自身的经营资源去影响和改变营销环境，为自身创造一个更为有利的活动空间，再使营销活动与营销环境取得有效的适应和匹配。

现代营销理论告诉我们，企业对营销环境具有一定的能动性和反作用，它可能通过各种方式诸如公共关系等手段影响和改变环境中某些可能被改变的因素，使其向有利于企业的营销方向转变，从而为企业创造良好的外部条件。这种能动的思想不仅对开展国际营销活动有重要的指导作用，对国内跨地区的市场营销活动也有重要意义。因此，营销管理者不仅需要进行适当的营销组合，与外部不断变化的营销环境相适应，而且要积极地适应和改变环境，才能在激烈的市场环境中立于不败之地。

第二节　市场营销宏观环境

宏观环境是指给企业带来市场机会和威胁的主要社会力量。企业及其所处的微观环境都处在这些宏观力量的控制之下，对企业而言，这些因素一般是不可控制的，只能适应并加以利用。宏观环境因素主要有：人口环境、经济环境、自然和科学技术环境、政治和法律环境、社会和文化环境。简而言之，宏观营销环境就是那些间接影响企业营销活动的不可控因素。

一、人口环境

人口环境是构成市场要素的第一位因素。因为市场是由那些想购买商品同时又具备购买力的人构成的。因此，人口的多少直接决定市场的潜在容量，人口越多，市场规模就越大。人口的增长意味着市场规模的扩大。另外，倘若人口的增长对粮食的供应和各种资源的供应形成过大的压力，生产成本就会剧增而利润下降。人口结构的特性会对市场格局产生很大的影响，并直接影响企业的市场营销活动和经营管理。

人口环境对营销的影响主要表现在人口结构上。人口结构主要包括人口的年龄结构、性别结构、家庭结构、社会结构、民族结构、教育水平、人口的地理分布及区间流动。

（一）年龄结构

人口的自然变化反映在他们的年龄结构上。年龄是以年为单位度量人从出生到某一年所存活的时间长度。在某一时点观察时，每个人都有一个相应的年龄。对于一个国家或地区来说，各个年龄的人口分布组成情况，就是该国家的人口年龄结构。一个极端是墨西哥，该国有非常年轻化的人口和高增长率；另外一个极端是日本，日本是世界上人口年龄最大的国家之一。在墨西哥最重要的产品是牛奶、尿布、学校用品和玩具，而在日本消费更多的是成年人产品。

人口是由不同世代重叠构成的，通常以5岁为一组，按人口实际数量或百分数作塔状图，用以直观地表示人口的年龄结构。这种图称为人口年龄金字塔或人口百岁图。它为研究人口年龄结构提供了一种简便的手段。人口金字塔的每一层代表一个年龄组的人口，上部代表老年人，下部代表少年儿童，左半部分代表男性，右半部分代表女性；水平方向长度表示男性和女性人口的数量或在各总人口中所占的百分比。

人口学家还常常按人类生命的不同阶段分组，一般分为未成年（0～14岁）、青壮年（15～64岁）和老年（65岁以上）3组。按人口年龄结构，一般又分为增长型（快速增长型和慢增长型）、静止型（零增长型）和缩减型（负增长型）等几种，如图3-1所示。

图3-1中，肯尼亚等大多数发展中国家为快增长型人口结构，其特点是金字塔基底宽，15岁以下年龄组占人口比重大，表明具有人口迅速增长的强大动力，而塔尖细，65岁以上人口组所占比例小。相反，美国等发达国家为慢增长型人口结构，塔基不宽，向上逐渐变窄，老龄人口所占比例增长。丹麦和意大利等国家属于零增长型人口，塔基和塔身

几乎等宽，塔顶逐渐变窄。德国和匈牙利等国家为负增长型人口，塔基最窄，塔顶较宽，略呈纺锤状，人口增长动力不足。

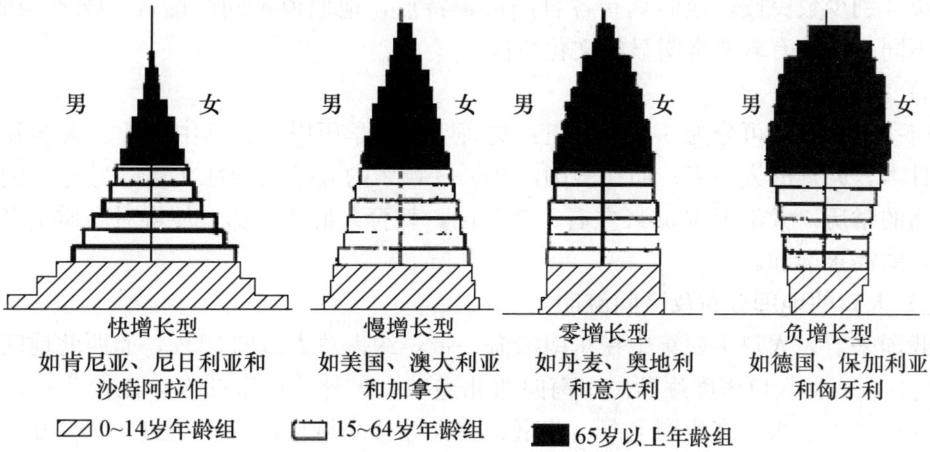

图 3－1　4 种人口金字塔的模型

资料来源：李怀斌．市场营销学．北京：清华大学出版社，2010.

（二）性别结构

《2015 年全国 1%人口抽样调查主要数据公报》显示，我国人口中男性 70 356 万人，占总人口的 51.22%；女性为 66 993 万人，占总人口的 48.78%。性别比（女性为 100，男性对女性的比例）为 105.02，与全国第六次人口普查下降 0.18。人口性别结构的差异，反映到市场上就会出现男性用品市场和女性用品市场。男性市场和女性市场在需求上表现出明显的差异性，这种差异为营销带来了新的契机。

（三）家庭结构

“传统家庭”被认为由丈夫、妻子和孩子（有时候包括祖父母）组成。然而，在今天的中国，有些家庭是“离婚”或“非传统”家庭组成模式，包括：独身生活，与一个异性或同性的成年人生活在一起，单亲家庭，无小孩夫妇，空巢家庭。随着家庭结构呈现小型化、特殊化的趋势，这必将影响某些以家庭为单位购买和消费的商品，例如白色电器、住房、汽车等。独身、分居、丧偶和离婚者群体需要较小的公寓，便宜和小型的器具、家具和设备，包括小包装食品。营销者需要考虑这些需要，因为非传统家庭住户数的增长速度远远快于传统家庭数的增长速度。

（四）社会结构

社会结构包括阶层结构、城乡结构、区域结构、就业结构、社会组织结构等方面的变化和发展趋势。2016 年国内生产总值（GDP）的构成：第一产业 8%，第二产业 40%，第三产业 52%；从上述经济结构来看，农业与非农业的产值结构为 8∶92，这表明工业化程度已经进入中期水平，但同期农业和非农业的就业结构是 28.3∶71.7，这还是工业化初期的水平。这种结构偏差源于城乡结构不合理，也是造成当前农民贫穷的结构性原因之一。

（五）民族结构

大多数国家是由多个民族组成，每个民族在人口中所占的比率叫作民族结构。各个民族由于生活习性、文化传统的不同，有各自特殊的需求和购买习惯。例如，我国除了汉族以外，还有55个少数民族。反映到市场上，就表现为差异性的需求。营销人员必须谨慎，不要笼统区别少数民族，他们具有各自的市场特点，他们说不同的语言、吃不同的食物，信仰也不同，他们有着非常明显的文化特征。

（六）教育水平

任何一个社会都可分为5个教育组：文盲、高中学历以下、高中毕业、大学和专家程度。在日本，99%的人识字；而在美国，10%～15%的人是功能性文盲。另外，美国有全世界最高的学历，大学生占36%左右。在美国，教育人群的增加，使得对高质量书籍、杂志和旅行的需求增加。

（七）人口的地理分布及区间流动

从我国来看，人口主要集中在东南沿海一带，约占总人口的94%，而西北地区人口仅占6%左右。而且人口密度逐渐由东南向西北递减。另外，城市的人口比较集中，尤其是大城市人口密度很大，在我国上海、北京、重庆等几个城市的人口超过1 000万，而农村人口则相对分散。人口的这种地理分布表现在市场上，就是人口的集中程度不同，则市场大小不同；消费习惯不同，则市场需求特性不同。例如，南方人以大米为主食，北方人以面食为主，江浙沪沿海一带的人喜食甜，而川湘鄂一带的人则喜辣。随着经济的活跃和发展，人口的区域流动性也越来越大。在发达国家除了国家之间、地区之间、城乡之间的人口流动外，还有一个突出的表现就是城市人口向农村流动。

在我国，人口的流动主要表现在农村人口向城市或工矿地区流动；内地人口向经济开放地区流动。另外，经商、观光旅游、学习等使人口流动加速。对于人口流入较多的地方而言，一方面，由于劳动力增多，就业问题突出，从而加剧行业竞争；另一方面，人口增多也能使当地基本需求量增加，消费结构发生一定的变化，继而给当地企业带来较多的市场份额和市场机会。

二、经济环境

（一）直接影响营销环境的经济环境因素

一定的购买力水平是市场形成并影响其规模大小的决定因素，它也是影响企业营销活动的直接经济环境。例如，利率居高不下，会直接影响到购房借贷成本，将带给房地产空前的不景气。

直接影响营销活动的经济环境因素如下。

1. 消费者收入水平的变化

消费者的购买力来自消费者的收入，但消费者并不是把全部的收入都用来购买商品或劳务，购买力只是收入的一部分。因此，在研究消费者收入时，要注意以下几点：

（1）国民生产总值。它是衡量一个国家经济实力与购买力的重要指标。从国民生产总值的增长幅度，可以了解一个国家经济发展的状况和速度。

（2）人均国民收入。即国民收入总量除以总人口数的比值。这个指标大体反映了一个国家人民生活水平的高低，也在一定程度上决定商品需求的构成。

(3) 个人可支配收入。这是在个人收入中扣除税款和非税性负担后所得余额，它是个人收入中可以用来消费支出或储蓄的部分，它构成实际的购买力。

(4) 个人可任意支配收入。这是在个人可支配收入中减去用于维持个人与家庭生活不可缺少的费用后剩余的部分。

(5) 家庭收入。家庭收入的高低会影响很多产品的市场需求。一般来讲，家庭收入高，对消费品需求大，购买力也大；反之，需求小，购买力也小。

需要注意的是，企业营销人员在分析消费者收入时，还要区分货币收入和实际收入。只有实际收入才影响实际购买力。

2. 消费者支出模式和消费结构的变化

随着消费者收入的变化，消费者支出模式会发生相应变化，继而使一个国家或地区的消费结构也发生变化。西方一些经济学家常用恩格尔系数来反映这种变化。恩格尔系数的计算公式如下：

恩格尔系数=食物支出变动百分比/收入变动百分比

食物支出占总消费量的比重越大，恩格尔系数越高，生活水平越低；反之，食物开支所占比重越小，恩格尔系数越小，生活水平越高。

恩格尔系数是衡量一个国家、地区、城市、家庭生活水平高低的重要参数。

3. 消费者储蓄和信贷情况的变化

消费者的购买力还受储蓄和信贷的直接影响。

当收入一定时，储蓄越多，现实消费量就越小，但潜在消费量越大；反之，储蓄越小，现实消费量就越大，但潜在消费量越小。企业营销人员应当全面了解消费者的储蓄情况，尤其是要了解消费者储蓄目的的差异。储蓄目的的不同，往往影响到潜在的需求量、消费模式、消费内容和消费发展方向的不同。这就要求企业营销人员在调查、了解储蓄动机和目的的基础上，制定不同的营销策略，为消费者提供有效的产品或服务。

消费者信贷对购买力影响也很大。所谓消费者信贷，就是消费者凭信用先取得商品的使用权，然后按期归还贷款以购买商品。这实际上就是消费者提前支取未来的收入进行消费。信贷主要有短期赊销、购买住宅分期付款、购买昂贵的消费品分期付款以及信用卡借贷等几类。信贷允许人们购买超过自己现实购买力的商品，从而创造了更多的就业机会、更多的收入以及更多的需求；同时，消费者信贷还是一种经济杠杆，它可以调节积累与消费、供给与需求的矛盾。当市场供大于求时，可以发放消费信贷，刺激需求；当市场供不应求时，必须收缩信贷，适当抑制、减少需求。消费信贷把资金投向需要发展的产业，刺激这些产业的生产，带动相关产业和产品的发展。

(二) 间接影响营销活动的经济环境因素

除了上述因素直接影响企业的市场营销活动外，还有一些经济环境因素也对企业的营销活动产生或多或少的影响。

小案例

席卷全球的金融海啸，不仅令A股遭受重挫，对中国实体经济的危害也逐渐显露。

2008年10月15日，全球最大玩具代工商之一——合俊集团旗下两工厂倒闭，6 000余工人面临失业。据悉，在2008年以来的企业倒闭浪潮中，合俊集团是规模最大的。合俊集团是港资上市公司，年销售额超过7亿港元，在玩具界举足轻重。世界玩具五大品牌中，合俊集团已是其中三个品牌的制造商。合俊集团在东莞市和清远市共设有4间生产工厂，主力生产基地就是设在樟木头镇的两家工厂，产品70%以上销往美国，包括为全球最大的玩具商美泰公司提供OEM（贴牌加工）业务。玩具行业资深人士分析，全球经济增长速度放缓，受金融危机冲击，尽管该企业技术和规模在业内都处于领先地位，但在这场广泛波及中国出口制造业的危机面前，合俊集团同样未能规避行业及业务环境造成的问题。有专家分析指出，从影响和知名度来看，这可以称作美国金融危机波及中国实体经济企业倒闭的第一案。

1. 经济发展水平

经济发展的不同阶段，居民的收入不同，顾客对产品的需求也不一样，从而会在一定程度上影响企业的营销。在生产者市场方面，经济发展水平高的地区着重于投资较大而能节省劳动力的先进、精密、自动化程度高、性能好的生产设备。因此，对于不同经济发展水平的地区，企业应采取不同的市场营销策略。

美国学者罗斯顿根据他的“经济成长阶段”理论，将世界各国的经济发展归纳为以下五种类型：(1) 传统经济社会；(2) 经济起飞前的准备阶段；(3) 经济起飞阶段；(4) 迈向经济成熟阶段；(5) 大量消费阶段。凡属前三个阶段的国家称为发展中国家，而处于后两个阶段的国家则称为发达国家。不同发展阶段的国家在营销策略上也有所不同。

2. 经济体制

世界上存在着多种经济体制，有计划经济体制，有市场经济体制，有计划-市场经济体制，也有市场-计划经济体制等。不同的经济体制对企业营销活动的制约和影响不同。例如，在市场经济体制下，企业的一切活动都以市场为中心，市场是其价值体现的场所，因而企业必须特别重视营销活动，通过营销实现自己的利益目标。

3. 地区与行业发展状况

我国地区经济发展很不平衡，逐步形成了东部、中部和西部三大地带和东高西低的发展格局。同时，在各个地区的不同省市还呈现多极化发展趋势。这种地区经济发展的不平衡，对企业的投资方向、目标市场以及营销战略的制定都会带来巨大的影响。

4. 城市化程度

城市化程度是指城市人口占全国总人口的百分比，它是一个国家或地区经济活动的重要特征之一。城市化是影响营销环境的环境因素之一。目前我国大多数农村居民消费的自给自足程度仍然较高，而城市居民则通过货币交换来满足需求。此外，城市居民一般受教育程度较高，思想开放，容易接受新生事物，而农村相对闭塞，农民的消费观念较为保守，所以一些新产品、新技术往往首先被城市所接受。企业在开展营销活动时，要充分注意到这些消费行为方面的城乡差异并相应地调整营销策略。

5. 国家经济政策的变化

政府制定的经济政策对某一行业即企业的影响，既可以是鼓励和保护性的，也可以是限制和排斥性的。2005 年 12 月国务院发布实施《促进产业结构调整暂行规定》，与其配套的《产业结构调整目录》已经过多次修订，仍由鼓励、限制和淘汰三类目录组成。对鼓励类产业投资项目，国家制定优惠政策支持，以消除经济持续发展的瓶颈；对于限制类项目，国家督促改造和禁止新建；而对于淘汰类项目，国家禁止投资，可以采取高税收、行业管制等政策，如金融机构可停止各种形式的授信支持、有关部门可依法吊销生产许可证等。

三、自然和科学技术环境

（一）自然环境

物资自然资料是指自然界提供给人类的各种形式的物质财富，如矿产资源、森林资源、土地资源和水利资源等。自然环境的恶化是全球所面临的一个主要问题。在许多世界性城市，空气和水的污染已经到了危险程度。人们也广泛关心化学产品导致地球臭氧层形成空洞的“绿屋效应”。在西欧，环保组织在报刊上宣传减少工业污染。在美国，环保先驱人士撰写了关于生态恶化的报告，而环境监护团体不仅关注这些事情而且还将其转化为政治与社会的活动。

（二）科学技术环境

科学技术环境指当前的科技发展状况。科学技术的发展日新月异，尤其是电子和通信技术的发展推动了企业生产经营活动的自动化。“无纸车间”和“无纸化贸易”将逐步变成现实。技术的进步创造了许多奇迹。每一种新技术的出现都是“破坏性的创造”。晶体管危害了真空管行业，复印机危害了复写纸行业，汽车使铁路的经营日益清淡，电视拉走了电影的部分观众。如果传统行业不采用新技术进行革新，那么传统行业的生意必将衰落下去。

随着互联网大数据技术的应用和发展，如今的商业已经进入实时时代，客户决策流程、动态的市场竞争、消费者反应的时间单位已经从原来的以日、小时计算，跳转到以分钟和秒的碎片化计算；“瞬时＋竞争优势”在互联网大数据的背景下看似矛盾的一对词语开始融合使用，如果企业在这一瞬间没有及时响应客户的需求，就面临客户的流失、竞争失败的情景。在互联网大数据的背景下的“瞬连”使得用户场景的重要性凸显，连接方式使得“人和机器可以合一”，社群汇集使得商业模式中的众包、众创、众推得以涌现；思维模式、组织激励模式，从战略到运营再到管理都在巨变之中，我们需要重新定义这个时代，重新定义商业与商业模式，重新定义营销战略。在此种背景之下，消费者和市场相对领先于企业，市场的巨变推动竞争的升级，推动“企业供给侧”的改革。消费者已经转变为“数字为先的消费者”，数字已经贯穿了消费者购买行为和决策的全程。这样的消费者不仅包含伴随数字设备成长的新消费群体（比如“90 后”“00 后”），而且包括其他原来不采用数字媒体的消费者。根据相关的数据显示，越来越多的消费者已经在新兴技术的发展中找到“甜蜜点”，开始转变传统的消费行为链：90％的人在屏幕前进行消费；90％的人会连续使用多个屏幕，如个人电脑、平板电脑、手机、电视，从互联网的一个节点跳到另外一个节点；65％的人首次购物始于网购，造就了阿里巴巴和京东的销量神话；61％的人在智能手机上使用社交媒体、微信、微博等数字媒体，在人与人之间的交往中发挥了很大的作用；59%的人尝试使用智能手机做理财；58%的人在进行个人理财的时候会使用搜索引擎。数字技术已经入侵和融入到不同的行业、不同层级的消费者，数字、移动互联网已经从一种商业工具、一种渠道革命变成了商业的“水与电”，你若拒绝它就会远离消费者、远离未来。

在数字时代环境下，新技术层出不穷。在信息交换、客户互动以及数据存储方面的许多新技术对传统的商业环境造成新的冲击，我们将其总结为“三化”：信息交换数字化（包括：搜索、品牌网站、电子商务、移动支付、网络口碑和 App）、客户互动数字化（包括：社交媒体、众筹/众包、虚拟现实/增强现实）和数据存储数字化（包括：大数据、云计算和物联网）。

总之，在互联网背景下，进行营销活动企业的机遇和调整并存。企业必须充分发挥自身的优势，根据互联网的特征，优势互补，探索互联网与企业的融合发展，通过资源整合，调整经营战略，达到模式创新的目的。

四、政治和法律环境

政治和法律环境是影响企业营销的重要宏观环境因素。政治因素像一只有形之手调整着企业营销活动的方向，法律则为企业规定商贸活动的行为准则。政治和法律环境相互联系，共同对企业的市场营销活动发挥影响和作用。

（一）政治环境

政治环境是指企业市场营销活动的外部政治形势和状况以及国家方针政策的变化对市场营销活动带来的或可能带来的影响。

1. *政治局势*

政治局势是指企业营销活动所处的国家或地区的政治稳定状况。一个国家的政局稳定与否会给企业的营销活动带来很大的影响。如果政治局势稳定，生产发展，人民安居乐业，就会给企业带来良好的营销环境。相反，政局不稳，社会矛盾尖锐、秩序混乱，这不仅会影响经济发展和人民的购买力，而且对企业的营销心理也有很大影响。战争、暴乱、罢工、政权更迭等政治事件都可能会对企业营销活动产生不利的影响且迅速改变企业环境。因此，社会是否安定对企业营销活动关系极大，特别是在对外营销活动中，一定要考虑东道国政局变动和社会稳定情况可能造成的影响。

2. *方针政策*

各个国家在不同的时期、根据不同需要颁布一些经济政策，制定经济发展方针，这些方针和政策不仅影响本国企业的营销活动，而且还会影响外国企业在本国市场的营销活动。还有诸如人口政策、能源政策、物价政策、财政政策、金融与货币政策等，都给企业研究经济环境、调整自身的营销目标和产品构成提供了依据。

3. *国际关系*

即国家间的政治、经济、文化和军事等关系。发展国际的经济合作和贸易关系是人类社会发展的必然趋势。企业在其生产和经营过程中，或多或少地会与其他国家发生往来，开展国际营销的企业更是如此。因此，国家间的关系必然会影响企业的营销活动。

（二）法律环境

对企业来说，法律是评判企业营销活动的准则，只有依法进行的各种营销活动才能受到国家法律的有效保护。因此，企业开展市场营销活动必须了解并遵守国家或政府公布的有关经营、贸易、投资等方面的法律和法规。如果从事国际营销活动，企业就既要遵守本国的法律制度，还要了解和遵守市场国的法律制度和有关的国家法规、国际惯例和准则。这方面的因素对国际企业的营销活动有深刻影响。例如，一些国家对外国企业进入本国经营设定各种限制条件。日本政府曾规定，任何外国公司进入日本市场，必须要找一个日本公司同它合伙。也有一些国家利用法律对企业的某些行为作为特殊限制。美国《反托拉斯法》规定不允许几个公司共同商定产品价格，一个公司的市场占有率超过20%就不能再合并同类企业。

当然，有些法律的特殊规定，在限制了某些市场要素发展的同时，也从另外一个侧面带给企业某些机遇。例如，为了防止人口增长过快，中国政府通过法律限制一个家庭只能生一个孩子。玩具营销者却注意到：中国孩子从来也没有像现在这样被宠爱并弄得全家一片忙活。中国孩子成了“小皇帝”，他们从糖果到电脑应有尽有。六个大人围着一个小孩团团转，这种趋势使得日本班德尔公司、丹麦莱哥集团和马特尔等玩具公司争相进入了中国市场。

五、社会和文化环境

每个人都生长在一定社会文化环境中，并在一定的社会文化环境中生活和工作。他的思想和行为必定受到这种社会文化环境的影响和制约。市场营销学中所说的社会文化因素，一般是指在一种社会形态下已经形成的信息、价值、观念、宗教信仰、道德规范、审美观念以及世代相传的风俗习惯等被社会公认的各种行为规范。企业营销人员应当分析、研究和了解社会文化环境，以针对不同文化环境制定不同的营销策略。

（一）教育水平

教育水平是指消费者受到教育的程度。一个国家、地区的教育水平和经济发展水平往往是一致的。不同的文化修养表现出不同的审美观，购买商品的选择原则和方式也不同。一般来讲，教育水平高的地区，消费者对商品的鉴别能力强，容易接受广告宣传和接受新产品，购买的理性程度高。因此，教育水平高低影响者消费者的心理、消费结构，影响着企业营销组织组织策略的选取，以及销售推广方法的差别。例如，在文盲率高的地区，用文字形式做广告，难以收到好的效果，而用电视、广播和当场示范的表演形式才容易为人们所接受。又如在教育水平低的地区，适合采用操作使用、维修保养都较简单的产品，而教育水平高的地区，则需要先进、精密、功能多和品质好的产品。因此，在产品设计和制定产品策略时，应考虑当地的教育水平，使产品的复杂程度、技术性能与之相适应。另外，企业营销人员的受教育程度等也会对企业的市场营销产生一定的影响。

（二）语言文字

语言文字是人类交流的工具，它是文化的核心组成部分之一。不同国家、不同民族往往都有自己独特的语言文字，即使同一国家也可能有不同的语言文字，即使语言文字相同，也可能表达和交流的方式不同。语言文字的不同对企业的营销活动有巨大的影响。一些企业由于其产品命名与产品销售地区的语言含义等相悖，给企业造成巨大的损失。可见，语言文字的差异对企业的营销活动是有很大影响的。企业在开展市场营销活动时必须了解市场所在国家的文化背景，掌握其语言文字的差异，这样才能使营销活动顺利进行。

(三) 价值观念

价值观念是人们对社会生活中各种事务的态度、评价和看法。不同的文化背景下，人们的价值观念差别很大，而消费者对商品的需求和购买行为深受其价值观念的影响。例如，在西方一些发达的资本主义国家，一些人追求生活上的享受，超前消费突出也是司空见惯的事情。在我国，勤俭节约是民族的传统美德，借钱买东西这样的消费行为往往被看成不会过日子，人们大多攒钱购买商品，而且大多局限在货币的支付能力范围内，量入为出。因此，对于不同的价值观念，企业营销人员应该采取不同的营销策略。对于乐于变化、喜欢猎奇、富有冒险精神、较激进的消费者，企业在制定促销策略时应该把产品和目标市场的文化连接起来。例如，东方人将群体、团结放在首位，所以广告宣传往往突破人们对产品的共性认识；而西方人则注重个体和个人的创造精神，所以产品包装装潢也显示出醒目或标新立异的特点。我国消费者重人情，求进步，消费偏于大众化，这些传统习俗也对企业的营销产生影响。

(四) 宗教信仰

不同的宗教信仰有不同的文化和戒律，从而影响人们认识事物的方式、价值观念和行为准则，影响着人们的消费行为，带来特殊的市场需求，与企业的营销活动有密切的关系。特别是在一些信奉宗教的国家和地区，宗教信仰对市场营销的营销力更大。因此，企业应该了解不同地区、不同民族、不同消费者的宗教信仰，提供适合其要求的产品，制定适合其特点的营销策略。否则，会触犯宗教禁忌并失去市场机会。这说明，充分了解和尊重消费者的宗教信仰，对企业的营销活动具有重要意义。

(五) 审美观

审美观通常是指人们对美好事物的好坏、美丑和善恶的评价。不同的国家、民族、宗教、阶层和个人，往往因社会文化背景不同，有着不同的审美标准。有的以胖为美，有的以瘦为美，有的以高为美，有的则以矮为美，不一而足。因审美观的不同而形成的需求差异更是多种多样。例如，在欧美，女士结婚喜欢穿白色的婚礼服，因为她们认为白色象征着纯洁和美丽；在我国，女士结婚喜欢穿红色的婚礼服，因为红色象征着吉祥如意和美满幸福。又如，中国女士喜欢把装饰物品佩戴在耳朵、脖子和手指上，而印度女士却喜欢在鼻子、脚踝上配以饰物。不同的审美观念对消费者的影响是不同的，因此，企业应针对不同的审美观念所引起的不同消费需求，开展有针对性的营销活动，特别要把握不同文化背景下的消费审美观念及其变化趋势，制定良好的市场营销策略以适应市场需求的变化。

(六) 风俗习惯

风俗习惯是人们根据自己的生活内容、生活方式和自然环境，在一定的社会物质生产条件下形成并世代相传而成的一种风尚和由于重复、练习而巩固下来并变成需要的行动方式等的总称。它在饮食、服饰、居住、婚丧、信仰、节日、人际关系等方面都表现出独特的心理特征、伦理道德、行为方式和生活习惯。不同的国家、不同的民族有不同的风俗习惯，它对消费者的消费嗜好、消费模式和消费行为等具有重要的影响。企业营销者必须了解和注意不同国家、民族的消费习惯和爱好，做到入乡随俗。可以说，这是企业做好市场营销尤其是国际经营的重要条件，如果不重视各个国家、各个民族之间的文化和风俗习惯的差异，就可能造成难以挽回的损失。

第三节 市场营销微观环境

企业的微观营销环境主要是由企业外部的供应商、竞争者、社会公众、营销中介、顾客以及企业内部参与营销决策的各部门组成。营销部门在制定和实施营销目标和计划时，不仅要考虑企业外部的环境力量，而且要充分考虑企业内部环境力量，使企业内外环境相匹配。

一、外部微观环境

外部微观环境主要是由企业外部的供应商、竞争者、社会公众、营销中介和顾客组成。

(一) 供应商

作为企业价值创造过程的重要环节，供应商是向企业及其竞争对手提供生产经营所需资源的企业或个人，主要包括向企业提供特定原材料、辅助材料以及能源等生产资料的供货机构。从广义层面讲，也包括提供劳动力、资金和自然资源等的机构和个人。供应商对企业营销活动产生实质性的影响，其所供应的原料直接关系到企业最终的产品。

(二) 竞争者

竞争是市场经济的基本属性，只要存在商品的生产和交换，就难免有不同程度的竞争。企业的营销系统总是受到各类竞争者的影响，除来自本行业的竞争以外，还有来自替代品生产者、潜在加入者、原材料供应者和购买者等多种力量的竞争。实践证明，企业要想在市场竞争中获得成功，必须能够识别竞争者并且比竞争者更有效地满足顾客需求。

(三) 社会公众

社会公众是指对企业实现其营销目标有实际或潜在利害关系和影响力的社会群体或个人，包括金融公众、媒介公众、政府公众、社团公众、社区公众、一般公众及内部公众等。

(四) 营销中介

营销中介是指协助企业销售其产品的机构，与企业的关系是一种销售协作关系，通常包括中间商、实体分配机构、营销服务机构和财务中介机构等。其存在的意义是以较高的效率、较低的成本把企业的产品或服务提供给最终顾客。

(五) 顾客

顾客是指具有支付能力的潜在的购买者。顾客是企业最重要的环节因素，是企业所服务的目标市场和营销活动的对象，也是营销活动的出发点和归宿，企业的一切营销活动都应该以满足顾客的需求为中心。

二、内部微观环境

企业内部微观环境包括企业的物质环境和文化环境。它反映了企业所拥有的客观物质条件、工作状况以及企业的综合能力，是企业系统运转的内部基础。因此，企业内部微观环境分析也可称为企业内部条件分析，其目的在于掌握企业实力现状，找出影响企业生产经营的关键因素，辨别企业的优势和劣势，以便寻找外部发展机会，确定企业战略，如图3-2所示。如果说外部环境给企业提供了可以利用的机会的话，那么内部条件则是抓住和利用这种机会的关键。只有在内外环境都适宜的情况下，企业才能健康发展。

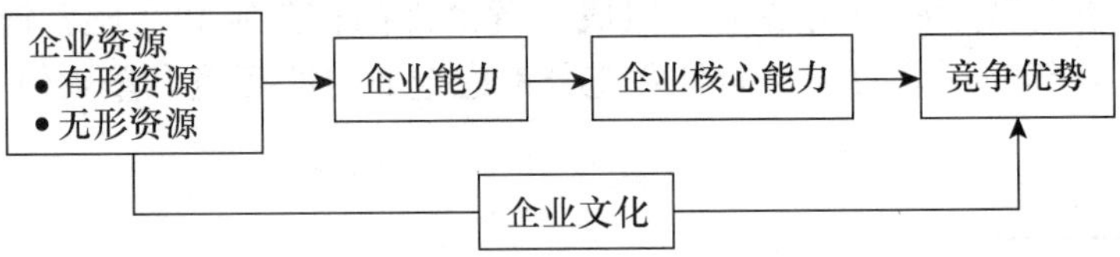

图3-2　企业内部微观环境分析

（一）企业资源分析

企业的任何活动都需要借助一定的资源来进行，企业资源的拥有和利用情况决定其活动的效率和规模。企业资源包括人力、财力、物力、技术和信息等，可分为有形资源和无形资源两大类。

（1）人力资源。包括数量、素质和使用状况。人力资源分析的具体内容有各类人员（包括生产操作人员、技术人员、管理人员）的数量、技术水平、知识结构、能力结构、年龄结构、专业结构；各类人员的配备情况、合理使用情况；各类人员的学习能力及培训情况；企业员工管理制度分析等。

（2）财力资源。财力资源是一种能够获取和改善企业其他资源的资源，对财力资源的管理是企业管理最重要的内容之一。财力资源分析的内容包括企业资金的拥有情况、构成情况、筹措渠道和利用情况，形式包括财务管理分析、财务比率分析、经济效益分析等。

（3）物力资源。包括各种有形资产。物力资源分析就是要研究企业生产经营活动需要的物质条件的拥有情况以及利用程度。

（4）技术资源。主要分析企业的技术现状，包括设备和各种工艺装备的水平、测试及计量仪器的水平、技术人员和技术工人的水平及其能级结构等。

（5）信息资源。信息资源包括的内容很多，如各种情报资料、统计数据、规章制度、计划指令等。信息资源分析现有信息渠道是否合理、畅通，各种相关信息是否掌握充分，企业组织现状、企业组织及其管理存在的问题及原因等。

（二）企业文化分析

企业文化分析主要是分析企业文化的现状、特点以及它对企业活动的影响。企业文化是企业战略制定与成功实施的重要条件和手段，它与企业内部物质条件共同组成了企业的内部约束力量，是企业微观环境分析的重要内容。

1. 企业文化及其结构

企业文化是企业在运行过程中形成的，并为全体成员普遍接受和共同奉行的价值观、信念、行为准则及具有相应特色的行为方式、物质表现的总称。企业文化是客观存在的。在一个有较长历史的企业内，人们由于面临共同的环境，通过在共同的活动中相互影响，会逐步形成某些相似的思想观念和行为模式，表现出独特的信仰、作风和行为规则。若把一个企业看作一个整体的“人”，那么企业文化就反映了这个“企业人”所具有的整体修养水平和处世行为特点。企业文化产生于企业管理的过程中，并随着管理过程的发展及企业内外环境的变化而变化，是物质文化和精神文化相结合的产物。

企业文化结构如图 3－3 所示，它包括三个层次：物质文化、制度文化和精神文化。物质文化是企业文化结构的表层，通过物质形态的产品形象、厂容厂貌、企业标志、员工服饰、企业环境等表现出来，通常称为企业形象。制度文化是指具有本企业文化特色的各种规章制度、道德规范和行为准则的总称，它通过领导体制、规章制度、员工行为方式等反映出来。精神文化是企业文化的深层次，是存在于企业成员思想中的意识形态，包括企业经营哲学、理想信念、价值观念和管理思维方式等，通常称为企业精神。

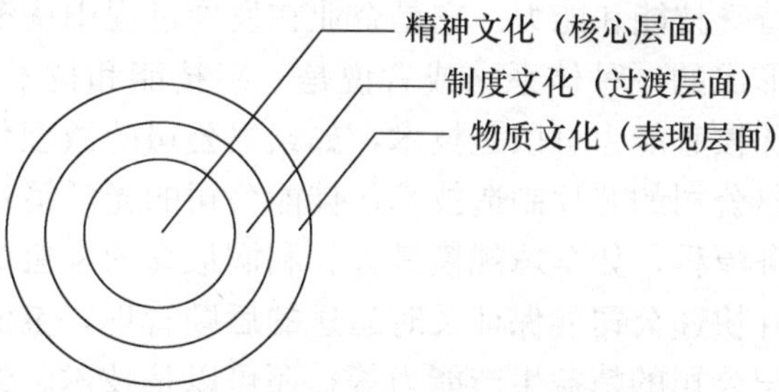

图 3－3 企业文化结构

资料来源：李怀斌．市场营销学．北京：清华大学出版社，2010.

2. 企业文化功能

企业文化在企业管理中的作用主要体现在激励方面，具体有以下功能：

（1）导向功能。企业文化可以为企业生产经营决策提供正确的指导思想和健康的精神氛围，如通过价值观来引导职工，使得员工按照企业提倡的价值观念来摆正自己的位置和做出行为决策，为实现企业目标而自觉地努力工作。

（2）凝聚功能。企业文化中共同的价值观、信念和行为准则，就如同企业的“内部黏合剂”，可使企业职工产生强烈的集体意识，形成强大的凝聚力和向心力，使整个企业上下一心，同舟共济。

（3）约束功能。企业文化中以规章制度、行为规范的形式体现出来的制度文化，对每个员工的行为无疑会有约束作用，更重要的是，整个企业文化会对企业全体成员的行为形成一种无形的群体压力（包括舆论压力、情感压力等），从而约束员工的行为。

（4）辐射功能。企业文化不但在本企业中产生作用，还会通过各种渠道对社会产生作用。如员工与社会各方面的交往，产品的宣传、销售及服务，都会反映出企业的价值观念和文化特点，可以让社会了解企业，并对社会和其他企业产生影响。

（三）企业能力分析

企业能力是指企业有效地利用资源的能力。拥有资源不一定能有效运用，因而企业有效地利用资源的能力就成为企业内部条件分析的重要因素。

1. 企业能力分析的内容

企业能力可分为不同的类别，如按重要程度可分为一般能力和核心能力，按综合性可分为综合能力和专项能力，按内容可分为组织能力、社会能力、产品及营销能力、生产及技术能力、市场开拓能力和管理能力等。对不同的能力有不同的分析重点，如针对产品及营销能力主要是分析产品的发展性、收益性和竞争性；市场营销的现状及潜力等的分析，具体评价内容有产品质量、销售增长率、市场占有率、销售利润率、产品市场潜力等；生产及技术能力分析主要包括生产计划与组织、生产管理能力、生产技术装备水平、物资供应及工艺实施能力、技术开发能力等。

2. 企业核心能力

核心能力，是指企业独有的，能为顾客带来特殊效用，使企业在某一市场上长期具有竞争优势的内在能力。企业要形成和保持竞争优势，只拥有一般的资源和能力还不行，必须形成超出竞争对手的特殊技能和能力。它是企业在发展过程中逐渐积累起来的知识、技能及其他资源相结合而形成的一种体系（或者说是一组技能和技术的集合），是企业拥有的最主要的资源或资产。核心能力可以是技术，如索尼公司的微型化技术，摩托罗拉公司的无线通信技术，英特尔公司的芯片制造技术，佳能公司的光学镜片成像技术和微处理技术；也可以是管理和业务流程，如全球规模最大、利润最高的零售商沃尔玛公司的“过站式”物流管理模式，联邦快递公司能保证及时运送的后勤管理，宝洁公司、百事可乐优秀的品牌管理与促销，丰田公司的精益生产能力等；还可以是技术、经营、管理等能力的结合，如海尔的技术开发能力、质量保证能力和营销能力所构成的核心能力。核心能力的储备状况决定了企业的经营范围，特别是企业多角化经营的广度和深度。

企业核心能力主要有以下几个特征：

（1）稀缺性。核心能力必须是企业所特有的，它能为企业带来超过平均水平的利润。

（2）难以模仿性。核心能力是竞争对手难以模仿的能力。它是企业中不同单位和个人相互作用的结果，是通过协调和组织企业生产技术方面的资源而获得的。这种能力在发展过程中，通过自身的学习和积累，可以不断得到强化，从而使竞争优势得到巩固和持续。所以，核心能力很难被竞争对手模仿而丧失。

（3）价值优越性。核心能力能很好地实现顾客所看重的价值，如能显著地降低成本、提高产品质量、提高服务效率、增加顾客效用等，从而使企业在创造价值和降低成本方面比竞争对手更优秀。

（4）可延展性。核心能力能够同时应用于多个不同的任务，使企业在较大范围内满足顾客的需要。如夏普公司的液晶显示技术在笔记本电脑、袖珍计算器、大屏幕电视显像技术等领域得到运用；日本本田公司的核心能力的基础是发动机设计和制造，它支撑了小汽车、摩托车、割草机和赛车的制造。

从上述特征可以看出，企业核心能力就像一棵大树的树根，树的主干是企业的核心产品，树的枝叶就是企业的最终产品。若遇上突然的变故折断了树干，只要核心能力这个树根还在，企业就有可能东山再起。因此，核心能力是企业长期竞争优势的源泉，企业必须不断地培育和发展自身的核心能力。

第四节 市场营销环境分析的方法

按照系统论和生态学的观点，企业与外部环境共同形成一个大系统。企业内部与外部环境是这一大系统中的两个系统，两者必须相互配合，才能产生系统效应。但从企业的角度来看，外部环境这一子系统是企业不能控制的客观条件并时刻处于变动之中。因此，企业必须经常对自身系统进行调整才能适应外部环境的变化。这与生态学中生物体与外界环境的关系一样，也遵循“适者生存、优胜劣汰”的原则。

一、营销环境的机会与威胁

任何企业都面临许多营销机会和环境威胁，这些机会和威胁不断影响、制约着市场营销活动。但并非所有的环境威胁对企业的影响程度都相同，也不是所有的市场机会都有吸引力。在具体的营销活动中，企业可以对这些机会和威胁进行系统的分析和评价并以此为依据制定相应的营销策略。

（一）营销环境机会分析

机会和威胁是相对于企业面临的外部环境而言。所谓营销环境机会，是指企业营销活动富有吸引力的领域并且企业在这个领域内拥有竞争优势。环境机会的实质是指市场上存在着“未满足”并“能够被满足”的需要。它既可能来源于宏观环境因素，也可能来源于微观环境。企业能否在某一特定机会中成功，取决于其业务实力是否与该行业所需要的成功条件相符合。

环境机会对不同企业是不相等的，同一个环境机会对这些企业可能成为有利的机会，而对另外一些企业可能造成威胁。环境机会能否成为企业的机会，要看此环境机会是否与企业的目标、资源和任务相一致，企业利用此机会能否比竞争者带来更大的收益。

美国著名的营销学者西奥多·莱维特曾经说过：“这里可能是一种需要，但是没有市场；或者这里可能是一个市场，但是没有顾客；或者这里可能有顾客，但目前实在不是一个市场，那些不懂得这种道理的市场预测者对于某些领域表面上的机会曾做出惊人的错误估计。”

（二）营销环境威胁分析

营销环境威胁是指环境中一种不利的发展趋势所形成的挑战，如果不采取果断的营销行动，这种不利趋势将导致公司的市场地位被侵蚀。这种环境威胁主要来自两个方面：一个方面是环境因素直接威胁着企业的营销活动，如政府颁布某种法律，诸如《环境保护法》，它对造成环境污染的企业来说就构成了巨大的威胁；另一个方面是企业的目标、任务及资源同环境机会相矛盾，如人们对自行车的需求转化为对摩托车的需求，给自行车厂的目标与资源同这一环境机会造成矛盾。自行车厂要将“环境机会”变成“企业机会”，需要淘汰原来的产品，更换全部设备，培训、学习新的生产技术，这对自行车厂无疑是一种威胁。摩托车的需求量增加，自行车的销售量必然下降，给自行车厂又增加一分威胁。

小案例

假设某烟草公司面对以下一些影响其发展的动向：

(1) 某些国家政府颁布了法令，要求所有香烟广告和包装上都要印上“吸烟危害健康”的严重警告；

(2) 有些国家的政府颁布了禁烟令，禁止在公共场所吸烟；

(3) 许多发达国家吸烟人数大幅度下降；

(4) 这家烟草公司的研究实验室发明了用莴苣叶制造无害香烟的方法；

(5) 发展中国家吸烟人数迅速增加。

显然，上述 (1) (2) (3) 动向对这家烟草公司造成了不利影响，属于环境威胁；(4) (5) 动向则给这家烟草公司带来了有利影响，属于市场机会。由此可知，这家烟草公司属于高机会和高威胁的冒险企业，即尽管公司有丰厚的潜在利润，但也存在着巨大风险。因此，企业在经营过程中必须密切监视各种动向的变化趋势，并据此制定应变对策。

二、企业的优势和劣势

优势是指一个企业超越其竞争对手的能力，这种能力有助于实现企业的主要目标——盈利。但值得注意的是：竞争优势并不一定完全体现在较高的盈利率上，因为有时候企业更希望增加市场份额或者多奖励管理人员或雇员。

劣势是指影响企业经营效率和效果的不利因素和特征，它们使企业在竞争中处于弱势地位。一个企业的劣势主要表现在以下几个方面：缺少关键的技能或能力、设备陈旧、赢利较少甚至亏损、缺乏管理和知识、研究和开发工作落后、公司形象差、销售渠道不畅、营销技巧差、产品质量不高、成本过高等。

对于企业而言，竞争对手的竞争优势就是企业自身的竞争劣势。每个企业都要定期检查自己的优势与劣势，这可通过“营销备忘录优势/劣势绩效分析检查表”的方式进行。管理当局或企业外的咨询机构都可以利用这一方式检查企业的营销、财务、制造和组织能力。每一个要素都要按照特强、稍强、稍弱或特弱划分等级。

三、SWOT 分析法

SWOT 分析法是一种综合考虑企业内部条件和外部环境的各种因素而选择最佳营销策略的方法。SWOT 是英文 strength（优势）、weak（劣势）、opportunities（机会）和 threaten（威胁）的缩写。SWOT 分析的核心就是通过对企业外部和内部条件的分析，明确企业可利用的机会和可能面临的风险，并将这些机会和风险与企业的优势和缺点结合起来形成企业不同的营销策略。

企业通过SWOT分析，客观全面地梳理企业内部环境（存在的优势和劣势）和外部环境（存在的机会和威胁），采取有针对性的策略。

（1）杠杆效应（优势＋机会）。杠杆效应产生于内部优势与外部机会相互一致和适应时。在这种情形下，企业可以用自身内部优势撬起外部机会，使机会与优势充分结合。然而，机会往往是稍纵即逝的，因此企业必须敏锐地捕捉机会，把握时机，以寻求更大的发展。

（2）抑制性（劣势＋机会）。抑制性意味着妨碍、阻止、影响与控制。当环境提供的机会与企业内部资源优势不相适合，或者不能相互重叠时，企业的优势再大也将得不到发挥。在这种情形下，企业就需要提供和追加某种资源，以促进内部资源劣势向优势方面转化，从而迎合或适应外部机会。

（3）脆弱性（优势＋威胁）。脆弱性意味着优势的程度或强度的降低、减少。当环境状况对公司优势构成威胁时，优势得不到充分发挥，出现优势不优的脆弱局面。在这种情形下，企业必须克服威胁，以发挥优势。

（4）问题性（劣势＋威胁）。当企业内部劣势与企业外部威胁相遇时，企业就面临着严峻挑战，如果处理不当，可能直接威胁到企业的生存。

企业通过对内外部环境进行对比分析，形成应对环境的战略设想并进行持久竞争优势的检验，最后形成企业战略以改进企业的状况，谋求长期的发展。表3-1是以某零售企业为例进行的SWOT分析和相应的对策。

表3-1　　SWOT分析框架

内部环境 / 外部环境	优势（S） 1. 核心竞争力 2. 先进管理模式 3. 优秀员工队伍	劣势（W） 1. 企业资金缺乏 2. 研发能力弱 3. 渠道策略缺陷
机会（O） 1. 国家政策扶持 2. 细分市场潜力巨大 3. 消费者收入水平提高	S＋O 如何利用优势把握机会? 1. 增强消费者品牌忠诚度 2. 规模经济	W＋O 如何克服劣势把握机会? 1. 寻找融资渠道 2. 完善渠道策略
威胁（T） 1. 品牌众多 2. 消费者价格敏感性增加 3. 国际品牌竞争加剧	T＋S 如何利用优势应对威胁? 1. 价格竞争力 2. 提供性价比高的产品	T＋W 如何避免劣势应对威胁? 1. 加强成本控制和验收管理 2. 施行多渠道策略

资料来源：李怀斌．市场营销学．北京：清华大学出版社，2010.

由于外部环境（外部机会和威胁）和企业内部状况（内部优势和劣势）是动态变化的，因此，企业在一定时间内根据外部环境和内部状况制定的营销对策具有时效性的约束。为了应对市场竞争的需要，企业必须根据外部环境或内部状况的变化相应调整营销对策。同时，企业需要定期检查营销对策并不断优化，使其更好地为企业的市场竞争服务。

本章小结

为了应对环境变化，特别是在互联网为背景的时代下，必须密切关注五种宏观环境因素，即人口环境、经济环境、自然和科学技术环境、政治和法律环境、社会和文化环境。

在人口环境中，营销者必须认识到人口的年龄、性别、家庭、社会、民族的结构都会对企业的经营活动造成影响。在经济领域，营销者不仅要把目光集中在直接影响经营的消费者的收入、支出以及储蓄和信贷水平上，同时还要关注间接因素，如经济发展水平、经济体制、地区与行业发展状况、城市化程度、国家经济政策的变化等。除上述因素以外，企业要随时关注自然环境中的原料短缺、能源成本增加、污染程度增加等因素的变化以及科学技术的进步对经营造成的影响。政治和法律相互联系，共同对企业的市场营销活动发挥影响和作用。政治环境因素包括政治局势、方针政策和国际关系。法律环境包括所在国家和地区对企业经营规定的应当遵守的法律和法规。社会和文化环境包括教育水平、语言文字、价值观念、宗教信仰、审美观念和风俗习惯。企业的微观环境主要由企业的供应商、营销中间商、顾客、竞争对手、社会公众以及企业内部参与营销决策的各部分组成。SWOT 分析法是通过对企业外部环境与内部条件的分析，明确企业可利用的机会和可能面临的威胁，并将这些机会和威胁与企业的优势和劣势结合起来，形成企业不同的营销策略。

思考题

1. 市场营销环境的概念和特征是什么？
2. 简述市场营销与环境的关系。
3. 市场营销环境的构成要素是什么？
4. 市场营销宏观环境包括哪些内容？
5. 市场营销微观环境包括哪些内容？
6. 使用 SWOT 分析法对你熟悉的一个企业进行分析。

第四章 市场与购买者行为分析

学习目标

1. 了解市场的构成和类型。
2. 了解消费者和组织购买者购买行为的模式和类型。
3. 体会消费者和组织购买者购买行为的影响因素。
4. 掌握消费者和组织购买者购买行为的决策模式。

引导案例

移动互联网时代，消费者如何进行购物决策？

移动互联网时代，随着智能手机等移动终端的普及，随时随地获取信息变得更加容易。这让我们习惯于获得足够的信息来指导行动，尤其是在购物的时候。Google 对此做了一番研究，提出了新的消费者决策模型，以便更好地理解人们如何使用信息。Google 把这个模型称为 ZMOT（zero moment of truth model），即第零关键时刻模型。

第一，什么是 MOT（关键时刻）？宝洁（P&G）公司内部曾研究过一个问题：在消费者购物决策过程中，"决胜点"应该是何时？其发现有两个关键时刻：FMOT（first moment of truth，第一关键时刻）和 SMOT（second moment of truth，第二关键时刻）。

FMOT——消费者在货架前，面对一大堆洗发水，脑子里决定买哪个的那 3～7 秒。SMOT——用户体验的最后环节。一个品牌是成功地履行了它的承诺还是令人感到失望，这永远是最重要的一点。在 SMOT，如果消费者得到了愉快的购物体验，那么他也许会成为一个品牌的粉丝。

ZMOT——到了移动互联网时代，消费者在尚未接触商品或服务之前，就已经开始尝试体验，寻找信息，做出决策。这些行为就是 ZMOT，从"第 1"变成"第 0"。FMOT 注重最后陈列架上和其他竞品 PK，而 ZMOT 更早一步，在搜寻的阶段就 PK。宝洁认为重点在消费者抵达陈列架的 3～7 秒，但 Google 认为，在消费者抵达的时候，其实早已做出决定了！

在 ZMOT，搜索引擎可以做些什么呢？第一，明确产品定位：一站式整合信息，方便用户决策。第二，构建购物知识图谱，解决买什么的问题。第三，打通线上线下，线上决策、线下消费。第四，促进用户写评论、分享评论，积累用户兴趣数据，完成数据闭环。

资料来源：灿辉说搜索. 移动互联网时代，消费者如何进行购物决策?.（2014-11-21）[2017-11-01]. http://www.geekpark.net/news/211740. 有改编.

第一节　市场的构成与类型

购买者行为，是指购买者在市场上寻找、选择、购买、使用和评定所需商品和服务时表现出来的外在行动。在不同的市场上，购买者会表现出不同的购买行为。针对不同的市场，购买者行为可以划分为消费者购买行为和组织购买行为。对不同市场上的购买者行为进行研究，既有助于深入了解企业所面临的市场状况，帮助企业选择目标市场并制定正确的市场营销策略，从而进一步开展企业营销活动，又能提升消费者的购买体验，方便消费者获得优质满意的产品和服务。

一、市场的构成

市场是一个有机体，由产品、买方和卖方这三个要素构成，并通过买方和卖方的相互联系推动着市场的总体运作。

（一）一定量可交换的产品

产品既包括有形的产品，也包括无形的服务，还包括各种商品化了的资源要素，比如资金、技术、信息、土地、劳动力等。市场的主要活动是商品交换，其间所发生的经济联系也是通过商品的购买和售卖来实现的。因此，一定量的可交换产品是市场的基本构成要素。产品是市场存在的物质基础，如果没有产品可供交换，那么市场也就没有存在的意义。

（二）商品需求及其人格化的代表——买方

卖方向市场提供商品和服务以后，还需要寻找既有消费需求又有支付能力的购买者。卖方只有充分了解消费者的需求和购买力，保证产品和目标市场之间的精准对接，才有可能实现商品的交换活动，达到市场的供需均衡。因此，以买方为代表的市场需求是决定商品能否成功交换的基本要素。

（三）商品的提供者——卖方

商品的卖方既可能是生产者，也可能是中间商，他们是商品的所有者和出售商品的当事人。卖方将待出售的商品带入市场上进行交换。在市场中，商品的所有者把他们的经济利益和经济需要诉诸商品的交换活动。因而卖方或者商品的所有者就成为向市场提供一定量商品的代表，并作为市场中的供应方而成为市场构成要素之一。

二、市场的类型

按照购买的目的或用途的不同，市场可以分为消费者市场和组织市场两大类。

（一）消费者市场

消费者市场（又称消费品市场、生活资料市场）是指个人或者家庭为满足生活需要而购买或租用商品的市场。在社会再生产的循环中，消费者的购买是通向最终消费的购买。因此，消费者市场是市场体系的基础，是起决定作用的市场，也是现在市场营销理论研究的对象。不同市场上，购买者具有不同的特征和行为表现，区分研究消费者市场和组织市场的购买行为对企业营销策略的制定具有重要意义。

与组织市场相比，消费者市场展现出了更加复杂多样的特征，具体如下：

（1）从交易的商品来看，商品的品种多样、生命周期较短，商品的专业技术性不强，具有较多的替代品，因而商品的价格需求弹性较大。

（2）从交易的规模和方式来看，消费品市场分散、购买者众多、交易频繁，但成交数量零星。

（3）从市场动态来看，购买的流动性强。由于消费者的需求相对复杂多变，更易产生供求矛盾；此外，城乡交往、区域间交往、跨国交往的日益频繁极大地增强了人口的流动性，购买的流动性也随之增强。

（4）从购买行为来看，消费者的购买行为具有很大的可诱导性。这主要是由于：第一，消费者购买行为的主动性。消费者在开展购买活动时，并不像组织购买那样，要受到生产特征的限制及国家政策和计划的影响，个体消费者的购买行为往往具有自发性和感情冲动性，并非完全理性的购买活动。第二，消费者获取信息的不完全性。消费者大多缺少相应的商品知识和市场知识，其购买行为属于非专业购买，他们对产品的选择常常受到产品的包装、广告、宣传和潮流等外界因素的影响。

（二）组织市场

组织市场也就是以组织为购买和消费主体的市场。组织市场可以分为如下四种类型：

其一，生产者市场。这里的生产者包括商品的生产者和服务的生产者。生产者市场由一切购买商品和服务并将其用于生产其他商品或服务以供销售、出租或供应给他人的组织所构成。这个市场通常由以下行业组成：农林渔业、制造业、建筑业、交通运输业、邮政通信业、金融保险业、酒店餐饮业等。

其二，中间商市场。中间商市场由所有以营利为目的的从事转卖或租赁业务的个体和组织构成，包括批发商和零售商。其中，批发商主要向零售商或者机构客户销售产品，零售商则向最终消费者出售产品。

其三，机构市场。各类社会非营利性机构形成了这一细分市场，其追求的目标不是一般的利润、市场占有率或投资报酬率等企业目标，这些机构包括学校、医院、工会、教会、各类基金组织、各类协会和其他非企业组织。

其四，政府市场。政府市场包括从中央到地方的各级政府部门以及外国政府。政府通过税收、财政预算掌握了相当部分的国民收入，是市场上的重要客户。对任何一个组织来说，政府市场都是一个庞大的市场。

组织不同于个体，因此为组织购买与为个人或家庭购买有所不同，理解组织购买行为的特征对于制定有效的营销方案以争取这类顾客具有极其重要的意义。与消费者市场相比，组织市场具有如下特征：

（1）购买者数量少而购买规模大。这是组织市场与消费者市场的一个明显差别。在组织市场上，购买者是企事业单位或其他机构，购买者的数量必定比消费者市场少，但是，无论就单个组织购买者还是组织市场整体而言，其购买数量和金额都要比消费者市场大得多。

（2）购买者地理位置相对集中。购买者地理位置上相对集中是由产业布局的区域结构决定的。由于历史和地域资源分布的不同，各地区的产业布局结构各不相同。产业布局形成了生产者购买较为集中的目标市场。购买者的这种地理区域集中，有助于降低产品的销售成本。

（3）需求受消费品市场的影响。企业对生产资料的需求被称为派生需求或衍生需求，即生产者购买需求归根结底是从消费者对消费品的需求中衍生出来的，其最终取决于消费品市场的需求。

（4）供求双方关系密切。由于组织市场购买者少，因此大买主对供应商的影响不言而喻。当今组织市场上供求双方的关系正在从对立转向合作，合作双方密切联系并建立供应链合作伙伴关系，通过提升整体的竞争力、提供更具竞争力的终端产品，来赢得最终消费者的青睐。

专栏

供应链合作伙伴关系（supply chain partnership，SCP）通常是指：在供应链内部两个或两个以上独立的成员之间形成的一种协调关系，以保证实现某个特定的目标或效益。建立供应链合作伙伴关系的目的，在于通过提高信息共享水平，减少整个供应链产品的库存总量、降低成本和提高整个供应链的运作绩效。

建立供应链合作伙伴关系的意义在于：第一，通过合作减少不确定因素，通过共享需求与供给信息来降低库存；第二，充分发挥各自的核心竞争优势，快速响应市场，迅速开展新产品的设计和制造；第三，加强企业的核心竞争力，获得竞争优势；第四，提高产品和服务质量，增加用户满意度。

---

(5) 需求缺乏弹性。在生产者市场上，企业购买者对产品的需求受价格变化的影响较小。在工艺、设备、产品结构相对稳定的情况下，组织市场的需求在短期内尤其缺乏弹性。

(6) 需求波动较大。生产者对于生产资料的需求比消费者对消费品的需求更容易发生波动。消费者需求的少量增加能导致生产者购买的大大增加。这种现象被称为“加速原理”。生产者购买变化很大，企业营销往往实行多元化经营，以减少风险，增强应变能力。

(7) 采购趋向专业化。生产者购买必须符合企业再生产的需要，对产品的质量、规格、型号、性能等方面都有系统的计划和严格的要求，通常需由专业知识丰富、训练有素的专业采购人员负责采购，且经历较长的购买决策。要求企业向采购员提供技术资料和特殊的服务。

(三) 消费者市场与组织市场的区别

比较组织市场与消费者市场，两者的区别主要有以下几点：

(1) 购买的目的不同。前者是为了维持经营活动，有明确的盈利目标；后者是为了生活消费，不是谋求盈利，而是为了满足个人或家庭的需要。

(2) 从社会再生产的角度来看，前者主要位于再生产的中间环节，更多的时候是一种生产性或经营性消费；后者位于再生产循环的终点，属于最终消费。

(3) 购买者不同。前者是有专业的采购人员参与决策的有组织的理性购买；后者是非专业、缺乏理性的个人或者家庭购买。

第二节 消费者购买行为分析

消费者是现代营销环境中最重要的组成部分，是指在不同时空范围内参与消费活动的个人或组织。本节将主要研究个人消费者的购买行为，首先分析消费者购买行为的模式，然后介绍消费者购买的角色和行为类型，之后分析消费者购买行为的影响因素，最后归纳出消费者的购买决策模式。

一、消费者购买行为模式

行为主义学习理论（behavioral learning theories）认为，学习是由外部事件引起的反应。持有相同观点的心理学家提议将人的大脑看作一个“黑箱”，并不关注人的内部思维过程，而是强调人的可观察的行为。可观察的部分包括输入箱子的部分（来自外部世界的刺激或事件）和从箱子输出的部分（对这些刺激的反应或响应）。

为了研究消费者的购买行为，营销专家们还建立了一个“刺激—反应”模式来说明外界刺激和消费者反应之间的关系，购买者根据个人特性处理接收到的信息，经过一系列的决策过程产生购买行为（如图 4－1 所示）。

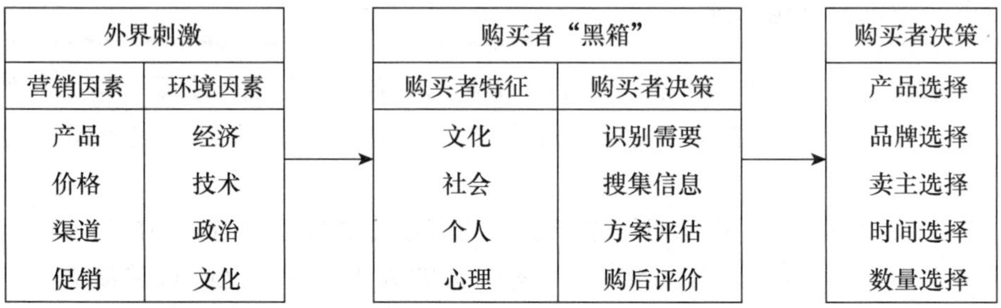

图 4－1　消费者购买行为模型

图 4－1 中购买者被看作一个“黑箱”，左边的外部刺激因素包括宏观的环境因素和市场营销因素，这些刺激进入购买者“黑箱”后，购买者会产生购买行为反应，也就是购买决策，包括产品选择、品牌选择、卖主选择、时间选择和数量选择。购买者“黑箱”由两部分组成：一是购买者特征，影响购买者对外界刺激的反应；二是购买者决策，影响购买者的最终决定。找出消费者“黑箱”里面的内容，才能更好地了解消费者对外界各种刺激因素的“应激”反应，理解消费者的购买决策模式。

二、消费者购买的角色与行为类型

（一）消费者市场的购买角色

消费者在购买活动中，由于其购买目的、所处状况不同，不同的人往往承担着不同的购买角色。常见的角色包括如下类型：

（1）发起者。发起者是指首先提出购买某种产品或服务的人。

（2）影响者。影响者是指对购买过程提出看法或建议并对最终决策有一定影响的人。

（3）决策者。决策者是指对购买过程起完全或大部分决定作用的人，其可以决定是否购买（what）、为何购买（why）、如何购买（how）、在哪里买（where）、何时购买（when）等具体问题。

（4）购买者。购买者是指具体实施购买行为的人。

（5）使用者。使用者是指实际消费或者使用产品或服务的人。

消费者在购买决策中的不同角色，决定了其在购买决策中的地位，与企业的产品设计、营销策略制定、促销预算等活动有一定的关联。因此，在营销中，有必要对消费者购买活动中主体的购买角色进行区分。

（二）消费者购买行为类型

消费者的购买行为类型有多种划分方法，其中最具典型意义的是美国学者阿萨尔（Asare）的划分方法，其根据购买过程中参与者的介入程度和品牌间的差异程度，区分出四种类型，具体见图 4－2。

	高介入	低介入
品牌间差异显著	复杂的购买行为	寻求多样化的购买行为
品牌间差异小	降低失调感的购买行为	习惯性的购买行为

图 4－2　消费者购买行为类型

1. 复杂的购买行为

当消费者所要购买的产品是其不熟悉的，且这种产品价格昂贵、重复购买率较低而又有重要意义时，由于产品的品牌差异大、购买风险大，消费者需要有一个较长的学习和评价的过程，因而这种情况下的购买行为最为复杂。消费者需要花费大量的时间收集和了解有关产品的性能、特点等方面的信息，从而对产品产生某种看法，确定对某品牌产品的偏好，最后慎重地做出购买决策。

2. 降低失调感的购买行为

当消费者高度介入某项产品的购买，但又无法辨认出品牌间差异时，消费者一般会迅速而简单地做出购买决策。但在购买产品后，消费者往往会产生一种失调感，认为自己所买产品具有某些缺陷或其他同类产品有更多的优点，进而对产品产生某种程度的不满意感，怀疑自己当初购买决策的正确性。基于上述原因，在购买过程中，消费者会了解、学习相关知识，并寻找种种理由来减轻这种不协调感，对自己的选择做出有利的评价，通过这种方式证明自己的购买决策时正确的。这是消费者购买后的一种心理调适过程。

3. 习惯性的购买行为

当消费者对购买过程的介入程度较低时，面对价格低廉、购买频率大、品牌差异小的产品，消费者一般不需要仔细考虑，仅仅是依据过去的选择标准和经验判断习惯性地购买某种产品，而不是出于消费者对某品牌的偏好。消费者的这种购买行为不必经历收集信息、建立信念、评估产品和购买决策等一系列过程，在购买后也不对产品进行评价。习惯性的购买行为是最简单的消费者购买行为类型。

小案例

沃尔玛——重复购买更便捷

对于一些复购率高的生活日用品，消费者往往不愿意花费过多的时间和精力来进行挑选。对此，沃尔玛推出了一项名为“便捷重复购买”的服务。沃尔玛副总裁 Jordan Sweetnam（乔登·斯威特南）在官网上发布了一篇文章，文中写道：“试想，上周你在店里买了纸尿布，然后你发现忘了点东西，所以你就来到沃尔玛官网买了抹布、卫生纸等。”“下次，在你打开沃尔玛 App 后，你就会发现不同：你能在 App 上看到你在官网上买和店里买的东西——连品牌、型号都有。此时，你就可以一键再次购买，无论是在 App 还是在官网，都可以做到。”

这项技术在消费者购买商品后，会直接将商品加入消费者的清单中，下次购买无须再次搜索，即可一键下单。如此简单的操作让习惯性的购买活动变得方便快捷，消费者只要不改变购买习惯，就不必再为买这些“无脑”商品而浪费时间。

资料来源：为了提升体验，沃尔玛又做了三件事.（2017－07－30）[2017－10－21]. http://www.sohu.com/a/160887872_464103.有改编.

4. 寻求多样化的购买行为

寻求多样化的购买行为是对于消费者介入程度较低、品牌差异明显的产品而言的。在这种情况下，消费者在购买产品时，对品牌并无特殊偏好，喜欢不断地变换产品的品牌。转换品牌并非是出于对原有品牌或其特性的不满和厌恶，而仅仅是想换个口味，寻求多样的产品体验。

在实际生活中，消费者的购买行为受多种因素的影响，上述分类是为了便于研究和分析消费者购买行为而产生的一种简化的分类方式。下文将会具体介绍消费者购买行为的影响因素。

三、消费者购买行为的影响因素

消费者行为受多种因素影响，各个因素相互作用、彼此联系，共同作用于消费者的购买决策过程。这些因素包括经济因素、社会文化因素、个人因素和心理因素。

（一）经济因素

（1）消费者收入。消费者收入水平是影响消费者购买行为的根本性经济因素。人们的消费需求是以其支付能力购买消费品来满足的。在消费品价格既定的情况下，消费者收入的高低就成为影响市场需求的决定因素。一般消费者收入越高，对正常商品的需求规模就越大。收入因素既要考虑收入总量，又要考虑人均收入和家庭收入等多个方面。总收入决定需求的总规模，而人均收入和家庭收入决定需求的档次和结构。

（2）商品价格。商品价格的高低是影响消费者购买行为的最直接因素。商品价格包括价格总水平和价格结构，即比价关系。商品价格与收入水平共同影响了人们的消费行为。在名义收入既定的情况下，商品价格水平决定了人们的实际收入。理性的消费者在名义收入既定的情况下，为了实现收入的效用最大化，必定会合理地做出消费选择。比如，当人们预期未来石油价格会上升，会提前储备一定的石油量。

(3) 商品供给。一个国家和地区的社会生产力与技术的发展水平会影响商品供给的水平和结构，客观上制约了消费者可购买的产品和服务的种类及数量。但经济全球化的发展和网络购物的兴起使这种制约逐渐被打破，消费者开始放眼全球选购商品。

(二) 社会文化因素

社会文化环境是影响消费行为的重要宏观因素，它渗透进人们的行为习惯、价值观念、思维方式之中，包含社会阶层、文化与亚文化、相关群体和社会网络、家庭等。

(1) 社会阶层。社会阶层是指相对持久、稳定的社会群体，相同阶层的人一般具有相同的价值观、兴趣和行为方式。社会阶层具有如下特点：第一，人们会通过自己所处的社会阶层来判断各自在社会中占有地位的高低；第二，同一社会阶层的人，相比其他阶层会在行为上表现出更大的相似性；第三，社会阶层不是单纯地由收入决定的，而是由一系列包括职业、收入、受教育水平、财富状况、价值观等多种因素共同决定的；第四，不同阶层之间的界限不是固化的，人们可以上升或下降到其他阶层，并表现出不同的消费行为和消费方式。例如，随着我国中产阶级队伍的不断壮大，消费者对奢侈品、绿色产品、创新产品的需求日益增加。

专栏

对于中产阶级的界定，在经济学、人口学等不同学科，甚至是同一学科中的不同学者对此都有不同的定义。经济学家通常以收入来判定中产阶级，认为中产阶级是指那些收入处于社会人均收入中位数及其两端一定区间内的人群，但是对这个对称区间的上下界的设定存有争议。美国国家统计局曾以家庭人均收入中位数的75%作为下限，以人均收入中位数的125%为上限定义“收入中产”。中国国家统计局则将中产阶级定义为年收入在7 250~62 500 美元（合 5 万~42 万元人民币）。据麦肯锡全球研究所定义，中国中产阶级是那些年收入（按购买力算）为 1.35 万~5.39 万美元（合 9 万~36 万元人民币）的人。

除了收入以外，其他用于界定中产阶级的指标还包括职业地位、教育资本、社会声望、消费水平等社会指标。

---

(2) 文化与亚文化。文化是在一定的物质、社会、历史传统基础上形成的特定的价值观念、信仰、思维方式、习俗的综合体，是人类欲望和行为的最基本决定因素。人类的行为在很大程度上是后天习得的，不同文化背景的熏陶使人们的价值观念、思维和行为方式有所差异，这些差异和人们的消费观念、消费内容、消费方式密切联系。每一种文化中都包含一定数目的亚文化群，它们是与特定的价值观和影响力相联系而形成的具有相同或相近生活格调和行为方式的群体。亚文化包括许多类型，其中对消费类型影响比较大的有民族亚文化、宗教亚文化、地理亚文化和种族亚文化等。

(3) 相关群体和社会网络。相关群体（也称参考群体）是指能够直接或间接影响消费者态度、价值观和购买行为的个人或集体。按照影响强度可以划分为主要群体、次要群体和渴望群体。这些群体消费者的影响一般表现为三个方面：一是示范性，相关群体展示出的消费行为和生活方式可以促使群体成员改变或形成新的购买行为模式；二是仿效性，相关群体能引起人们的模仿欲望；三是一致性，相关群体可以促使人们对产品的品种和品牌的选择趋于一致。

（4）家庭。家庭是以婚姻、血缘和有继承关系的成员为基础组成的社会生活组织或社会单位。家庭是社会中最重要的消费者购买组织，家庭中不同成员所具有的消费观念、决策地位和家庭的生命周期、家庭内部约定俗成的决策方式对家庭购买行为有着最直接和强烈的影响。

（三）个人因素

购买行为深受个人自身特点的影响，主要包含生理、职业、生活方式、个性与自我概念等因素。

（1）生理。生理因素主要包含年龄和生命周期、性别、健康状况和嗜好等生理特征。例如，人在不同的年龄阶段会购买不同的产品和服务，性别使消费的品类和购买行为特点有所不同，健康状况和嗜好使消费者偏好具有明显的差异。

（2）职业。不同职业的消费者由于生活、工作条件和专业认知的不同，其消费构成和购买习惯也有区别。比如，体力劳动者倾向于购买结实耐穿的服装，而白领则倾向于购买商务套装；马拉松运动员会选购专业的比赛跑步鞋，业余的跑步爱好者会选择时尚品牌的跑步鞋。

（3）生活方式。生活方式是指人们根据自己的价值观念等安排的生活模式。生活方式是影响个人行为的心理、社会、文化、经济等各种因素的综合反映。来自相同的亚文化群体、社会阶层，甚至相同职业的人们，其表现出来的活动、兴趣和观念可能均不相同，这体现了他们不同的生活方式。即使是同一群体中的人也可能具有不同的生活方式。

（4）个性与自我概念。个性是指一个人独特的心理特征，是其对所处环境产生的相对稳定和持久的反应，通常以性格特征的形式反映出来，比如自信、乐观、强势、自控能力、进取心等。自我概念也称自我形象，指个体对自己的能力、气质性格等特征的感知、态度和自我评价。品牌也具有个性和形象，消费者通常倾向于选择那些与自己个性和形象定位相匹配的品牌和产品，以此彰显自己的品位和追求。

（四）心理因素

消费者的购买行为主要受到动机、感知、学习、信念和态度等心理因素的影响，具体如下：

（1）动机。动机是求得个人欲望满足的一种心理驱使力和心理冲动力，是行为的直接原因与动力源。购买商品的动机是消费者做出购买决策的内在驱动力，它在一定程度上支配着消费者的购买行为。消费者的动机按照引起需要的类型，可以划分为生理动机和心理动机。其中，心理动机又包括情绪动机、惠顾动机、理智动机、情感动机。

专栏

生理动机与心理动机

1. 生理动机（也称本能动机）

人类为了维持和延续生命，有饥渴、冷暖、行止、作息等生理本能。这种由生理本能引起的动机叫作生理动机或者本能动机。它的具体表现形式有维持生命动机、保护生命动机、延续生命动机等。这种由满足生理需要购买动机推动下的购买行为，具有经常性、重复性和习惯性的特点。所购买的商品，大都是需求弹性较小的日用必需品。

2. 心理动机

由人们的认识、情感、意志等心理过程引起的行为动机，叫作心理动机。其按照其心理因素的不同，主要分为四类：情绪动机、惠顾动机、理智动机、情感动机。

(1) 情绪动机是指由人的喜、怒、哀、欲、爱、恶、惧等情绪引起的动机。这类动机常常是被外界刺激信息所感染，所购商品是事先没有计划或考虑的非必需品。情绪动机推动下的购买行为，具有冲动性、即景性、不稳定性的特点。比如为了庆祝生日而购买蛋糕和蜡烛，为了增添气氛而购买酒水。

(2) 惠顾动机是指感情和理智的经验会使消费者对特定的商店、品牌或商品产生特殊的信任和偏好，并进行习惯性的复购的一种行为动机。

(3) 理智动机是指消费者经过对各种需要、不同商品满足需要的效果和价格进行认真思考以后产生的一种动机，具有客观性、周密性和控制性的特点。

(4) 情感动机是指由道德、情操、群体观念等情感所引起的购买动机，它和购买需求是否得到满足有关，并影响消费者对商品和营销者的态度。

---

(2) 感知。感知是人们选择、整理和解释从外界获得的信息的过程。人们通过眼、耳、鼻、口、皮肤等感觉器官来感受外界事物的色、味、声、形、质等属性，并做出即时反映。人们对事物会经历三个知觉过程：选择性注意、选择性曲解和选择性保留。人们对于外界的刺激并非全盘接受，而是有选择地接收有用的信息。对于所接收到的信息，人们总是倾向于以一种能够支持他们已有观点的方式进行理解，在此过程中可能会发生信息的扭曲。消费者最终会遗忘大部分所接收到的信息，而选择性保留支持自己观点和态度的信息。这会使消费者只能记住偏好品牌的优点，而忘记竞争品牌的优点。

(3) 学习。人的大部分行为都是由学习得来的。学习是指由信息或经验而引起的个人行为上的改变，它是通过驱动、刺激、引诱、反应和强化之间的相互作用而产生的。消费者的学习是指其在购买和使用商品的活动中不断获取知识、经验和技能，持续完善购买行为的过程。消费者通常在购买不了解的商品时会事先收集信息，再做出评价和决策。因此，营销人员应当给有可能需要学习的消费者提供正面强化的刺激，促使其提高购买产品的需求，并帮助其充分了解产品优势，促成购买行为。

(4) 信念和态度。消费者在自己或者他人的购买和使用商品的过程中，形成了信念和态度，反过来信念和态度又会影响消费者的购买行为。信念是个人对事物持有的具体看法，人们的信念构成了产品和品牌的形象，进而影响人的购物行为。信念可能基于实践经验、观点和信仰，也可能包括情感因素。人们对所有事物都持有态度，态度是人们对某个事物或观念所持的一致的评价、感受和倾向，不同的信念导致不同的态度。态度体现了人们对某种产品或品牌的好恶和亲疏，其一旦形成便具有相当的稳定性。

四、消费者购买行为的决策模式

消费者为了满足其个人或家庭生活而发生的购买商品的决策过程，可以划分为五个阶段，因而也被称为“五阶段模型”（见图 4－3）。

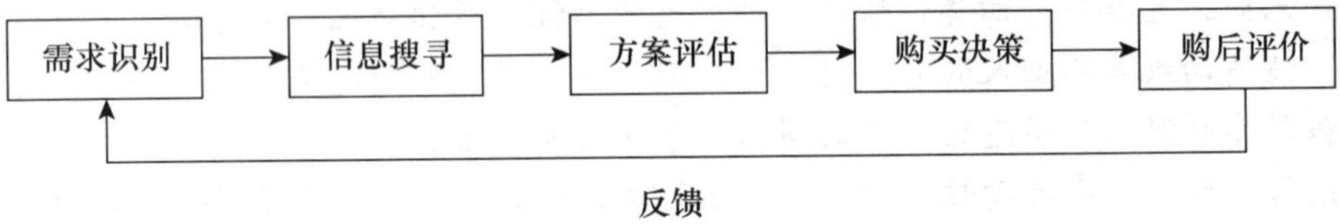

图 4－3　消费者购买决策过程

（一）需求识别

购买过程从消费者对某一问题或需要的认识开始，当消费者意识到实际与期望的状况存在差距时，就出现了问题或需求的认知，相应地就会产生消费需求，内在的和外部的刺激因素都可能驱动购买动机。比如，饥饿感或者美食的诱惑都会使人去购买食物。营销人员需要去识别引起消费者某种需要和兴趣的环境，同时还应该研究消费者不同需求或问题的类型，以及这些需求或问题是怎样产生的、如何将消费者引导到特定产品上。

（二）信息搜寻

当消费者的需求被唤起后，消费者便会去积极寻求相关信息，如果驱使消费者购买的力量很强，而且可供满足的产品就在近处，那么他很可能会购买该产品。相反，消费者只会把这种需要保留在记忆之中，或进一步收集有关信息，这都与需求有关的强烈程度和产品的实际花费等有直接关系。消费者信息来源可分为四种：个人来源，包括家庭、朋友、同事、熟人等；商业来源，包括广告、推销员、经销商、产品包装、展览等；公共来源，包括大众传播媒体的相关报道、消费者团体、信誉机构等；经验来源，包括处理、检查和使用产品的经验等。

（三）方案评估

当消费者收集到所需要的信息后，便可以据此去评估各项可能的方案。评估备选方案是指消费者如何处理信息并选择品牌的过程。

消费者的评估过程包括如下五个步骤：

第一步，分析产品属性。每个消费者都会将某一产品看成一组属性，但消费者对同一属性有着不尽相同的考虑，他们会密切注意与其需要有关的产品属性。

第二步，建立属性权重。消费者很可能对有关属性赋予不同的重要性权数，并依此对具有不同特色的产品加以区分。所谓产品重要属性（或特色属性），是被问及如何评价某一产品时立刻想到的属性，这可能是该产品商业广告中曾经提到过的，或者是需要解决的问题中必须使用的，因此消费者把这些属性放在重要的位置上。此外，在一系列非重要属性中，有些属性可能已经被消费者遗忘，但一旦被提及，消费者就会认识到它的重要性。

第三步，树立品牌信念。品牌信念即消费者对各方案或品牌优劣的看法，这种看法形成于各品牌产品的属性和属性参数之上。

第四步，形成“理想产品”。消费者基于各项评估准则，对各方案或品牌形成了一定评价后，产生的对各方案或品牌有利或不利的反应。消费者希望从产品中得到满足，满足程度和产品属性之间的关系可以用效用函数描述。效用函数是描述消费者所期望的产品满足感随产品属性的不同而有所变化的函数关系。效用函数表明了消费者对某种属性的水平的可接受程度。

第五步，做出最终评价。消费者通过一定的评价方法，对各品牌和方案进行评价，形成对他们的态度和对某品牌的偏好。

当消费者评估了各种可能的方案后，便会选择一个最能解决原始问题的方案并采取购买行动。但是仍有一些无法预测的情况可能会导致实际购买与初始评价不一致，比如资金的缺乏等。

（四）购买决策

经过以上的评价过程后，消费者进入执行购买决策的阶段。在购买意向向购买决策的转换过程中会有两方面因素起作用：一是他人的态度。当出现下列两种情况时，消费者可能会改变其选择：（1）他人对某品牌持有强烈否定态度；（2）消费者有意愿遵从其认为重要的人的选择。二是突发情况。消费者实施最终购买决策前，突发状况使其改变购买意向，比如突然失业、竞争产品降价或者新的竞争产品上市等。

决定实现购买意图的消费者还需要做出五种购买子决策：品牌决策、地点决策（哪家经销商）、数量决策、时间决策和支付方式决策。

（五）购后评价

消费者购买商品并不意味着购买行为的结束，其购买后还会通过与他人交流使用感来评价购买决策。如果对产品产生某种程度的不满意，消费者便会采取相关的购后行为。这要求营销人员必须结合产品的实际性能进行可靠的宣传活动，同时注重消费者的购后感受与行为，采取相应的策略优化产品及服务体验，提高消费者的满意度。

专栏

预期满意理论

根据预期满意理论：购买者对其购买活动的满意感（S）是其产品期望（E）和该产品可觉察性能（P）的函数，即满意程度取决于购前期望得到实现的程度，用公式表示为：

$$S=f(E,P)$$

若 $E<P$，则消费者会感到很满意或是惊喜；

若 $E=P$，则消费者会感到满意；

若 $E>P$，则消费者会感到不满意。

这说明注重消费者的购后感受与行为、建立消费者投诉系统、完善售后服务、不断改进产品性能等策略有助于提高消费者的满意度。

第三节　组织购买行为分析

企业的市场营销对象不仅包括广大消费者，还包括各类组织机构。本节将主要研究组织市场的购买行为，首先分析组织购买行为的模式，以更好地区分组织与消费者购买行为，然后介绍组织购买的角色和行为类型，并分析组织购买行为的影响因素，最后归纳出组织购买决策的模式。

一、组织购买行为模式

企业的市场营销对象不仅包括广大个人消费者，还包括各类组织机构，这些组织也构成了一个庞大的市场。组织市场和消费者市场在某些方面极为相似，但是在购买单元、决策类型、决策过程等方面存在一定的差异，因而组织购买行为的模型和消费者购买行为的"黑箱"模型也有所不同。

图 4-4 所示的组织购买行为模型描述了组织购买者的行为模式。在该模型中，营销因素和其他因素作为外界刺激共同作用于购买组织，这些刺激因素进入组织内部促使购买者产生了一定的采购反应。在组织内部，购买活动由两部分组成：第一，组织中由所有参与购买决策的成员所组成的采购中心；第二，组织的购买决策过程。这个模型显示，采购中心和购买决策过程受内部组织、人际关系和个人因素的影响以及外部环境因素的影响。

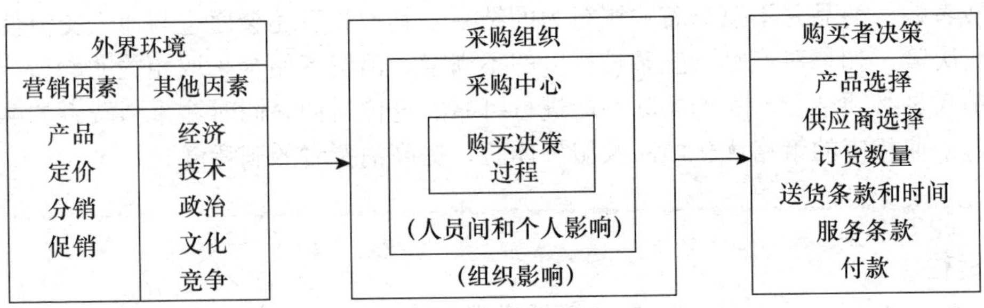

图 4-4　组织购买行为模型

这一模型提出了四个与组织购买者行为有关的问题：第一，组织购买者会做出何种购买决策？第二，购买过程中有哪些参与者？第三，影响组织购买行为的因素有哪些？第四，组织购买者如何做出购买决策？

二、组织购买的角色和行为类型

（一）组织市场的购买角色

每一个企业的采购组织设计有所不同，参与采购决策的人员也不尽相同。企业中，所有参与购买决策的人员构成了采购组织的决策单位，这可以理解为采购中心。更准确的定义是：所有参与购买决策过程的个人和集体，具有某种共同的目标，并一起承担由决策所引发的各种风险。

组织市场的采购角色通常包括以下几种：

（1）发起者。发起者是指首先发现组织需要进行购买的人。通常发起者会建议购买新的产品来改善组织的工作绩效。由于发起者在组织中的地位、购买类型不同，有时他们可能无法影响组织实际的购买决策。

（2）使用者。使用者是指组织中具体使用某种产业用品的人员。在许多情况下，使用者首先提出购买需要，并协助确定产品规格。

（3）控制者。控制者是指在组织内部和外部能控制市场信息流到决定者、使用者那里的人员。他们有权阻止销售人员与采购中心人员接触，或者指定销售人员与采购中心的某位成员交谈，以此来进行控制。

（4）影响者。影响者是指组织内部和外部直接或者间接影响购买决策的人员。他们通过提供建议和分享专业知识、帮助确定产品规格、提供评价供应商时所需的信息，影响采购决策。组织购买活动的影响者通常是技术人员，如工程师、质量控制专家和研发人员等。

（5）决定者。决定者是指有权决定产品要求或供应商的人。决定者对所要购买的产品或服务做出最后的选择，在采购中心拥有最大的权力。

（6）购买者。购买者是指有权选择供应商并安排购买条件的人。购买者的主要任务是选择供应商并与之进行交易谈判。在常规购买中，采购人员充当着购买者的角色；在复杂的购买过程中，组织的高层管理人员也作为购买者一同参与交易谈判。

（二）组织购买行为类型

1. 直接重购

直接重购是指企业采购部门为了满足生产活动的需要，不做任何修改地重复购买某些商品或服务的购买行为，常由采购部门按照惯例进行订货。企业采购部门根据过去和供应商打交道的经验，从供应商名单中选择供货企业，并连续订购采购过的同类产品。这是最简单的采购，生产者购买行为是惯例化的，参与决策的人数最少。对于这种类型的组织购买者，企业营销要保证稳定的产品质量，努力维护与客户的良好关系，以保持现有客户。

2. 修正重购

修正重购是指企业的采购人员为了更好地完成采购任务，适当地改变采购产品的规格、价格、条款甚至是供应商的购买行为。这类购买情况较复杂，通常比直接重购有更多的决策参与者。对于这种类型的组织购买者，企业营销必须做好市场调查和预测工作，努力开发新的品种和规格，并努力提高生产效率，降低成本，满足修正重购的需要，设法保护自己的原有市场。

3. 全新采购

全新采购（或称新任务购买）是指企业为了增加新的生产项目或更新设备而首次采购某一产品或服务的购买行为。新购买产品的成本越高、风险越大，决策参与者的数目就越多，需收集的信息也越多，完成决策所需时间也就越长。这种采购类型对企业营销来说是一种最大的挑战，同时也是最好的机会。全新采购的生产者对供应商尚无明确选择，是企业营销应该大力争取的市场。

三、组织购买行为的影响因素

影响组织购买行为的因素与消费者市场有所不同，按照影响范围的不同，可以将这些因素划分为四大类：环境因素、组织因素、人际因素和个人因素。

（一）环境因素

组织当前面临的经济环境和预期经济环境对于组织的购买行为具有深刻的影响。当经济不景气或前景不佳时，组织购买者会缩减预算和节省开支，减少对新项目的投资和采购量，并设法清减库存。营销者在这种经济形势下是无法扩大销售的，因而只能尽力维持组织市场份额。此外，国家政策、技术、法律、竞争和原材料供给状况等环境因素，也都会影响组织购买者的采购决策。

（二）组织因素

每个组织都有自己的目标、政策、工作程序、组织结构、组织文化和采购体系等，这些组织的特色因素会影响组织的购买决策。具体来说，组织中采购部门的地位，购买决策是集中还是分散决定，是否与供应商签订长期合同，是否配备专业的采购经理，哪些人员参与最后的决策，以及决策者的评估标准等，都对组织购买者的采购工作影响极大。

（三）人际因素

人际因素是组织内部人事关系的因素。组织市场的购买决策，是由组织内部各个部门和各个不同层次的人员组成的采购中心做出的。采购中心通常包括一些不同利益、职权、地位和说服力的参与者，他们都有可能影响组织的购买决策。因此，组织要花费巨大的时间和精力来获得内部成员的支持和批准。在此过程中，如果购买决策者善于运用职权，有较高的权威和较大的影响力，则最终做出的购买决策就比较容易实现。

（四）个人因素

组织购买虽然是组织行为，但也是要由具体的人来做出购买决策并付诸实施的。因此，参与决策的成员的个人特征，也是组织购买的影响因素。这些个人特征包括：决策者的动机、决策与偏好，决策者的年龄、受教育程度、性格、风险意识和责任意识。这些个人因素会影响各个参与者对所要采购的产品及其供应商的感觉和看法，从而影响决策和行为。

四、组织购买行为的决策模式

组织购买行为的决策一般需要经历如下八个步骤：

第一步，需求识别。需求识别是由两种刺激引起的：一是内部刺激。例如，由于企业推出新产品而需要购进新的原料和设备，或是由于原有供应商产品供应不足以满足要求而更换供应商等。二是外部刺激。例如，由于展览会、商品广告和营销人员的推销使企业找到了质量更好、价格更低的产品。

第二步，需求确认。识别了需求以后，组织需要对需求进行确认。对一般的需求项目按要求采购；对复杂的需求项目，采购人员要与使用者、工程师和技术顾问共同研究确定。采购团队通常需要对需求项目的可靠程度、耐用性、价格和其他特征分级。

第三步，需求说明。由专业技术人员对所需产品的功能质量、规格数量等技术性能指标做具体分析，并做出详细说明，以备采购人员寻找供应商时参考，争取获得最大的经济效益。

第四步，供应商搜寻。全新采购需要花较多时间寻找服务周到、产品质量高、声誉好的供应商。采购人员通常利用工商名录或其他资料查询供应商，也可向商业咨询机构、其他企业了解供应商的信誉，或者通过展览会、商业广告、登门拜访等方式了解供应商和产品信息。组织的购买任务越新、越复杂、越昂贵，购买者搜索合适的供应商花费的时间精力就越多。

第五步，方案征集。在组织购买过程的供应商建议征询阶段，购买组织会邀请供应商提出建议或提供报价单。如果采购的项目是比较复杂、昂贵的产品，则购买组织会要求每个潜在的供应商都提交详细的书面建议或报价单。

第六步，供应商选择。分析供应商的建议和报价的目的是筛选出最合适的供货商。购买组织会列出期望的供应商特征及相对重要性，通过对供应商的产品或服务的质量、价格、交货周期、结算方式、财务状况、企业声誉等方面进行综合评价和评级，最后做出选择。一般来说，采购者应尽量保持多渠道供货，避免过分依赖某一供应商，同时保持供应商之间的良性竞争。

第七步，订单提交。通过商务谈判达成协议，给选定的供应商发出最后采购订单，写明所需产品的规格、数量、交货时间、退款政策、担保条款、保修条件等。在商务活动中，对信誉可靠的保修产品，往往愿意签订“一揽子合同”（又称无库存采购计划），与该供应商建立长期供货关系。许多大型购买者目前采取供应商管理库存的方式，将订货和库存的职责转移给供应商。

第八步，绩效评估。在这一阶段，供应商要履行合同，采购者要检查和评估各个供应商合同履行的情况，然后根据绩效评估决定以后是否继续向某个供应商采购。

本章小结

本章主要讲述市场与购买者行为。市场的构成要素包括：一定量可交换的产品、商品需求及其人格化的代表——买方、商品的提供者——卖方。按照购买的目的和用途不同，市场可以划分为消费者市场和组织市场。消费者市场的特征是：多样性、分散性、层次性、发展性、可诱导性、伸缩性、周期性和时代性。组织市场的特征主要是：购买者数量少而购买规模大、购买者地理位置相对集中、需求受消费品市场的影响、供求双方关系密切、需求缺乏弹性、需求波动较大、采购趋向专业化。针对不同的市场和购买者特征，市场营销学将购买者行为划分成消费者购买行为和组织购买行为区分研究。

个人消费者购买行为是消费者为了满足其个人或家庭生活而发生的购买商品的决策过程。消费者购买行为模型说明外界刺激和消费者反应之间的关系，体现了消费者购买的决策机制。消费者购买的类型根据购买过程中参与者的介入程度和品牌间的差异程度，可以区分出四种类型：复杂的、降低失调感的、习惯性的和寻求多样化的购买行为。以上购买行为都要受到经济因素、社会文化因素、心理因素、个人因素等方面的影响。消费者购买决策模式——五阶段模型包含五个阶段：需求识别、信息搜寻、方案评估、购买决策和购后评价。

组织购买行为是组织为了满足生产、经营或其他需求而进行的购买商品的决策过程。组织购买行为模型与消费者购买行为模型既有联系又有区别，其主要显示了组织购买过程中的参与者、影响因素、决策机制等。组织购买的决策流程大体上包括八个阶段：需求识别、需求确认、需求说明、供应商搜寻、方案征集、供应商选择、订单提交和绩效评估。

思考题

1. 如何理解市场？市场有哪些类型？
2. 消费者购买行为包括哪些类型？请举例说明。
3. 个人消费者和组织购买者购买行为分别受到哪些因素的影响？
4. 结合具体实例说明消费者购买决策有哪些步骤。
5. 结合企业案例分析组织购买决策有哪些步骤。

第五章　目标市场营销战略

学习目标

1. 了解市场细分的含义及客观基础。
2. 理解市场细分的依据及原则。
3. 掌握如何评估细分市场，理解目标市场选择的模式和目标市场覆盖战略的种类。
4. 领会市场定位战略。

引导案例

米勒啤酒公司的市场细分策略

菲利普·摩里斯公司是生产经营“万宝路”香烟的公司，它在1970年买下了米勒啤酒公司，当时米勒啤酒公司在美国的啤酒市场份额仅为8%，位居第八位，与百威等知名品牌相距甚远。为了改变这种现状，米勒公司决定对啤酒市场进行重新细分，做进一步研究。

他们首先进行了市场调查。发现若按使用率对啤酒市场进行细分，啤酒饮用者可细分为轻度饮用者和重度饮用者，而前者人数虽多，但饮用量却只有后者的1/8。通过进一步的细分发现，重度饮用者均有以下特征：多是蓝领阶层；每天看电视3小时以上；爱好体育运动。米勒公司决定把目标市场定在重度使用者身上。

米勒啤酒公司决定把旗下一款名为“海雷夫”的产品献给这些真正喜欢啤酒的人。首先从广告开始，他们在电视台特约冠名了一个栏目播放体育节目，广告主题变成了“你有多少时间，我们就有多少啤酒”，以吸引那些啤酒重度饮用者。广告画面中出现的尽是些激动人心的场面：船员们神情专注地在迷雾中驾驶轮船，年轻人骑着摩托冲下陡坡，钻井工人奋力止住井喷等。

结果，海雷夫的定位战略取得了很大的成功。到了第二年，这个牌子的啤酒年销售量达2 000万箱，仅次于百威啤酒，跃居全美第二，创造了营销史上的奇迹。

资料来源：米勒啤酒公司的市场细分策略.（2013-01-08）[2017-09-18]. http://www.jiaoyanshi.com/case/scyx/,有改编.

第一节　市场细分

一、市场细分的概念及作用

市场细分是指将市场划分成有意义的、相似的、可识别的部分或群体的过程。经过市场细分，在同类产品市场上，就某一个细分市场而言，顾客需求具有较多的共同性，而不同细分市场之间的需求却具有较大的差异性。企业应明确有多少细分市场及各细分市场的主要特征。例如，根据消费者口味的不同，饮料市场可以划分为碳酸饮料市场、果汁饮料市场及茶饮料市场等。市场细分的目的在于帮助营销人员通过调整营销组合来满足一个或多个细分市场的需求。

市场细分可以帮助企业更好地研究和分析市场，并为所选目标市场提供可靠的依据。市场细分有助于增强企业在市场中的应变能力和竞争能力，避免人、财、物的浪费，更好地满足消费者的需要，给企业带来更大的经济效益和社会效益。具体地说，其作用主要表现如下。

（一）有利于发现新的市场机会

企业营销决策的起点在于发现有吸引力的市场环境机会，而这些市场环境机会能否成为企业营销的市场机会则必须以市场细分为起点。通过市场细分，企业可以对每一个细分市场的购买潜力、满足程度、竞争情况等进行分析对比，寻找有利于本企业的市场机会。市场细分对于中小企业来说尤为重要，因为与实力雄厚的大企业相比，中小企业能力有限，缺乏足够的市场竞争力。市场细分可以使中小企业凭借自身的经营优势，选择一些大企业不愿顾及、市场需求量相对较小的细分市场，集中力量满足该特定市场的需求，通过在某一局部市场取得较好的经济效益，求得生存和发展。

（二）有利于掌握目标市场的特点

没有经过市场细分选择的目标市场必定是盲目的，因为不了解各个细分市场的需求特点，就不能进行有针对性的市场营销。通过分析市场细分后的子市场特征，企业可以更加清楚地了解消费者的需求，并根据自己的经营方针、生产技术和营销力量，确定目标市场，在此基础上，企业就能够及时根据消费者的反应制定和调整营销策略，从而提高企业的竞争能力。

（三）有利于制定市场营销组合策略

市场营销组合策略是企业围绕产品、价格、渠道和促销四种影响企业市场营销活动的主要因素而制定的市场营销方案。对每一个特定市场而言，只存在一种最佳的营销组合策略，要想实现这种最佳组合策略，企业必须做好前期的市场细分工作。

（四）有利于提高企业的竞争能力

企业的竞争能力受多种因素的影响，因而存在一定程度的差别，但通过有效的市场细分战略可以改变这种差别。在经过市场细分以后的每一细分市场中，竞争者的优势和劣势会比较明显地显露出来，企业只要抓住竞争者的弱点，同时有效地利用自身的优势，就能提升击败竞争对手的概率，进而提高本企业产品的市场占有率。

二、市场细分的客观基础

产品属性是影响顾客购买行为的重要因素，一般可根据顾客对不同属性的重视程度，将偏好模式划分为同质偏好、分散偏好和集群偏好三种。

（1）同质偏好是指市场上所有的顾客拥有大致相同的偏好，且相对集中于中央位置。在这样的条件下，各品牌的产品特性必然比较集中，聚集于顾客需求和偏好的中心。

（2）分散偏好表示市场上的顾客对两种属性的偏好高度散布在整个市场空间。进入该市场的第一品牌很可能定位于中央位置，以最大限度地迎合数量聚合最多的顾客（无差异营销），因为定位于中央位置的品牌显然要顾及多数人的偏好，可以将大多数顾客的不满足感降到最低水平。进入该市场的第二个品牌既可以定位于第一品牌附近，同样进行无差异营销，与其争夺份额；也可远离第一品牌，形成具有鲜明特征的定位，以吸引对第一品牌不满的顾客群。如果该市场潜力很大，则可能会同时出现几个竞争品牌，分别定位于不同的空间，以体现与其他竞争品牌的差异性。

（3）集群偏好是指市场上出现几个群组的偏好，客观上形成了不同的细分市场。这时，进入市场的企业有三种选择：一是定位于中央，以尽可能赢得所有顾客群体（无差异营销）；二是定位于最大的或某一“子市场”（集中营销）；三是可以发展数种品牌，各自定位于不同的市场部位（差异营销）。

这种需求偏好差异的存在是市场细分的客观基础。需要说明的是，这种分析方法属于一种理论抽象。因为完全同质的或完全分散的偏好，在现实中极其罕见，就如同经济学中的完全垄断和完全竞争市场一样，更多的是介于两者之间。但这种分析方法仍然具有重要的存在价值，因为其有助于加深研究者对于市场本质的认识。

三、市场细分的依据

由于影响消费者市场和组织市场的因素不同，下面我们分别对这两种市场的市场细分依据进行介绍。

（一）消费者市场细分的依据

消费者市场的细分变量主要有地理变量、人口变量、心理变量和行为变量四类，相应地有四种细分方法。

1. 地理细分

所谓地理细分，就是根据消费者所在的地理位置以及其他地理变量（包括城市农村、地形气候、交通运输、人口密度等）来细分消费者市场。受不同地理环境、气候条件、社会风俗等因素影响，同一地区内的消费者需求具有一定的相似性，不同地区的消费需求则具有明显的差异。

（1）地区。不同地区消费者的消费习惯和购买行为，由于长期受不同的自然条件和社会经济条件等的影响，往往有着较为明显的差异。比如饮食口味上各地的差异很大，我国有“南甜北咸”之说。同时，市场潜量和营销费用也会因地理位置的不同而有所不同。

（2）气候。气候的差异也会引起人们需求的差异。比如由于气候影响，北方居民对冬衣的需求时间较长，数量也较多，而南方居民则需要更多的春夏服装；气候干燥地区需抗旱设施，气候湿润地区需雨具及防涝设施等。

（3）交通运输。可分为陆运、水运、空运。陆运又可分铁路运输、公路运输。水运也可分为海上运输、内河运输等。

2. 人口细分

所谓人口细分，就是根据消费者的年龄、性别、购买力、家庭人口及生命周期、职业、受教育水平、宗教、种族、国籍等人口统计学变量，来细分消费者市场。人口统计学变量与人们的消费需求关系密切，其不仅在衡量上较为简单，而且相关数据的可得性程度较高，因此常常被企业选作市场细分的重要标准。

（1）年龄。年龄是一个重要的细分变量。消费者的欲望与需要常随年龄的变化而变化。在我国，儿童的品牌忠诚度很高，消费模仿性大，易受广告宣传影响；青少年是最不忠诚的消费者，既追求“自我”，又模仿“群体”；中青年人主要追求“比别人的好”的“高升式”象征意义消费；老年人主要追求保障，追求消遣和娱乐。例如，玩具生产厂家常根据目标客户年龄的不同来设计产品，有些厂家甚至用几个月的时间间隔来细分市场，进而生产出针对性极强的玩具产品。而家长在为自己的孩子挑选玩具时最方便的方法也是根据年龄来购买。

但是，年龄也是复杂而微妙的变数。因为随着社会的不断发展和人们物质文化生活水平的不断提高，生理年龄已不能完全说明一个人的工作、家庭、健康等状况，而心理年龄越来越发挥更大的作用。因此，企业在考虑此因素时，要尽量避免墨守成规的年龄印象。

（2）性别。性别经常用于细分诸如服装、个人服务、化妆品、杂志、滋补品等产品市场。比如，女性比较关心保健与容颜等方面，而且这一特征随着生活水平的提高日趋明显。不少企业据此开发出大量的美容化妆用品。宝洁公司根据男性与女性对头发洗涤的不同要求，将飘柔和潘婷洗发水的广告诉求点聚焦于女性，而其他一些品牌的洗发水则针对男性，强调去屑功能。

（3）购买力。用购买力来细分市场是一种长期习惯做法。一些专卖店打出精品名品名店的标幅以吸引高收入的消费群体，而一些商店则提出平价或低价以招徕低收入的工薪阶层。按照消费者收入的不同，细分市场可以针对不同收入的消费者生产不同档次的商品，利用不同的渠道、不同的价格去满足各种需求。许多企业把市场区分为精品市场与大众市场，高收入者市场、中等收入者市场及低收入者市场。

（4）家庭人口及生命周期。家庭人口的多少反映了家庭规模的大小，家庭规模的大小对消费品的规格大小、需求量也会产生影响，如不同的家庭规模对彩电、冰箱的规格大小需求不同，对日常生活用品的需求量也有差别。同时，家庭生命周期的各个阶段也会显示出消费者不同的购买需求与消费特点。比如，单身阶段一般是娱乐导向型购买，而新婚阶段则对耐用品、大件商品的购买欲望更为强烈。

专栏

家庭生命周期对消费的影响

家庭生命周期（family life cycle）是反映一个家庭从形成到解体呈循环运动过程的范畴。美国学者P. C. 格里克最早于1947年从人口学角度提出比较完整的家庭生命周期概念，并对一个家庭所经历的各个阶段做了划分。在生命周期的不同阶段，消费者的行为呈现出不同的主要特性。

1. 单身阶段

处于单身阶段的消费者一般比较年轻，几乎没有任何经济负担，消费观念紧跟时代潮流，注重娱乐产品和基本的生活必需品的消费。

2. 新婚阶段

年轻夫妻无子女，经济状况较好，具有比较大的需求量和比较强的购买力，对耐用消费品、大件商品的购买欲望较高。

3. 满巢阶段Ⅰ

有6岁以下子女的家庭。处于这一阶段的消费者往往需要购买住房和大量的生活必需品，常常感到购买力不足，对新产品感兴趣并且倾向于购买有广告的产品。

4. 满巢阶段Ⅱ

有6岁以上未成年子女的家庭。处于这一阶段的消费者一般经济状况较好但消费趋向理智型，已经形成比较稳定的购买习惯，极少受广告的影响，倾向于购买档次较高的商品及对子女的教育投资。

5. 满巢阶段Ⅲ

指夫妇已经上了年纪但是有未成年的子女需要抚养的家庭。处于这一阶段的消费者经济状况尚可，消费习惯稳定，注重储蓄，购买行为理智。

6. 空巢阶段Ⅰ

指子女已经成年并且独立生活，但是家长还在工作的家庭。处于这一阶段的消费者经济状况最好，可能购买娱乐品和奢侈品，对新产品不感兴趣，也很少受到广告的影响。

7. 空巢阶段Ⅱ

指子女独立生活，家长退休的家庭。处于这一阶段的消费者收入大幅度减少，消费更趋谨慎，倾向于购买有益健康的产品。

8. 鳏寡就业期

尚有收入，但是经济状况不好，消费量减少，集中于生活必需品的消费。

9. 鳏寡退休期

收入很少，消费量很小，主要需要医疗产品。

3. 心理细分

所谓心理细分，就是根据消费者的生活方式、个性等心理变量来细分消费者市场。事实表明，对于按照人口和地理等标准划分的处于同一群体中的消费者而言，他们对同类产品的需求仍然会表现出较大的差异性，这一现象出现的原因可能是消费心理因素在发挥作用。一般而言，心理因素对于消费者购买行为的影响主要体现在以下三个方面：

（1）生活方式。生活方式是个体在生活中所表现出来的活动、兴趣和看法的整体模式。当前，越来越多的企业按照由个体生活方式所产生的不同消费偏好来细分市场。例如：提供服装、化妆品、家具、娱乐等产品或服务的企业通常把消费者分为传统型、新潮型、节俭型、奢侈型等不同类型，以突出不同群体对同种商品在心理需求方面的差异性；一些汽车制造商为普通消费者设计生产安全、经济、污染少的汽车，而为“玩车者”设计生产华丽的、操纵灵敏度高的汽车等。

（2）性格。性格是指表现在人对现实的态度和相应的行为方式中的比较稳定的、具有核心意义的个性心理特征，主要体现在对自己、别人以及事物的态度和所采取的言行上。性格可以用外向与内向、乐观与悲观、自信与谦卑、保守与激进等词语来描述。不同的性格对消费者产生不同的产品偏好有很大的影响。比如，性格外向、容易冲动的消费者喜欢购买表现自己个性的产品，而性格内向的消费者则会选择大众化的普通产品。

（3）社会阶层。每个人都生活在不同的社会阶层中，这种社会阶层通常是其职业、受教育水平、收入等多种因素共同作用的结果，可以为个人带来不同程度的成就感。不同的社会阶层具有不同的价值观念、生活方式及兴趣爱好，因而会产生不同的购买心理和购买行为。如高阶层的消费者更多地会购买名牌产品或能够体现其身份价值的奢侈品。

4. 行为细分

所谓行为细分，就是根据消费者购买或使用某种产品的时机、所追求的利益、使用者情况、使用率、购买者待购阶段、品牌忠诚度、对产品的态度等行为变量，来细分消费者市场。

(1) 时机。时机细分就是根据消费者产生需求、购买产品或使用产品的时机来细分市场。例如，在教师节、母亲节、父亲节，消费者对鲜花、贺卡、水果之类的礼品需求激增；人们喜欢在“五一”“十一”黄金周外出旅游。企业通过这种行为细分，抓住有利时机开展营销活动，通常会收到很好的效果。

(2) 利益。利益细分是根据顾客从产品中寻求的利益而将其分成不同的市场部分的过程。采用利益细分法的最好例子之一便是牙膏市场的细分。调查发现有四种利益细分牙膏市场：经济型、药物型、化妆型和口感型。每一个利益群都有特殊的人口、行为和心理特征。又如，航空公司的乘客可分为一般旅游者和工商界人士两类，他们所追求的利益是不一样的。一般旅游者希望能顺利、经济地到达目的地，而工商界人士尤其重视舒适和时间，对票价的高低却并不在意。

(3) 使用者情况。许多商品市场都可以按照使用者情况，如非使用者、曾经使用者、潜在使用者、初次使用者和经常使用者等来细分。企业对潜在使用者和经常使用者要酌情运用不同市场营销组合，采取不同的市场营销措施。资金雄厚、市场占有率高的大公司，一般对潜在使用者这类消费者群兴趣较高，它们尤为重视吸引潜在使用者，以扩大市场阵地；小企业由于资金薄弱，往往更加看重吸引经常使用者。

(4) 使用率。许多商品的市场还可以按照消费者对某种产品的使用率，如少量使用者、中量使用者、大量使用者来细分。这种细分战略又称数量细分。值得注意的是，大量使用者的人数占消费者总数的比例较小，而所消费的商品数量却在消费总量中占较大比重，少量使用者反之。比如，文具的大量使用者是在校学生，啤酒的大量使用者是中青年男子，化妆品的大量使用者是成年妇女等。这是相关企业重点开发的目标市场。

(5) 待购阶段。消费者对某一产品的购买决策过程总是处于不同的阶段。比如，针对某种产品，有些人还不知道，有些人刚知道，有些人已产生购买兴趣，有些人已有购买欲望，有些人则决定购买。企业应根据消费者所处的不同阶段，采取相应的营销对策。

(6) 忠诚度。所谓品牌忠诚，是指价格、质量等诸多因素的引力，使消费者对某一品牌的产品情有独钟，形成偏爱并长期地购买这一品牌产品的行为。提高品牌的忠诚度，对于扩大市场占有率极其重要。按照消费者对品牌的忠诚度这种行为变量来细分，可以把所有的消费者细分为四类不同的群体：铁杆品牌忠诚者、有限品牌忠诚者、游移忠诚者、非忠诚者。每一个市场都会同时拥有以上四类顾客群体，只是所占比例不同而已。一个具有品牌忠诚的市场，拥有较多的高度忠诚者，其他新企业想要进入该市场，会遇到相当大的阻力。

(7) 态度。消费者对企业产品的态度可以分为热爱、肯定、不感兴趣、否定和敌对五种类型。针对持有这五种不同态度的消费者，企业应分别采取相应的营销措施。对持否定、敌对态度的顾客，应仔细分析原因所在，并通过恰当的手段改变其态度，但不要强行推销；而对那些持热爱、肯定态度的顾客，要不断鼓励与巩固；对不感兴趣的顾客要尽量争取。

（二）组织市场细分的依据

许多消费者市场细分变量在细分组织市场时仍然适用，比如组织市场也可以根据地理因素（重点为哪些区域市场服务）、行为因素（所追求的利益、使用者情况、使用率、忠诚度等）来划分。但组织市场同时也有自己独特的细分变量，如用户类别、产品用途、用户规模和采购标准等。

（1）用户类别。不同类别的用户对同一种组织用品的市场营销组合有不同的要求。组织市场上不同用户购买同一种商品的目的往往不同，因而对商品的规格、型号、品质、功能、价格等方面的要求也不尽相同，如农用拖拉机制造商、汽车制造商、飞机制造商需要的橡胶轮胎在档次与安全标准上显然是不同的，这就需要企业的营销人员了解不同用户的实际需求，在此基础上制定具体的营销方案。

（2）产品用途。产品的用途不同也是组织市场细分的标准之一。很多产品，尤其是像钢铁、木材、石油等原材料，都具有多种用途。

（3）用户规模。用户规模可以影响购买过程、产品类型和数量以及购买者对不同营销组织的反应。用户规模主要决定其购买力的大小。大用户虽然数量少，但购买力很强；小用户虽然数量多，但购买力较弱。例如，对于钢材市场，建筑公司、造船厂、汽车制造公司对钢材需求量很大，一般都数万吨地购买，而一些小的机械加工企业，一年的购买量也不过几吨或几十吨。因此，企业可以根据用户规模的不同，分别采取有针对性的营销组合。

（4）采购标准。采购标准是组织市场常用的一种细分变量。企业可以根据用户的采购标准来细分组织市场。

四、市场细分的原则

市场细分的变量很多，企业既可以根据单一因素对市场进行细分，也能够根据多种因素进行市场细分。适用的细分变量越多，相应的细分市场就越多，反之亦然。在营销实践中，并非所有的细分市场都有意义，如何寻找合适的细分变量，对市场进行有效的细分非常重要。一般说来，在进行市场细分时，应把握以下几个原则。

（一）可衡量性

可衡量性是指细分市场的规模、购买力和特征是可以被测量和预测的。一般来说，如年龄、性别、收入、地理位置等，都比较容易确定，相关的信息和统计数据也比较容易获取；而心理和性格方面的变数则较难确定。可衡量性包括三个方面的内容：消费者需求具有明显的差异性；消费者需求的特征信息易于获取和衡量；细分后的市场范围、容量、潜力等也必须是可以衡量的。

（二）可进入性

可进入性是指企业有能力进入所选定的子市场，具体涉及：一方面，有关产品的信息能够通过一定的媒介顺利传递给该市场的消费者；另一方面，企业在一定时期内可以将产品通过一定的分销渠道配送到相关市场。否则，该细分市场就不具备可进入性。考虑市场细分的可进入性，实际上就是考虑企业营销活动的可行性。那些不能发挥企业资源作用或难以被企业占领的市场，则不能作为目标市场。显然，对于不能进入或难以进入的市场进行细分是没有现实意义的。

（三）可盈利性

可盈利性是指企业进行市场细分后所选定的子市场的规模足以使企业有利可图。因为企业的经营目标主要在于，为顾客提供最大价值的同时能够获取一定的利润。如果细分市场规模过小，市场容量有限，而相对应的营销成本又很高，那么能够获取的利润将会很少，甚至还可能出现亏损，显然，这样的市场细分是没有价值的。因此，企业在进行市场细分时，必须考虑细分市场上顾客的数量、购买能力以及购买频率。

（四）可区隔性

可区隔性是指细分市场在需求特点、购买要求等方面应该存在差异。进行市场细分的前提是不同细分市场的需求是异质的，而在某一细分市场则是同质的。如果对于同一营销组合方案，各细分市场的反应是相同的，那么这样的市场细分本身就无任何意义。比如，在男青少年与女青少年中，由于对汽水销售的反应基本是一致的，那么汽水销售商基于年龄细分基础上再进行性别细分，则是没有价值的。

小案例

不准确的市场细分

这种情况是指某种产品的销售是成功的，但该产品的实际消费者并非事先所确定的目标顾客群。美国一位奶油制造商开始生产一种低热量的人造奶油。产品进入市场前所进行的广告宣传都是针对关心形体的20～40岁的消费者。但是真正的消费者却是比预计消费者群体年纪大得多的家庭妇女。对她们来说，食用这种奶油能够限制吃动物奶油的负面作用，何况用人造奶油准备一日三餐更方便。另一市场预测错位的例子是消费者对DAF-33摩托车中自动装置的接纳。该生产商原以为热衷于运动的男士会喜欢这种车。然而这种车的买主一般都是退休的老妇人。可见，由市场营销专家推行的市场细分并不总是和产品投放市场后的市场需求情况相一致。

五、市场细分的方法

由于企业的经营战略、经营规模以及所提供的具体产品不同，因而其采用的细分方法也必然有所差异。这种差异性主要体现在选用的细分因素的内容、数量和难易程度三个方面，通行的方法有以下四种。

（一）单一因素法

所谓单一因素法，是指根据市场营销调研的结果，选择影响消费者或用户需求的最主要因素作为细分变量，从而达到市场细分的目的。这种细分法以公司的经营实践、行业经验和对组织客户的了解为基础，在宏观变量或微观变量间寻求一种能够有效区分客户并使公司的营销组合能有效对应所选变量而进行的细分。例如，玩具市场需求量的主要影响因素是年龄，因而可以针对不同年龄段的儿童设计满足不同需求的玩具。除此之外，性别也常作为市场细分变量而被企业所使用，妇女用品商店、女人街等的出现反映出性别标准被广为使用。

（二）综合因素法

综合因素法是指用两个或两个以上的因素，同时从多个角度对市场进行细分，核心是并列多因素分析。因为某些产品市场上的消费者需求差异性较大，只有从多方面去分析、认识，才能够更全面、准确地将其区别为具有不同需求特点的消费者群体。例如，家具企业可以根据消费者的年龄、家庭规模和收入水平三个因素将家具市场细分为多个明显的子市场。

（三）主导因素排列法

主导因素排列法是指当一个细分市场的选择存在多种因素时，可以从消费者的特征中寻找和确定主导因素，然后与其他因素有机结合，确定细分市场。例如，职业与收入一般是影响青年女性选择服装的主导因素，文化、婚姻状况、气候则居于从属地位，因此可以将职业与收入作为细分青年女性服装市场的主要依据。

（四）系列因素法

系列因素法就是企业选择多个细分依据，由粗到细，逐步进行市场细分的方法。例如，厂商可以对某地的皮鞋市场利用系列因素法进行细分，具体如图 5－1 所示。

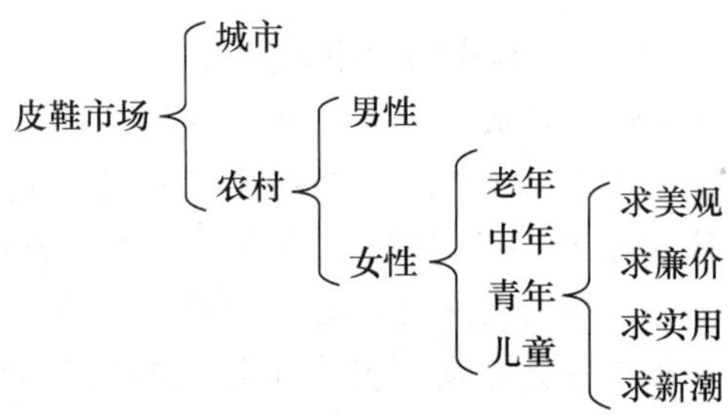

图 5－1　皮鞋市场的系列因素细分

六、市场细分的步骤

市场细分作为一个比较、分类、选择的过程，应该按照一定的程序来进行，通常有以下七个步骤：

第一步，正确选择市场范围。企业根据自身的经营条件和经营能力确定拟进入市场的范围，如进入什么行业、生产什么产品、提供什么服务。

第二步，列出市场范围内所有潜在顾客的需求情况。企业根据细分标准，比较全面地列出潜在顾客的基本需求，作为后续深入研究的基本资料和依据。

第三步，分析潜在顾客的不同需求。企业将所列出的各种需求通过抽样调查，搜集有关市场信息与顾客背景资料，然后初步划分出一些差异最大的细分市场，至少从中选出三个细分市场。

第四步，筛选。根据有效的市场细分的条件，对所有细分市场进行分析，剔除不合要求、无用的细分市场。

第五步，为细分市场定名。为便于操作，可结合各细分市场上顾客的特点，用形象化、直观化的方法为细分市场定名。如某旅游市场分为商务型、舒适型、冒险型、享受型等。

第六步，复核。进一步对细分后选择的子市场进行调查研究，充分认识各细分市场的特点，本企业所开发的细分市场的规模、潜在需求，还需要对哪些特点进一步分析研究等。

第七步，决定细分市场规模，选定目标市场。企业在各子市场中选择与本企业经营优势和特色相一致的子市场作为目标市场，没有这一步，就无法达到细分市场的目的。

经过以上七个步骤，企业便完成了市场细分的工作，可以根据自身的实际情况确定目标市场并采取相应的目标市场策略。

第二节　市场选择

在完成市场细分之后，企业就应该对细分市场进行评估，并结合自身的实际情况，选择最具优势的子市场作为自己的目标市场。

一、目标市场的定义

企业在市场细分化的基础上，根据自己的优势条件选择一个或几个细分市场作为自己的营销对象，被选择的细分市场即为目标市场。目标市场选择是否准确关系到企业经营的成败，对企业参与市场竞争具有重要的意义。目标市场选择的重要性体现在：第一，目标市场的选择关系到企业战略的制定和实施。选择和确定目标市场，明确企业的具体服务对象，是企业制定市场营销战略的首要内容和基本出发点。第二，并非所有的细分市场对企业而言都有利可图，只有那些和企业资源条件相适应的细分市场才具有较强的吸引力。第三，由于消费者的需求特征越来越个性化，市场需求呈现出高度的复杂化和多样化，因而企业的经营范围不可能满足全部的市场需求，必须通过科学的市场细分和目标市场选择，才能实现更有效的发展。

市场细分与确定目标市场之间既有联系又有区别。市场细分是根据消费者需求的差异性划分消费者群的过程，而目标市场确定则是企业选择一个或几个细分市场作为营销对象的决策。目标市场选择有赖于市场细分，它是在市场细分化的基础上进行的。因此，市场细分是选择目标市场的前提和条件，而选择目标市场则是市场细分的目的和归宿。

二、评估细分市场

企业要选择恰当的目标市场，必须对各个细分市场进行评估。企业评估细分市场主要从以下三个方面进行。

（一）细分市场的规模和增长程度

企业必须首先收集并分析各类细分市场的现行和预期的销售量、增长率信息。目标市场要有足够的购买力，才能实现预期的销售额。细分市场的合理规模是相对而言的：大企业选择具有较大销售量的细分市场，避免进入小的细分市场；而小企业则尽量避免进入大市场，因为这需要大量的经营资源。一个细分市场的规模决定了一个特定企业是否值得进入。也许某个细分市场目前规模较小，但是可能随着某些因素的变化，有着较大的高速增长的可能，这种市场也许是值得进入的。这种情形的影响因素有产业发展、经济的健康高速发展、消费观念的变化、收入的增加、政策的变化等。另外，细分市场规模的扩大也符合企业不断增加销售量与利润的要求。当然，竞争对手也会挤入增长率高的市场，争夺一份利润。分析市场规模通常着眼于行业市场规模的分析，依托客户或消费者的均值消费量来估计整个行业的市场规模；公司依据自身的市场推广力度或市场的接受进度估计市场的增长率。而涉及市场份额的分析，主要是参考行业的集聚程度或与最大竞争对手的市场规模对比来确定特定企业的市场份额和比重。著名的波士顿矩阵（Boston Matrix）就是采用"市场增长率-相对市场份额"来评价和选择相关战略业务单位的目标市场。

（二）细分市场结构的吸引力

细分市场可能具备理想的规模和增长速度，但是在利润方面还缺乏吸引力。企业必须查明有关竞争的影响细分市场长期吸引力的重要结构因素。美国哈佛大学教授波特认为，一个市场的长期盈利前景取决于市场中五种竞争势力的相互对抗。这五种竞争势力是细分市场中的竞争对手、替代产品、潜在的进入竞争者、供应者和购买者。市场中的竞争对手直接对抗的激烈程度表明了该市场竞争强度状况。同行业内企业间的竞争的激化，既可能刺激整个行业不断创新以兴旺发达，也可能使行业由于不正当竞争而陷入困境。但一般来说，成熟市场的竞争必然非常激烈，因为市场这块蛋糕已难以做大，各竞争企业为了保持已经占有的市场份额，或不至于被逐出市场而全力竞争，竞争手段层出不穷，高昂的竞争成本使行业平均利润下降。就一个市场来说，实际的和潜在的替代产品的存在将是一个有力的竞争势力。例如，在软饮料市场经营方面，企业会受到果汁、牛奶、咖啡、茶等产品生产企业的替代竞争。替代品将限定企业所生产销售产品的潜在价格与利润，引起产品市场销售额的下降。企业如果在这样的市场竞争，就必须考虑如何提高产品间使用的转换成本，从而减少替代品的攻击力。

在一个细分市场中，如果产品购买方拥有较高的讨价还价能力，那么这种细分市场就缺乏吸引力。例如，当购买方少但每家购买量大；产品标准化，不同生产企业的产品之间无明显差异；购买方选用替代品转换成本低；购买方分散购买比只从一家购买更有利、更经济，所有这些情形都将使企业处在极为不利的地位，企业如果选择这样的细分市场作为目标市场在经营上是比较困难的。企业必须寻找降低购买方讨价还价能力的途径来提高市场稳定性和利润性，如形成一定程度的短缺以降低购买方对产品质量、价格、售后服务或其他方面的敏感性，消除不利影响。

同样，在一个细分市场中，如果产品供应方拥有较高的讨价还价能力，那么这种细分市场也是缺乏吸引力的。例如，当产品供应由几家企业提供、无合适替代产品的存在、购买方不是供应方的主要客户或购买方转换成本很高时，供应方就会在产品价格、质量、交货期等方面主动性很强，这会给企业带来压力。如果企业进入这样的市场经营，则应该注意与多家供应商建立关系，或者与供应商建立互赢互惠的关系。

（三）企业的目标和资源

即使某个细分市场具有合适的规模和增长速度，也具备结构性吸引力，企业仍需将本身的目标和资源与其所在的细分市场的情况结合在一起考虑。目前吸引力大的市场也许并不符合企业的长远目标的实现，而与企业目标相符的细分市场也许与企业现有资源相融性不好。例如，企业进入一个细分市场，需要新建原材料的供应渠道，机器设备需要重新装备或更新，工人需要培训，技术人员需要学习，原有的销售渠道不能很好地利用，也没有可利用的品牌资产。显然，这样的细分市场企业是不值得进入的，除非有其他战略目的。企业应该选择自己具备竞争优势、能为消费者提供超值产品的细分市场。

很少有各方面的标准均满足的目标市场。选择目标市场的过程常常是一个各方利益的权衡过程。企业应该从上述标准出发，结合企业目标与营销战略以及长远发展的方向进行选择。在目标市场的权衡选择中，以下五个准则值得考虑：一是目标市场的选择对企业现在和未来产品的适销对路有利，对未来发展有利，至少不应是一个包袱；二是能充分发挥企业自己特有的竞争优势；三是对企业其他市场有积极的正面影响；四是具有良好的区位优势；五是有助于强化企业形象与声誉。如日本某公司产品目录中最前面的是汽轮机产品，但该产品是不赚钱的，企业主要是出于形象与技术能力方面的考虑，因为汽轮机制造技术要求很高，能够生产该产品表明企业具备了较高的技术能力。

三、目标市场选择的模式

在评估不同的细分市场之后，企业就需决定选择哪些和选择多少细分市场，即目标市场选择的模式问题。企业可以考虑下列五种目标市场选择模式（如图 5－2 所示）：单一市场集中化，选择性专业化，产品专业化，市场专业化，整体市场覆盖化。

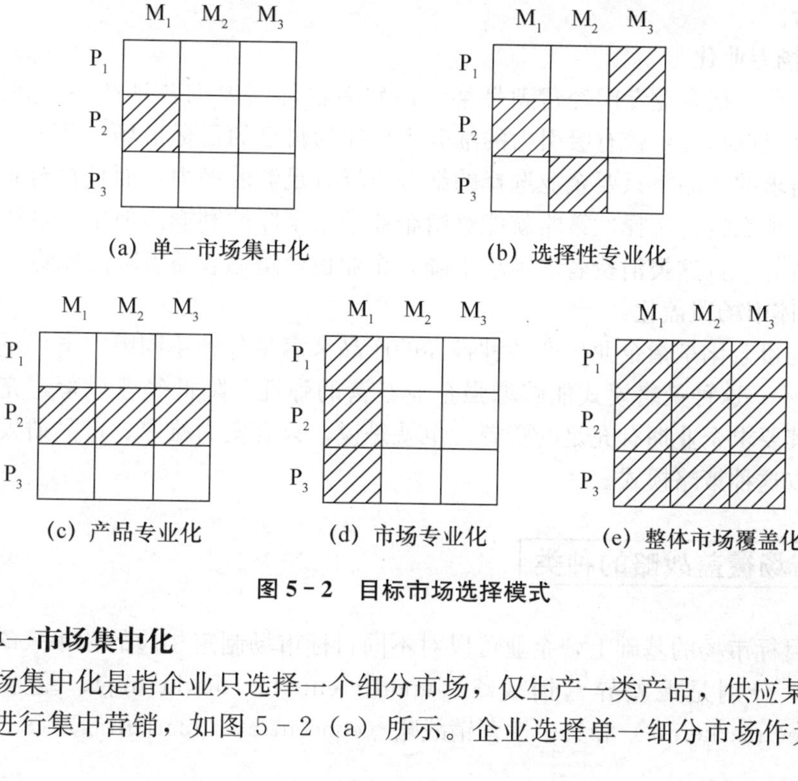

图 5－2　目标市场选择模式

（一）单一市场集中化

单一市场集中化是指企业只选择一个细分市场，仅生产一类产品，供应某一单一的消费者群体，进行集中营销，如图 5－2（a）所示。企业选择单一细分市场作为目标市场，通过集中市场营销全面深入地了解该市场消费者的欲望与要求，提供专业化的产品与服务，以此赢得较高的形象与商誉。例如，某服装专卖店集中于高档西服的销售，儿童美术出版社集中于儿童美术方面的书籍出版等。这种模式比较适合中小企业，因为对它们来说，与其把有限的资源与能力投向不同的细分市场广种薄收，还不如集中于一个最有利的细分市场精耕细作以获高产。但是，集中于单一市场的做法存在较高的市场风险，一旦出现消费倾向或消费观念的变化，企业将面临销售下降的风险，甚至导致经营失败。因此，不少企业出于市场风险的考虑，会选择多个细分市场，以分散市场风险。

（二）选择性专业化

选择性专业化是指企业选择若干个具有良好盈利潜力和结构吸引力的，且符合企业目标和资源的细分市场作为目标市场，其中每个细分市场与其他细分市场之间较少联系，如图 5-2（b）所示。企业根据某一细分市场的需要，生产该细分市场中消费者所需的所有产品。由于企业只为特定的顾客群体服务，因此对顾客需求比较了解，容易在目标市场中获得良好的声誉，进而打开产品销路，但要满足某一市场顾客的所有需求，就对企业的资源提出了较高的要求，而且，随着目标市场顾客需求的转移，企业容易陷入困境。

（三）产品专业化

产品专业化是指企业集中生产一种产品，并向各类消费者销售这种产品，如图 5-2（c）所示。企业针对顾客的不同需求，专门生产不同规格的某种产品。采用这种策略虽有利于企业在某一产品方面树立良好形象，继而提高企业的竞争能力，扩大销售，但是其局限性也比较明显，即当该领域被一种全新的技术与产品所代替时，产品销售量将存在大幅度下降的危险。

（四）市场专业化

市场专业化是指企业专门经营满足某一消费者群体需要的各种产品，如图 5-2（d）所示。企业可以选择几个较有吸引力的细分市场作为自己的目标市场，并生产能满足这些市场的顾客需求的产品。只要企业选择的细分市场有足够的潜力，而且符合企业经营目标和资源条件，那么这种选择性策略就能够给企业带来丰厚的利润。但由于这种模式集中于某一类消费者，一旦这类消费者的需求下降，企业也会遭遇收益下降的风险。

（五）整体市场覆盖化

整体市场覆盖化是指企业生产各种各样的产品来满足各种不同顾客群体的需要，如图 5-2（e）所示。这种策略模式能够增强企业经营的弹性，降低经营风险，充分发挥企业的潜力，但其要求企业拥有充足的资源。也就是说，只有实力雄厚、产品研发能力强的企业才可以采取这种策略模式。

四、目标市场覆盖战略的种类

在选择目标市场的基础上，企业可以对不同目标市场制定相应的营销战略。目标市场战略有三种，分别是无差异营销战略（undifferentiated marketing）、差异性营销战略（differentiated marketing）和集中性营销战略（concentrated marketing）。

（一）无差异营销战略

无差异营销（见图 5－3）是指企业在市场细分之后，不考虑各子市场的特性，而只注重子市场的共性，决定只推出单一产品，运用单一的市场营销组合，力求在一定程度上满足尽可能多的顾客的需求。例如，在 20 世纪 60 年代前，美国可口可乐公司也一直奉行典型的无差异营销战略，强调以单一的品种、统一的价格、标准的瓶装和相同的广告主题——“真正可乐”对待所有的顾客。

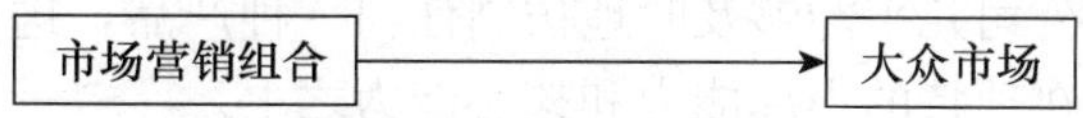

图 5－3　无差异营销

无差异营销战略强调需求的共性，而不关心需求的差异。这种战略的经济理论基础是生产的规模经济。生产单一的产品，易于扩大生产规模，降低产品的平均生产成本；单一规格的产品，也便于仓储和运输，从而带来储运成本的降低；无差异的广告宣传和促销活动，则有助于节省促销费用；不进行市场细分，还能减少企业的调研成本和研发投入。

对于需求广泛、市场同质性高并且能够大规模生产、大规模销售的产品，采用无差异营销战略是比较合适的。例如，生产面粉、白糖、饮料等的企业，一般比较倾向于采取无差异营销战略。

无差异营销战略的优点是由于产品单一，有利于标准化与大规模生产，从而降低产品研发、生产、储存、运输、促销等成本费用，用较低的成本取得市场竞争优势；其缺点是企业的产品和销售策略针对性不强。无差异营销战略对市场上绝对多数产品都是不适宜的，因为消费者的需求偏好存在差异性，某种产品或品牌能够受到市场普遍欢迎的情况是很少的。即便一时能赢得某一市场，如果竞争企业都如此仿照，则会造成非常激烈的市场竞争，而其他子市场的需求却得不到满足。

（二）差异性营销战略

差异性营销（见图 5－4）是指企业决定同时为几个子市场服务，设计不同的产品，并在渠道、促销和定价方面进行一定程度的改变，以适应各个子市场的需要。比如，通用汽车公司针对不同的细分市场分别开发了凯迪拉克、别克等不同价位和不同风格的汽车，并且采取了不同的广告主题来宣传这些产品。

图 5－4　差异性营销

采用差异性营销战略的好处在于：一是可以有针对性地满足具有不同特征的顾客群的需求，增加产品销量；二是企业在多个细分市场上经营，一定程度上可以降低经营风险；三是一旦企业在多个细分市场上均获得成功，则有助于增强消费者的信任感，进而提高产品的市场占有率和企业形象。

差异性营销战略的实施基础在于企业相对于竞争对手可以从多个角度去寻求差异化，

创造独特性。例如，一种独特的口味（南京板鸭）、一系列的特色（斯沃琪表）、可靠的服务（顺丰速运业务）、及时提供备用零件（卡特彼勒公司）、物超所值（沃尔玛）、工程设计和性能卓越（奔驰汽车）、名望和特异性（劳力士手表）、产品可靠性高（娃哈哈产品）、高质量的制造（联想电脑）、技术领导地位（中国高铁）、全系列的服务（海尔的星级服务）、居于同类产品线之高端的形象和声誉（丽思-卡尔顿旅馆业务）等。

最具吸引力的差异化方式是竞争对手模仿起来难度很大或需要付出高昂代价的方式。但事实上，资源丰富的公司几乎能够及时地仿制任何一种产品，这也解释了为什么持久的差异化优势通常需建立在独特的内部能力和核心能力之上。

但是，差异性营销战略也有以下缺点：一是会增加企业的成本。由于产品品种、销售渠道、广告宣传的扩大化与多样化，市场营销费用必将大幅度增加。这些成本主要包括产品设计成本、市场调研成本、生产成本、管理成本、存货成本、促销成本等。所以，无差异营销战略的优势基本上可以视为差异性市场战略的劣势。二是在大的集团化企业中，差异性营销战略有可能导致企业资源过度分散，甚至引发针对企业内部资源的互相争夺，显然，这不利于企业核心竞争力的形成。

差异性营销战略虽然所要寻求的是持久、不间断的差异优势，但这并不意味着企业可以忽视成本问题。成功实施差异性营销战略的主要路径有：第一，开发和控制各种差异化驱动因素，力图从整个价值链出发来提升整体独特性，包括在一些辅助价值活动中开发差异化的来源；第二，有效控制差异化引致的各项成本，包括发掘形成差异化的廉价来源，控制成本驱动因素，降低与差异化无关的各项活动成本；第三，改变规则以创造独特性；第四，通过价值链重构来实现差异化。

（三）集中性营销战略

集中性营销（见图 5-5）是指企业集中所有力量，以一个或少数几个性质相似的子市场作为目标市场，试图在较少的子市场上占有较高的市场占有率。集中性营销战略的指导思想是把企业的人、财、物集中用于某一个或几个较小的子市场，实行专门化生产和销售，而不是把力量分散在广大市场上。集中性营销战略实施的基础是通过为购买者提供比竞争对手更好、更有效率的服务来建立自身的竞争优势。与无差异营销和差异性营销战略的区别在于，集中性营销战略将目标市场集聚在整体市场的一个狭窄部分，而前两种战略则以广大的市场或多个子细分市场为目标。

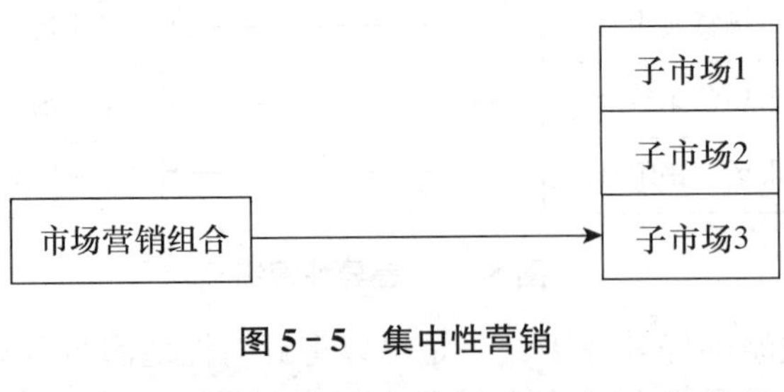

图 5-5　集中性营销

集中性营销战略一般适合于资源较薄弱的小企业或者初次进入市场的大型企业。因为小企业受资本、技术、人才及管理等因素的限制，在整体市场上可能无法和大企业竞争，如果集中精力于大企业尚未顾及的某一个或少数几个细分市场上，则有利于控制市场风险。换言之，集中性营销战略就是对选定的细分市场进行专业化服务营销的战略。

采用集中性营销战略的优点是：(1) 可提高市场占有率，提升企业知名度；(2) 能准确地了解顾客的需求，有针对性地采取营销策略；(3) 可以节约营销费用。该战略最大的缺点是：有较大的风险，因为目标市场的范围比较窄，所以一旦市场情况突变，比如需求发生转向或出现强有力的竞争对手，企业可能会陷入困境。

五、选择目标市场覆盖战略的依据

上述目标市场选择策略各有利弊，企业到底该如何选择呢？我们认为应该综合考虑以下五个因素。

（一）企业资源

企业资源包括企业的资金、人才、技术、管理、服务和营销能力等方面。当企业实力雄厚时，可选择差异性或无差异营销战略；当企业实力有限时，可选择集中性营销战略。

（二）产品同质性

产品同质性是指产品是否同质。如果产品是同质的，即消费者认为该种产品的性能、花色、品质、造型等方面的区别不大，在消费时可以完全相互替代。产品相似程度高，则同质性高；反之，则同质性低。同质性高的产品（如面粉、白糖、食盐等），适合采取无差异营销战略。而同质性低的产品（如汽车、电脑等），适合采取差异性营销战略或集中性营销战略。

（三）市场同质性

市场同质性是指各细分市场消费者需求、购买行为等方面的相似程度。相似程度高则市场同质性高；反之，则同质性低。同质性高的市场，应该选择无差异营销战略。例如，我国的桶装水市场，无论北方、南方，还是都市、乡镇，其需求都是一致的，所以应该选择无差异营销战略。同质性程度低的市场，应该选择差异性营销战略或集中性营销战略，例如，服装市场的需求，男性、女性不同，老人、儿童不同，学生、工人也不同。

（四）产品生命周期阶段

一般认为，产品的生命周期包括投入期、成长期、成熟期和衰退期四个阶段。产品投入期应采用无差异营销战略，以启发和试探市场。因为此时同类产品较少，竞争激烈程度低，无差异营销战略可以最大限度地吸引消费者。当产品进入成长期、成熟期，随着竞争日益激烈，消费者需求也逐步呈现多元化，此时企业应采用差异性营销战略，通过增加产品的品种、样式，不断开拓新市场；也可实行集中性营销战略，强调产品的差异性，更有针对性地适应消费者需求的变化，确立产品的特殊地位，在保持原有市场的同时不断开拓新市场，以维持和延长产品的生命周期。

（五）竞争对手的战略

若竞争对手采取无差异营销战略，企业应采取差异性营销战略或集中性营销战略，蚕食其市场并取而代之；若竞争对手已采取差异性营销战略，企业则应采取集中性营销战略或更深度细分的差异性营销战略。

第三节 市场定位

一、市场定位的概念和有效条件

（一）市场定位的概念

市场定位是指企业设计出自己的产品和形象，从而在目标消费者心中确立其与众不同的有价值的地位。理解这一概念，应注意以下要点。

1. 市场定位的对象

市场定位是消费者对企业及其产品、服务的主观认识，因此，市场定位应该从消费者而不是企业方面来入手。换言之，市场定位改变的不是产品本身而是企业与消费者的沟通要素，其主要手段是通过改变与产品相关的各种营销要素使消费者从心理上感觉到与众不同，其目的在于引导潜在消费者认同企业所提供的产品的独特性与价值。

2. 市场定位与产品差异化的关系

市场定位是企业通过为自己的产品创立鲜明的个性，塑造出独特的市场形象来实现的。

一项产品是多个因素的综合反映，包括性能、构造、成分、包装、形状、质量等，市场定位就是要强化或凸显某些因素，从而形成与众不同的独特形象。但是，产品差异化是实现市场定位的手段，却并不是市场定位的全部内容。市场定位不仅强调产品差异，而且要通过产品差异化建立独特的市场形象，赢得消费者的认同。

3. 市场定位是一个相对概念

市场定位的主旨在于使企业的产品区别于竞争对手的，因此企业在进行市场定位的过程中不仅要分析目标消费者的消费心理，还要将自身产品与竞争对手的进行比较，从而明确自身的特点。

4. 市场定位的本质

市场定位的本质是向消费者传递一个清晰的形象，从而给消费者提供一个购买企业产品的明确理由。同时，由于不同消费者在购买及使用同类产品与服务时，常常会侧重产品的不同方面，一个特殊产品在一个消费者心目中的定位可能与其在另一个消费者心目中的定位并不一样。所以，了解企业及其产品在所有相关细分市场中的消费者心目中的定位十分重要。

（二）市场定位的有效条件

市场定位的目的是树立企业的差异化优势。要想达到这一目的，市场定位必须符合以下四个有效条件。

1. 必须对所选定的目标市场有一个清晰认识

市场定位是面向目标市场的，因此只有对目标市场有一个清晰认识，才可能使市场定位有的放矢。

2. 作为定位基础的利益必须为目标消费者所重视

如前所述，市场定位的本质是为消费者提供一个购买的理由。只有这个理由具备足够的说服力，才可能引起消费者的共鸣，使企业定位与消费者的认知相契合，实现市场定位的初衷。

3. 定位必须有营销组合的支撑

市场定位的实现不仅要找准潜在消费者的利益追求点，还必须比竞争者能更好地满足消费者的这种利益。同时，企业产品最终是通过营销组合的形式向消费者传递的。因此，企业的定位必须有相应的营销组合支持，而市场定位也能驱动营销组合的制定。两者之间的关系如图 5-6 所示。

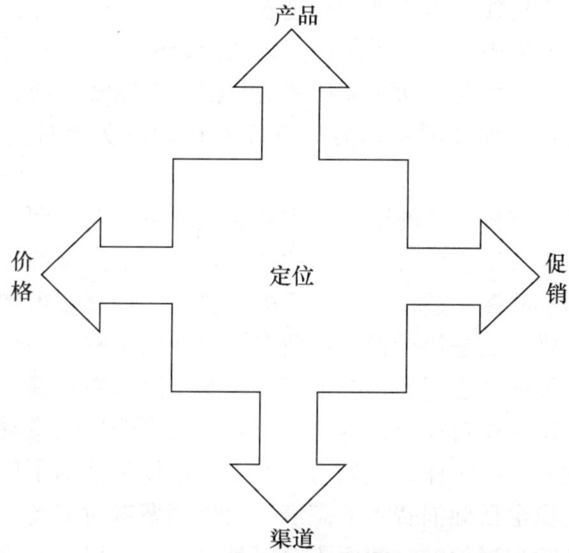

图 5-6　市场定位与营销组合的关系

4. 定位需要实现与消费者的沟通

市场定位是消费者对企业及其产品的主观认知，虽然企业会尽力从消费者的角度去考虑自身定位的相关因素，但与之相应的行动终究是企业实施的，企业能否实现其定位的初衷最终还要取决于消费者。为此，企业需要在营销活动中实现与消费者的沟通，并且让营销活动本身成为企业与消费者沟通的途径。

二、市场定位的步骤

市场定位工作一般要经过三个步骤，如图 5-7 所示。

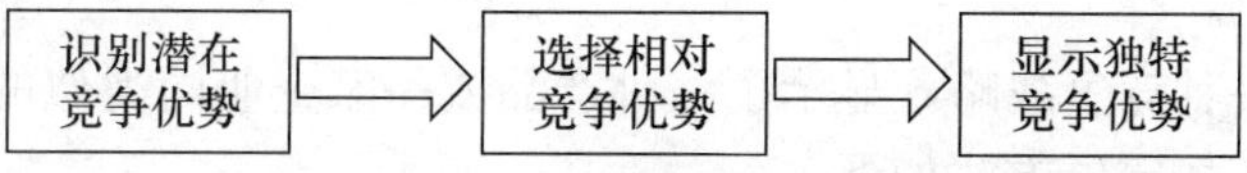

图 5-7　市场定位的步骤

第一步，识别潜在竞争优势。首先，企业要了解市场，通过市场调研，了解目标市场的需求特点和被满足程度；其次，企业要了解竞争对手，研究竞争对手的市场目标、财务状况、营销情况、产品优势与劣势等；最后，企业要了解自己，客观评价本企业的实力、产品优势和不足、营销能力等。综合分析以上三个方面，企业就能够发现本企业现有的和潜在的竞争优势。

第二步，选择相对竞争优势。相对竞争优势是指企业与竞争对手相比，能胜过竞争对手的潜在的或现实的优势。选择企业的竞争优势就是一个企业与竞争对手进行综合实力比较的过程，企业通常从产品质量、研发能力、技术水平、服务质量、销售渠道和品牌知名度等方面进行比较，然后选择自己具有明显优势的项目。

第三步，显示独特竞争优势。选定的相对竞争优势不会自动地在市场上显示出来。企业要进行一系列活动，使其独特的竞争优势进入目标消费者的脑海。

首先，建立与市场定位相一致的形象。一方面让目标消费者知道、了解和熟悉企业的市场定位，采取各种形式，积极主动而又巧妙地与消费者经常沟通，以期引起他们对企业市场定位的注意和兴趣，并保持联系；另一方面使目标消费者对企业的市场定位产生认同、喜欢和偏爱。

其次，巩固与市场定位相一致的形象，主要通过以下几个方面：一是强化目标消费者的形象。消费者对企业的市场定位及其形象的认识，是一个持续的过程，即不断地由浅入深、由表及里和由偏到全的深化过程，有明显的阶段性。这就使得增进消费者认识、强化其对企业的形象十分必要。二是保持目标消费者对企业的了解。一个企业必须有较强的应变能力，始终保持与相关环境之间的动态平衡。在这个过程中要保持企业的市场定位相对稳定。但构成其市场定位的相对优势在内容、形式上也可能发生变动，只有促使消费者的认识与这些变化同步发展，始终保持他们对企业及其市场定位的了解，企业在消费者心中的形象才能巩固。三是稳定目标消费者的态度。目标消费者对市场定位的态度有一个形成过程，一旦形成则将持续相当长的时间而不会轻易改变。所以，树立形象之后，还应不断向消费者提供新论据、新观点，证实其原有的认识和看法的正确性，支持企业的市场定位，防止消费者的态度向中间或反向转化。四是加深目标消费者的感情。消费者对一个企业及其市场定位的认识，不会是一个冷漠无情、无动于衷的过程，而必然充满鲜明的态度体验和情感色彩。因此，正确引导目标消费者的感情倾向，增加其感情色彩，提高其感情的效能，无疑会大大有利于企业市场定位及企业形象的巩固。

最后，矫正与市场定位不一致的形象。许多时候，目标市场对企业及其市场定位的理解会出现偏差，如定位过低或过高、定位模糊与混乱，易造成误会。企业在显示其独特的竞争优势的过程中，必须对这种与市场定位不一致的形象加以矫正。

三、市场定位的方法

市场定位作为一种竞争战略，显示了一种产品或一家企业同类似的产品或企业之间的竞争关系。常用的市场定位方法如下。

（一）根据产品属性和利益定位

产品本身的属性以及由此而获得的利益能使消费者体会到它的定位。如大众汽车的“豪华气派”，丰田车的“经济可靠”，沃尔沃车的“耐用”。有些情况下，新产品应强调一种属性，而这种属性往往是竞争对手没有顾及的，这种定位方法比较容易收到成效。

（二）根据产品价格和质量定位

对于那些消费者对质量和价格比较关心的产品来说，选择在质量和价格上的定位也是突出本企业形象的好方法。按照这种方法，企业可以采用“优质高价”定位和“优质低价”定位。比如，在“彩电大战”“空调大战”如火如荼的同时，海尔始终坚持不降价，保持较高的价位，这是“优质高价”定位的典型表现。

（三）根据产品用途定位

消费者对企业产品所带来的利益的理解，还取决于产品的用途，因此企业可以根据产品用途对其进行定位，有时还可以通过为老产品发现新用途来对其进行重新定位。例如，小苏打曾一度被广泛用作烘焙的辅料，后来又被定位于冰箱除臭剂。

（四）根据使用者定位

企业常常试图把某些产品指引给适当的使用者或某个分市场，以便根据那个分市场的特点创建起恰当的形象。例如，各种品牌的香水是针对各个不同细分市场的，有的定位于雅致的、富有的、时髦的女性，有的定位于生活方式活跃的青年人。

（五）根据竞争地位定位

针对竞争对手的定位去确定企业产品的市场定位也是一种有效的定位方法。产品可定位于与竞争直接有关的不同属性或利益。例如，无铅皮蛋将自身定为不含铅，间接地暗示普通腌制的皮蛋含有铅，对消费者健康不利。这种定位方式的关键是要突出本企业的优势，如技术可靠性程度高，售后服务方便、迅速，以及其他对目标顾客有吸引力的因素，从而在竞争者中突出自己的形象。

（六）多重因素定位

这种方式是将产品定位在几个层次上，或者依据多重因素对产品进行定位，使产品给消费者的感觉是产品的特征很多，具有多重作用或效能。比如，一些名牌饮品分别以天然原料（质量定位），饮用、佐餐均相宜（用途定位），适用于儿童、少年及成年人（使用者定位）等综合方法来进行产品定位。采用这种方式，要求产品本身具有充分的内容，其“全”恰好就是它的竞争优势，是其他竞争者一时无法达到的。但是，要注意的是，如果需要描述的产品特性过多，则反而会冲淡产品的形象，使产品显得过于平常，对消费者吸引力不大，因而难以留下深刻印象。

四、市场定位策略

与其说定位是为了在消费者心目中留下一定的印象，不如说是为了与竞争对手进行区别，以在消费者心目中占据更为有利的位置，因此，市场定位的一个重要内容就是如何与竞争对手展开争夺。企业常用的定位策略主要有以下几种。

（一）领先定位策略

领先定位策略是指企业选择的目标市场尚未被竞争者发现，企业率先进入，抢先占领市场的策略。领先定位策略要求企业具备以下条件：一是该市场符合消费发展趋势，具有强大的市场潜力；二是本企业具备领先进入的能力；三是该市场有利于创造企业的营销特色；四是该目标市场有利于提高企业的市场占有率，使本企业的销售额在未来的市场份额中占据40%及以上。例如，马云在很多中国人不知道互联网为何物的时候，开拓了电子商务市场，抢占了行业制高点，现今，仅阿里巴巴旗下的淘宝网在包括B2C和C2C在内的中国网上购物市场中已占据高达三分之二的市场份额。

（二）迎头定位策略

迎头定位策略就是把本企业的产品确定在竞争对手产品较近的位置上，这种定位策略必然会导致与对手之间的激烈竞争，故并不是所有的企业都愿意采取这种定位方式。只有具备以下条件时，企业才可以选择迎头定位策略：一是本企业拥有更为先进的技术，在满足顾客的需要时能比对手做得更好。二是目标市场的容量足够大，能够容纳两个或两个以上的竞争者产品。三是企业的资源实力与对手相当，或者略胜一筹。

（三）跟随定位策略

跟随定位战略是指企业发现目标市场尽管竞争者充斥，但该目标市场需求还有很大潜力，企业应跟随竞争者挤入目标市场的定位策略。企业采用这种策略必须具备下列条件：一是目标市场还有很大的需求潜力。二是目标市场未被竞争者完全垄断。三是企业具备挤入市场的条件和与竞争对手"平分秋色"的营销能力。

（四）避强定位策略

避强定位策略也叫补缺定位策略，它是指企业把自己的市场位置定在竞争者没有注意和占领的市场"空白"或"空隙"上的定位策略。企业力图避免与实力最强的或较强的其他企业直接发生竞争，而将自己的产品定位于另一市场区域内，使自己的产品在某些特点或属性方面与最强或较强的对手有比较显著的区别。避强定位策略的优点是能使企业较快地在市场上站稳脚跟，并能在消费者或用户中树立形象，因此风险较小。其缺点在于，避强定位往往意味着企业必须放弃某个最佳的市场位置，这很可能导致企业处于最差的市场位置。

小案例

可口可乐、百事可乐是世界软饮料行业的领导企业，如果在可乐市场上与其竞争，结果可能不是很理想。七喜汽水公司认识到了这一点，避开"可乐"这一概念，而把自己定位于"非可乐"，此举获得了极大的成功，使七喜汽水在"非可乐"领域开辟出了一块巨大的市场蛋糕。

（五）重新定位策略

重新定位是指对那些销路少、市场反应差的产品进行二次定位。在出现下列情况时，企业需要对其产品进行重新定位：一是竞争者和其竞争产品的出现，使本企业品牌的市场占有率有所下降或者无力抵抗；二是消费者偏好发生转移；三是市场低迷或者饱和，企业需要开拓新的市场。企业进行产品的重新定位，会改变目标顾客对其原有的印象，恰到好处的重新定位能够给企业带来新的发展机会。例如，某些专门为青年人设计的产品在中老年人中也开始流行后，这种产品就需要重新定位。企业的市场定位是一个动态过程。企业应根据新的环境、新的需求、新的企业战略等变化，不断调整自身的市场定位。

本章小结

目标市场营销战略决策过程包括三个重要步骤：一是市场细分；二是目标市场选择；三是市场定位。

市场细分就是把整体市场按照消费者的特性，划分成有意义的、相似的、可识别的部分或群体的过程。企业进行市场细分的客观基础是消费者需求的差异性，进而可以通过产品的各种属性去满足市场中的差异化需求。在进行市场细分时，依据购买主体的不同，可以为消费者市场和组织市场确定不同的细分变量。市场细分时要考虑可衡量性、可进入性、可盈利性和可区隔性。在具体进行市场细分时，主要方法有单一因素法、综合因素法、主导因素排列法和系数因素法四种，按照市场细分七个步骤，完成市场细分的工作。

在进行市场细分之后，企业就要考虑如何选择合适的目标市场。在选择目标市场时，企业首先要从细分市场的规模和增长程度、细分市场结构的吸引力、企业的目标和资源三个方面对各个细分市场进行评估。在选择目标市场的具体过程中，主要模式有单一市场集中化、选择性专业化、产品专业化、市场专业化和整体市场覆盖化。进入目标市场时有无差异营销战略、差异性营销战略和集中性营销战略三种战略。

企业确定目标市场之后，还要进行市场定位。市场定位是指企业设计出自己的产品和形象，从而在目标消费者心中确立其与众不同的有价值的地位。市场定位工作一般要经过三个步骤，即识别潜在竞争优势、选择相对竞争优势、显示独特竞争优势。市场定位可以根据产品属性和利益、产品价格和质量、产品用途、使用者、竞争地位、多重因素等标准来进行。市场定位策略包括领先定位策略、迎头定位策略、跟随定位策略、避强定位策略、重新定位策略。

思考题

1. 什么是市场细分？市场细分的作用表现在哪些方面？
2. 细分消费者市场和组织市场主要依据哪些变量？
3. 以某产品为例，说明市场细分的方法和步骤。
4. 什么是目标市场？如何评估选择的不同细分市场？
5. 目标市场战略有哪些？分别适用于哪些情况？
6. 企业应如何进行市场定位？
7. 试以一个实例对某一整体市场进行细分，并选择目标市场和进行市场定位。

第六章　产品策略

学习目标

1. 理解产品整体概念。
2. 掌握产品组合策略。
3. 理解新产品的概念及新产品开发的程序。
4. 掌握产品生命周期各个阶段的特点及相应的营销策略。

引导案例

“小米”的产品策略

小米手机本身是小米公司的产品平台，通过手机将其自身开发的软件集成在一起，从而形成一个旋涡效应——不断从外部吸引用户进入的产品模式。相比其他的智能手机厂商，小米的优势是在手机中集成了多个差异化产品，如MIUI、米聊等。小米手机产品策略的核心就是大量借鉴和应用概念营销，将产品的整体概念传达给消费者，从而使产品在较短的时间内在手机市场中销售。作为国产乃至全球当时硬件配置最强的双核Android手机，在双核处理器、内存以及屏幕、摄像头等方面，小米手机的硬件配置很高，强劲的硬件配置搭配MIUI/Android双系统使其成为当时最快的双核智能手机，一举超越了众多知名品牌手机。小米手机产品的研发创新——“发烧友”用户参与的模式，成为手机产品研发的全新形式。“发烧友”们为小米手机产品的研发出谋划策，提供了各种多样化和个性化的建议，不仅有效提高了市场关注度，也吸引了手机市场的潜在用户。

第一节　产品与产品组合

一、产品整体概念

产品是指提供给市场的、用于满足人们某种欲望和需要的任何事物，包括有形的商品（goods）、无形的服务（service）、事件（events）、体验（experiences）、人物（persons）、场所或地点（places）、财产权（properties）、组织（organization）、信息（information）和理念（ideas）等。菲利普·科特勒等学者认为，可以将产品整体概念分为五个层次（见图6-1）：核心产品、形式产品、附加产品、期望产品、潜在产品。

（一）核心产品

核心产品，是指产品的核心功能，是人们购买产品时所追求的核心利益，也是产品成其为产品的核心内容。核心产品是人们购买的某种需要的效用或利益，如人们购买洗衣机，并不是为了得到洗衣机这个物品本身，而是为了获得一种洗涤方式，或是为了获得洗涤（干净）衣物的效用或利益。再如人们购买化妆品，也不是为了获得化妆品本身（瓶子及其盛装的化妆物体），而是为了获得一种美丽的方式。可以这样说，生产或经营洗衣机的企业，每研发或推出一种洗衣机产品上市，实际上是为社会或消费者创造并提供一种新的洗涤方式；生产和经营化妆品的企业，每研发或推出一种新的化妆品上市，是创造或提供了一种新的美容方式。从某种意义上讲，一些经典企业之所以百年不衰，就是因为对核心产品概念有充分的诠释，只有这样才能不断创新、引领业界。

（二）形式产品

形式产品，是指核心产品借以实现的载体，是向市场提供的物质实体或服务形象。如果产品是有形商品，那么它在市场上通常表现为商品的品质、特征、式样、品牌、商标及

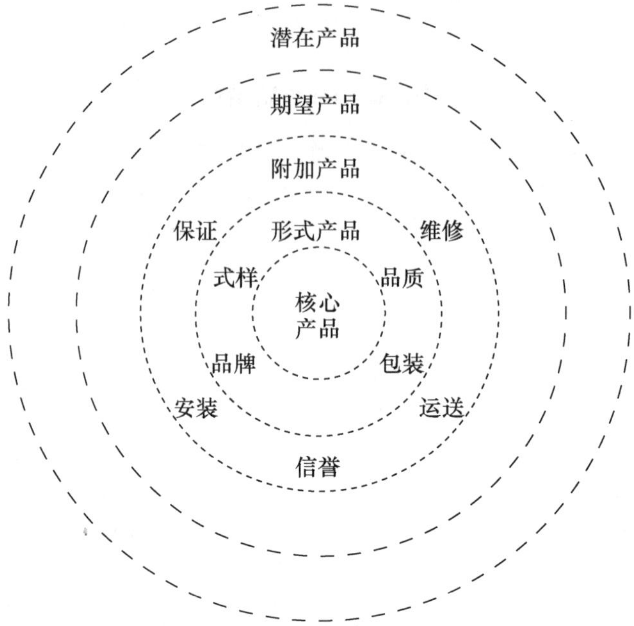

图 6-1　产品整体概念层次示意图

包装等。产品的基本效用必须通过某些具体形式的载体才得以实现。比如洗衣机本身的质量、外观设计、功能、规格等，化妆品本身的成分、品质、品牌、色彩、包装等都是消费者选择效用与利益的参考依据。因此，企业在满足消费者购买产品所追求的利益需求的前提下，还应寻求利益得以实现的形式，进行产品设计，以求更完美地满足顾客需要。形式产品是实现产品差异化、提高产品竞争力的重要手段之一。

（三）附加产品

附加产品，是指顾客购买形式产品时所获得的全部附加利益，包括送货、维修、保证、安装、培训、指导、资金融通、企业声望和信誉等，如购买洗衣机时提供的信贷、质量保证、售后服务（包括免费送货、安装、调试等）。购买者购买的目的就是满足某种需要，希望得到与满足该项需要有关的一切附加价值，而附加产品的概念就来源于消费者对这种市场需要的认识与理解。企业如果从消费者的角度很好地理解了附加价值并加以提供，就有利于增强产品的竞争力。

（四）期望产品

期望产品，是指购买者在购买产品时期望得到的与产品密切相关的、高于一般同等级产品的属性，可以是物质的，也可以是精神的。不同的人，对于同一种产品的期望不同，例如购买洗衣机的消费者，一般期望的是洗涤、甩干、省水的功能，以及合适的价格和优良的质量；而另外一些消费者可能还期望洗衣机能够具有消毒、烘干的功能。期望产品理念要求企业在生产、设计、销售过程中充分考虑到消费者的利益，以利于增强品牌美誉度。

（五）潜在产品

潜在产品，是指现有产品包括所有附加产品、期望产品在内的，可能发展成为未来最终产品的潜在状态的产品，是现有产品的可能演变趋势与前景。或者说，潜在产品指出了现有产品最终可能演变的趋势与前景，或所有可能增加和改变的利益。它是在核心产品、形式产品、附加产品、期望产品以外，一些能满足消费者潜在需求的，尚未被消费者意识到，或者已经被消费者意识到，但尚未被重视的或消费者不敢奢望的产品价值。

潜在产品的特殊之处在于：消费者没有潜在产品仍然可以很好地满足其现实需求；但得到潜在产品，消费者的潜在需求会得到超值的满足，消费者对产品的偏好程度与忠诚度会大大提高。潜在产品是产品整体概念当中的最高层次。企业如能做到这个层次，将形成绝对的竞争优势，引领行业发展，并建立行业规则。这要求企业具有超强的预测能力和长远的战略眼光。

二、产品分类

产品分类有助于进一步掌握产品的概念，营销人员以产品的各种特征为基础将产品分成不同的类型。在具体的划分过程中，按照耐用性和有形性，产品可以分为三类。

（一）非耐用品

非耐用品是有形实物产品，其主要特征在于使用期限较短甚至是一次性的，如巧克力、口香糖等。由于这类产品消费快、购买频率高，企业应大量设置零售点，同时配合大量的广告宣传予以支持，以吸引消费者积极尝试。通常情况下，非耐用品的利润较低。

（二）耐用品

耐用品也是有形实物产品，但其使用期限或寿命相对较长，可以重复使用，如手机、电脑等。该类产品的销售常常需要企业提供较多的售前和售后服务。

（三）服务

服务是为出售而提供的活动、利益或满足感，如美容与理发。服务具有无形性、不可分离性、可变性和易消失性等多个特征。一般而言，服务对质量控制、供应者信誉和实用性的要求更高。

三、产品组合

（一）产品组合的概念

产品组合，是指企业提供给市场的全部产品大类、产品项目的组合或结构，也就是企业的业务经营范围。讨论产品组合及其衡量变量，需要明确产品大类及产品项目两个基本概念。

（1）产品大类，又称产品线，是指在产品类别中具有密切关系的、能满足同类需求（或经由同种商业网点销售，或同属于一个价格幅度）的一组产品。

（2）产品项目，是指产品线内的不同品牌因规格（或尺码）、价格、外观及其他属性不同而有所区别的具体产品，是衡量产品组合各种变量的基本单位。

（二）产品组合的衡量

产品组合通常由四个变量来衡量，它们分别是产品组合的宽度（或广度）、产品组合的长度、产品组合的深度及产品组合的关联性（度）。由此可以衡量一个企业的产品组合状况。

（1）产品组合的宽度，是指企业产品组合中所拥有产品大类的数目。产品大类数目越大，表明产品组合的宽度越宽（或广），反之亦然。

（2）产品组合的长度，是指企业产品组合中所包含的产品项目总数。

（3）产品组合的深度，是指产品大类中产品项目的数目。产品大类中包含的产品项目越多，表明产品组合深度越深，反之亦然。

（4）产品组合的关联度，是指一个企业的各产品大类在最终用途、生产条件、分销渠道等方面的密切关联程度。

产品组合的宽度、长度、深度和关联度，不仅与企业发展战略、营销战略密切相关，而且直接影响着企业的销售额和利润情况。因此，市场营销者必须依据不断变化的营销环境，结合企业自身资源状况，适时地调整和优化产品组合。

四、产品组合的优化和调整

企业在调整和优化产品组合时，应依据不同情况采取相应的策略。可供企业选择的优化和调整产品组合的策略包括扩大产品组合、缩减产品组合、产品延伸和产品线现代化。

（一）扩大产品组合

扩大产品组合，是指拓展产品组合的宽度，或增强产品组合的深度，即在原有产品组合中，增加新产品大类和新产品项目。当预测现有产品大类的销售额和利润额在未来一段时间内有可能下降时，企业就应该考虑在现行产品组合中增加新的产品大类，或加强其中有发展潜力的产品大类；当计划增加产品特色或为更多的细分市场提供产品时，企业则可选择在原有产品大类内增加新的产品项目。扩大产品组合既可以使企业的人、才、物等资源得到充分利用，还可以分散经营风险、提高企业竞争力。

企业的产品大类有不断延长的趋势，主要原因有三点：一是生产能力过剩，促使产品大类经理开发新的产品项目；二是经销商和销售人员要求增加产品项目，以满足顾客的差异化需求；三是产品大类经理为了追求更高的销售利润，增加产品项目。

（二）缩减产品组合

缩减产品组合，是指减少原产品组合中的产品大类或产品项目。当市场不景气或原料、能源供应紧张时，从产品组合中剔除获利很小甚至不获利的产品大类或产品项目，企业就可集中力量发展获利较多的产品大类或产品项目，从而使企业总利润增加。但是，随着产品大类的延长，在设计、工艺、工程、仓储、运输、促销等方面的费用也会随之增加，最终将会减少企业利润。这种情况下，需要对产品大类的发展进行重新规划，剔除那些得不偿失的产品项目，即缩短产品大类，以利于提高经济效益。

（三）产品延伸

任何企业的产品都有其特定的市场定位，产品延伸策略是指全部或部分地改变公司原有产品的市场定位。

1. 产品延伸策略

产品延伸有向下延伸、向上延伸和双向延伸三种策略。

（1）向下延伸。向下延伸是指企业原来生产高档产品，现决定增加低档产品。一般来讲，当遇到下面四种情况之一时，企业可采取向下延伸策略：一是发现其高档产品的销售增长缓慢，而短期内又不可能改变；二是企业的高档产品在市场上竞争激烈时，企业可采取向下延伸策略，进入低档产品市场以提升竞争力；三是企业通过高档产品已经建立了良好的形象，然后再向下延伸，以原有的良好形象带动低档产品；四是为了填补空隙，企业可增加低档产品，进一步增强竞争力。

向下延伸策略可能会遇到三个方面的风险：一是向下延伸可能会使名牌产品形象受损。此时可通过让低档产品使用新商标的方式来规避风险，也就是说，不要让低档新产品使用原高档产品的商标。二是有可能会激怒生产低档产品的企业，导致其向高档产品市场发起反攻，加剧高档市场产品的竞争激烈程度。这种风险可通过进一步提高高档产品的品质及形象来化解。三是企业的经销商可能由于低档产品所得到的利润较少而不愿意合作。此时，可与经销商加强沟通，并以利益分享的形式来实现共生共赢。

（2）向上延伸。向上延伸是指企业原来生产低档产品，后来决定增加高档产品。企业采取向上延伸策略的原因一般有三点：一是高档产品畅销，销售增长较快，利润率高；二是企业估计其在高档产品市场具有更强的竞争优势；三是企业希望自己产品的种类更加全面。

采取向上延伸策略也会遇到三个方面风险：一是竞争加剧风险，即生产高档产品的竞争者有可能进入低档产品市场；二是来自消费者的不信任风险，即消费者可能不相信企业具有生产高档产品的能力；三是来自中间商的风险，即企业销售代理商或经销商可能没有能力经营高档产品。

（3）双向延伸。双向延伸是指原定位于中档产品市场的企业，在熟悉掌握了市场优势以后，决定向产品大类的上、下两个方向延伸："上"是指增加高档产品；"下"是指增加低档产品，扩大市场范围。

2. 产品延伸的利与弊

任何事物都具有两面性，企业实施产品延伸策略，在满足消费者、社会及自身利益的同时，也会产生一些弊端。

（1）产品延伸的益处。

由于产品延伸是通过提供同一旗帜下的一系列不同的产品，其所带来的利益主要包括三个方面：一是增加了产品种类，迎合了顾客求异求变的消费心理，满足了更多的消费需求，繁荣了商品经济，从而实现了共生共赢；二是减小开发新产品的风险，因为产品延伸所需要的时间及其他成本，比开发新产品更加容易控制；三是适应不同价格层次的消费需求，尤其是原来拥有高档品牌产品的企业，由于其良好的品牌形象、精湛的生产工艺及卓越的管理能力深入人心并令人向往，向下延伸也就能够为消费者提供更加低价和优质的产品。

（2）产品延伸的弊端。

产品延伸的弊端主要有以下三个方面：一是降低品牌忠诚度，尤其是原来具有较高忠诚度的品牌，企业增加产品品种可能会扰乱消费者原来的购买方式和消费习惯，从而降低消费者的品牌忠诚度；二是过度细分的产品延伸，可能会造成"混乱"，导致因产品项目特色不明显而难以区分；三是产品延伸会引起一系列成本增加，显而易见的成本包括研究费用，产品包装、宣传费用等，易被忽略的成本是分散了研发人员的精力，从而有可能忽视真正创新产品的研究与开发，降低企业的创新能力。

（四）产品线现代化

产品线现代化，主要是指生产模式现代化。在某些情况下，尽管产品组合的宽度、长度都很恰当，但产品大类的生产模式可能已经过时。此时企业应该考虑与时俱进、开拓创新，积极对产品大类实施现代化改造。20 世纪 90 年代，我国纺织业就针对机械设备落后的状况，实施了较为全面的现代化改造。企业产品线现代化一般面临两种选择：一是逐步实现现代化改造；二是快速进行现代化改造。两者在资金使用及实现速度上各有利弊。企业产品线现代化应依据企业自身的资源情况和市场竞争状况酌情进行。

第二节　新产品开发策略

现代科学发展日新月异、突飞猛进，消费需求差异化越来越明显，市场竞争越来越激烈，企业必须与时俱进，以求更好地生存、成长和持续发展。而不断开发新产品是实现上述目标和满足社会发展需要的关键因素之一。

一、新产品的概念

从营销角度来说，新产品是指企业首次向某个市场提供的、能满足某种消费需求的整体产品。在产品整体概念中，任何一个层次的任何一部分创新、变革或改良所形成的产品，都可视其为新产品。新产品主要分为全新产品、换代产品、改进产品、新品牌产品四种类型。

（一）全新产品

全新产品，是指运用新一代科学技术革命创造的整体更新产品，也就是运用新原理、新技术、新工艺、新材料等制造的市场上前所未有的产品。全新产品具有明显的新特征和新性能，甚至能改变用户或消费者的生产方式或消费方式。

（二）换代产品

换代产品，又称革新产品，是指对市场上已经出现的产品的结构和性能进行部分改变后的产品。它能使原有产品的性能得到改善和提高，具有较大的可见价值。

（三）改进产品

改进产品，是指对现有产品的质量、特点、外观、款式或包装加以全面或局部改进的产品。这类产品与原有产品差别不大，使用者易于接受。

（四）新品牌产品

新品牌产品，是指对现有产品稍加改变，突出某一方面的特点并使用新品牌后提供给市场的产品。一般是企业为了竞争需要，仿制市场上畅销产品而形成的产品。

二、新产品开发流程

企业可以通过收购或产品开发两种途径获取新产品。收购主要有三种形式，即收购另一家企业、从其他企业购买专利权、购买特许经营权。产品开发可以采取两种方式，即企业在自己的实验室开发新产品或委托研究机构、新产品开发公司为企业开发特定的新产品。

新产品的开发过程一般由寻求创意、甄别创意、形成新产品概念、制定市场营销策略、营业分析、新产品研制、市场试销和批量上市八个阶段构成（见图 6-2）。

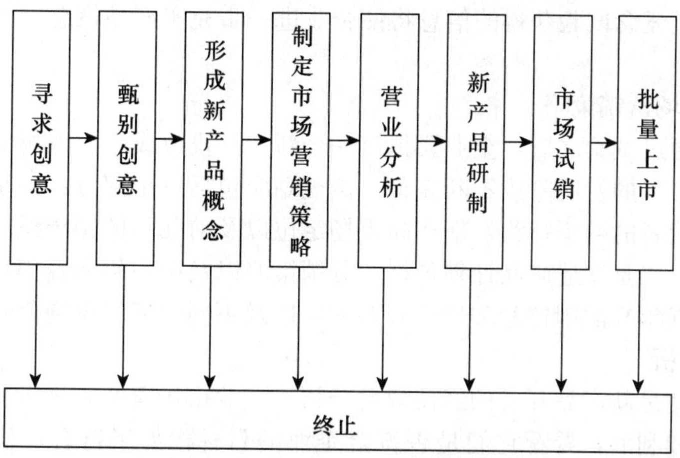

图 6-2 新产品的开发过程示意图

（一）寻求创意

创意是超越自我与常规、破旧立新的哲学，是指具有新颖性和创造性的念头和想法。新产品创意既可以来源于企业内部，也可以从顾客、中间商、竞争对手、咨询机构、高等院校和有关媒体等外部获得。企业寻求创意可采用头脑风暴法（又称智力激励法或自由思考法）、心智图法、曼陀罗法、逆向思考法、属性列举法、征求意见法、顾客问题分析法、创意解难法等多种方法。

（二）甄别创意

甄别创意，是指在取得足够的创意之后，评估、研究这些创意的可能性，并挑选出可行性较高的创意。其目的是淘汰那些不可行或可行性较低的创意，使企业有限的资源集中于成功机会较大的创意上。甄别创意时，一般要考虑两个因素：一是该创意是否与企业的战略目标，包括利润目标、销售目标、销售增长目标、形象目标等相适应。二是企业有无足够的能力，包括资金、技术、人力资源、市场开拓和销售能力等开发这种创意。

（三）形成新产品概念

要形成新产品概念，一般要经过新产品概念的形成及试验两个步骤。

1. 新产品概念的形成

产品创意是企业从自己的角度来考虑能够向市场提供可能产品的构想。这种构想只有得到消费者的认可才有意义。满足消费者需求，也是企业开发新产品的目的。因此，经过甄别保留下来的产品创意，需要从消费者角度做出详尽描述，即形成产品概念。产品概念是指已经成型的产品创意，即能用文字、图像、模型等予以清晰阐述并具有确定特征，能够让消费者感知的产品形象。

2. 新产品概念的试验

确定产品概念、进行产品和品牌定位后，还应该对产品概念进行试验。新产品概念试验就是把成型的产品形象以说明书、图画、模型或实物的方式展示给部分目标顾客，观察他们的反应。通过概念试验获得的信息将使企业进一步充实产品概念，使之更适合消费者的需要。

（四）制定市场营销策略

新产品概念通过试验之后，企业要拟订一个新产品投放或引入市场的初步的市场营销策略规划，并在未来的发展阶段不断完善。该规划应包括三个部分：一是描述目标市场的规模、结构，消费者的购买行为，新产品市场定位以及前几年的销售量、市场占有率、利润率预期目标等；二是简述产品计划价格、分销策略以及第一年的营销预算；三是阐述较长期（如三年或五年）的销售额和投资收益率，以及不同时期的市场营销组合策略等。

（五）营业分析

营业分析，就是新产品开发的经济效益分析。企业市场营销管理者要复查新产品将来的销售额、成本和利润，看看它们是否符合企业的目标。如果符合，就可以进行新产品开发。

（六）新产品研制

在新产品概念通过营业分析之后，企业研究与开发部门或工程技术部门就可以把新产品概念转变为样品。只有通过产品研制并投入资金、设备和劳动力，才能证明这种产品概念在技术、商业上具有可行性。为了保证研制出的样品符合产品概念规定的特征，应该对样品进行包括专业人员和消费者在内的功能测试。专业人员进行的测试包括新产品是否安全可靠、性能质量是否达到规定的标准、制造工艺是否先进合理等。消费者测试主要是请消费者试用，然后征集他们对产品的意见，以便对样品进一步改进。

（七）市场试销

测试合格的样品即正式产品，要投放到有代表性的小范围市场上进行试销，以检验新产品的市场效率，并将其作为是否大批量生产的依据。当产品的成本很低，或对新产品非常有信心，或产品由比较简单的产品线扩展而来或模仿竞争者的产品时，企业可以不进行试销。新产品试销前应对试销地点、试销时间及延续时间、试销费用、试销策略等做出决策。

（八）批量上市

新产品试销成功后，就可以正式进行批量生产，全面推向市场。新产品的批量上市需要大量的资金，而且投放初期往往利润很小甚至为负。因此，企业必须选择合适的投放时机、投放地区，并根据目标市场特点实施市场营销组合策略。

三、新产品的采用过程

消费者对新产品的采用过程，客观上存在一定的规律性。美国市场营销学者罗吉斯调查了数百人接受新产品的实例，总结出人们接受新产品的过程和一般规律，认为新产品采用过程有五个阶段（见表6－1）。

表6－1　　新产品的采用过程

阶段	内容
知晓	消费者对新产品有所觉察，但缺少关于它的信息
兴趣	消费者受激发，寻找该新产品的信息
评价	消费者考虑试用该新产品是否明智
试用	消费者小规模使用了该新产品，以改进对其价值的评价
采用	消费者决定经常和全面采用该新产品

（一）知晓

知晓是消费者获得新产品信息的初始阶段。消费者对新产品信息的了解主要来源于广告，或者是通过间接的渠道获得，如技术资料、商品宣传单等。消费者在此阶段所获得的信息不够系统，只是一般性的了解。

（二）兴趣

兴趣是指消费者不仅了解产品，并且产生了兴趣。在此阶段，消费者会积极地收集信息并进行对比，研究分析新产品的具体性能、用途等，如果产品使之满意，其将会产生初步的购买动机。

（三）评价

评价阶段的消费者主要权衡采用新产品的边际价值。例如，对新产品为其带来的各方面利益和由此导致的某些方面的损失进行比较，从而对新产品的吸引力做出判断。

（四）试用

消费者开始小规模地试用该新产品，以进一步了解新产品各方面的属性并做出一定的主观评价。

（五）采用

当消费者在进行新产品试用之后，若发现新产品符合其利益需求和心理期望，便会决定全面和经常使用该新产品，进而开始正式购买和重复购买。

小案例

速溶咖啡滞销的原因

速溶咖啡刚上市时，销量一直不理想，尽管厂商极力强调其味道并不差，但仍未取得很好的效果。后来经过市场调查终于发现，原来人们不喜欢速溶咖啡并不是口味的原因，甚至在被调查者不知情的情况下，很多人认为速溶咖啡的味道要更好。进一步调查发现，速溶咖啡的购买者常常被描述为懒惰的、没有生活品位的人，因此人们不愿购买。据此，厂商在后期的宣传中重点强调速溶咖啡代表“效率和时尚的生活方式”，最后滞销现象得到了改善。在很多情况下，产品概念甚至与产品本身同样重要。在新产品推广之前，对其概念进行慎重定义和测试常常使推广过程事半功倍。

资料来源：涂平．市场营销研究方法与应用．北京：北京大学出版社，2013.

第三节　产品生命周期策略

一、产品生命周期的概念

产品生命周期是指产品从进入市场到退出市场所经历的市场生命循环过程。典型的产品生命周期一般由四个阶段组成：导入期（或介绍期、引入期）、成长期、成熟期和衰退期。产品生命周期曲线如图 6－3 所示，该图反映了处于生命周期不同阶段的产品销售额、利润和成本的大致变化状态。

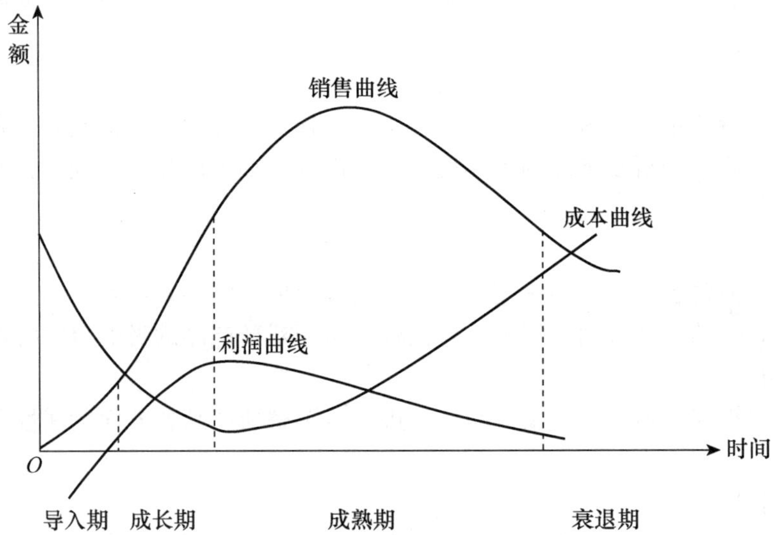

图 6－3　产品生命周期曲线

在理解产品生命周期概念时应注意以下两点：第一，呈基本正态分布曲线的产品生命周期曲线是一种理论形态，在现实经济生活中，不是所有产品的生命历程都完全符合，也就是说，不同的产品具有不同的曲线；第二，不同产品的生命周期会呈现出不同的时间长度及特点。

二、产品生命周期各阶段的特点

产品生命周期理论说明，大部分产品都不会经久不衰、永远获利。在产品生命周期的不同阶段，产品的销售额、成本、利润等都会呈现出不同的水平。企业应结合市场需求情况对产品所处的生命周期进行判断与划分，在产品生命周期的不同阶段，选择或采取不同的营销策略，以实现产品在整个生命周期中的利润最大化。

（一）导入期的特点

导入期是指新产品首次投入市场的最初销售时期，导入期至少具有五个特点：一是顾客对产品不了解，只有少数追求新奇的顾客可能购买，产品销售量较低；二是由于技术还不够成熟，产品不能大批量生产且质量不够稳定；三是成本高，销售额增长缓慢，企业利润少甚至亏损；四是企业还没有建立起稳定的分销渠道，或者说分销和促销费用较高；五是产品还没有或只有较少的竞争者。

（二）成长期的特点

到了成长期阶段，产品已经打开了销路，市场份额迅速扩大。该阶段主要有五个特点：一是消费者已经了解该产品，销售量迅速增长；二是生产规模扩大，生产成本下降；三是已经建立了比较稳定的分销渠道，单位促销费用下降；四是利润快速增长；五是有竞争者进入市场，同类产品增多，竞争开始加剧。

（三）成熟期的特点

产品经过成长期以后，销售量的增长会变慢，利润也开始下降，表明产品已开始走向成熟期。成熟期有五个特点：一是产品的销售量增长缓慢，逐步达到最高峰，然后缓慢下降；二是该产品的销售利润也从最高点开始下降；三是市场竞争非常激烈，各种品牌、各种款式的同类产品不断出现；四是绝大多数购买为重复性购买，只有少数后期首次购买者进入市场；五是产品成熟期一般持续时间较长。

（四）衰退期的特点

尽管企业总是尽力延长产品的成熟期，但大多数产品最终还是要进入衰退阶段。该阶段主要有四个特点：一是产品销售量急剧减少；二是该产品利润很低或为零，甚至亏损；三是市场竞争转入激烈的价格竞争，或大量竞争者退出市场；四是消费者的消费习惯已经发生转变。

三、产品生命周期各阶段的营销策略

（一）导入期的营销策略

导入期的营销策略，主要突出一个“快”字，即在稳定产品质量和建立并完善分销渠道的前提下，根据具体情况制定合理的价格水平和促销力度。

（1）快速撇脂策略。这是指以高价格、高促销费用的方式推出新产品，以便迅速增大销售量，取得较高的市场占有率、获取较高利润。该策略的适用条件及效果是：目标市场的大部分消费者还不了解该新产品，可通过高促销费用的方式加深其对新产品的认识并使其愿意高价购买，同时，产品面临潜在的竞争者，高促销费用可迅速使消费者建立对自己产品的认知与偏好。

（2）缓慢撇脂策略。这是指以高价格、低促销费用的方式推出新产品，以便实现更多的利润。该策略的适用条件是：市场规模较小，大多数消费者已经熟悉了该新产品，并且愿意支付高价，潜在竞争者的威胁不大。

（3）快速渗透策略。这是指以低价格、高促销费用的方式推出新产品，以便实现最快速的市场渗透和最高的市场份额。该策略的适用条件：市场容量足够大，消费者对新产品不够熟悉，而对价格比较敏感；潜在竞争激烈；随着生产规模的扩大和学习经验的增加，产品成本可降低。

（4）缓慢渗透策略。这是指以低价格、低促销费用的方式推出新产品。该策略一般用于市场容量很大，消费者熟悉该产品但对价格敏感，并且存在潜在竞争者的市场环境。

（二）成长期的营销策略

成长期的营销策略，应突出一个“好”字，这需要在以下四个方面下功夫：

（1）更好地创造产品的价值。通过增加产品新功能、改变产品款式等方式，为顾客提供更高的价值；通过提供更好的服务，强化消费者的购买信心，提高产品的竞争能力，吸引更多的顾客。

（2）更好地体现产品的价值。通过制定更加合理的价格，尤其是选择适当的时机和方式降价，吸引对价格比较敏感的消费者。

（3）更好地宣传产品的价值。将促销目标从介绍产品性能转移到树立产品形象上来，通过各种促销与沟通方式吸引新客户，建立消费者品牌偏好；通过对比显示产品优势，努力维系老客户。

（4）更好地传递产品的价值。通过寻找新的细分市场、开辟或增设新渠道，实现更快、更有效、更便捷、更方便消费者的产品价值传递，提高企业持久竞争力。

（三）成熟期的营销策略

企业要在成熟期实现新的市场复兴或者获得更多的竞争利益，可以从市场、产品和营销组合三个方面去努力。

1. 市场改进策略

市场改进是针对市场而非产品本身的，即通过一定的营销手段刺激市场需求，扩大产品销量。改进的方面主要包括使用者数量和使用率。

增加使用者数量的方法有三种：第一，把非使用者转变为使用者；第二，进入新的细分市场；第三，争取竞争对手的用户。增加使用率的方法也有三种：其一，努力使使用者更频繁地使用该产品；其二，努力使使用者增加每次的用量；其三，开发产品的新用途。

2. 产品改进策略

即以改变产品自身来满足顾客的不同需要，吸引有不同需求的消费者。产品整体概念的任何一个层次的改变都可视为产品改进或新产品产生。其表现形式主要有：

（1）质量改进。即从工艺设计和产品材质等方面对产品进行改进以优化产品质量。

（2）特点改进。重点在于增加产品的新特点，尤其是扩大产品的高效性、安全性或方便性。如某机械厂将动力系统引入割草机，提高了割草的速度，而后又进行操作方面的改进，使之方便操作。

（3）样式改进。即对款式和外观进行改变，其目标在于满足消费者对产品的美学诉求。

（4）服务改进。对于许多耐用消费品和产业用品来说，良好的服务会大大促进消费者的购买。

3. 营销组合改进策略

营销组合改进是产品成熟阶段刺激销售的有效方法，这是指通过对产品定价、销售渠道及促销方式来延长产品的市场成熟期。一般通过改变一个因素或几个因素的配套关系来刺激或扩大消费者购买。

（四）衰退期的营销策略

衰退期的营销策略，应主要突出一个“转”字，即在处理好处于衰退期的产品的同时引入新产品。此阶段可选择的营销策略主要有四种：

（1）继续策略。此即继续沿用过去的策略，仍按照原来的细分市场，使用相同的渠道、定价及促销方式，直到这种产品完全退出市场为止。采用此策略应注意控制营销费用的投入。

（2）集中策略。此即将企业资源及营销能力集中在最有效的细分市场，以缩短产品退出市场的时间，为企业创造更多的利润。

（3）收缩策略。此即大幅度降低促销水平，尽量减少营销费用。该策略可能导致产品加速衰退，但产品一般仍会有忠实顾客购买。

（4）放弃策略。此即对于衰落比较迅速的产品，当机立断放弃经营。企业既可以选择完全放弃，也可以选择部分放弃。使用该策略时应注意处理现有顾客售后服务的问题，否则会因停止经营该产品而使原来顾客的要求得不到满足，影响这些顾客对企业的忠诚度。

本章小结

本章详细地介绍了产品的相关概念，并重点介绍了产品组合策略、新产品组合策略、新产品开发策略及产品生命周期策略的具体内容。

新产品开发过程主要包括寻求创意、甄别创意、形成新产品概念、制定市场营销策略、营业分析、新产品研制、市场试销和批量上市八个阶段。顾客对新产品的接受包括知晓、兴趣、评价、试用、采用五个阶段。

产品的生命周期是指产品从投入市场到退出市场所经历的全部过程，具体包括导入期、成长期、成熟期、衰退期四个阶段，每个阶段都需要制定相应的营销策略。

思考题

1. 何为产品？结合具体产品谈谈其整体概念。
2. 产品组合的含义是什么？说明产品组合策略的内容。
3. 何为新产品？结合新产品开发过程和某一熟悉的产品，尝试开发一种新产品。
4. 简述产品市场生命周期各阶段的特点及营销策略。

第七章　品牌策略

学习目标

1. 了解品牌的概念、内涵及种类。
2. 熟悉品牌决策的基本流程和几种常用的品牌决策。
3. 掌握品牌管理的基本内容、组织形式以及品牌延伸。

引导案例

宏碁——告诉你如何选好企业名称

世界著名的宏碁（Acer）电脑1976年创业时的英文名称叫Multitech，经过数十年的努力，当Multitech刚刚在国际市场上小有名气时，一家美国数据机厂商通过律师通知宏碁，指控宏碁侵犯该公司的商标权，必须立即停止使用Multitech作为公司及品牌名称。经过查证，这家名为Multitech的美国数据机制造商在美国确实拥有商标权，而且在欧洲许多国家都早宏碁一步完成登记。商标权的问题如果不能解决，宏碁的自有品牌Multitech在欧美许多国家恐将寸步难行。在全世界，以“-tech”为名的信息技术公司不胜枚举，因为大家都强调技术，这样的名称没有差异化；又因雷同性太高，在很多国家都不能注册，导致无法推广品牌。

因此，当宏碁加速国际化脚步时，就不得不考虑更换品牌。宏碁不计成本，将更改公司英文名称及商标的工作交给世界著名的广告公司奥美（O&M）广告。为了创造一个具有国际品位的品牌名称，奥美动员纽约、伦敦、东京、悉尼、台北分公司的创意工作者，运用计算机从4万多名字中筛选出1 000多个符合命名条件的名字，再交由宏碁的相关人士讨论，前后历时七八个月，终于决定选用Acer这个名字。宏碁选择Acer作为新的公司名称与品牌名称，出于以下几个方面的考虑：

（1）Acer源于拉丁文，代表鲜明的、活泼的、敏锐的、有洞察力的，这些意义和宏碁所从事的高科技行业的特性相吻合。

（2）Acer在英文中源于词根Ace（王牌），有优秀、杰出的含义。

（3）许多文件列举厂商或品牌时，习惯按英文字母顺序排列，Acer第一个字母是A，第二个字母是C，取名Acer有助于宏碁在媒体资料中排行在前，增加消费者对Acer的印象。

（4）Acer只有两个音节，四个英文字母，易读易记，比起宏碁原英文名称Mutitech，显得更有价值感，也更有国际品位。

宏碁为了更改品牌名和设计新商标共花费了近100万美元。宏碁没有在法律诉讼上过多纠缠，毅然决定摒弃平庸的品牌名Mutitech，改用更具鲜明个性的品牌名Acer，是一项明智之举。如今，Acer的品牌价值超过一亿八千万美元。

资料来源：杨文京．全球著名品牌的产品定名案例.（2006－05－19）[2017－09－21]. https://www.globrand.com/2006/51157.shtml.

第一节　品牌概述

现代社会中，品牌是一个非常重要的经济和社会现象。消费者依赖品牌来辨别、选择产品和服务，乃至于依靠品牌表现自身的品位、价值观和情感取向；制造商或服务商则通过品牌来传达产品质量、情感以及价值取向等诸多内容，以赢得顾客的忠诚度和品牌的长远发展；非营利机构也逐渐采取了品牌化的做法，积极塑造自身的品牌形象，以求利用强大的号召力实现自身的目标。

一、品牌的概念与内涵

品牌是个多面性的概念，蕴含着丰富的含义。“品牌的冰山”理论指出：标志、名称等仅仅是品牌的可见特征，完整的品牌概念还包括价值观、智慧、文化等不可见部分。可见部分与不可见部分的关系可以用一个飘浮在水中的冰山来形容。其中标志、名称等可见部分仅占品牌内涵的15%左右，而价值观、智慧、文化等不可见部分则大约占品牌内涵的85%。

（一）品牌的定义

1960年，美国市场营销协会（AMA）首次给出了具有权威性的品牌概念，认为品牌是用以识别一个或一群产品或劳务的名称、术语、标记、符号或设计，或是它们的组合运用，其目的是借以辨认某个销售者或某些销售者的产品或服务，并使之与竞争对手的产品和服务区别开来。简而言之，品牌就是企业为了使自己的产品和其他的产品相区别，而设定的名称和标志的综合。品牌创立的最初动机就是便于消费者区别。

美国西北大学教授、市场营销专家菲利普·科特勒指出，品牌不仅是一个名称、术语和标记，而且是销售者向购买者长期提供的一组特定的特点、利益和服务。品牌是一个集合概念，包括了品牌名称、品牌标志和可注册的商标三大部分。品牌名称指品牌中能够发音、能够被读出的那一部分，如“华为”“格力”“小米”等。品牌标志（brand-market）指品牌中可以通过视觉辨别，能用语言描述，但不能用语言直接称呼的部分，如品牌的符号、图像、图案、色彩等。著名家电品牌“海尔”的那两个互相拥抱的儿童形象就是其品牌标志。商标，从字面解释，是商品的标记，以示与其他生产者及经营者的同类商品和劳务的区别。简而言之，商标是区别、验证商品及劳务的标志。

（二）品牌的内涵

在营销活动中，品牌还是一个更为复杂的符号，一个品牌的内涵包括以下六个方面。

1. 属性

属性是一个品牌固有的外在形象，品牌首先给人带来特定的属性。例如：“梅赛德斯-奔驰”代表了昂贵、工艺精湛、耐用等；“海尔”代表了朝气、质量及服务等。属性是消费者判断品牌接受性的第一要素，公司可以利用属性中的一个或几个作为广告宣传。因此，品牌带来的属性应当能够符合消费者的需求。

2. 利益

利益即使用该品牌所带来的满足。消费者购买某一品牌的产品时，购买的并不是该品牌所提供的属性，而是购买该产品属性所能转化的功能或利益。购买“耐用”这一属性，是因为产品可以使用更长时间；“昂贵”带给消费者的是受人羡慕的情感利益；“技术先进”带来的是超凡的舒适及便利性等。因而，品牌带来的产品属性应该能够转化为消费者需要的利益。

3. 价值

价值即该品牌的使用价值和价值感。品牌还体现了制造商的某些价值观，例如梅赛德斯-奔驰体现了高性能、安全、威信等，该品牌营销者必须推测出哪些是在寻找这些价值的特定的汽车购买群体。

4. 文化

品牌中所蕴含的文化是使品牌得到市场高度认可的深层次因素。市场对品牌的偏好反映的恰恰是消费者对品牌中所蕴含的文化的认同，每个品牌都会从产品中提炼自己的文化。“海尔”体现了一种文化，即高效率、高品质。而“小糊涂仙”则象征“难得糊涂”的价值观。

5. 个性

个性即品牌可以给人带来联想和心理定式的特点。品牌个性的塑造是为了使消费者产生一种认同感和归属感。如“可口可乐”追求的“尽情享乐”的个性，就迎合了许多青年消费者追求自由和快乐的需要；“梅赛德斯-奔驰”则追求的是“威信、沉稳”的个性。所以，品牌将吸引那些实际的自我形象与品牌形象相符合的人。

6. 使用者

上述五个品牌层次的综合已经基本界定或暗示了购买使用该品牌产品的消费者类型。例如：“梅赛德斯-奔驰”的使用者大多是事业成功的三四十岁的人士。如果是一个二十岁出头的年轻人开奔驰车，你会觉得可能他父亲是成功人士。消费者对品牌的选择，也恰恰反映出消费者对品牌文化、价值和个性的认同。

品牌内涵的六个层次之间并不是一种并列关系，它们呈金字塔结构，如图 7-1 所示。

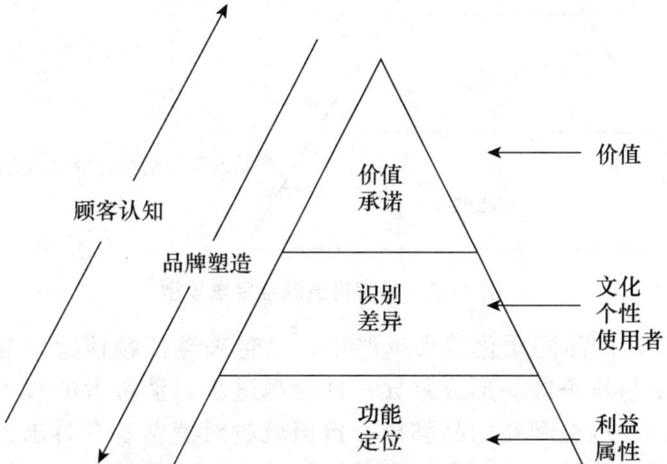

图 7-1 品牌内涵的金字塔模型

从顾客认知的过程看，往往是从品牌的利益、属性体验到品牌的功能定位之后才意识到品牌在用户、文化、个性上的独特，最后才能够领悟到品牌的核心价值。比如消费者总是先体会到奔驰车的高性能，之后才认同它的市场定位，对它产生文化和个性的联想，再通过长期大量的积累才相信其做出的价值承诺——“世界上工艺最完美的汽车”。

从企业品牌塑造来看，则应该是以其做出的价值承诺为核心，建立品牌文化，树立品牌个性，定位目标市场，从这几个方面去设计和塑造品牌的属性并提供利益。以品牌的核心价值统率品牌的塑造过程，才能保证品牌管理的成功。

（三）品牌的核心价值

品牌的核心价值是指品牌的内核，是品牌资产的主体部分，是消费者能够明确、清晰地记住并识别的品牌的利益及个性，是驱动消费者认同、喜欢乃至喜爱的一个品牌的主要力量。例如，舒肤佳沐浴露能够“有效祛除细菌”，沃尔沃汽车定位于“安全、节能”。因为有自己清晰的核心价值与个性，这些品牌可以凭借差异化特征，在所选择的目标市场上占据较多的市场份额。消费者也因为对其核心价值的认同而产生对品牌的美好联想，并进一步产生品牌忠诚感。

然而，不能将品牌核心价值片面地理解为品牌为消费者提供的物质层面的功能型利益，或者极端地理解为品牌核心价值就是品牌给目标消费者传达的物质层面的功能型价值。实际上，品牌核心价值完全可以是情感型价值与自我表现型（社会型）价值，也完全可以是一种审美体验、快乐感受，或是表现财富、学识、修养、自我个性、生活品位与社会地位（见图 7－2）。

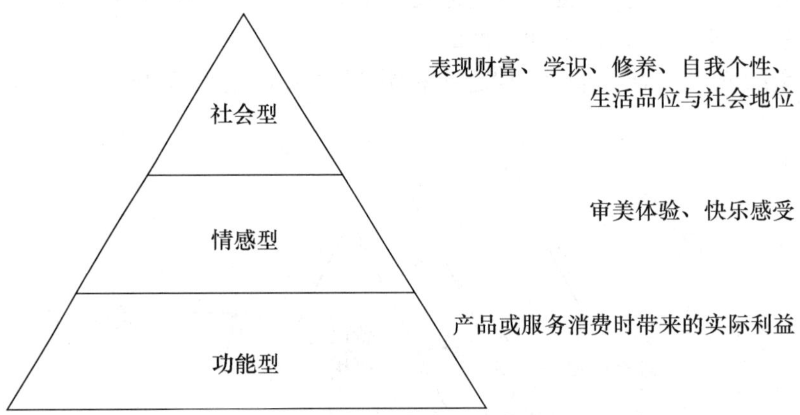

图 7－2　品牌价值的金字塔模型

随着科技进步，产品同质化越来越严重，也越来越依赖情感型与自我表现型利益的品牌核心价值来与竞争产品形成差异；社会越进步，消费者的收入水平越高，张扬情感型价值与自我表现型利益的品牌核心价值就越对消费者有诉求力和感染力。品牌成为消费者表达个人价值观、财富、身份地位与审美品位的一种载体与媒介时，品牌就有了独特的自我表现型利益。奔驰代表着“权势、成功、财富”、沃尔沃代表了“含而不露的精英阶层”，所有这些品牌都是通过给予消费者自我表现利益而成为强势品牌的。

当然，这并不是说品牌的功能型价值不重要或可有可无，但具体到许多产品和行业，情感利益与自我表现型利益已成为消费者认同品牌的主要驱动力，品牌的核心价值很自然地聚集到情感利益和自我表达型利益上，但是所有这些都还是要以卓越的功能型利益为强大支撑的，事实上，大量的品牌核心价值就是三种利益的和谐统一。没有功能型利益，情感型利益和自我表现型利益就没有根基。

对于一个具体品牌而言，其品牌核心价值究竟以哪一种为主，主要以品牌核心价值能够对目标消费者群起到最大感染力、与竞争者形成鲜明的差异为原则。比如家用电器，消费者最关注的是"产品的技术、品质、使用便捷等"，因此功能型利益往往成为家用电器品牌的核心价值；食品、饮料则较多传达情感型利益去打动消费者；保健品、医药既讲究技术与功效，又可用于送礼、体现关怀，所以品牌的核心价值中功能型与情感型利益兼而有之；高档服饰、时尚产品、皮具、名表、名车等则主要以自我表现型利益为品牌的核心价值。

二、品牌的种类

（一）根据品牌的使用主体划分

品牌按使用主体不同可以分为制造商品牌、服务商品牌和中间商品牌（自有品牌）。制造商品牌是由制造商对其产品自行命名的品牌，如"小天鹅""海尔""长虹""娃哈哈"等，我国知名品牌中大多数都是制造商品牌。同样的，服务商品牌是服务商对其服务产品自行命名的品牌，如"安永会计师事务所""顺丰速递""中国工商银行"等，均是服务商品牌。中间商品牌（又称自有品牌）是专门为制造商或服务商提供销售服务的企业自行命名的品牌中间商品牌多为大型零售商采用。

（二）根据品牌的本体特征划分

根据品牌的本体特征又可以将品牌划分为个人品牌、企业品牌、城市品牌、国家品牌和国际品牌等。例如，葛优、姜文、张艺谋、黄渤等属于个人品牌；哈尔滨市冰雪节、宁波国际服装节、CBD 节等属于城市品牌；金字塔、万里长城、埃菲尔铁塔、自由女神像等属于国家品牌；联合国、奥运会、国际红十字会等属于世界品牌。

（三）根据品牌的统分策略划分

品牌按其统分策略的不同可以划分为统一品牌、个别品牌、分类品牌、统一的个别品牌四种类型。

（1）统一品牌，又称家族品牌，即企业的所有产品组合都统一采用同一个品牌名称。多采用"品牌名＝企业名"的操作方式。美国通用电气公司对其产品就只采用一个品牌"GE"；SONY 公司的所有产品（随身听、电视机、手机、电脑等）也都以"SONY"为品牌。

（2）个别品牌，指企业对各个产品项目（不同产品）分别使用不同的品牌。比如宝洁公司的洗发水产品就有"海飞丝""飘柔""潘婷""润妍"等多种不同品牌。

（3）分类品牌，又称系列品牌，是指在产品组合中对产品项目按一定的标准分类，各类别使用不同的品牌。比如美国大型零售商西尔斯公司，它的家电、妇女服饰、家居用品就分别使用了不同的品牌。另外，分类品牌通常有两种做法：第一，按产品系列分类。如健力宝集团的饮料类使用品牌"健力宝""第五季"，服装类使用品牌"李宁"。第二，按产品质量等级分类，如美国的 A&P 茶叶公司，一等品用“Annpage”，二等品用“Sultan”，三等品用“Iana”。

（4）统一的个别品牌，是企业对各种不同产品分别使用不同的品牌，实际操作上通常是将个别品牌与企业的名称标记联用，也就是“个别品牌＋企业名称”。比如海尔集团的冰箱曾依据其目标市场的定位不同而分别命名为“海尔双王子”“海尔小王子”“海尔帅王子”等，洗衣机则有“海尔小小神童”“海尔小神童”等，这些都是统一的个别品牌。

（四）根据品牌的来源划分

依据品牌的来源可以将品牌划分为自有品牌、外来品牌和嫁接品牌。自有品牌是企业依据自身需要创立的，如全聚德、海尔、丰田等。外来品牌是指企业通过特许经营、兼并、收购或其他形式而取得的品牌。例如联合利华收购的北京“京华”牌，香港迪生集团收购法国名牌商标 S. T. Dupont。嫁接品牌主要指通过合资、合作方式形成的带有双方品牌的新产品，如华晨宝马。

（五）根据品牌的生命周期长短划分

根据品牌的生命周期长短可以分为短期品牌、长期品牌。短期品牌是指品牌生命持续较短时间的品牌，在市场竞争中昙花一现。长期品牌是指品牌生命随着产品生命周期的更替，仍能经久不衰的品牌。例如中华百年老字号全聚德、同仁堂等，世界知名老品牌如可口可乐、奔驰和法拉利等。

（六）根据品牌是否依据互联网而建立划分

根据品牌是否依据互联网而建立可以分为传统品牌和网络品牌。网络品牌与传统品牌的区别就在于是否以互联网为平台发展品牌。从内涵上讲，网络品牌代表了企业（包括网络企业和传统企业）和企业的产品或服务；从外延上讲，网络品牌不仅是一个标志，一种符号，它更象征着一种风格、精神或是一种生活方式。

（七）根据品牌的其他特征划分

按照品牌的用途不同可以分为生产资料品牌和生活资料品牌；按其构成元素不同可以分为文字品牌、图形品牌、记号品牌、组合品牌、立体品牌等。

三、品牌的作用

（一）识别功能

识别功能是指品牌能够尽快地帮助消费者找到他所需要的产品，缩短消费者在选购商品时所花费的时间和精力。品牌是一种无形的识别器，是企业和产品的“整体”概念。它能使消费者在购买某种商品时，面对琳琅满目的商品，很快做出选择。正因为品牌是产品的标志，代表着产品的品质、特色、承诺，才能缩短消费者的抉择过程。如果品牌在消费者心目中已经形成良好的印象，很容易使消费者认牌购买。

（二）维权功能

品牌通过登记注册后，受法律法规保护，禁止他人非法利用，能有效地保护企业以及消费者的权益。如果产品产生质量问题，消费者可以根据其品牌与企业进行交涉，依法向其索赔，维护自身的正当权益。

（三）促销功能

促销功能主要表现在两个方面：（1）由于品牌是产品品质、特色、档次的标志，容易引起消费者的注意，满足消费者的需求，因此好的品牌容易赢得消费者的选择和厚爱，实现扩大产品销售量的目的；（2）由于消费者往往依照品牌选择产品，甚至认牌购买，这就促使生产经营管理者更加关心品牌的形象，不断开发新产品，推陈出新，加强质量和服务管理，提高其品牌的知名度、美誉度，使品牌走上良性循环的轨道。

小案例

小米、魅族都是国产而且受大众喜爱的手机品牌，在网上的促销也是得到肯定的营销方式。2014 年 8 月，美国调研公司易观国际（Canalys）发布报告，称小米仅 Q2 的出货量就将近 1 500 万台，超越三星、联想成为中国市场第一名。

（四）旗帜功能

随着中国经济的发展，中国对奢侈品品牌的消费逐年增加，这使得像路易威登（Louis Vuitton）、普拉达（Prada）、古驰（Gucci）等国际知名的奢侈品品牌纷纷入驻中国市场。这些奢侈品品牌作为旗帜，随后带动了一系列国际奢侈品品牌对中国的输入。

（五）增值功能

品牌是一种无形资产，它本身可以作为商品被买卖，为企业带来经济利益。随着品牌知名度、美誉度的提高，品牌自身的价值也在连年攀升。

小案例

2014 年苹果（Apple）的品牌价值为 1 188.63 亿美元、谷歌（Google）的品牌价值为 1 074.39亿美元，IBM 的品牌价值为 722.44 亿美元。与其说是产品给生产经营者带来了财富，倒不如说是品牌给他们带来了财富。

（六）形象塑造功能

品牌代表着企业形象。在消费者的心目中，品牌实力总是与企业的形象联系在一起的。品牌有利于塑造企业的形象，提高企业的知名度、信赖度，为企业多元化及品牌延伸打下坚实有力的基础。

（七）不同视角下品牌的作用

正是由于品牌的作用如此之巨大，才驱使企业家们纷纷加大在品牌上的投入。品牌不仅对企业有价值，对消费者乃至国家都是有益处的（见表 7-1）。

表 7-1　　品牌的作用

视角	作用
对于消费者	1. 有助于减少风险，简化选择过程
	2. 有助于获得自我认同或社会认同
对于企业	1. 有助于保障产品特色的排他性
	2. 有助于统一营销战略
	3. 有助于获得更高利润
	4. 有助于顺利推出新产品
	5. 有助于缓解企业风险
	6. 有助于企业的融资和并购
	7. 有助于留住和吸引人才
	8. 有助于顺利进入零售市场
	9. 有利于进行多产品营销管理
对于国家	一个国家实力和整个民族财富的象征

品牌暗示着特定的消费者，即暗示了购买或者使用产品的消费者类型，也即品牌的潜在顾客。拥有高品牌资产的公司具有如下竞争优势：由于其高水平的消费者品牌知晓度和忠诚度，公司营销成本降低；由于消费高希望分销商与零售商经营这些品牌，加强了公司对渠道成员的讨价还价能力；由于该品牌有更高的认识品质，公司可比竞争者卖出更高的价格；由于该品牌有高信誉，公司可以较容易地开展品牌拓展；在激烈的价格竞争中，品牌给公司提供了某些保护作用。

在现实生活中，品牌代表着特定的品质和价值。如果没有品牌，消费者即使购买一瓶饮料也会相当的麻烦，比如要阅读大量饮料的标签和说明；花大量时间去比较和选择；要考虑购买后是否后悔等。有了品牌之后，这个选择就变得十分简单。品牌不仅可以帮助消费者处理与产品有关的信息，降低购物风险，使购物决策更容易，还可以帮助消费者表现个性、体验生活品位。

第二节　品牌决策

品牌决策是品牌管理的基础，是企业整个产品战略的一个固有方面，在品牌管理体系中占有举足轻重的地位。新成立的企业会考虑是否为自己的产品设置品牌名称，如果设置产品品牌，是为自己的公司和产品设置统一的品牌名称还是选择不同的品牌名称；处于发展阶段的公司会根据市场情况、消费者行为的变化，做出是否应该对品牌进行调整的决策，这些都属于品牌决策涉及的内容。随着企业规模的不断扩大，产品种类的逐渐增多，还有可能发展为跨行业的多元化经营，企业面临的品牌决策问题就更加突出。

品牌决策就是决定企业是否使用品牌、使用哪种类型的品牌、怎样安排品牌组合结构、如何扩展品牌等一系列决策的过程。品牌决策过程应当包括所有相关的品牌决策（见图 7-3）。

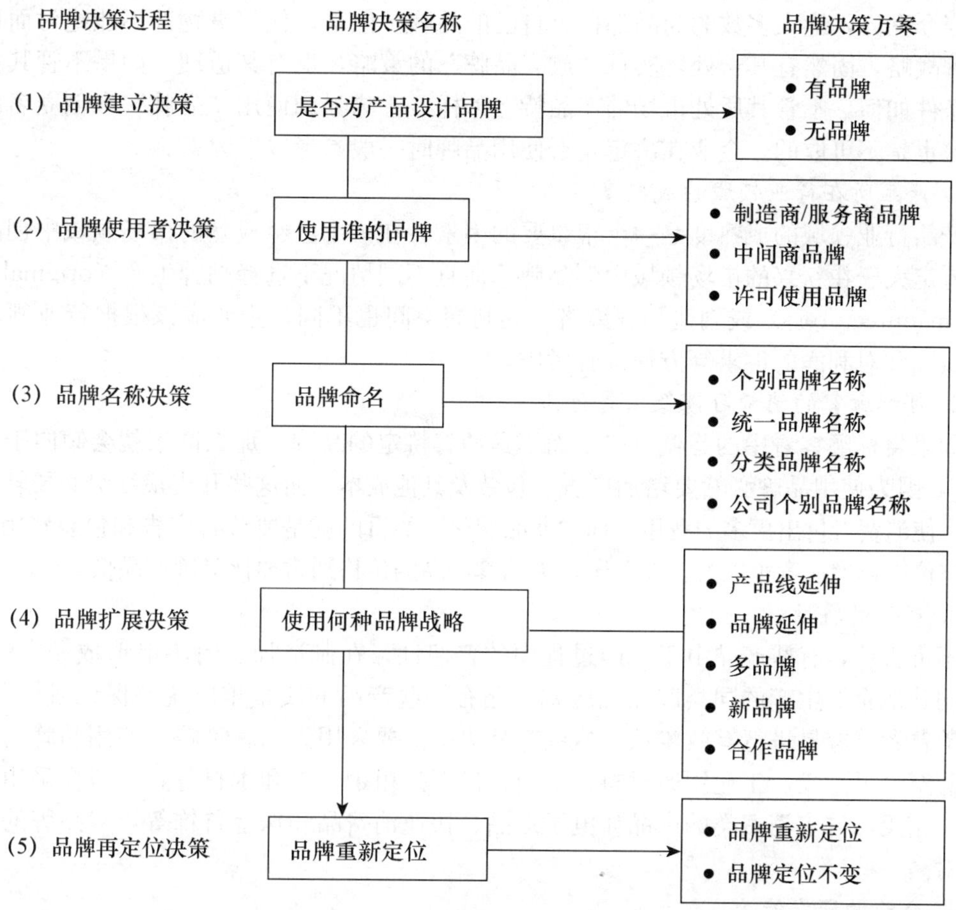

图 7-3　品牌决策流程图

根据品牌决策的基本流程，企业高层需要在综合分析外部环境以及企业自身情况的基础上，进行一系列的品牌决策。这些决策之间存在内在的逻辑关系，包括诸多具体决策，下文将详细介绍。

一、品牌建立决策

（一）品牌化决策

品牌化决策是指企业对其生产和经营的产品是否采用品牌的决策。具体来看，有使用和不使用品牌两种情况，或称品牌化和非品牌化两种决策形式。新成立的公司首先遇到的品牌决策问题就是公司是否要给产品标上品牌名称。

在市场经济的萌芽和早期阶段，产品都没有品牌，因而不存在品牌化决策的问题。随着市场经济日趋发达，市场竞争日益激烈，产品在市场上越来越多地采用了品牌，但也仍然存在着不使用品牌的情况。事实上，使用或不使用品牌，除了客观经济环境因素之外，也有品牌化的决策问题。品牌化是企业为其产品确定采用品牌，并规定品牌名称、标志，以及向有关机关部门申请注册登记的所有业务活动。品牌化是品牌化决策的主要决策形式。

当今世界，绝大多数的商品都拥有自己的品牌。但是，任何事物都不能绝对而论，推行名牌战略，固然有其长处，实行“放弃品牌”的策略，也有其道理。如果不管其自身状况与条件如何，不管其所处市场的产品特点怎样，一味强调使用“品牌”和创立名牌，这种做法也是不可取的。企业在决定是否使用品牌时一般参考以下因素。

1. 产品所在行业领域的成熟度

产品行业领域的成熟度是一个很重要的因素。在一个已经成熟的市场领域中创品牌的难度肯定大于在新兴的市场领域中创品牌，而且不同情况下选择贴牌生产（original equipment manufacturers）或创造品牌策略，其利润空间也不同，企业应该根据行业领域结合自身实际和对利润的诉求等方面综合考虑。

2. 目标顾客的消费习惯及消费行为

如果目标顾客看中的是低价格，而不是冲着特定的品牌，那么商家就会倾向于“非品牌化”，因为使用品牌必然要增加广告、包装及其他成本，而这些开支最终势必要转嫁给消费者，使消费者付出更多的费用。而“非品牌化”的目的就是要节省广告和包装费用，降低成本与价格，增加竞争能力。在美国，无品牌产品的价格通常要比品牌产品低20%～40%。

3. 产品的特性

不可否认，有些产品由于生产过程中的普遍性，在制造加工时不能形成一定的特性，不易同其他企业生产的同类产品相区别；还有一些产品的质量难以统一保证或统一衡量，而且消费者不容易进行有效辨认，这些产品原则上要采用无品牌策略，使用品牌则意义不大，甚至毫无意义。工业用原材料、电力、矿石、粗钢、铁和木材等，一般会采用无品牌策略；相反，许多消费类的产品如电子产品、快速消费品和珠宝首饰等，对品牌的依赖性则相对高一些。

4. 企业的研发能力

创建一个品牌是一项长期艰苦的活动，产品应该有自己的特点，同时，产品必须能不断地改善提高或有新产品推出，这些都有赖于企业的研发能力。全球消费类电子制造的领军品牌“索尼”和崛起得非常快的韩国品牌“三星”，其品牌优势就是建立在强大的研发实力基础上的。

5. 企业在市场上的相对地位及自身实力

打造品牌需要企业大量的人力、物力和财力，企业如果没有足够的实力，盲目投资打造品牌，就有可能把企业拖垮。企业需要有极强的管理能力和经济实力，否则，企业在品牌建立起来以前就很可能因为管理混乱以及财务困难而出现危机甚至倒闭。

6. 企业的品牌营销能力

建造品牌是一个讲求科学及艺术的过程，品牌成功需要很强的营销能力作为支持。品牌定位、品牌战略制定、品牌形象推广和传播、品牌维护等每一个品牌营运环节都需要企业有强大的品牌营销能力。

（二）品牌建立的作用

在现实经济生活中，有些商品在向无品牌转变，但总体来看，无品牌商品向品牌化转变的情况更为普遍和更具代表性。建立并使用品牌，会得到可观的品牌溢价，为企业的规模扩张和发展提供有力支撑。综合起来，对企业组织来说，品牌建立的作用及意义主要体现在以下六个方面：

第一，便于销售者进行经营管理，在做广告宣传和签订买卖合同时，品牌名称有助于销售者比较容易地处理订单并发现问题，简化手续。

第二，有利于品牌保护，注册商标受法律保护，具有排他性，可保护企业间公平竞争，保护产品特色，防止他人假冒，发现冒牌商品可依法追究索赔。

第三，有助于建立稳定的顾客群，吸引那些具有品牌忠诚性的消费者，扩大“认牌购买”的销售份额。

第四，有助于销售者细分市场和定位。企业按不同的需求建立不同的品牌，以不同的品牌分别投入不同的细分市场，可加强对市场的控制。

第五，驰名商标有助于强化企业形象和产品形象，增强竞争能力，促进销售，增加利润。

第六，品牌和商标对便利买方选购、监督产品质量、保护消费者权利以及促进整个社会的创新精神和商品经济的发展，都具有不可忽视的重要作用。

品牌化决策已经成为成功企业不可缺少的一项重要活动，是集中企业资源及所有职能以实现最终目标——创造差异的一个重要环节。

二、品牌使用者决策

企业在如何使用品牌方面有三种选择（如图 7－4 所示）：一是制造商或服务商品牌，二是中间商品牌，三是许可使用品牌。

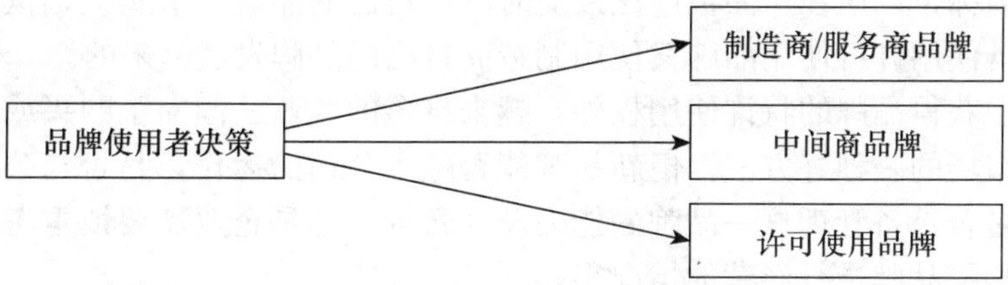

图 7－4　品牌使用者决策框架

（一）使用制造商/服务商品牌

产品使用制造商或者服务商的品牌十分普遍，企业利用优质产品建立并使用制造商品牌，通过经营理念与核心价值的传播，树立品牌形象，与消费者建立良好的关系，提高品牌忠诚度，赢得企业的长远发展和持久经营。同时，使用制造商品牌有利于根据市场的变化规划品牌，推出新的产品或新的品牌，更好地满足消费者的需求。目前大部分企业都使用制造商品牌，现实市场上，我们可以找到很多的制造商品牌，例如海尔、格力、华为等。

（二）使用中间商品牌

所谓中间商品牌，就是批发商或零售商开发并使用的自有品牌，又称自有品牌（private brand，PB）。PB 泛指流通业者运用与消费者接触所得到的信息，找国内外厂商合作，以制造商销售联盟的方式或者贴牌生产方式，生产仅仅在此通道上出售的商品。它是零售商企业走向大型连锁经营的产物。如果自有品牌以商店的名称命名，则称为商店品牌（store brand）或零售商品牌（retailer brand）。一般而言，中间商品牌策略的使用者基本上是实力雄厚的大型零售商。在西方国家里，中间商品牌已成为生产者品牌的强有力竞争对手，大有取而代之的趋势。在我国目前的品牌中，绝大部分是生产者品牌，大多数的自有品牌商品还局限在技术含量较低的日用小百货商品上。

总的来看，中间商品牌的优势表现在：首先，中间商拥有独特的渠道资源；其次，在消费者看来，以中间商品牌出售的产品相对可靠，因为中间商要维护自己的品牌形象，会建立严格的质量检测系统对品质加以控制；最后，由于中间商品牌产品价格相对低，可以迎合许多对价格敏感的消费者的需要。

然而，企业究竟选择制造商品牌还是自有品牌，需要全面考虑各种相关因素，综合分析利益得失，关键是要看制造商和中间商谁在该产品的分销链上居优势地位，谁拥有更好的市场信誉和市场拓展潜能。一般来说，若制造商市场信誉高，实力强，产品市场占有率高，宜采用制造商品牌；相反，若制造商资金拮据，市场营销力量薄弱，应以中间商品牌为主或干脆全部使用中间商品牌；倘若中间商在某个目标市场拥有较高品牌忠诚度及完善的销售网络，即使制造商有强大品牌自营能力，也应当考虑采用中间商品牌。这是实践中企业进军国际市场时常用到的品牌策略。

（三）使用许可使用品牌

许可品牌指通过付费形式，使（租）用其他人（企业）许可使用的品牌作为自己产品的品牌。供特许使用的品牌常常见于由其他制造商创建的名称符号、知名人士的姓名、流行影片及书籍中的人物等。

制造商的产品可以使用一个许可品牌名称，或者在使用许可品牌的同时，也使用制造商自己的品牌名称，以便在产品被广泛接受时改用自己的品牌。事实上，世界很多著名的品牌都是采用既使用许可使用品牌又使用制造商自己的品牌发展起来的。

另外，除了获得品牌的特许使用权外，越来越多的企业还倾向于购买或并购品牌。这也是快捷占领市场的一种好方法，但新品牌能否融入公司的运作，是否与公司形象、地位有冲突，公司是否具备管理这一品牌的能力及经营等，都是企业需要慎重考虑的。从现实的运作来看，购买品牌进行经营的情况很多。

小案例

使用制造商/服务商品牌：“海尔”是家用电器制造商品牌，通过高质量的冰箱塑造了“海尔”品牌，赢得了消费者的认知和忠诚，推出了“海尔”品牌的空调、电视、洗衣机等一系列产品，成为我国知名的家用电器制造商品牌。

使用中间商品牌：已经登陆中国许多大中城市的华联超市，当顾客走进时都会发现，从针线包、螺丝电线、文具用品、水暖配件到护手霜等一系列以“华联超市”为品牌的系列产品组合袋装小商品，这些商品当然不是华联超市自己生产的，其针线包来自江苏一家不知名的企业，而护手霜则产自上海高资化妆品公司。

使用许可使用品牌：“迪士尼”就是一个著名的特许品牌。它通过特许经营发展起玩偶消费者市场。这些消费品囊括了领衫、手表、书包、玩具、台灯、钥匙扣、蛋糕、冰激凌等领域，每年营销额超过10亿美元，利润超过1亿美元。

三、品牌名称决策（又称品牌归属决策）

企业在决定了使用品牌后就要决定使用什么样的品牌名称。不同品牌名称的使用，需要企业对诸多影响因素进行细致的考虑和分析。品牌名称决策分品牌资源统一化和品牌资源差异化两类，如图 7-5 所示。

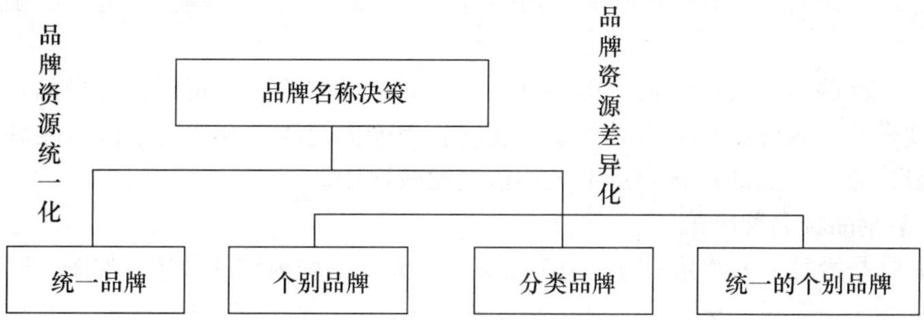

图 7-5　品牌名称决策框架

品牌资源统一化的优点十分突出：有利于消费者、公众尽快识别企业；减少企业内部混乱；降低创建品牌的成本，最快、最集中地创造出知名品牌；减少企业运作中的品牌印刷费用；有利于无形资产载体聚集；有利于新产品销售。但是，品牌资源统一化也有缺陷：使用风险大，任何一个恶性事故或不利事件都会集中到该品牌上，企业及品牌形象易损性高；不同质的商品共用一个品牌，会混淆品牌定位，引起消费者的心理冲突。

品牌资源差异化具有相当明显的优点：（1）能够分散经营风险。市场上各种恶性事件对任何一种资源的破坏，不一定殃及整个品牌体系，从而降低损失。（2）针对不同的细分市场，对每一个或每一类商品选用符合其特性的名称和商标，有利于消费者和公众的识别，有助于促销，可以不断提升和优化品牌组合结构。而品牌资源差异化的缺点则包括：（1）各类品牌资源太多，易在消费者中引起混乱，难以迅速识别；（2）品牌的内部管理工作量和成本上升；（3）将品牌培植成为名牌有一定的困难。

（一）统一品牌名称决策

统一品牌（consolidate brand）又称家族品牌（blanket family brand），即企业为自己所有的产品建立一个统一的品牌名称，也就是多种不同门类的产品共用一个品牌（如图 7-6 所示）。

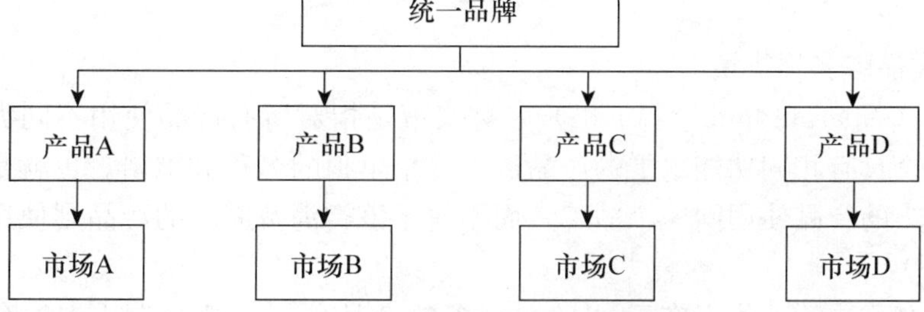

图 7-6　统一品牌名称决策示意图

统一品牌名称决策的优点是：(1) 大批产品采用同一品牌，既显示企业实力，又可以提高企业声誉；(2) 企业可以通过各种促销手段，集中力量突出一个品牌形象，节省大量的广告、公共关系等品牌建设成本，利用一个大品牌的知名度、信赖感、安全感和高威望带动品牌下其他产品的销售；(3) 统一品牌下的各种产品，可以互相获得支持，有利于市场推广。但缺点在于：一个品牌旗下产品太多，会使品牌的个性模糊。统一品牌旗下不同产品各自宣传自己的优势时要寻找到一种能够兼顾所有产品特点的共性的东西进行整合，难度较大。倘若没有一个共性的核心价值兼容不同产品，就很难建立起恒定、统一的品牌形象。

运用统一品牌名称决策的根本提前是品牌核心价值能够兼容旗下各种产品，对于新老产品关联度较高、企业的财力不太雄厚或品牌管理能力较弱、企业处于推广品牌成本很高的市场环境、企业产品的市场容量不大等情况比较适用。

(二) 个别品牌名称决策

个别品牌是给每一种产品都冠以一个或多个独立的品牌名称的做法（如图 7-7 所示）。

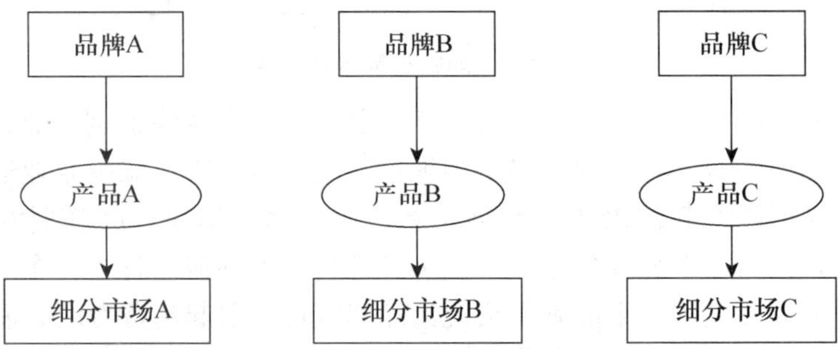

图 7-7 个别品牌名称决策示意图

个别品牌名称决策的优点是：(1) 占据更多的商场货架面积，增加了企业产品被消费者选中的概率；(2) 给低品牌忠诚者提供更多的选择；(3) 个别品牌可以起到隔离作用，降低企业风险；(4) 鼓励内部合理竞争、提高士气；(5) 可以为每一种产品找到最合适的、有针对性的品牌名称。但其缺点在于：(1) 增加了品牌设计、制作、宣传推广及其他营销费用，营销成本增加；(2) 不利于统一的企业形象的建立；(3) 对企业品牌经营管理能力要求较高。

个别品牌名称决策适用于产品或行业的特性，要求品牌采用有个性的形象来帮助抢占市场，各个品牌面对的细分市场具有规模性，或者是该细分市场有足以支撑品牌生存和发展的利润。

(三) 分类品牌名称决策

分类品牌（separate family brands）名称决策是指对所有产品使用不同类别的家族品牌名称，给一个具有相同功能水平的产品群以一个单独的名称和承诺。也就是说，针对同一类消费者需求的产品使用同一个品牌，而不属于该类消费需求的产品则使用其他品牌名称（见图 7-8）。

分类品牌名称决策的优点在于：(1) 众多的产品分担品牌建设成本，有利于做大品牌；(2) 品牌内各产品消费者群需求相近，利于整合传播品牌的核心价值；(3) 各产品知

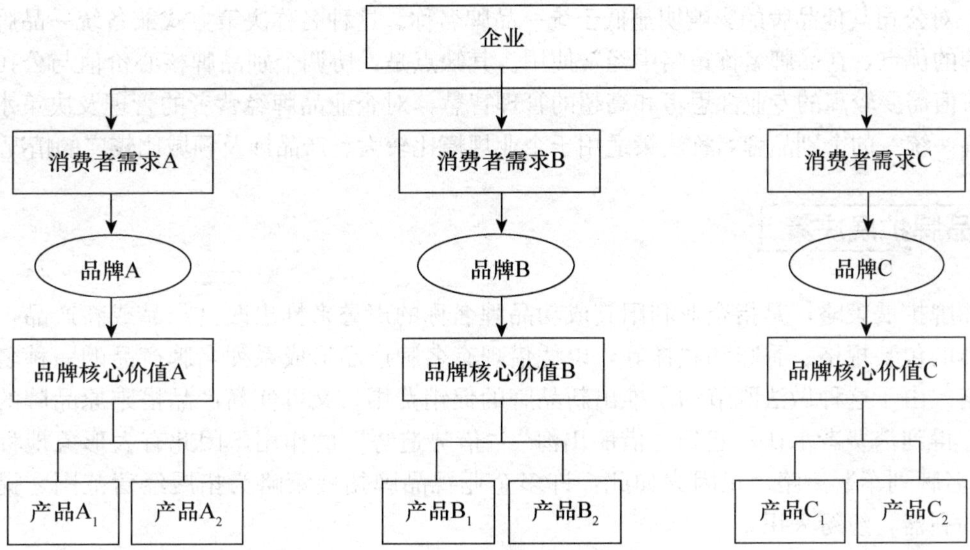

图 7-8　分类品牌名称决策示意图

名度能为所有产品共享，推动品牌成长和促进品牌麾下其他产品销售，降低营销费用。其缺点是：(1) 分类品牌决策会使品牌核心价值模糊，对进行品牌延伸有限制；(2) 品牌内若存在某种强势品牌产品，将不利于其他产品的销售。

使用分类品牌名称决策要求其品牌大类中的产品有鲜明的细分特点，有利于利用分类品牌突出其差异性；品牌下的产品应该保持相同或相近的消费需求，不能盲目进行品牌延伸。

(四) 统一的个别品牌名称决策

统一的个别品牌名称决策是指把公司的商号名称和单个产品名称组合起来。其做法是对企业的各种不同的产品分别使用不同的品牌，但在各产品的品牌前面加上企业名称（见图 7-9）。

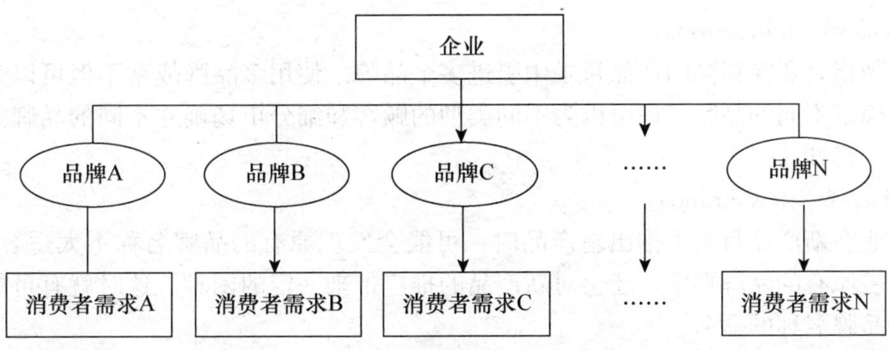

图 7-9　统一的个别品牌名称决策示意图

统一的个别名称决策的优点是：(1) 使新老产品统一化，共享有企业已有的声誉，利于销售；(2) 企业统一品牌后跟上个别品牌，使产品更富于个性化；(3) 公司名称使品牌利用公司名称提供品质、技术、信誉上的信任感；(4) 分散品牌风险，当某个品牌发生危机时，对公司其他品牌的影响明显低于统一品牌名称。这种名称决策方式兼备统一品牌和个别品牌的优点，在品牌名称策略中经常使用。其缺点是：协调个别品牌核心价值与公司品牌核心价值需要较高的专业性思考和高超的管理智慧，对企业品牌经营者的管理及决策水平要求较高。统一的个别品牌名称决策适用于企业规模比较大、产品涉及领域比较广的情况。

四、品牌扩展决策

品牌扩展策略，是指企业利用其成功品牌名称的声誉来推出改良产品或新产品，包括推出新的包装规格、香味和式样等，以凭借现有名牌产品形成系列名牌产品的一种名牌创立策略。由于这种做法既节约了推出新品牌的促销费用，又可使新产品搭乘原品牌的声誉便车，得到消费者承认，起到“借船出海”“借势造势”的作用，因此有人形象地称之为“搭乘名牌列车”策略。正因为如此，许多企业视品牌拓展策略为拓展经营范围、提高知名度的利器，纷纷采用。

（一）品牌扩展的方案

当企业决定进行品牌扩展时，有五种方案可供选择。

1. *产品线扩展*（product line extension）

企业在同样的品牌名称下面，在相同的产品名称中引进增加的项目内容，如新的口味、形式、颜色、成分、包装、规格等。产品线扩展可以是创新、仿制或填补空缺等。企业要充分利用自己的制造能力扩大产品生产，或是满足新的消费需求，或是与竞争者进行竞争，因此，企业大部分的产品开发活动都是围绕产品线扩展进行的。

2. *品牌延伸*（brand extension）

品牌延伸是企业对新投资的产品沿用过去的品牌。使用品牌延伸战略可以使新产品较快地打入市场，使消费者容易接受；可以节约新产品的推广费用。使用品牌延伸战略的弊端也不少，倘若原有品牌名称不适合新产品，将会引起消费者的误解以及对品牌核心价值产生稀释作用。

3. *多品牌*（multi-brands）

多品牌指企业在相同的产品目录中引进多个品牌。使用多品牌战略不但可以为不同质量的产品确定不同的品牌，还可以为不同类型的顾客和细分市场确立不同的品牌，具有较强的营销针对性。

4. *新品牌*（new brand）

当企业在新产品目录中推出新产品时，可能会发现原有的品牌名称不太适合新产品，有可能损害原有的品牌形象，还会对新产品的推广带来一定的困难。这时就有可能为新产品进行新品牌名称的命名。

5. *复合品牌*（complex brand）

复合品牌指对同种产品赋予两个或两个以上的品牌，也即一种产品同时使用两个或两个以上的品牌。根据品牌间的关系，复合品牌又可以细分为注释品牌和合作品牌。

注释品牌（auxilary brand）又称副品牌，指一种产品上同时出现两个或两个以上的品牌，其中一个是注释品牌，另外的是主导品牌。主导品牌说明产品功能、价值及购买对象，注释品牌则为主导品牌提供支持和信用。（或者是用一个主品牌涵盖企业的产品系列，同时给各产品打一个副品牌以突出不同产品的个性形象。）一般而言，注释品牌通常是企业品牌，在企业众多产品中均有出现。注释品牌策略可以将具体的产品与企业组织联系在一起，从而用企业品牌增强商品信誉。

合作品牌（co-branding）又称双品牌（dual branding），主要是两个（或两个以上）企业品牌出现在同一个产品上。合作品牌的具体形式有组成的（制造商与中间商的）合作品牌、同一公司的合作品牌、合资合作品牌等多种。

（二）品牌扩展的对策分析

品牌，尤其名牌，是企业最重要的资产。盲目进行品牌扩展有可能对企业的原品牌产品产生负面影响，甚至是致命的打击。对于我国企业来说，重要的是如何科学地实施品牌扩展策略。一方面，打好基础是关键。从战略的高度依据事先确定的企业任务、企业目标、营销目标，结合产品的属性和目标顾客的特点进行品牌名称的命名，为实施品牌扩展策略埋下伏笔。另一方面，是否进行品牌扩展，要看新产品和核心品牌在以下几个方面是否达成一致：一是品牌定位、价位、目标市场、目标顾客是否相同；二是分销渠道是否相同，能否利用原有的网络优势；三是售前与售后服务是否相同，即能否在品牌扩展之后让顾客产生“统一感”或“一致感”。具体地说，企业在实施品牌扩展策略过程中可以采取以下几个方面的对策。

1. 考虑现有品牌定位及其适应范围

在多元化的市场上，企业都意识到它无法为该市场的所有顾客提供产品或服务，所以要进行市场细分，确定目标市场并进行品牌的具体定位。品牌定位的目的就是要建立一个与目标市场有关的品牌形象以吸引目标顾客。而一旦品牌定位确立后，在实施品牌扩展策略时，要考虑到品牌的一致性和“兼容性”。

2. 考虑新产品与原产品之间的关联程度

“关联程度”是指新产品与原产品在生产技术、分销渠道、售前售后服务方面的相关程度。如果关联程度大，品牌扩展就容易得到消费者的认同；如果是跨行业经营或是关联程度小，就不适宜采取品牌扩展策略。如“长虹”品牌在彩电领域获得极大成功之后，扩展到空调领域，在保证长虹空调高性能、高品质的前提下，利用其原有的庞大的售后服务系统，很快赢得了市场。

3. 考虑评估品牌的资产价值

因为品牌扩展的目的就是要借助已有品牌的声誉和影响迅速向市场推出新产品，因此品牌扩展的前提就是这一品牌具有较高的知名度、美誉度和市场占有率，在消费者心目中有很高的地位。当品牌资产价值并不是很高，并且受到许多竞争对手强有力的挑战时，就急于进行品牌扩展，很容易给企业造成被动局面。比如，巨人集团在最初经营的电脑行业没有取得绝对优势的情况下，迫不及待地进军生物保健品市场和房地产市场，结果顾此失彼，致使企业、人、财、物等资源过度分散，使本来有希望的企业陷入重重危机之中。

4. 考虑将原品牌挂上次品牌或副品牌

所谓“株连”效应，是指当扩展品牌经营不善时，会影响核心品牌在消费者心目中的形象。为了避免单一品牌扩展的风险，经营者也可在商标不变的情况下，为新产品再起个小名，即所谓次品牌或副品牌。这样各种产品在消费者心目中就形成了一定的“间隔”，从而有效地减小了“株连”的危险性。如“康师傅”品牌下的“珍品”系列、“家常”系列、“大排档”系列等。

此外，企业在进行品牌扩展时还要看企业对新品的期望值大小，如果企业对新产品在知名度、美誉度和市场占有率等方面寄予很高的期望，就不宜采用品牌扩展策略，必须使用新的名称，而期望值较低的产品则可使用原有品牌。

五、品牌再定位决策

品牌再定位（re-positioning）是由“定位之父”特劳特（Trout）和里斯（Ries）提出来的。所谓再定位，就是对品牌重新定位，旨在摆脱困境、使品牌获得新的增长与活力。每经过一段时间之后，企业就有必要重新检讨自己的品牌运作情况，确定是否符合目标市场的要求、是否需要对品牌进行重新定位。

（一）品牌再定位的原因

品牌必须通过不断的变革来获得永葆青春的源泉，这种变革又常体现在企业和品牌的不断再定位，品牌再定位有企业本身的原因，也有来自外部环境的原因。概括起来有如下原因。

1. 原有定位是错误的

企业的产品投放市场以后，如果市场对产品反应冷淡，销售情况与预测差距太大，这时企业就应该进行市场分析，对企业进行诊断，如果是品牌原有定位错误所致，就应该进行品牌的重新定位。

2. 原有定位已不符合企业发展新态势

在企业发展过程中，原有定位可能会成为制约因素，阻碍企业开拓新的市场；或者由于外界环境的变化，企业有可能获得新的市场机会，但原来的定位与外界环境难以融合，因此企业出于发展和扩张的目的，需要调整和改变原有定位。

3. 原有定位优势已不复存在

随着时代的演变，企业在竞争中，品牌原有的优势可能会丧失，而建立在此优势上的定位也就会削弱品牌竞争力，这个时候品牌往往会成为竞争对手的攻击对象，企业如果仍死守原来的定位不放，就会在竞争中处于被动挨打的地位，最终丧失市场。在这样的情况下，企业应对品牌进行重新定位。

4. 顾客价值取向和消费者偏好发生变化

这种情况是最常见的，品牌原有的定位是正确的，但由于目标顾客群的偏好发生变化，随着时代的变迁，消费者的消费观念发生改变，就应该进行品牌再定位。

企业判断品牌是否需要重新定位一般基于如下情况进行：（1）竞争者推出了新品牌，且定位于本企业品牌的附近，影响了企业品牌的市场份额，致使本企业品牌的市场占有率下降；（2）有新产品问世，消费者的品牌偏好发生变化，企业品牌的市场需求下降；（3）经济环境变化，人们对产品的要求发生变化，该定位的产品市场缩小等，凡此种种，不一而足。总之，当宏观或微观环境发生变化，且这种变化与企业品牌相关时，品牌经营者就应当及时考虑是否要对原有品牌定位进行变更。

品牌重新定位一般从两个角度进行：一是利用竞争者的品牌定位为自己的品牌重新定位，以获得本企业品牌的发展空间；二是通过市场调查，研究消费者需求，为本企业品牌重新定位。应当注意的是，品牌重新定位并不意味着品牌的更新，也不意味着品牌经营者要完全放弃现有品牌的定位，而是要通过解决一些实际问题，获得品牌的稳定和继续发展。

（二）品牌再定位决策的实施

品牌再定位，不能想当然地盲目进行，不能仅仅关注品牌的发展，为了创新而创新，再定位的推出时机要合适，不能滞后也不能太超前，企业应该有一个平衡的观点，去评价顾客钟爱品牌的什么特点，然后对品牌进行微调，直到想要的定位与产生结果的定位之间更加一致，再定位是扬弃而不是抛弃，必须按照一定的程序及步骤来操作（如图 7－10 所示）。

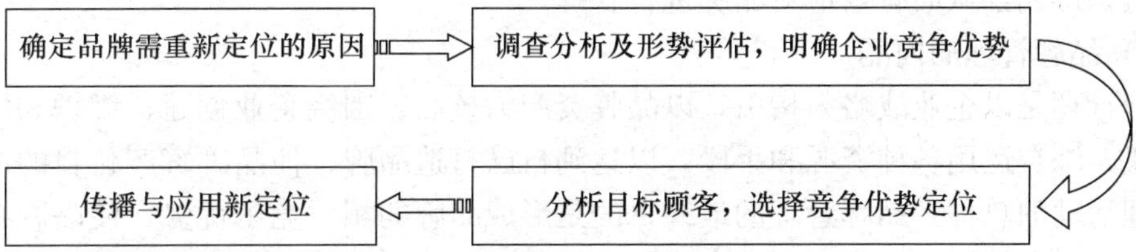

图 7－10　品牌再定位的步骤

1．确定品牌需重新定位的原因

品牌重新定位有多方面的原因，企业应重新认识市场，从产品的销售现状、行业的竞争状况、消费者的消费观念变化、企业的发展目标来分析市场。对于是什么原因要求企业对品牌进行重新定位，企业应有明确的认识。

2．调查分析及形势评估，明确企业竞争优势

确定了重新定位的必要性以后，必须对品牌目前的状况进行形势评估，评估的依据来源于对消费者的调查，调查内容主要包括消费者对品牌的认知和评价、消费者选择产品时的影响元素及其序列、消费者对品牌产品的心理价位、消费者认知产品渠道及其重要性排序、消费者对同类产品的认知和评价等，并根据调研的结果对现有形势做出总体评估，明确企业竞争优势。

3．分析目标顾客，选择竞争优势定位

细分市场有多种细分方法和细分标准，但不管什么品牌，都会有它的目标消费群体，因而企业应根据消费者特点，将市场划分为不同类型的消费者群体，每个消费者群体即为一个细分市场。企业应根据调研来的数据和产品的特点和优势，锁定自己的目标消费群体，确定重新定位的品牌应该针对哪个细分市场。企业确定自己的目标消费群体以后，还必须对目标消费群进一步进行分析，对目标消费群体的生活方式、价值观、消费观念、审美观念进行广泛的定性调查，以确定新的定位策略。新的定位策略最好制定几个不同的方案，每个方案都进行测试，根据目标消费者的反应来确定最好的方案。

4．传播与应用新定位

企业定位策略确定以后，要制定新的营销方案，将品牌信息传递给消费者，并不断强

化，使它深入人心，最终完全取代原有定位。企业制定营销方案应以新的品牌定位为核心，防止新定位与传播的脱节甚至背离。在现在的市场环境下，企业最好实施整合营销传播，让消费者通过更多的渠道接触品牌的信息，以强化对品牌的印象。

第三节 品牌管理

一、品牌管理的基本内容

品牌管理是一项重要而又复杂的工作。企业高层领导或者品牌管理的有关人员需要把握品牌管理的主要内容和决策方式，并根据行业、企业、产品等具体情况来设置合理的品牌管理组织形式，从而有效地对品牌进行管理。

（一）品牌管理的内涵

品牌管理是以企业战略为指引，以品牌资产为核心，围绕企业创建、维护和发展品牌这一主线，综合运用各种资源和手段，以达到自己打造品牌、使品牌资产化目的的一系列品牌管理活动的总称。品牌管理的最终目的是形成品牌的相对竞争优势，使品牌在整个企业运营中起到良好的驱动作用，使企业行为更服从和体现品牌的核心价值与精神，不断提高企业的品牌资产，为企业造就百年金字招牌打下坚实的基础。

（二）品牌管理的流程

品牌管理的具体活动贯穿于品牌创立、品牌维护、品牌发展以及品牌更新等品牌建设与成长全过程的每一个环节，是一项长期的、系统的工作。当企业建立起品牌管理体系时，其品牌经营就逐步从纯粹的产品管理、市场管理中超越出来，进而将产品经营与品牌这一无形资产结合成统一整体。同时，品牌管理的业务活动也超出了品牌命名、品牌推广，扩大为涉及品牌创造全过程的各方面的工作，如图 7－11 所示。

一般而言，品牌管理的流程如下：

1. 制定品牌管理的方向及目标

根据企业发展战略，品牌管理的目标是通过研究目标消费者的需求，整合企业资源和有效运用各种营销手段，使目标消费者对品牌有深入的了解，在消费者心目中建立起品牌地位，促进品牌忠诚。

2. 建立品牌管理组织

品牌管理组织由企业内部与外部组织构成。就品牌管理外部组织而言，可以选择专业机构介入方式，请其担任品牌管理与部分执行工作的代理人。

3. 品牌决策

随着需求日益多样化及产品种类的增加，品牌决策者面临着很多难题，需要企业高层关注市场的变化，及时对品牌竞争态势做出判断和决策。

4. 品牌定位

面对众多同类产品和竞争性品牌，企业的品牌定位决定了品牌的特性以及品牌未来发

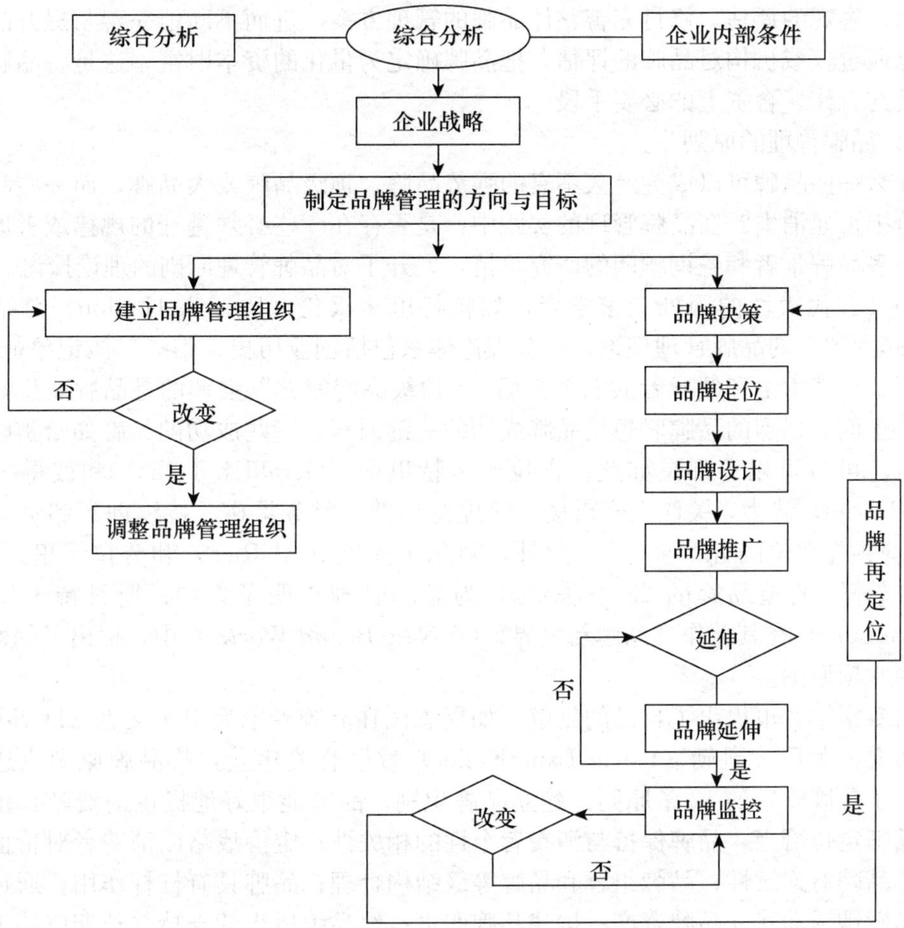

图 7－11　品牌管理的流程

展的潜力。品牌定位必须在深入调查的基础上，对准目标顾客，体现差异，凸显个性。

5. 品牌设计

通过品牌命名与设计工作，企业制定以核心价值为中心的品牌识别系统，使品牌识别与企业营销传播活动具有可操作性。

6. 品牌推广

品牌推广的主要工作是通过营销传播活动影响目标顾客。品牌管理人员应当力图使每一次营销行为都传达品牌的核心价值，不折不扣地在每一次营销和广告活动中演绎出品牌的核心价值，使消费者在每一次接触品牌时都能感受到品牌的核心价值。

7. 品牌延伸

品牌延伸是品牌管理中的重要决策。品牌延伸应用广泛，但也存在风险。当企业的品牌资源积累到一定程度而又存在较好的市场机会时，高层管理者可能考虑选择品牌延伸策略以开发新的市场。

8. 品牌监控

通过品牌监控，企业可以客观、系统地对品牌定位、品牌设计以及品牌的整合传播等做出全面、客观的评估，修订完善整体品牌的管理方案，进而不断地完善与提升品牌。企业还可以通过权威机构对品牌的评估，把品牌确定为量化的资本财富，这是将品牌资产运用到融资与合作、合资上的必要手段。

（三）品牌管理的原则

为什么一些品牌可以成为经久不衰的强势品牌、顶级品牌或大品牌，而一些品牌则在市场竞争中迅速消失？在品牌管理的实践中，是否存在一些必须遵守的规律或者原则？这激发了许多品牌学者和咨询顾问的研究热情，展开了对品牌管理原则的理论探讨。

其中具有代表性的国外专家学者，如帕特里·汉伦（Patrick Hanlon）总结出一套“顶级品牌密匙”的品牌管理理论，这套理论体系包括创业历史、信条、徽记象征、仪式、对立阵营、神奇术语和领导者共七个方面。“顶级品牌密匙”强调的是品牌联想，说明建立丰富、正面、强烈的品牌联想是品牌成功的关键因素，一些成功的品牌如哈雷摩托、苹果计算机、可口可乐等都是如此。吉拉德·特里斯（Gerald J. Tellis）和彼得·戈尔德（Peter N. Gold）认为，关注大众市场、管理持续性、财务承诺、持续创新和资本运营是“保持品牌领先地位的五个要素”。此外，阿尔·里斯（Al Ries）和劳拉·里斯（Laura Ries）的专著《打造品牌的 22 条法则》，为品牌管理指明了方向；斯科特·贝德贝里（Scott Badbury）在其著作《品牌新世界》（*A New Brand World*）中，提出了创建品牌领先地位的八项原则。

国内专家学者也提出了自己的见解，如周志民在品牌专家大卫·艾克（David Aaker）教授和凯文·莱恩·凯勒（Kevin Lane Keller）教授有关建立强势品牌原则论述的基础上，提出了品牌管理的 12 条原则：建立品牌识别；品牌能很好地提供消费者真正需要的利益；品牌定位恰当；品牌保持与消费者个性的相关性；定价战略以消费者对价值的看法为依据；品牌有连续性；品牌组合和品牌等级结构合理；品牌具有杠杆作用；通过运营和协调工作营销活动建立品牌资产；构建品牌职责；给品牌适当的支持并长期坚持下去；监测品牌资产来源。

在借鉴国内外优秀理论成果的基础上，本书认为，在品牌创建、成长、发展壮大与维护的进程中，一般要注意以下八个方面。

1. 建立品牌识别

每个品牌都要有识别系统，可以从作为产品的品牌、作为组织的品牌、作为人的品牌和作为符号的品牌几个角度来考虑。首先要明确品牌的精髓和核心识别，之后按不同的市场和产品对延伸识别进行调整。品牌应该与众不同，拥有自己的独特性。要想让受众从众多品牌中容易地识别出来，一个强势品牌必然有鲜明、丰满的品牌识别。

2. 品牌定位准确恰当

品牌定位的实质是通过塑造品牌形象，让顾客在思想上认同品牌理念。品牌要通过品牌理念、文化、标志、口号、故事等定位客体演绎其核心价值。就汽车行业而论，有许多借助定位而成长为世界上最强大的汽车品牌的公司，例如，丰田汽车传递给顾客的信息是经济、适用，奔驰和凯迪拉克定位于舒适、豪华，保时捷和宝马定位于高性能，沃尔沃则定位于较高的安全性能。

3. 品牌沟通及时到位

无论是内部沟通还是外部沟通，或是品牌策略各要素的彼此协调，都只能提前，不能拖后，否则就会影响品牌策略的具体实施。无数长久、强势大品牌的成功案例表明，要让消费者记住且认同品牌的核心价值，就必须及时与消费者沟通，让消费者真切地感受到品牌的核心价值。

4. 品牌结构科学合理

品牌结构具体规定了品牌的作用、各品牌之间的关系，以及各品牌在品牌体系中扮演的角色。在企业初创期的单一产品格局下，营销传播活动都是围绕提升单一产品品牌的资产而进行的，随着企业的发展、产品种类的增加，企业就面临着品牌结构调整的难题。科学合理的品牌结构，有助于寻找品牌与品牌之间的共性并产生协同效应；有助于清晰地管理多个品牌，减少对品牌识别的损害；有助于品牌管理者快速、高效地对各个品牌做出调整，从而更加合理地分配企业资源。

5. 财务支持必不可少

为了保持市场领先地位，企业需要为持续的研发和市场开拓付出高昂成本。例如，2005 年英特尔公司加大对新产品研发以及设备改建的投资力度，总投资超过 100 亿美元，比 2004 年多出 14 亿美元；又如，三一重工的企业制度规定，每年必须将年销售收入的 5%～7%用于产品的升级与研发。可见，财务上充足的研发与维护资金，是品牌长盛不衰的必要保障。

6. 品牌更新与时俱进

消费者追求新奇的特性和复杂多变的需求，使其对某品牌难以保持始终如一的忠诚，所以品牌老化在消费者心中不可避免，这是每个品牌都面临的问题。品牌管理者可以通过开展市场活动、品牌战略、产品开发战略等一系列品牌再加强策略来加强品牌效应，避免品牌效应随着时间的推移而弱化。当消费环境变化，新的竞争对手、新的革命性技术等对市场环境的影响过于激烈时，品牌资产所依赖的根基将会动摇，品牌再加强策略将失去作用，这时往往需要实施品牌激活策略来重构、更新新的品牌认知与品牌联想，赋予老品牌新的生命力。

7. 品牌保护面面俱到

要避免自己苦心经营的品牌被市场无情淘汰，经营者必须千方百计地维护品牌形象，维持品牌的市场地位，防范来自各方面的侵害和侵权行为，促使品牌的保值和增值。品牌保护一般包括品牌的法律保护、品牌的经营保护和品牌的自我保护三个组成部分。

8. 从消费者角度进行品牌资产监测

目前的品牌资产监测方法大多是从企业角度出发的，从企业的成本、销售额、市场占有率以及利润等方面分析评价品牌的价值，而忽略了对消费者的研究。品牌价值评估要真正成为企业经营管理的工具，就应该加强对消费者购买行为和消费者对企业贡献的研究。

（四）互联网时代下的品牌管理

在飞速发展的互联网时代下，品牌和互联网已经融为一体，离开互联网的品牌将一文不值，反之，互联网没有品牌的支撑也无法实现价值。两者结合将产生更大的能量，迅速提升其影响力。

1. 提升品牌的品质

提升品牌的品质包括产品本身和平台两方面，产品的质量和网络平台的品质都会影响品牌的口碑和消费者感知。品牌必须要有美誉度，也就是说品质好才可以赢得市场，否则将两败俱伤。互联网为品牌提升提供了难得的发展机遇。我们所处的时代是全球化时代，这个时代是高质快速的。珍惜和把握互联网高效益的影响力，才能促进品牌的快速成长。

2. 积极拥抱互联网

一是要重视用户的主导作用。要利用大数据正确反映用户对品牌的各种需求，提升品牌的用户满意度。二是借助互联网提升品牌的辐射力。受众是有自己的偏好和选择性的，分众需要聚焦，互联网提供了这样的功能，品牌可以通过这样的能力产生强大的辐射能力。三是充分利用聚合能量，体现优势互补。按照经济学的观点，品牌和互联网是优势互补，作用互动的。通过充分展示才可以显示品牌的魅力，而这一点只能在互联网上才可以实现。

二、品牌管理的组织形式

在企业品牌管理的实践中，并不是所有企业都设有专门的品牌管理机构与人员。但从企业的长远发展来看，相当部分企业有必要建立品牌管理组织。常见的品牌管理组织形式有：品牌经理制、品类经理制、客户型品牌管理组织、地区型品牌管理组织、品牌管理委员会等。

（一）品牌经理制

品牌经理制是对品牌进行管理的一种制度模式，它打破了以往各个品牌的管理工作的职能化分割分散进行的做法，让每个品牌都只由一个品牌经理全面负责，大的品牌除了品牌经理外可能还要有数个品牌经理助理。几个小的品牌也可以同归一个品牌经理负责。品牌经理向公司的营销总监或直接向总经理汇报工作，承担品牌几乎全部的管理与运营的责任。

品牌经理制是宝洁公司创造的独特的管理机制，历经 70 多年仍然受到青睐。品牌经理制的组织方式符合品牌的规划逻辑，职责分明，是对企业管理职能的创新。品牌经理制在企业内部全面负责品牌的构思、设计、宣传、保护、管理和品牌资源的经营，从而在组织上保证全面地、有效地实施品牌战略，形成有效的品牌管理机制。

（二）品类经理制

品类经理制是品牌经理制的演变，通常被称为品类管理。其特点为依据不同类别或性质的产品分别设置管理部门，目的在于减轻由于品牌过多产生的内部矛盾，提高资源的有效利用及管理效率，同时也是为了适应经销渠道和零售渠道对同类别产品采购的要求。在这一制度下，品牌经理对种类经理负责，种类经理对整个产品线负责，这使得产品种类管理更加完整、协调，并能更好地连接新的零售商的“种类采购”系统。

（三）客户型品牌管理组织

可以说上述两种品牌管理组织形式都是产品驱动型而非顾客驱动型制度。品牌经理和品类经理经常过分地关注于一种品牌。然而，市场要求企业从品牌所服务的消费者和零售商的需要出发，将品牌管理从种类管理，转到顾客需求管理的新层次上，客户型的品牌管理组织应运而生。

这种组织形式是把公司的组织机构集中在一起，使主要客户成为公司各部门服务的中心，由各客户品牌经理来协调。客户品牌经理负责制定其所主管品牌市场的长期和年度规划、分析客户的动向及公司应向客户提供什么新产品。这种品牌管理组织的最大优点是：品牌营销按满足消费者的各类不同需求来组织和安排，而不是集中在营销功能、销售地区或产品本身。

（四）地区型品牌管理组织

由于各地区的市场环境不同，许多公司按照地区来组织品牌营销机构。国际上许多大公司如联合利华、IBM、金宝汤料公司以及国内多数大公司都采取了这一形式。地区型品牌管理是一种多品牌的组织形式，其重点在于为不同的市场提供相应的产品及品牌，使品牌能够充分满足不同市场的要求。实质上，地区型品牌管理组织是以地域为细分标准的客户型品牌管理组织形式。

地区型品牌管理组织是矩阵式的结构，品牌管理和市场管理相互交叉，比较复杂。其优点是能够兼顾产品和市场，但组织效率不高，需要进行较充分的沟通，而且会由于地区分散，部分地区的品牌经理可能会成为独立王国，再加上地方保护主义，则会造成公司总部的管理不力。中国不仅面积大，地区性差异复杂，设立地区型品牌管理组织能够让公司的产品和品牌更加有针对性。

（五）品牌管理委员会

前述的几种品牌管理组织形式都会不同程度地产生各个职能部门间难以协调的问题，而最具操作性的品牌经理制则因为主要侧重于各个品牌的战术性计划与控制，极易忽视整体品牌文化，缺乏对品牌体系的通盘考虑。所以，成立品牌管理委员会，以战略性的品牌管理部门或人员来弥补上述品牌管理制度的不足，就成了一些大公司的选择。惠普公司就成立了品牌管理委员会，主要职责是建立品牌体系策略，确保各个事业部品牌之间的沟通与整合，委员会不再隶属于市场营销部门，而直接归属于公司的最高决策层。

三、品牌延伸

当品牌资源积累到一定程度，企业必然要利用现有的品牌资源推出新产品或者开拓新市场。只有看准时机研发新产品，并正确地运用品牌延伸策略，利用原有品牌的知名度，将新产品快速地打入目标市场抢占市场份额，才能提高企业效益，使企业不断地壮大发展，立于不败之地。

一项针对美国超级市场快速流通产品的研究显示，过去十年来，成功品牌有2/3属于延伸品牌，而不是新上市品牌。可见，品牌延伸已成为西方国家企业发展战略的核心。美国人艾里斯曾经说过："若是撰述过去十年的营销史，最具意义的趋势是延伸品牌线。"

（一）品牌延伸的概念

品牌延伸战略是20世纪80年代许多公司战略增长的核心，是品牌资产概念的一个具有重大和直接实际意义的分支，是公司在品牌战略中直接获得利益和回报的途径，亦是公司不断积累和扩大品牌资产的主要手段。

品牌延伸，按照菲利普·科特勒的定义是：把一个现有的品牌名称使用到一个新类别的产品上。必须指出，品牌延伸并非只借用表面上的品牌名称，而是对整个品牌资产的策略性使用。

（二）品牌延伸的作用

品牌延伸借助原有品牌的良好声誉和影响力推出新产品，既可以使新产品快速、成功地打入市场，又可以进一步扩大原品牌的影响力，巩固原品牌的市场地位。

1. 利用原品牌，提高认知率

利用原有成功品牌的知名度，可以迅速提高消费者对新产品的认知率，减少新产品推出的费用。一个新品牌、新产品，在竞争激烈、产品同质化的市场上，要吸引消费者的注意力，需要大量的广告宣传，支出庞大的宣传费用，才能消除消费者对新产品、新品牌的抵触心理。而采用品牌延伸，可以节约宣传推广费用，利用消费者的熟悉感，使品牌经营者尽快获得市场优势。

2. 满足不同需求，提供更多的选择

品牌延伸给现有的品牌带来新鲜感和活力，拓展了经营领域，满足消费者的不同需要，形成优势互补，给消费者提供更多的选择。要防止消费者的品牌转换，就要研究消费者在该领域的不同需要，在不同的细分市场进行品牌延伸，给消费者提供更多的选择。

3. 增大市场占有率

品牌延伸成功，原品牌的良好声誉和影响力就得到进一步提高，并增大该品牌的市场覆盖率；使更多的消费者接触和了解该品牌，从而提升品牌的知名度。另外，好的新产品可以给原品牌带来良好的口碑，从而提高原品牌的声誉，使其市场地位进一步得到巩固。

4. 分散经营风险

实行品牌延伸，可以分散企业的经营风险。企业由原来单一的产品结构、单一的经营领域，向多种产品结构、多种经营领域发展，有利于分散企业经营的风险。

（三）品牌延伸的策略

由于不同企业所处的市场环境和品牌现状各不相同，且企业的资源和品牌发展总体战略思路各有差异，企业可以选择的品牌延伸策略有多种不同的模式（如表 7－2 所示）。

表 7－2　按照不同依据划分的品牌延伸策略

划分依据	策略模式
依据行业的不同	同行业延伸策略
	跨行业延伸策略
依据品牌延伸的方向不同	水平延伸
	垂直延伸
按品牌延伸前后内涵是否变化	内涵不变式延伸
	内涵渐变式延伸
按照延伸前后品牌名称的变化	直接冠名
	间接冠名
	副品牌式延伸

1. 同行业与跨行业延伸策略

按品牌所涵盖产品是否处于同一行业，品牌延伸策略可分为同行业品牌延伸与跨行业品牌延伸策略两类，其中同行业品牌延伸策略是最为常见的延伸策略。按其涵盖产品满足顾客需求的种类是否相同，又可细分为满足共同需求的品牌延伸与满足不同需求的品牌延伸两种模式。

(1) 同行业的品牌延伸策略。

同行业的品牌延伸策略有两种情况：第一种是原产品和延伸产品处于同一行业，满足相同的需求。这种延伸方式十分常见，一般指主品牌所涵盖的商品是配套商品或者是关联度非常高的商品，原产品和延伸产品处于同一行业，满足的是相同的需求。第二种是主品牌涵盖同一行业不同种类的产品，满足不同需求。这种策略也较常见，它指主品牌下的产品处于同一行业，产品满足的是同一大类的需求，但不同产品满足的具体需求种类有差别。使用这种品牌延伸策略的企业往往具有相当的规模和实力，为了进一步拓展发展空间，充分利用已有资源，在实行多元化发展的过程中尽管业务单位数量逐渐增多，但依然使用同一主品牌。

(2) 跨行业的品牌延伸策略。

跨行业的品牌延伸策略是指主品牌涵盖不同行业的不同种类的产品，满足多种需求。此策略模式较为少见，通常是一些大公司的做法。如日本的三菱集团既开办银行，又生产车辆和家用电器；雅马哈涉足摩托、钢琴、吉他，甚至还生产计算机的声卡。这些企业产品虽然很多，但都使用一个总品牌。这种品牌延伸策略的形成，很大程度上是历史的原因。一般而言，在市场上，同一品牌横跨几个行业而且跨度比较大，多是历史悠久的公司，如通用电气、西门子等。从目前和今后的发展趋势来看，由于市场竞争越来越激烈，一个品牌能延伸并横跨几个差异较大的行业的情况将会越来越少。

2. 水平延伸与垂直延伸策略

(1) 水平延伸。

水平延伸即原品牌产品与延伸产品处于同一档次。这是最容易成功并容易实施的品牌延伸方式。由于产品处于同一档次，品牌形象和个性定位容易统一，原产品的影响很容易泛化到新产品上去，产品的信息传播容易整合。

(2) 垂直延伸。

垂直延伸即原品牌产品与新产品处于不同的档次。垂直延伸又可以具体分为高档品牌向下延伸、低档品牌向上延伸或中档品牌向高档和低档两个方向的双向延伸这三种方式。

向下延伸指的是许多企业的品牌最初定位于目标市场的高端，随后为了反击对手，或者向下扩展以占据整个目标市场，会将品牌线向下延伸，在市场的低端增加新产品。这种策略有利于公司适时发展中低档产品，可以填补自身中低档产品的空缺，吸引更多的消费者，提高市场占有率。

向上延伸指通常定位于市场低端的经营者在经营了一段时间之后，受到高端市场高利润的吸引，或者为了给消费者更完整的品牌选择，可能会以新产品进入高端市场，以获得较高的销售增长率和边际贡献率，逐渐提升企业的品牌形象。

双向延伸适用于那些原来定位于中端的品牌。品牌经营者可以选择向高端和低端两个方向发展以使品牌系统更完美。双向延伸的主要风险是可能模糊原有品牌的定位；容易在消费者心目中形成一种“高不成，低不就”的形象。

3. 内涵不变式与内涵渐变式延伸策略

(1) 品牌内涵主成分基本不变。

这种模式一般在同行业、同档次品牌延伸或是企业发展相对成熟平稳、发展跨度不大的时期被广泛采用。在这种模式下，新老产品的主要属性基本相同，品牌延伸前后主品牌的内涵主成分基本保持不变。这种品牌延伸的模式是大多数人都赞同的，因为它的负面影响不大或相对不容易出现。

(2) 品牌内涵主成分逐渐变化。

这种模式一般在跨行业、跨档次品牌延伸或是企业发展速度较快、发展跨度很大的时期被采用。如娃哈哈集团在发展过程中逐渐将品牌从“儿童食品”提升为“饮食类产品”；海尔以冰箱起家，初期品牌成分是“高品质、值得信赖的保证和服务的冰箱品牌”，后来向家电类的其他产品拓展，近年又向IT行业、药品及金融业进军，品牌内涵主成分也在不知不觉中发生变化和提升。

这是一种目前理论界争议较大的品牌延伸策略模式。有关品牌定位模糊等一系列怀疑理论大多是针对这种情况进行研究的。应当说，随着企业内部环境的不断发展和变化，品牌内涵的主成分随着市场和企业条件的变化逐渐发展变化应该完全是正常的、合理的。所以对于这种品牌延伸策略模式，企业既要注意它可能产生的负面影响，也要看到它所蕴藏的巨大潜力和机遇。

4. 直接冠名、间接冠名与副品牌式延伸策略

品牌名称只是品牌的一个部分，并不代表品牌的全部，品牌实际是品牌名称和标志所代表的产品和企业给予买方及其相关群体的总的印象。因此，不管新产品是直接使用原品牌名称，还是部分地、间接地使用原品牌名称，只要是直接或间接利用了原品牌的影响，都可以看成是品牌延伸。按新产品直接使用原产品名还是间接或部分使用原品牌名划分，品牌延伸有直接冠名、间接冠名或副品牌式延伸策略三种。

(1) 以原品牌直接冠名。

直接对新产品冠以原品牌名是最常见的品牌延伸方式，这种方式又称为统一品牌策略。这种方式能节省营销成本，产品导入市场速度最快，容易形成品牌声势，但也容易形成株连效应或品牌稀释。

(2) 间接或部分使用原品牌名。

这种方式在企业进行垂直品牌延伸时使用较多，在烟酒行业里较常见。具体方式还有利用CIS中的BI、VI或MI等要素进行品牌信息的传递和泛化。这种方式极大地拓展了品牌延伸的幅度和空间，对原品牌和产品的负面影响较小，原有品牌对于新产品的市场支持力度也相对弱些。

(3) 副产品式的品牌延伸策略。

副品牌的品牌延伸策略是近年来的热门话题，被业内人士予以了很高的评价。副品牌策略是指新产品的品牌名称由原品牌加上一个副品牌名组成。副品牌策略的最大优点是既利用了原品牌的影响，又突出了新产品的独特优势（它实质上是一种发展式的延伸，缓冲了定位理论和品牌延伸理论的一些矛盾）。同时，在产品更新换代极快的今天，副品牌策略还为品牌策略提供了更大的变动余地。

(四) 品牌延伸的影响因素

1. 企业多元化发展策略的方向

一般来说，实行多元化发展策略的企业才有考虑品牌延伸策略的必要。品牌策略是企业经营策略的一部分，为企业总体战略目标服务。实行多元化发展战略的企业，其目的和

未来业务单位的种类和方向，是品牌延伸策略方向选择的基本依据。

2. 企业品牌的现状

品牌现状是制约品牌模式选择的重要因素。首先，品牌覆盖的行业范围影响企业在同行业延伸与跨行业延伸间进行选择。其次，品牌的档次和市场印象影响相应策略模式的选择。如当企业现有品牌是高档品牌时，既可以选择水平延伸，也可以选择垂直延伸中的向下延伸，而在冠名方式上如果是垂直延伸，往往选择间接冠名方式。再次，品牌内涵主成分在延伸前后是否有所变化，这决定品牌延伸是内涵不变式还是内涵渐变式。最后，现有品牌名称是否适合直接使用于新产品新业务，这决定了企业在进行品牌延伸时是采用直接冠名、间接冠名还是采用副品牌等延伸模式。

3. 品牌发展战略思路

企业的品牌发展战略思路对于企业选择品牌延伸策略模式也有很大影响。有些企业在一定时期趋向于节省总成本，特别是当当企业的品牌有了相当的知名度和实力时，企业希望尽量利用已有的品牌资源，在这种思路的指引下，企业对品牌延伸策略方向的选择主要考虑以节省成本、提高利润为主，各种品延伸策略方式只要可行，都有可能被企业选择；而有些企业希望进一步提高品牌实力或进行策略经营空间的转换和拓展，特别是当企业觉得品牌实力需要加强或品牌内涵与企业发展前景有一定的差异时，企业对于品牌延伸策略方向往往就有所选择，此时企业更趋向于选择垂直延伸中的向上延伸，或选择内涵渐变式延伸等。

本章小结

由于品牌对于企业财富积累的巨大贡献，近二十年来，品牌成为营销管理和企业经营领域最热门的概念之一。学习完本章，我们应该掌握：

(1) 品牌是用以标志一个或一群产品或劳务，并使之与竞争对手的产品或劳务区别开来的一种名称、标志、图案、符号、设计或者是它们的组合运用。其内涵包括了属性、利益、价值、文化、个性和使用者六个层次。品牌的存在有其重大意义，可以从品牌对消费者、企业和国家等三个方面来分析品牌的作用。

(2) 品牌决策的类型有品牌建立决策、品牌使用者决策、品牌名称决策、品牌扩展决策和品牌再定位决策几种。

(3) 品牌管理的基本内容包括制定品牌管理的方向及目标；建立品牌管理组织；进行品牌决策、品牌定位、品牌设计、品牌推广、品牌延伸和品牌监控等一系列工作。常见的品牌管理组织形式有品牌经理制、品类经理制、客户型品牌管理组织、地区型品牌管理组织及品牌管理委员会等。

(4) 品牌延伸是把一个现有的品牌名称使用到一个新类别的产品上，这并非只是借用表面上的品牌名称，而是对整个品牌资产的策略性使用。企业可以选择的品牌延伸策略有多种不同的模式。依据行业的不同，可分为同行业延伸策略和跨行业延伸策略；依据品牌延伸方向的不同，可分为水平延伸和垂直延伸；按品牌延伸前后内涵是否变化，可分为内涵不变式延伸和内涵渐变式延伸；按照延伸前后品牌名称的变化，可分为直接冠名、间接冠名以及副品牌式延伸。

思考题

1. 为什么近二十年来品牌的地位会崛起?
2. 一个综合视角的品牌内涵是怎样的?
3. 选择使用制造商品牌、中间商品牌和许可使用品牌有什么不同?
4. 品牌名称决策的四种类型该如何应用?
5. 试着用品牌决策基本流程对某一种新产品进行决策。
6. 品牌管理过程中将面临哪些挑战? 该如何解决?
7. 你认为品牌管理成功的要素或原则是什么?
8. 应该如何选择品牌延伸的策略?

第八章　价格策略

学习目标

1. 理解影响企业定价决策的内外部因素。
2. 熟悉企业一般的定价目标和方法。
3. 掌握各种常用的定价策略。
4. 了解企业的主动调价与被动调价。

引导案例

一个关于珠宝定价的有趣故事

位于深圳的异彩珠宝店，专门经营由少数民族手工制成的珠宝首饰，其位于游客众多、风景秀丽的华侨城（周围有著名的旅游景点：世界之窗、民族文化村、欢乐谷等），生意一直较为稳定。客户主要来自两部分：游客和华侨城社区居民（华侨城社区在深圳属于高档社区）。

几个月前，珠宝店店主易麦克特进了一批由珍珠质宝石和银制成的手镯、耳环和项链的精选品。与典型的绿松石造型中的青绿色调不同的是，珍珠质宝石是粉红色略带大理石花纹的颜色。就大小和样式而言，这一系列珠宝中包括了很多种类。有的珠宝小而圆，式样很简单，而有的珠宝则要大一些，式样别致、设计大胆。不仅如此，该系列还包括了各种传统样式的由珠宝点缀的丝制领带。

与以前所进货物相比，易麦克特对这批货物十分满意，他认为这批珍珠质宝石制成的首饰进价比较合理，而且设计较为独特，可能比较好销。他在进价的基础上，加上其他相关的费用和平均水平的利润，制定了一个价格。他认为这个价格十分合理，肯定能让顾客觉得物超所值。

然而，这些珠宝在店中摆了一个月之后，销售统计报表显示其销售状况很不好，易麦克特感到十分失望，不过他认为问题原因并不在首饰本身，而是营销的某个环节没有做好。于是，他决定试试在中国营销传播网上学到的几种销售策略。比如，令店中某种商品的位置有形化，往往可使顾客产生更浓厚的兴趣。因此，他把这些珍珠质宝石装入玻璃展示箱，并将其摆放在门店入口的右手侧。可是，位置改变之后，这些珠宝的销售情况仍然没有什么起色。

易麦克特认为应该在一周一次的见面会上与员工好好谈谈了。他建议销售员花更多的精力来推销这一独特的产品系列，并安排了一位销售员专门促销这批首饰。他不仅给员工们详尽描述了珍珠质宝石，还给他们发了一篇简短的介绍性文章，以便他们能够记住并讲给顾客听。遗憾的是，这个方法也失败了。

就在此时，易麦克特准备外出选购产品。因对珍珠质宝石首饰的销售感到十分失望，他急于减少库存以便给更新的首饰腾出存放空间。他决心采取一项重大行动，选择将这一系列珠宝半价出售。临走时，他给副经理匆忙地留下了一张字条，告诉她："调整一下那些珍珠质宝石首饰的价格，所有都×1/2。"

当他回来的时候，易麦克特惊喜地发现该系列所有的珠宝已销售一空。"我真不明白这是为什么，"他对副经理说，"看来这批首饰并不合顾客的胃口。下次我在新添宝石品种的时候一定要慎之又慎。"而副经理对易麦克特说，她虽然不懂为什么要对滞销商品进行提价，但她惊诧于提价后商品出售速度惊人。易麦克特不解地问："什么提价？我留的字条上是说价格减半啊。""减半？"副经理吃惊地问，"我认为你的字条上写的是这一系列的所有商品的价格一律按双倍计。"结果，副经理将价格增加了一倍而不是减半。

资料来源：一个关于珠宝定价的有趣故事．(2015-09-25) [2017-10-12]. http: //wo188.cn/dispbbs.asp? boardID=2&ID=1063&page=9.

第一节 企业定价依据

所有营利性组织和大部分非营利性组织都必须为自己的产品或服务定价。价格是营销组合中唯一能够创造收益的因素，同时也是最容易调节的因素，它可以灵敏地反映与适应市场的变化。在一定程度上而言，定价直接关乎产品能否被消费者接受，决定企业市场占有率的高低、需求量的变化和利润的多少以及企业产品在市场中的竞争地位。然而，对于绝大多数经营管理者来说，为产品或服务制定适宜且具有竞争力的价格，一直以来都是最重要、最困难，但却又无法回避的决策之一。

一、价格的内涵

（一）价格的定义

从狭义的角度来看，价格是对一种产品或服务的标价；从广义的角度来说，价格是消费者在交换中所获得的产品或服务的价值。价格并非是一个数字或一种术语，它可以通过许多名目出现，大致可以分为商品的价格和服务的价格两大类。商品的价格是指各类有形产品和无形产品的价格，货物贸易中的商品价格称为价格；服务的价格是指各类有偿服务的收费，服务贸易中的商品价格称为费，如运输费、保险费、学费、服务费等。

（二）价格的构成

商品价格的形成要素及其组合，亦称价格组成。它反映商品在生产和流通过程中物质耗费的补偿，以及新创造价值的分配，一般包括生产成本、流通费用、税金和利润四个部分。

价格＝生产成本＋流通费用＋税金＋利润

生产成本和流通费用构成商品生产和销售中所耗费用的总和，即成本。这是商品价格的最低界限，是商品生产经营活动得以正常进行的必要条件。生产成本是商品价格的主要组成部分。构成商品价格的生产成本，不是个别企业的成本，而是行业（部门）的平均成本，即社会成本。流通费用包括生产单位支出的销售费用和商业部门支出的商业费用。商品价格中的流通费用是以商品在正常经营条件下的平均费用为标准计算的。

税金和利润是构成商品价格中盈利的两个部分。税金是国家通过税法，按照一定标准，向商品的生产经营者征收的预算缴款。按照税金是否计入商品价格，可以分为价内税和价外税。利润是商品价格减去生产成本、流通费用和税金后的余额。按照商品生产经营的流通环节，可以分为生产利润和商业利润。

不同类型的价格，其构成的要素及其组合状态也不相同。例如，工业品出厂价格是由产品的生产成本加利润、税金构成；工业品零售价格是由工业品批发价格加零售企业的流通费用、利润、销售税金构成。这两种价格的各个要素所占比重也略有不同，如工业品出厂价格中利润所占的比重一般要高于工业品零售价格中的利润比重。

二、影响企业定价决策的因素

价格策略是企业营销组合的重要因素之一，它直接决定了企业市场份额的大小和盈利率的高低。企业的定价决策既受企业内部因素的影响，也受外部环境因素的影响。随着营销环境的日益复杂，价格策略的制定难度越来越大，不仅要考虑成本补偿问题，还要分析消费者的接受能力和竞争状况。

（一）影响定价决策的内部因素

1. 营销目标

任何企业都会为自己设置一定时期内的营销目标。企业在不同时期的营销目标会因自己所拥有的营销资源、市场潜力以及市场竞争等因素的不同而存在较大差异，如保持或扩大市场占有率、树立企业或产品的形象、应付或抵御竞争等。不同的营销目标对企业价格政策的制定、定价方法和策略的使用、价格水平的确定都会产生直接影响。同时，企业定价策略制定与实施的好坏也将对企业营销目标的实现与否产生重要的影响。

2. 营销组合战略

由于价格是市场营销组合因素之一，因此定价时要注意价格策略与产品的整体设计、分销和促销策略相匹配，共同形成协同高效的营销组合。如果产品是根据非价格图表来定位的，那么有关质量、促销和销售的决策就会极大地影响价格；如果价格是一个重要的定位因素，那么价格就会极大地影响其他营销组合因素的决策。因此，营销人员在定价时必须考虑到整个营销组合，不能脱离其他营销组合而单独决定。

3. 成本

产品从原材料到成品要经过一系列复杂的过程，在这个过程中必定要耗费一定的资金和劳动，这种在产品的生产经营中所产生的实际耗费的货币表现就是成本，它是产品价值的基础，也是制定产品价格的最低经济界限，是维持简单再生产和经营活动的基本前提。产品的价格必须能够补偿产品生产、分销和促销的所有支出，并能补偿企业为产品承担风险所付出的代价。低成本的企业能设定较低的价格，从而取得较高的销售量和利润额。因此，企业想扩大销售或增加利润，就必须降低成本，从而降低价格，提高产品在市场上的竞争力。如果企业生产和销售产品的成本大于竞争对手，那么企业将不得不设定较高的价格或减少利润，进而使自己处于竞争劣势。

4. 组织考虑

每个企业的规模大小不同、财务状况不同、经销指标不同，企业的价值取向也不尽相同。对于追求利润型企业而言，高价格是企业选择的定价方向；而对于追求市场份额的企业来讲，中、低价格定位是企业的定价方向。同时，企业还需根据自身状况综合考虑多种因素（品牌、市场地位、推广费用、渠道建设情况、产品包装、产品规格）的影响来制定价格。

（二）影响定价决策的外部因素

1. 市场和需求的性质

与成本决定价格的下限相反，市场和需求决定价格的上限。在设定价格之前，营销人员必须理解产品价格与产品需求之间的关系。

在市场经济条件下，市场结构不同，即企业及其产品在市场上的竞争状况不同，企业的定价策略也不同。企业价格决策面临的竞争主要来自同行业生产者、经营者之间的竞争，尤其是在市场处于买方市场的态势下，卖方间的竞争将十分激烈，企业价格决策者必须熟悉本企业产品在市场竞争中所处的地位，分析市场中竞争对手的数量，考察它们的生产、供应能力及市场行为，从而作出相应的价格策略。

同时，市场供求状况也是企业价格决策的主要依据之一。企业对产品的定价，一方面必须能补偿经营所耗费的成本费用并保证一定的利润；另一方面也必须适应市场对该产品的供求变化，能够为消费者所接受。例如，企业的产品是哪一类人群使用，是儿童、老人、男性、女性，还是用于家庭消费、团体消费，一般而言，用于儿童、女性、团体消费的产品价格相应较高，企业多采用高价位。因而，企业需综合考虑整体消费水平、消费习性、市场规模和容量以及市场发展趋势等因素，在此基础上对产品进行评价及制定价格。

2. 竞争对手

竞争价格因素对定价的影响主要表现为竞争价格对产品价格水平的约束。同类产品的竞争最直接的体现便是价格竞争。如果企业采取高价格、高利润的战略，则易引发竞争；而低价格、低利润的战略则有助于阻止竞争对手进入市场或者把它们赶出市场。如果企业试图通过制定适当的价格和适时的价格调整来争取更多顾客，则意味着其他同类企业将失去部分市场，或者说维持原有市场份额需要付出更多的营销努力。因而在竞争激烈的市场上，企业会认真分析竞争对手的价格策略，密切关注其价格动向并及时做出反应。

3. 其他外部因素（经济条件、中间商、政府、社会关注问题）

在设定价格时，企业还应考虑外部环境中的其他因素。经济条件对企业的定价策略有很大影响，如经济增长和衰退、通货膨胀和利率等因素均会影响产品的生产成本以及消费者对产品和价值的看法。企业制定的产品价格应该能够给销售商带来可观的利润，这有助于鼓励他们支持产品，以及帮助他们有效地销售产品。此外，企业还应充分了解影响价格的政府法律法规，并确保自己的定价决策具有可辩护性。在制定产品价格时，企业的短期销售、市场份额和目标利润必须要服从于整个社会的需要。

第二节 定价目标

企业定价目标是指企业对其产品定价时预先确定的所要达到的目的和标准，其是企业营销目标在价格决策上的反映。企业在定价时，应根据营销总目标、面临的市场环境、产品特点等多种因素来选择定价目标。定价目标是以满足市场需要和实现企业盈利为基础的，它既是实现企业经营总目标的保证和手段，同时又是企业定价策略和定价方法的依据。

一、生存导向定价目标

生存导向定价目标又称维持生存的定价目标，其为特定时期的过渡性目标。企业经营不善，或市场竞争激烈，或顾客需求偏好突然发生变化，均会导致产品销路不畅、大量积压，造成企业资金周转不灵，甚至濒临破产，此时企业应以维持生存作为主要目标。短期而言，只要售价高过产品变动成本，足以弥补部分固定成本支出，则可继续经营。但长期来看，企业的目标还是要获得发展。

二、利润导向定价目标

利润目标是企业定价目标的重要组成部分，获取利润是企业生存和发展的必要条件，是企业经营的直接动力和最终目的。因此，利润导向定价目标为大多数企业所采用。

（一）以利润最大化为定价目标

以最大利润为定价目标是指企业在一定时期内综合考虑各种因素后，以总收入减去总成本的最大差额为基点，确定单位产品的价格，以谋求最大利润总额。最大利润有长期和短期之分，还有单一产品最大利润和全部产品综合最大利润之别。一般而言，企业追求的如果是长期的、全部产品的综合最大利润，那么其就可以取得较大的市场竞争优势，占有更高的市场份额。对于一些产品生命周期较短、产品在市场上供不应求的中小型企业来说，也可以谋求短期最大利润。然而，价格太高会导致销售量下降，利润总额可能因此而减少。高额利润可以通过先采用低价策略，待占领市场后再逐步提价来获得；同时，企业也可以对部分产品定低价、甚至亏本销售，以招徕顾客，通过带动其他产品的销售，进而谋取最大化的整体效益。因而，通过高价策略所达到的利润最大化只是一种短期行为，长期应以公司长期最大利润和全部产品的总利润最大为目标。

（二）以投资收益为定价目标

以投资收益为定价目标是指使企业实现在一定时期内能够收回投资并获取预期投资报酬的一种定价目标。投资收益率又称投资报酬率，其是衡量企业经营实力和经营成果的重要标志，它等于净利润与总投资之比，一般以一年为计算期，其值越高，代表企业的经营状况就越好。采用这种定价目标的企业，一般是根据投资额规定的收益率，计算出单位产品的利润额，加上产品成本作为销售价格。但必须注意两个问题：第一，要确定适度的投资收益率。一般来说，投资收益率应该高于同期的银行存款利息率，但又不可过高，否则消费者难以接受。第二，企业生产经营的必须是畅销产品。也就是说，与竞争对手相比，企业的产品具有明显的优势。

（三）以合理利润为定价目标

以合理利润为定价目标是指企业为避免不必要的价格竞争，在补偿正常情况下的社会平均成本的基础上，适当加上一定量的利润作为产品价格，以获得长期利润的一种定价目标。采用这种定价目标的好处有：以适度利润为目标使得产品价格不至于太高，从而能够避免激烈的市场竞争；可以协调投资者和消费者的关系，树立良好的企业形象；不仅可以使企业避免不必要的竞争，又能获得长期利润，而且由于价格适中，消费者愿意接受，还符合政府的价格指导方针，有助于兼顾企业利益和社会利益。但在实际运用时，其常会受到各种限制，因此必须充分考虑产销量、投资成本、竞争格局和市场接受程度等因素的影响。临时性的企业一般不宜采用这种定价目标。

三、销售导向定价目标

销售导向定价目标，又称为市场占有率目标，是指在保证一定利润水平的前提下，为谋求某种水平的销售量或市场占有率而确定的目标。以销售额为定价目标具有获取长期较好利润的可能性。

在采用销售导向定价目标时，确保企业的利润水平尤为重要，必须同时考虑销售额和利润。因为某种产品在一定时期、一定市场状况下的销售额由该产品的销售量和价格共同决定，销售额的增加并不必然带来利润的增加。有些企业的销售额上升到一定程度，利润就很难上升，甚至还会出现销售额越大、亏损越多的情形。对于需求价格弹性较大的商品，降低价格导致的损失可以由销量的增加而得到补偿，因此企业宜采用薄利多销策略，保证在总利润不低于企业最低利润的条件下，尽量降低价格，促进销售，扩大盈利；反之，若商品的需求价格弹性较小，降价会导致收入减少，而提价则使销售额增加，所以企业应该采用高价、厚利、限销的策略。

四、竞争导向定价目标

在产品的营销竞争中，价格竞争是最有效、最敏感的手段。企业在设定价格前，一般需要广泛搜集信息，把自己产品的质量、特点和成本与竞争者的进行比较，然后制定本企业的产品价格。根据企业的不同实际条件，一般有以下决策目标可供选择。

（一）稳定价格目标

稳定价格目标是指以保持价格相对稳定，避免正面价格竞争为目标的定价。稳定的价格通常是大多数企业获得一定目标收益的必要条件。其实质是通过本企业产品的定价来左右整个市场价格，使市场价格在一个较长的时期内相对稳定，减少企业之间因价格竞争而发生的损失。通常情况下，稳定价格目标是那些拥有较高市场占有率、较强经营实力或具有较高竞争力和影响力的领导者企业所采用的定价目标，其他企业的价格则会与之保持一定的距离或比例。因此，稳定价格目标对大企业而言是稳妥的价格保护，中小企业也可以避免由价格竞争带来的风险。在钢铁、采矿业、石油化工等行业内，稳定价格目标的应用最广泛。

（二）追随定价目标

追随定价目标是指企业跟随竞争者定价，以应付竞争者价格变动对自己产生的不利影响。采用这种价格目标的企业，主要以对市场价格有影响的竞争者的价格为依据，并根据具体情况设定稍高或稍低于竞争者的价格。竞争者的价格不变，实行此目标的企业也维持原价；竞争者的价格有变动，此类企业也相应地调整价格。一般情况下，中小企业产品价格的设定略低于行业中占主导地位的企业的产品价格。

（三）挑战定价目标

如果企业具备强大的实力和特别优越的条件，则可以主动出击，挑战竞争对手，并获取更大的市场份额。一般常用的策略目标有：打击定价，即实力较强的企业主动挑战竞争对手，扩大市场占有率，可采用低于竞争者的价格出售产品；特色定价，指对于实力雄厚并拥有特殊技术，或产品品质优良，或能为消费者提供更多服务的企业，可采用高于竞争者的价格出售产品；阻截定价，指为了防止其他竞争者加入同类产品的竞争行列，而在一定条件下采用低价入市，迫使弱小企业无利可图，最终退出市场，或阻止竞争对手进入市场。

第三节　定价方法

定价方法是指企业在特定的定价目标指导下，依据对成本、需求及竞争等状况的研究，运用价格决策理论，对产品价格进行计算的具体方法。定价方法主要包括基于成本的定价方法、基于需求的定价方法和基于竞争的定价方法三种类型。

一、基于成本的定价方法

基于成本的定价方法是指以产品成本为基础，加上目标利润来确定产品价格的方法，又称成本导向定价法。其是企业最常用、最基本的定价方法，主要有总成本加成定价法、目标收益定价法、边际成本定价法、盈亏平衡定价法等具体方法。

（一）总成本加成定价法

总成本加成定价法是指按照单位成本加上一定百分比的加成来制定产品的销售价格，即把所有为生产某种产品而发生的耗费均计入成本的范围，计算单位产品的变动成本，合理分摊相应的固定成本，再按一定的目标利润率来决定价格。其计算公式为：

单位产品价格＝单位产品总成本×(1＋目标利润率)

小案例

某电视机厂生产 2 000 台彩色电视机，总固定成本 600 万元，每台彩电变动成本为 1 000元，确定目标利润率为 25%。则采用总成本加成定价法确定价格的过程如下：

单位产品固定成本＝6 000 000÷2 000＝3 000(元)

单位产品变动成本＝1 000(元)

单位产品总成本＝单位产品固定成本＋单位产品变动成本＝3 000＋1 000＝4 000(元)

单位产品价格＝4 000×(1＋25%)＝5 000(元)

采用成本加成定价法的关键在于确定合理的成本利润率，而成本利润率的确定需考虑市场环境、行业特点等多种因素。这种方法的优点有：简化了定价工作，便于企业开展经济核算；同行业的企业均采用该方法时，各企业的价格基本相似，可以避免或降低行业内的价格竞争；在成本加成的基础上制定出来的价格对买卖双方来说都比较公平，卖方能够得到正常的利润，买方也不会觉得受到了额外的剥削。这种方法的缺点主要表现在，无法反映市场需求与消费者对于产品价值的理解。

（二）目标收益定价法

目标收益定价法又称投资收益率定价法，是根据企业的总成本或投资总额、预期销量和投资回收期等因素来确定价格。其基本步骤是：

（1）确定目标收益率。计算公式为：

目标收益率＝(1÷投资回收期)×100%

（2）确定单位产品的目标利润额。计算公式为：

单位产品目标利润额＝(投资总额×目标收益率)÷预期销量

（3）计算单位产品的价格。计算公式为：

单位产品价格＝单位产品成本＋单位产品目标利润额

小案例

投资建设电视机厂的总投资额为800万元，投资回收期为5年，单位产品成本为4 000元，则采用目标收益定价法确定价格的基本步骤为：

(1)目标收益率＝(1÷投资回收期)×100%
＝(1÷5)×100%
＝20%

(2)单位产品目标利润额＝(投资总额×目标收益率)÷预期销量
＝(8 000 000×20%)÷2 000
＝800(元)

(3)单位产品价格＝单位产品成本＋单位产品目标利润额
＝4 000＋800
＝4 800(元)

与成本加成定价法相类似，目标收益定价法也是一种生产者导向的产物，很少考虑到市场竞争和需求的实际情况，只是从保证生产者的利益出发制定价格。另外，先确定产品销量、再计算产品价格的做法完全颠倒了价格与销量的因果关系，把销量看成是价格的决定因素，在实际中很难行得通。尤其是对于那些需求价格弹性较大的产品，用这种方法制定出来的价格，无法保证销量的必然实现。那么，预期的投资回收期、目标收益等也就只能是一句空话。不过，对于需求比较稳定的大型制造业、供不应求且价格弹性小、市场占有率高、具有垄断性的商品，以及大型的公共事业、劳务工程和服务项目等，在科学预测价格、销量、成本和利润四要素的基础上，目标收益法仍不失为一种有效的定价方法。

（三）边际成本定价法

边际成本是指每增加或减少单位产品所引起的总成本的变化量。边际成本定价法又称边际贡献法，其基本思想是只考虑变动成本，不考虑固定成本，以预期的边际贡献补偿固定成本并获得盈利。边际成本定价法是以单位产品变动成本作为定价依据和可接受价格的最低界限。在价格高于变动成本的情况下，企业出售产品的收入除完全补偿变动成本外，尚可用来补偿一部分固定成本，甚至可能提供利润。其计算公式为：

单位产品价格＝单位产品变动成本＋单位产品边际贡献

其中，单位产品边际贡献是指企业增加一个单位的销售，所获得的收入减去边际成本的数值。边际贡献＝销售收入－变动成本，若边际贡献大于固定成本，企业就有盈利；若边际贡献小于固定成本，企业就会亏本；若边际贡献等于固定成本，企业盈亏平衡。只要边际贡献≥0，企业就可以考虑生产。这种定价方法适合于企业存在生产能力过剩、市场供过于求等情况下。

小案例

某制鞋厂在一定时期内发生固定成本 80 000 元，单位变动成本 0.7 元，预计销量为 100 000双。在当时市场条件下，同类产品的价格为 1 元/双。那么，企业是否应该继续生产呢？

其决策过程如下：

固定成本＝80 000(元)

变动成本＝0.7×100 000＝70 000(元)

销售收入＝1×100 000＝100 000(元)

盈亏(按总成本)＝销售收入－(固定成本＋变动成本)

＝100 000－(80 000＋70 000)

＝－50 000(元)

按照变动成本定价，企业出现了 50 000 元的亏损，但是作为已经发生的固定成本，在不生产的情况下，已支出了 80 000 元，这说明按变动成本定价时可减少 30 000 元固定成本的损失，并补偿了全部变动成本 70 000 元。若低于变动成本定价，如市场价格降为 0.7 元/双以下，则企业应该停产，因为此时的销售收入不仅不能补偿固定成本，连变动成本也不能补偿，生产得越多，亏损便越多，企业的生产活动变得毫无意义。

（四）盈亏平衡定价法

盈亏平衡定价法，又称收支平衡法，是利用收支平衡点来确定产品的价格，即在销量达到一定水平时，企业应如何定价才不致发生亏损；反过来说，已知价格在某一水平上，应销售多少产品才能保本。其计算公式为：

盈亏平衡点价格＝固定总成本÷销量＋单位产品变动成本

小案例

某企业年固定总成本为 100 000 元，单位产品变动成本为 30 元/件，年销量为 2 000 件，则该企业盈亏平衡点价格是多少？

其计算过程如下：

盈亏平衡点价格＝100 000÷2 000＋30＝80(元)

实际上，这种定价法就是确定总收入等于总支出时的价格，以盈亏平衡点确定价格只能使企业的生产耗费得到补偿，而不能得到收益。若实际价格超过收支平衡价格，企业就可盈利。因此，科学地预测销量和已知固定成本、变动成本是盈亏平衡定价的前提。有时，为了开展价格竞争或应付供过于求的市场格局，企业会采用这种定价方式以取得市场竞争的主动权。

从本质上说，成本导向定价法是一种卖方定价导向。它忽视了市场需求、竞争和价格水平的变化，有时候与定价目标相脱节。此外，运用这一方法制定的价格均是建立在对销量主观预测的基础上，从而降低了价格制定的科学性。因此，在采用成本导向定价法时，还应充分考虑需求和竞争状况，来确定最终的市场价格水平。

二、基于需求的定价方法

市场营销观念要求企业的一切生产经营必须以消费者需求为中心，并在产品、价格、分销和促销等方面予以充分体现。基于需求的定价方法是根据市场需求状况和消费者对产品的感觉差异来确定价格的方法，故又称“市场导向定价法”。基于需求的定价方法主要包括认知价值定价法、需求差别定价法和反向定价法。

(一) 认知价值定价法

认知价值定价法是指以顾客对产品价值的认知程度，即产品在顾客心目中的价值观念作为定价依据，运用各种营销策略和手段，影响顾客对产品价值认知的一种定价方法。认知价值定价的关键，不是卖方的成本，而是购买者对价值的认知。企业如果过高地估计认知价值，便会定出偏高的价格；相反，则会定出偏低的价格。

(二) 需求差别定价法

所谓需求差别定价法，是指产品价格的确定以需求为依据，首先强调适应消费者需求的不同特性，而将成本补偿只放在次要的地位。这种定价方法，对同一商品在同一市场上制定两个或两个以上的价格，或使不同商品价格之间的差额大于其成本之间的差额。其好处是可以使企业定价最大限度地符合市场需求，促进商品销售，有利于企业获取最佳的经济效益。根据需求特性的不同，需求差别定价法通常有以下几种形式：以用户为基础的差别定价；以地点为基础的差别定价；以时间为基础的差别定价；以产品为基础的差别定价；以流转环节为基础的差别定价。

企业采取差别定价必须具备的条件有：

(1) 市场必须是可以细分的，而且各个细分市场须表现出不同的需求程度；

(2) 以较低价格购买某种产品的顾客没有可能以较高价格把这种产品倒卖给别人；

(3) 在对部分顾客实施高价时，竞争者没有可能以低价竞销；

(4) 细分市场和控制市场的成本费用不得超过因实行价格歧视而得到的额外收入，也就是说，不能得不偿失；

（5）价格差别不会引起顾客反感，使顾客放弃购买，影响销售；

（6）采取的价格差别形式不会违法。

（三）反向定价法

所谓反向定价法，是指企业依据消费者能够接受的最终销售价格，计算自己从事经营的成本和利润后，逆向推算出产品的批发价和零售价。这种定价方法不以实际成本为依据，而是以市场需求为出发点，力求价格为消费者所接受。分销渠道中的批发商和零售商多采取这种定价方法。

反向定价法的特点在于，价格能够反映市场需求情况，有利于加强企业与中间商的良好关系，保证中间商的正常利润，使产品迅速向市场渗透，并可根据市场供求情况及时调整，定价比较灵活。

三、基于竞争的定价方法

对于一些市场竞争十分激烈的产品，许多企业在制定价格时，往往不是根据成本和需求，而是以竞争者的价格水平为基础进行定价。基于竞争的定价方法是指企业通过研究竞争对手同类产品的商品价格、生产条件、服务状况等，结合自身的发展需求，以竞争对手的价格为基础进行产品定价的一种方法，又称竞争导向定价法。其特点是价格与成本和市场需求不发生直接关系。当然，为实现企业的定价目标和总体经营战略目标，谋求生存与发展，企业可以在其他营销手段的配合下，将价格定得高于或低于竞争者的价格，而不一定要求和竞争对手的产品价格完全保持一致。基于竞争的定价方法主要包括随行就市定价法、主动竞争定价法、竞争投标定价法和拍卖定价法。

（一）随行就市定价法

随行就市定价法又称流行水准定价法，是指在一个竞争比较激烈的行业或部门中，某个企业根据市场竞争格局，跟随行业或部门中主要竞争者的价格，或各企业的平均价格，或市场上一般采用的价格，来确定自己产品价格的方法。即企业按照行业的平均现行价格水平来定价。采用随行就市定价法，企业就不必去全面了解消费者对不同价差的反应，也不会引起价格波动，从而为营销人员节约了很多时间。

通常在以下情况下采取随行就市定价法：

（1）难以估算成本；

（2）处于同质产品市场，主要是为了与同行业企业和平共处，避免发生激烈的竞争；

（3）如果另行定价，很难了解购买者和竞争者对本企业价格的反应；

（4）在完全竞争与寡头竞争的条件下。

值得注意的是，这种定价法虽然以竞争对手的价格为依据，但并不否认本企业商品的成本、质量等因素对价格形成的直接作用。

（二）主动竞争定价法

主动竞争定价法又称价格领袖定价法或寡头定价法，是指在某个行业或部门中，由一个或少数几个大企业首先定价，其余企业参考定价或追随定价的方法。这一个或少数的几个大企业就是价格领袖，它们的价格变动往往会引起其他企业的价格变动。

（三）竞争投标定价法

竞争投标定价法又称为密封投标定价法，是指一个企业根据招标方的条件，主要考虑竞争情况来确定标的价格的一种方法。许多大宗商品、原材料、成套设备和建筑工程项目的买卖和承包以及征招经营协作单位、出租出售小型企业等，往往采用发包人招标、承包人投标的方式来选择承包者，并确定最终承包价格。

一般来说，招标方只有一个，处于相对垄断地位，而投标方有多个，处于相互竞争地位。一个企业能否中标，在很大程度上取决于该企业与竞争者投标报价水平的比较。标的物的价格是由参与投标的各个企业在相互独立的条件下确定的，在买方招标的所有投标者中，报价最低的投标者通常中标，他的报价就是承包价格。

（四）拍卖定价法

拍卖定价法是由卖方预先发表公告，展示拍卖物品，买方预先看货，在规定时间公开拍卖，由买方公开叫价，不再有人竞争的最高价格即为成交价格，卖方按此价格拍板成交。过去拍卖定价法主要用于处置积压商品或旧货，现在其越来越广泛地被使用。有三种主要的拍卖形式：

（1）英国式拍卖，是一种加价拍卖方式，包含一个卖方和多个买方。卖方出示一个商品，买方不断加价竞标，直至达到最高价格。英国式拍卖经常被用来出售古董、家畜、不动产和旧设备、车辆。

（2）荷兰式拍卖，是一种降价拍卖方式，包括一个卖方多个买方，或者一个买方多个卖方。在一个卖方多个买方情况下，拍卖人先宣布一个最高的价格，然后逐渐降低价格，直至出价人接受为止；在一个买方多个卖方情况下，买方宣布他想买的商品，多个卖方不断压低价格以寻求最后中标。每个卖方都能看到当前最低价格，从而决定是否继续降价。

（3）封闭式投标拍卖，是指供应商只能提供一份报价，并且不知道其他人的报价如何。供应商不会低于自己的成本报价，但是考虑到可能失去订单也不会报得太高。政府部门经常利用这种方法采购。

第四节　定价策略

由于企业经营的产品、销售渠道以及所处的市场环境等不尽相同，因此，有必要采取灵活的产品定价策略。适宜的定价策略是科学性与艺术性协调统一的体现，其对于扩大产品销售、提高市场份额、增加盈利水平具有重要意义。

一、新产品定价策略

新产品定价关系到新产品能否顺利进入市场，企业能否站稳脚跟，能否取得较大的经济效益。常见的新产品定价策略主要有三种，分别是撇脂定价、渗透定价和满意定价。

（一）撇脂定价

撇脂定价又称取脂定价，是指新产品上市之初，将其价格定得较高，以便在短期内获取厚利，迅速收回投资，减少经营风险，待竞争者进入市场，再按正常价格水平定价。这一定价策略有如从鲜奶中撇取奶油，取其精华，所以称为撇脂定价。

一般而言，对于全新产品、受专利保护的产品、需求的价格弹性小的产品、流行产品、未来市场形势难以测定的产品等，可以采用撇脂定价，其优点主要表现在：

（1）新产品上市之初，顾客对其尚无理性认识，此时的购买动机多属于求新求奇，利用较高价格可以提高产品身份，适应顾客求新心理，创造高价、优质、名牌的印象，有助于开拓市场。

（2）主动性大，先制定较高的价格，在其新产品进入成熟期后可以拥有较大的调价余地，不仅能通过逐步降价保持企业的竞争力，而且还可以在现有的目标市场上吸引潜在需求者，甚至能争取到低收入阶层和对价格比较敏感的顾客。

（3）在新产品开发之初，由于资金、技术、资源、人力等条件的限制，企业很难以现有的规模满足所有的需求，所以利用高价可以限制需求的过快增长，缓解产品供不应求的状况，并且可以利用高价获取的高额利润进行投资，逐步扩大生产规模，使之与需求状况相适应。

（4）在短期内可以收回大量资金，用于新的投资。

撇脂定价也存在着一些缺点，主要体现在：高价产品的需求规模有限，过高的价格不利于市场开拓、增加销量；不利于占领和稳定市场，容易导致新产品开发失败；高价高利容易引来大量的竞争者，仿制品、替代品迅速出现，从而迫使价格急剧下降。此时若无其他有效策略相配合，则企业苦心营造的高价优质形象可能会受到损害，从而失去一部分消费者；价格远远高于价值，在某种程度上会损害消费者利益，容易招致公众的反对和消费者抵制，甚至会被当作暴利商品而受到查处，此外还可能诱发公共关系问题。

小案例

有一个分析师曾这样形容英特尔公司的定价政策：“这个集成电路巨人每12个月就要推出一种新的、具有更高盈利点的微处理器，并把旧的微处理器的价格定在更低的价位上以满足需求。”当英特尔公司推出一种新的计算机芯片时，它的定价是1 000美元，这个价格使它刚好能占有市场的一定份额。这些新的芯片能够增加高能级个人计算机和服务器的性能。如果顾客等不及，他们就会在价格较高的时候去购买。随着销售额的下降及竞争对手推出相似的芯片对其构成威胁时，英特尔公司就会降低其商品的价格来吸引下一层次对价格敏感的顾客。最终，价格跌落到最低水平，每个芯片仅售200美元多一点，使该芯片成为一个热门大众市场的处理器。通过这种方式，英特尔公司从各个不同的市场中获取了最大量的收入。

（二）渗透定价

渗透定价是与撇脂定价相反的一种定价策略，即企业在新产品上市之初将其价格定得较低，以吸引大量的购买者，借以打开产品销路，提高市场占有率，谋求较长时期的市场领先地位。

当新产品没有显著特色、竞争激烈、需求弹性较大时，宜采用渗透定价。其优点有：

低价可以使产品迅速为市场所接受，并借助大批量销售来降低成本，获得长期稳定的市场地位；微利可以阻止竞争对手进入，减缓竞争，获得一定的市场优势。其缺点在于，投资回收期较长，且价格变化余地小，并有可能给顾客造成低价低质的印象。

利用渗透定价的前提条件：一是新产品的需求价格弹性较大；二是新产品具有规模经济效应。对于企业来说，选择撇脂定价还是渗透定价，需要综合考虑市场需求状况、竞争状况、供给状况、市场潜力、价格弹性、产品特性以及企业发展战略等因素的影响。

（三）满意定价

满意定价又称为适中定价，其是一种介于撇脂定价与渗透定价之间的策略，以获取社会平均利润为目标。它既不是利用价格来获取高额利润，也不是通过价格制约占领市场，而是尽量降低价格在营销手段中的地位，转而重视其他在产品市场中更有效的营销手段，其是一种较为公平、正常的定价策略。当环境不适合于采用撇脂定价或渗透定价时，企业一般采取满意定价。

满意定价的优点有：产品能较快为市场接受且不会引起竞争对手的对抗；可以适当延长产品的生命周期；有利于企业树立信誉，稳步调价并使顾客满意。其缺点在于，虽然与撇脂定价或渗透定价相比，满意定价缺乏主动进攻性，但并不意味着正确执行它就非常容易。

满意定价没有必要将价格定得与竞争者一样或者接近平均水平。与撇脂价格和渗透价格类似，满意价格也是参考产品的经济价值决定的。当大多数潜在的购买者认为产品的价值与价格相当时，即便价格很高也属适中价格。

小案例

1989年夏季，由美国可口可乐公司与杭州茶厂合资组建的中华食品公司开始罐装供应雪碧，把许多国产饮料挤出了市场，甚至一些“正宗进口”的洋饮料也甘拜下风。是什么原因使雪碧获得这样成功？为了占领杭州饮料市场，中华食品公司采取了多种策略，包括产品策略、分销策略、广告策略等，其中价格策略的成功是雪碧成功的不可忽视的重要因素。针对大众消费水平，雪碧价格确定在0.65元/瓶，介于国产普通汽水和进口易拉罐之间。当时，国产汽水每瓶0.45元，但口味不及雪碧；进口饮料如粒粒橙每罐3.4元，不是一般人所能问津的。而雪碧价格适中，切合大众消费需求，0.65元一瓶。

同时，中华食品公司给予每个销售点较高的销售利润，即让一部分利润给零售商。在杭州各销售点每销售一瓶雪碧可得利0.12元，而普通国产汽水每瓶的销售毛利只有0.07元，故各零售点都愿意销售雪碧。

同时，尽管粒粒橙的销售毛利更大，但是问津者毕竟少，在销量上远远比不上雪碧，经销它们易造成积压，阻碍现金流动。

二、产品组合定价策略

当产品只是某产品组合的一部分时，企业必须对定价方法进行调整。此时，企业要研究出一系列价格，使整个产品组合的利润最大化。由于各种产品之间存在需求和成本的相互联系，而且会带来不同程度的竞争，所以定价十分困难。

产品组合定价是指企业为了实现整个产品组合（或整体）利润最大化，在充分考虑不同产品之间的关系，以及个别产品定价高低对企业总利润的影响等因素的基础上，系统地调整产品组合中相关产品的价格。产品组合定价的主要策略有产品线定价、任选品定价、连带品定价、分级定价、副产品定价、产品捆绑定价。

（一）产品线定价

产品线定价（又称产品大类定价）是指企业为追求整体收益的最大化，为同一产品线中不同的产品确立不同的角色，进而制定高低不等的价格。若产品线中的两个前后连接的产品之间价格差额小，顾客就会购买先进的产品，此时，如果两个产品的成本差额小于价格差额，企业的利润就会增加；若价格差额大，顾客就会更多地购买较差的产品。例如，某品牌西装拥有 300 元、800 元、1 500 元 3 种价格。产品线定价策略的关键在于合理确定价格差距。

（二）任选品定价

任选品即与企业生产或经销的主要产品密切关联的产品。例如：饭店的主要产品是饭菜，酒则是任选品。任选品的定价也是一个具有策略性的问题。企业既可以把任选品的价格定得较高，靠它来赚钱；也可以把任选品的价格定得较低，利用它来招徕客人。

（三）连带品定价

连带品（又称互补品）是指必须与主要产品一同使用的产品。许多企业往往采取主要产品（价值量高的产品）定价较低、连带品定价较高的策略，这样有利于提高整体销量，增加企业利润。

（四）分级定价

分级定价，又称分部定价或两段定价法。服务性企业经常收取一笔固定的费用，再加上可变的使用费。例如，游乐园一般只收第一道大门的门票，如果游玩的是游乐园内的一些特殊景区或设施，则需要再交费。

（五）副产品定价

企业在生产加工肉类、石油产品和其他化工产品的过程中，经常有副产品。如果副产品没有用，处理费用昂贵，就会影响到主产品的定价。制造商确定的价格必须能够弥补副产品的处理费用。如果副产品对某一顾客群有价值，就应该按其价值定价。副产品带来丰厚的收入，将使公司更易于为其主产品制定较低价格，以便在市场上增加竞争力。

（六）产品捆绑定价

产品捆绑定价是指企业将数种产品组合在一起，以低于分别销售时支付总额的价格进行销售。企业经常会将一些产品组合在一起定价销售。相比于单件出售，卖方一般针对产品组合捆绑的定价要低很多，借此来推动顾客购买。例如，对于成套设备、服务性产品等，为鼓励顾客成套购买，以扩大销售，加快资金周转，可以使成套购买的价格低于单独购买其中每一产品的费用总和。

三、折扣定价策略

大多数企业为了鼓励顾客及早付清货款，或鼓励大量购买，或为了增加淡季销售量，常常需酌情给顾客一定的优惠，这种价格的调整称为价格折扣和折让。折扣定价策略是指对基本价格作出一定的让步，直接或间接降低价格，以争取顾客，扩大销量。其中，直接折扣的形式有数量折扣、现金折扣、功能折扣、季节折扣，间接折扣的形式有回扣和津贴。

（一）数量折扣

数量折扣是指按购买数量的多少，分别给予不同的折扣，购买数量越多，折扣越大。企业给那些大量购买某种产品的顾客减价，其目的是鼓励其大量购买或集中向本企业购买。数量折扣包括累计数量折扣和一次性数量折扣两种形式。数量折扣的优点有：促销作用非常明显，企业因单位产品利润减少而产生的损失完全可以从销量的增加中得到补偿；销售速度的加快，有助于加快企业资金周转，降低流通费用和产品成本，从而促进企业总盈利水平上升。例如：顾客购买某种商品 100 单位以下，每单位 10 元，而购买 100 单位以上，每单位 9 元。

（二）现金折扣

现金折扣是指给予在规定时间内提前付款或用现金付款者的一种价格折扣，其目的在于鼓励顾客尽早付款，从而加速资金周转，降低财务风险。采用现金折扣一般要考虑三个因素：折扣比例、给予折扣的时间限制与付清全部货款的期限。

（三）功能折扣

功能折扣，也称贸易折扣，是指因中间商在产品分销过程中所处的环节不同，其所承担的功能、责任和风险也不同，企业据此给予不同的折扣，即制造商给某些批发商或零售商的一种额外折扣，旨在促使它们执行某种市场营销功能，如推销、储存、服务等。功能折扣的目的主要有：鼓励中间商大批量订货，扩大销售，争取顾客，并与生产企业建立长期、稳定、良好的合作关系；对中间商经营的有关产品的成本和费用进行补偿，并让中间商获取一定的盈利。功能折扣的比例设定，需考虑中间商在分销渠道中的地位、对生产企业产品销售的重要性、购买批量、完成的促销功能、承担的风险、服务水平、履行的商业责任、产品在分销中所经历的层次和在市场上的最终售价等。

（四）季节折扣

季节折扣是指企业鼓励顾客淡季购买的一种减让，以使企业的生产和销售一年四季能保持相对稳定。有些商品的生产是连续的，而其消费却具有明显的季节性特征。为了调节供需矛盾，生产企业对在淡季购买商品的顾客给予一定的优惠，使企业的生产和销售在全年均能保持相对稳定。例如，啤酒生产厂家对在冬季进货的商业单位给予大幅让利，羽绒服生产企业为夏季购买其产品的客户提供折扣，旅馆和航空公司在它们经营淡季期间也提供优惠。季节折扣比例的确定，应考虑成本、储存费用、基价和资金利息等因素。季节折扣有利于降低库存，加速商品流通，迅速收回资金，促进企业均衡生产，充分发挥生产和销售潜力，避免因季节需求变化所带来的市场风险。

（五）回扣和津贴

回扣是间接折扣的一种形式，它是指购买者在按价格目录将货款全部付给销售者以后，销售者再按一定比例将货款的一部分返还给购买者。

津贴是企业为特殊目的，对特殊顾客以特定形式所给予的价格补贴或其他补贴。例如，零售商为企业产品刊登广告或设立橱窗，生产企业除负担部分广告费外，还在产品价格上给予其一定优惠。津贴中还有一种形式是折让。如旧货折价折让，就是当顾客在购买一件新品目的商品时，被允许交还同类商品的旧货，以获取新货价格上的折让。又如促销折让，是卖方为了报答经销商参加广告和支持销售活动，而支付给其的款项或给予的价格折让。

小案例

日本东京银座美佳西服店为了销售商品采用了一种折扣销售方法，颇获成功。具体方法是这样：先发一公告，介绍某商品的品质、性能等一般情况，再宣布打折扣销售天数及具体日期，最后说明打折方法：第一天打九折，第二天打八折，第三、四天打七折，第五、六天打六折，以此类推，到第十五天、第十六天打一折。

这个销售方法的实践结果是，第一、第二天顾客不多，来者多半是探听虚实和看热闹的。第三、第四天人渐渐多起来，第五、第六天打六折时，顾客像洪水般涌向柜台争购，以后连日爆满，没到一折售货日期，商品早已售完。

这是一个成功的折扣定价策略，妙在准确地抓住顾客购买的心理，有效地运用折扣售货方法销售。人们当然希望买质量好又便宜的货，最好能买到两折、一折价格出售的货，但是谁能保证到你想买时还有货呢？于是出现了头几天消费者犹豫，中间几天抢购，最后几天买不着货者惋惜的情景。

四、差别定价策略

由于市场上存在着不同的顾客群体、不同的消费需求和偏好，企业为了适应在顾客、产品、地理等方面的差异，常常采用差别定价策略。所谓差别定价（歧视定价），是指企业以两种或两种以上不反映成本费用比例差异的价格来销售一种产品或服务，即价格的不同并非基于成本的不同，而是企业为满足不同消费层次的要求而构建的价格结构。差别定价有以下几种形式：顾客差别定价；产品差别定价；地点差别定价；时间差别定价。

（一）顾客差别定价

企业把同一种商品或服务按照不同的价格卖给不同的顾客。例如，公园、旅游景点、博物馆将顾客分为学生、年长者和一般顾客，对学生和年长者收取较低的费用；铁路公司对学生、军人售票的价格往往低于一般乘客；自来水公司根据需要把用水分为生活用水、生产用水，并收取不同的费用；电力公司将用电分为居民用电、商业用电、工业用电，对不同的用电收取不同的电费。

（二）产品差别定价

企业根据产品的不同型号、不同式样，制定不同的价格，但并不与各自的成本成比例。例如，一条裙子70元，成本50元，可是在裙子上绣一组花，追加成本5元，但价格却可定到100元。一般来说，新式样产品的价格会高一些。

（三）地点差别定价

地点差别定价是指对处于不同地点或场所的产品或服务制定不同的价格，即使每个地点的产品或服务的成本是相同的。例如，影剧院不同座位的成本费用都一样，但却按不同的座位收取不同的价格，因为公众对不同座位的偏好不同；火车卧铺从上铺到中铺、下铺，价格逐渐增高。

（四）时间差别定价

产品或服务的价格因季节、时期或钟点的变化而变化。一些公用事业公司，对于用户按一天的不同时间、周末和平常日子的不同标准来收费。电信公司制定的晚上、清晨的长途电话费用可能只有白天的一半。航空公司或旅游公司在淡季的价格便宜，而一到旺季价格立即上涨。这样可以促使消费需求均匀化，避免企业资源的闲置或超负荷运转。

企业采取差别定价策略的前提条件是：（1）市场必须是可以细分的，而且各个细分市场表现出的需求程度不同；（2）细分市场间不会因价格差异而发生转手或转销行为，且各销售区域的市场秩序不会受到破坏；（3）市场细分与控制的费用不应超过价格差别所带来的额外收益；（4）在以较高价销售的细分市场中，竞争者不可能低价竞销；（5）推行这种定价法不会招致顾客的反感、不满和抵触。

五、心理定价策略

心理定价策略是指根据消费者不同的消费心理而制定相应的产品价格，以引导和刺激购买的价格策略。常用的心理定价策略有数字定价、声望定价、招徕定价、习惯定价等。

（一）数字定价

数字定价策略一般包括尾数定价、整数定价以及愿望数字定价三种类型。

尾数定价，又称零数定价、奇数定价、非整数定价，是指企业利用消费者求廉的心理，制定非整数价格，而且常常以零数作尾数。例如，某种产品价格定价为9.99元而不是10元。使用尾数定价，可以使价格在消费者的心中产生三种特殊的效应：便宜、精确、中意。这种策略一般适应于日常消费品等价格低廉的产品。

与尾数定价相反，整数定价针对的是消费者的求名、自豪心理，将产品价格有意定为整数。对于那些无法明确显示其内在质量的商品，消费者往往通过其价格的高低来判断其质量的好坏。但是，在整数定价方法下，价格的高并不是绝对的高，而只是凭借整数价格来给消费者造成高价的印象。整数定价常常以偶数，特别是“0”作尾数。整数定价策略适用于需求的价格弹性小、价格高低不会对需求产生较大影响的中高档产品，例如，流行品、时尚品、奢侈品、礼品、星级宾馆、高级文化娱乐城等。整数定价的好处有：可以满足购买者显示地位、崇尚名牌、炫耀富有、购买精品的虚荣心；利用高价效应，在顾客心目中树立高档、高价、优质的产品形象。

此外，还有一种类型的数字定价策略，称为愿望数字定价。由于民族习惯、社会风俗、文化传统和价值观念的影响，某些数字常常会被赋予一些独特的含义，企业在定价时如能加以巧用，则其产品可能会因之而得到消费者的偏爱。当然，对于某些为消费者所忌讳的数字，企业在定价时则应有意识地避开，以免引起消费者的厌恶和反感。

（二）声望定价

声望定价是指根据产品在顾客心中的声望、信任度和社会地位来确定价格。对于一些名牌产品，企业往往可以利用消费者仰慕名牌的心理而制定大大高于其他同类产品的价格，例如，国际著名的欧米茄手表，在我国市场上的销价从一万元到几十万元不等。消费者在购买这些名牌产品时，特别关注其品牌，在意标价所体现出的炫耀价值，并希望通过消费获得极大的心理满足。声望定价的目的在于，满足某些顾客的特殊欲望，如地位、身份、财富、名望和自我形象，高价能够显示名贵优质。声望定价策略适用于一些知名度高、具有较大的市场影响、深受市场欢迎的驰名商标的产品。

（三）招徕定价

招徕定价又称特价商品定价，是指企业将某几种产品的价格定得非常之高或非常之低，在引起顾客的好奇心理和观望行为之后，以带动其他产品的销售，加速资金周转。这一定价策略常为综合性百货商店、超级市场，甚至高档商品的专卖店所采用。

需要注意的是，用于招徕的降价品，应该与低劣、过时的商品明显地区别开来，必须是品种新、质量优的适销产品，而不能是处理品。否则，不仅达不到招徕顾客的目的，反而可能使企业声誉受到影响。

北京有家商场，每逢节假日都要举办“1 元拍卖活动”，所有拍卖商品均以 1 元起价，报价每次增加 5 元，直至最后定夺。但这种由每日商场举办的拍卖活动由于基价定得过低，最后的成交价就比市场价低得多，因此会给人们产生一种“卖得越多，赔得越多”的感觉。岂不知，该商场用的是招徕定价术，它是以低廉的拍卖品活跃商场气氛，增大客流量，进而带动整个商场的销售额。这里需要说明的是，应用此策略所选的降价商品，必须是顾客都需要而且市场价格为人们所熟知的才行。

（四）习惯定价

习惯定价是指根据消费市场长期形成的习惯性价格定价的策略。对于经常性、重复性购买的商品，尤其是家庭生活日常用品，在消费者心理上已经“定格”，其价格已成为习惯性价格，并且消费者只愿付出这么大的代价。对于有些商品，消费者在长期的消费中，已在头脑中形成了一个参考价格水准，个别企业难以改变。降价易引起消费者对品质的怀疑，涨价则可能受到消费者的抵制。因此，企业定价时常常要迎合消费者的这种习惯心理。

六、促销定价策略

促销定价策略是指企业暂时将其产品价格定得低于目录价格，有时甚至低于成本，从而达到促进销售的目的。促销定价有以下形式：

（一）牺牲品定价

一些超市和百货商店会用几个产品作为牺牲品招徕客户，希望他们顺带购买其他有正常加成的产品。

（二）特殊事件定价

销售者在某些季节还可以用特殊事件定价来吸引更多的客户。例如，企业利用开业庆典或开业纪念日等时机，降低某些产品的价格，以吸引更多的顾客。

（三）现金回扣

制造商对在特定时间内购买企业产品的顾客给予现金回扣，以清理存货，减少积压。回扣在汽车制造商、耐用品和小器具生产商中十分流行。一些制造商通过提供低息贷款、较长期担保或者免费保养等方式来减让消费者的“价格”。

（四）心理折扣

企业在开始时给产品制定很高的价格，然后大幅度降价出售，以刺激顾客购买。例如标出“原价 5 000 元，现价 4 000 元”“100 元买 110 元商品”等。

七、地理定价策略

地理定价策略是指企业根据产品销售地理位置的不同而规定差别价格的策略。企业在制定价格策略时，针对不同地区所产生的运输、装卸、仓储、保险等多种费用，在价格上进行灵活反映和处理。地理定价策略的形式主要有：

（一）产地定价

顾客（买方）以产地价格或出厂价格为交货价格，企业（卖方）只负责将这种产品运送到前往产地的某种运输工具（如卡车、火车等）上，其后的运杂费和运输风险全部由买方承担。这种做法适用于销路好、市场紧俏的商品，但不利于吸引路途较远的顾客。

（二）统一交货价

统一交货价策略也称邮资定价法，其和上一种定价策略相反，企业对不同地区的顾客实行统一的价格，即按出厂价加平均运费制定统一交货价。这种方法简便易行，但实际上是由近处的顾客承担了部分远处顾客的运费，这对近处的顾客不利，但比较受远处顾客的欢迎。

（三）分区定价

分区定价，介于上述两种定价策略之间，即企业把销售市场划分为远近不同的区域，各区域因运距差异而实行不同的价格，同区域内实行统一价格。分区定价类似于邮政包裹、长途电话的收费。对企业来讲，可以较为简便地协调不同地理位置用户的运费负担问题，但对处于分界线两侧的顾客而言，还是会存在一定的矛盾。

（四）基点定价

企业在产品销售的地理范围内选择某些城市作为定价基点，然后按照出厂价加上基点城市到顾客所在地的运费来定价。这种情况下，运杂费用等是以各基点城市为界由买卖双方分担的。该策略适用于体积大、费用占成本比重较高、销售范围广、需求弹性小的产品。有些公司为了提高灵活性，选定多个基点城市，按照顾客最近的基点计算运费。

（五）津贴运费定价

津贴运费定价又称为减免运费定价，是指由企业承担部分或全部运输费用的定价策略。

一些企业由于急于拓展某些地区的市场，而愿意负担全部或部分实际运费。这些企业认为，如果生意扩大，其平均成本就会降低，因此足以抵偿这些费用开支。此种定价方法有利于企业加深市场渗透。当市场竞争激烈或企业急于打开新的市场时企业常会采取这种做法。

第五节　价格调整

在产品价格确定后，由于客观环境和市场情况的变化，企业往往需要及时对现行价格进行修改和调整。企业产品价格调整的动力既可能来自于内部，也可能来自外部。倘若企业利用自身的产品或成本优势主动调整价格，并将价格作为竞争的利器，则称为主动调价。但有时，企业价格的调整是出于应付竞争的需要，即竞争对手主动调整价格，而企业不得不相应地被动调整价格，此称为被动调价。无论是主动调整，还是被动调整，其形式不外乎有降价和提价两种。

一、主动调价

企业常面临是否需要降低或提高价格的问题。

（一）企业提价

企业提价一般会引发消费者和经销商的不满，但在以下情况下企业仍可能会提价：(1) 产品已经改进，质量和功能获得提升。(2) 应付产品成本上涨，减轻成本压力。(3) 适应通货膨胀，物价普遍上涨，企业生产成本增加，为保证利润，减少企业损失，而不得不提价。(4) 产品供不应求，市场需求旺盛。企业无法满足市场对该产品的全部需求，提高价格既能有效地抑制需求，又可增加企业的利润。(5) 利用顾客心理，创造优质高价效应。(6) 政府或行业协会的影响。

企业在提高价格时，应通过各种媒介做好宣传解释，争取消费者的理解，并帮助顾客解决因产品提价而产生的困难。

（二）企业降价

这是定价者面临的最严峻且具有持续威胁力量的问题。企业在以下情况须考虑降价：(1) 生产能力过剩，产品供过于求，而又不能通过产品改进和加强销售等措施达到扩大销售的目的，在此情况下，企业可以通过降价来刺激市场需求。(2) 企业面临激烈的竞争，市场占有率下降，通过降价有助于维持和扩大市场份额。(3) 决策者决定排斥现有市场的竞争者。(4) 由于技术的进步而使行业生产成本大大降低，费用减少，使企业降价成为可能，并预期降价会扩大销售。(5) 政治、法律环境及经济形势的变化，迫使企业降价。

（三）主动调价的市场反应

任何价格变化都将受到购买者、竞争者、分销商、供应商，甚至政府的注意。

1. 顾客对价格变动的反应

企业调整价格后，应密切关注消费者对价格变化的反应。不同市场的消费者对价格变动的反应是不同的，即使处在同一市场的消费者对价格变动的反应也可能不同。顾客对提价的可能反应有：产品很畅销，不赶快买就买不到了；产品很有价值，所以才提价；卖主想赚取更多的利润。顾客对降价可能有以下看法：产品样式老了，将被新产品代替；产品存在某些缺陷，销售不畅；企业财务困难，难以继续经营；价格还会进一步下跌，不如再等一等；产品质量下降了。

购买者对价值不同的产品价格的反应也有所不同。消费者通常对于价值高、经常购买的产品的价格变动较为敏感；而对于价值低、不经常购买的产品，即使单位价格高，其也不大在意。此外，购买者通常更关心取得、使用和维修产品的总费用，因此，卖方可以把产品的价格定得比竞争者高，以取得较高利润。

2. 竞争者对价格变动的反应

虽然透彻地了解竞争者对价格变动的反应几乎不可能，但为了保证调价策略能够取得成功，主动调价的企业又必须考虑竞争者的价格反应。未能有效估计竞争者反应的调价，往往难以成功，或者说至少不会取得预期效果。

在实践中，为了减少因无法确知竞争者对价格变化的反应而带来的风险，企业在主动调价之前必须明确回答以下问题：本行业产品有何特点？本企业在行业中处于何种地位？主要竞争者是谁？竞争对手会怎样理解我方的价格调整？针对本企业的价格调整，竞争者会采取什么对策？这些对策是价格性的还是非价格性的？它们是否会联合作出反应？针对竞争者可能的反应，企业的对策又是什么？有无几种可行的应对方案？在细致分析上述问题的基础上，企业才可做出价格调整幅度与时机的决策。

竞争者对调价的反应有以下几种类型：

（1）相向式反应。你提价，他涨价；你降价，他也降价。这种一致的行为，对企业影响不会太大，导致严重后果的可能性较小。企业坚持合理的营销策略，并不会失去市场或降低市场份额。

（2）逆向式反应。你提价，他降价或维持原价不变；你降价，他提价或维持原价不变。这种相互冲突的行为，影响很严重，而且竞争者的目的也十分清楚，就是乘机争夺市场。对此，企业要进行深入的调查分析，首先应摸清竞争者的具体动机，其次要估计竞争者的实力，最后还要了解市场的竞争格局。

（3）交叉式反应。众多竞争者对企业调价反应不一，有相向的，有逆向的，有不变的，情况错综复杂。企业在不得不调价时应注意提高产品质量，加强广告宣传，保持分销渠道畅通等。

二、被动调价

在市场竞争中，企业经常会遇到竞争者率先调价的挑战，因此，如何对竞争者的价格调整做出快速且恰当的反应，是一个非常重要的问题。竞争对手在实施价格调整策略之前，一般需经历长期的统筹考虑，仔细权衡调价的利害，但是，一旦调价成为现实，则这个过程将相当迅速，并且其在调价之前会尽可能地采取严格的保密措施，以保证发动价格竞争的突然性。企业在作出反应时，应着重分析：竞争者调价的目的是什么？调价是暂时的，还是长期的？能否持久？在此基础上，企业需快速决策：是否作出反应？如何反应？

另外，企业还需深入分析产品的价格需求弹性、产品成本和销售量之间的关系等一系列复杂问题。面对竞争对手价格的调整，企业要尽可能地快速作出反应，为此有必要事先制定出完备的应对程序，以便在事件发生时能及时按程序处理，提高反应的灵活性和有效性。

一般说来，在同质产品市场上，如果竞争者降价，企业必随之降价，否则企业会失去大部分顾客。但面对竞争者的提价，本企业既可跟进，也可以暂时观望。如果大多数企业都维持原价，则最终将迫使竞争者不得不把价格降低。

在异质产品市场，由于每个企业的产品质量、品牌、服务和消费者偏好等方面存在显著不同，因而面对竞争者的调价策略，企业可以选择的应对方式包括：价格不变，任其自然；价格不变，加强非价格竞争，如广告、售后服务、销售网点等；部分或完全跟随竞争者的价格变动；优越于竞争者的价格跟进并结合非价格手段进行反击。

本章小结

在营销组合中，价格是唯一能创造收益的因素，也是最容易调节的因素之一。定价决策既受企业内部因素的影响，也受外部环境因素的影响。其中，内部影响因素有营销目标、营销组合战略、成本、组织考虑；外部影响因素包括市场和需求的性质、竞争对手、其他外部因素。

企业定价目标是指企业对其产品定价时预先确定的所要达到的目的和标准，其是企业营销目标在价格决策上的反映。一般可将企业定价目标划分为：生存导向定价目标；利润导向定价目标，具体包括以利润最大化为定价目标、以投资收益为定价目标、以合理利润为定价目标；销售导向定价目标；竞争导向定价目标，具体包括稳定价格目标、追随定价目标、挑战定价目标。

定价方法是企业在特定的定价目标指导下，依据对成本、需求及竞争等状况的研究，运用价格决策理论，对产品价格进行计算的具体方法。定价方法主要有：基于成本的定价方法，具体包括总成本加成定价法、目标收益定价法、边际成本定价法、盈亏平衡定价法；基于需求的定价方法，具体包括认知价值定价法、需求差别定价法、反向定价法；基于竞争的定价方法，具体包括随行就市定价法、主动竞争定价法、竞争投标定价法、拍卖定价法。

企业定价的策略多种多样，常用的有：新产品定价策略，具体包括撇脂定价、渗透定价、满意定价；产品组合定价策略，具体包括产品线定价、任选品定价、连带品定价、分级定价、副产品定价、产品捆绑定价；折扣定价策略，具体包括数量折扣、现金折扣、功能折扣、季节折扣、回扣和津贴；差别定价策略，具体包括顾客差别定价、产品差别定价、地点差别定价、时间差别定价；心理定价策略，具体包括数字定价、声望定价、招徕定价、习惯定价；促销定价策略，具体包括牺牲品定价、特殊事件定价、现金回扣、心理折扣；地理定价策略，具体包括产地定价、统一交货价、分区定价、基点定价、津贴运费定价。

在产品价格确定以后，由于内外部环境的动态变化，企业往往需要适时对现行价格进行调整。依据产品价格调整的动力来源，可分为主动调整价格和被动调整价格。产品价格的调整形式有降价和提价两种。

思考题

1. 影响企业定价决策的主要因素有哪些？
2. 企业的定价目标有哪些？
3. 企业的定价方法有哪些？
4. 企业常用的定价策略有哪些？
5. 新产品定价有哪些策略？分别适用什么条件？各有什么优缺点？
6. 简述企业主动调价的原因及对市场产生的影响。
7. 阐述企业被动调价的反应过程及应对措施。

第九章　渠道策略

学习目标

1. 理解分销渠道的含义，了解分销渠道的功能、流程、模式和系统。

2. 掌握分销渠道策略选择的影响因素，掌握制造商对分销渠道成员和渠道冲突的管理。

3. 了解物流在产品实体分配过程中的作用，掌握物流策略。

4. 理解网络分销渠道的含义，掌握网络分销渠道的管理。

引导案例

联想渠道策略的转变

联想公司在成立之后，不断转变其渠道策略，在不同的时期使用了不同的分销渠道，从而实现了企业的高速发展。

1. 代理分销阶段

这个阶段是联想自建渠道、奋发图强的阶段。联想放弃其不成熟的直销模式，采用分销模式，建立起了中国PC业第一个成型的分销体系，不断优化渠道结构，致力于渠道扁平化，密切联想与经销商之间的业务纽带和互利关系，避免恶性渠道冲突。

2. 紧密分销阶段

此阶段联想渠道进入了深耕细作阶段，建立了遍布全国的网络，提出了大联想的概念，其核心是把联想的分销渠道定为长期的商业伙伴。同时联想开始广泛地为各级经销商直接提供技术、培训和市场推广等方面的支持，并实施了ERP（企业资源计划），从而大大降低了渠道成本，提升了渠道成员之间信息交换的数量和质量。

3. 整合分销阶段

此阶段伴随着联想与分销商合作的继续深化。面对戴尔在中国市场的强势崛起，联想提出了整合分销的渠道策略。整合分销有两大核心要点：第一个要点是把以前联想的渠道优势整合在一起，为不同的客户提供产品和服务。第二个要点是联想和渠道之间要合理分工，各自培养自己的能力，发挥自己的优势，进行一体化的合作。

4. 集成分销阶段

联想并购IBM的PC业务后，引起了电脑行业的巨大震动，尤其是戴尔和惠普两大IT巨头感受到了极大的威胁，趁着联想整合IBM的PC渠道的同时开展了反击。面对着来自行业、用户、终端、竞争和自身的挑战，联想选择主动变革、积极突破，进行一次新的理念飞跃，实现联想体系的改革和升华，打造一个基于联想体系的、增值、高效、强有力的集成分销链。

资料来源：https：//wenku. baidu. com/view/93ef11d38662caaedd3383c4bb4cf7ec4afeb6ec. html.

第一节　分销渠道概述

一、分销渠道的含义、功能和流程

（一）分销渠道的含义

分销渠道也称为销售网络或分销网络，是指产品从生产领域向消费领域转移所经过的通道。也就是说，产品由生产者生产出来之后，中间经过了各个商业环节，最后才到达消费者手中，通过消费者的使用，实现产品的使用价值。

由上述分销渠道的概念中可以看出，分销渠道的起点是生产者，终点是消费者，中间各商业环节是各类中间商。

（二）分销渠道的功能

1. 中间商的经济效果

中间商是分销渠道里的中间环节，在关系视角下，分销渠道是一系列中间商组成的营销关系。正是因为中间商的存在，制造商的分销渠道才能建立起来，并带来共赢的经济效果。首先，通过中间商为制造商销售和转移产品，会大大减少市场交易的次数，降低市场交易成本，提高经济效率；其次，通过中间商销售产品，会节约企业财力资源，降低机会成本，获得较高的投资收益率，使企业具有更大的获利空间；最后，通过中间商的沟通作用，可以调节市场供给，满足市场需求，达到供需平衡，提高市场效率。

如图 9－1 所示，假设市场中有 3 个制造商和 3 个消费者。如果不使用中间商，3 个制造商将各自直接与 3 个消费者展开交易，那么市场中发生的交易总次数为 9 次；而使用中间商之后，制造商和消费者都与中间商展开交易，市场中的交易总次数减少为 6 次。与此可见，使用中间商降低了市场交易的复杂性，提高了市场的经济效率。

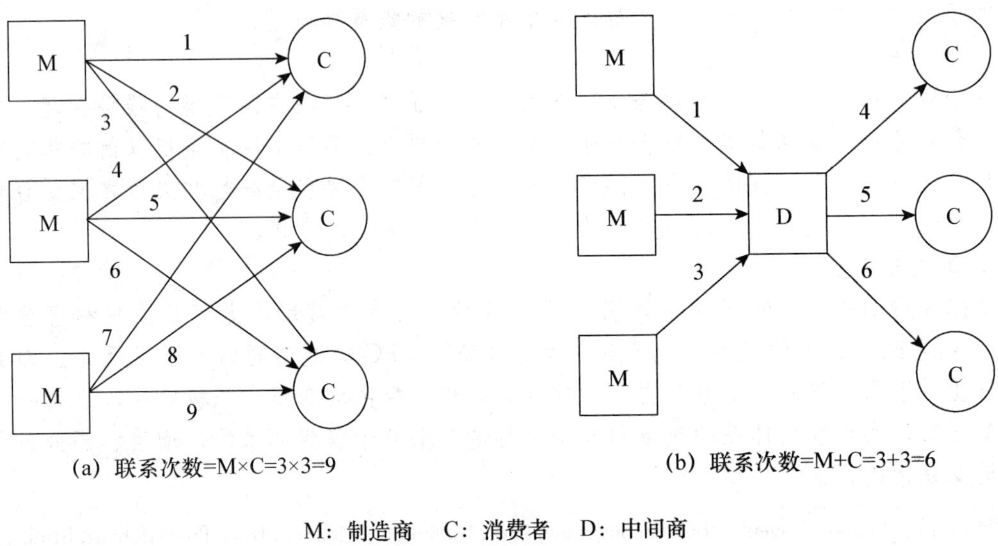

图 9－1　中间商的经济效果

2. 分销渠道的功能

分销渠道的功能在于使产品从生产者转移到消费者的整个过程顺畅、高效，缩小或消除产品供应与消费者需求之间在时间、地点、产品品种和数量上存在的差异。简而言之，分销渠道的基本功能就是要将产品或服务顺利地送达消费者。在此过程中，渠道中的各个成员要相互合作，共同努力去实现产品的形式效用、时间效用、地点效用和所有权效用。由此形成的分销渠道功能主要包括：收集与传达信息、促销、洽谈、组配、物流、风险承担和融资。

（1）收集与传达信息。渠道成员收集和分析有关消费者、市场行情、销售环境以及竞争者的信息，然后将其传达给其他成员共享和交流。

（2）促销。企业为了刺激消费会采取一系列企划宣传活动，即促销。促销其实就是企业与顾客主动沟通的一种形式，这种沟通的效果取决于企业是否能以富有创意的方式，使顾客乐于接受企业所传达的产品和服务信息。

(3) 洽谈。供销双方为了各自所需，就产品或服务的价格、种类、数量以及规格等其他附加条件进行商谈，以实现产品或服务所有权的转移。

(4) 组配。组配是指制造商或经销商按买方要求，对商品在分类、分等、装配包装上进行组合、搭配的活动。消费者的需求呈现个性化和多样化，组配可减少买卖双方搜寻对方的成本，协调专业化厂商产品（服务）单一品类与消费者多样化需要之间的矛盾。

(5) 物流。主要涉及商品的运输和存储活动。商品一旦进入销售领域，渠道成员就对其展开一系列的运输和存储活动。有时候这种功能由相关的辅助机构完成，如淘宝店大多数是通过支付费用给物流公司，由其将商品传递给消费者，而不是店主自己亲自送达。

(6) 风险承担。在商品流通的过程中，随着商品所有权的转移，市场风险的载体也在各渠道成员之间不断地转换。如在专业化产品市场中，渠道成员一方面共享专业化带来的利益，另一方面也要承担市场环境变化及其他不可控因素带来的风险。

(7) 融资。商品的生产、制造和销售都需要资金的投入，充足的资金是渠道正常运转的保证。常见的融资行为有：制造商通过定金或保证金进行融资；经销商通过要求制造商压货或给予授信赊销额度来减少资金的占用；零售商通过延迟付款在短期内变相增加资金量，当下大型零售商已经普遍使用这种方式。

上述功能构成了分销渠道的功能集。研究与实验证明，要顺利完成整个渠道流程，这些功能不可或缺，它们必须被执行。但这不意味着渠道中的某一成员必须独立完成所有功能，渠道成员可以根据实际情况选择承担全部功能，也可以将其中一部分功能转移给其他成员来执行。渠道成员在执行各类功能时会有专长、成本、效率和效益的差异，因此，构建与管理良好渠道问题的焦点也就集中在选择谁来执行这些功能以实现效益最大化。管理者在考虑渠道功能组合时应该注意一个要点，即某个渠道成员可以从渠道中消失，但是其承担的渠道功能不会随之消失，而是在渠道中向前或向后转移到其他成员身上，由其他渠道成员完成这些功能，以保障渠道正常运转。

（三）分销渠道的流程

分销渠道的流程由实物流、所有权流、付款流、信息流和促销流五部分构成（如图9-2所示）。

(1) 实物流，是指实体产品从原材料到最终顾客的流程。如制造商从供应商那里购买的原材料、零部件，通过运输公司运送到加工厂制造出成品，然后运到经销商处，最终销售给顾客。

(2) 所有权流，是指商品所有权从一个分销机构向另一个机构的实际转移。如制造商从供应商那里购买零部件，零部件的所有权也由供应商转向生产者。一般来说，随着商品的买卖活动，所有权流是向前转的。

(3) 付款流，是指货款在渠道各成员间的流动。如顾客通过银行和其他金融机构将货款付给经销商，再由经销商通过银行转交给制造商，而制造商通过银行把货款支付给不同的供应商，还要向运输公司和独立仓库支付费用。

(4) 信息流，是指渠道成员相互传递信息。它是双向的，体现了渠道成员之间的相互沟通。从渠道上游制造商流出的信息是关于产品和促销等方面的信息，而从渠道下游向上

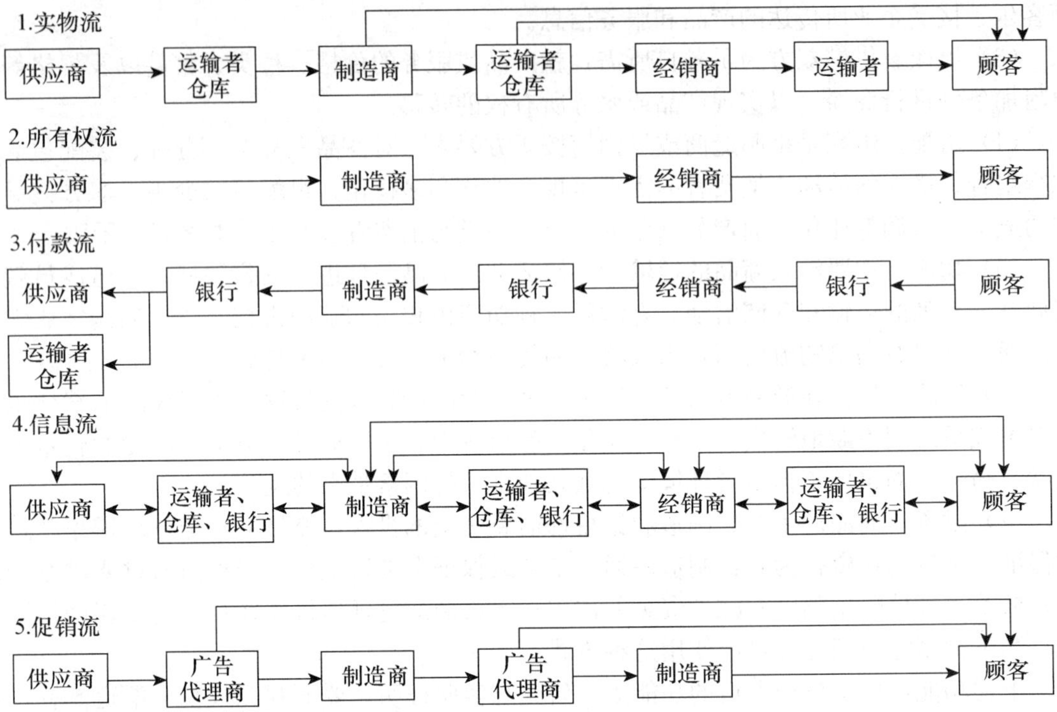

图 9－2　分销渠道中的五个流程

游流出的信息则是关于市场需求等方面的信息。

（5）促销流，是指渠道成员的促销活动流程。促销流分为两种：从制造商流向中间商，称为贸易促销；从制造商直接流向最终消费者，称为最终使用者促销。渠道成员既可以采用常规的媒体广告、冠名活动以及新型的 POP 展示等大规模促销方式，亦可以采用人员推销等针对性更强的促销方式。一般而言，快速消费品采用广告促销，工业品则常采用人员推销的方式来进行促销活动。

二、分销渠道的模式与系统

（一）分销渠道模式

分销渠道模式也就是分销渠道的形式，不同类的产品其形式也不同。消费品和生产资料的分销渠道模式如表 9－1 所示。

表 9－1　分销渠道模式

消费品的分销渠道模式	生产资料的分销渠道模式
1. 生产者→消费者	1. 生产者→用户
2. 生产者→零售商→消费者	2. 生产者→代理商→用户
3. 生产者→批发商→零售商→消费者	3. 生产者→批发商→用户
4. 生产者→代理商→零售商→消费者	4. 生产者→代理商→批发商→用户
5. 生产者→代理商→批发商→零售商→消费者	

很明显，上述两种模式中，第1条渠道模式都没有中间商参与，也就是说没有中间环节，我们称为零级渠道模式。其他渠道模式分别有一个、两个或三个中间商参与，存在一个或几个中间环节，我们分别称为一级、两级或三级渠道模式。因此分销渠道可以按照如下标准来划分类型。

1. 中间商是否参与

按照有无中间商参与可分为直接分销渠道和间接分销渠道。

（1）直接分销渠道。直接分销渠道是指生产者直接把产品销售给消费者，无中间商参与的渠道。分销渠道的形式为上述模式中的第一种，即生产者直接把产品卖给消费者或用户，如推销人员上门推销、设立门市部销售、前店后厂销售、邮购销售、电话销售、互联网销售等。

直接分销渠道是一种古老的分销渠道，如物物交换的渠道，但直至今天，它仍有很强的生命力。这是由于社会的发展、科技的进步，直接分销渠道的形式在不断创新，如邮购、电话销售、互联网销售等。这些新的直接分销渠道形式在不断发扬其优点，缩小其缺点，这是其生命力所在。直接分销渠道的优缺点如表9-2所示。

表9-2　直接分销渠道的优缺点

优点	缺点
节约流通费用，降低产品售价，提高产品在市场上的竞争力	分散生产者的精力
信息反馈及时、可靠	销售费用增加
缩短产品流通周期，利于资金回笼	渠道复杂
利于销售服务	销量有限，生产者的风险大

小案例

福特汽车公司曾开发一种“埃德塞尔”牌汽车，公司决定采用直接分销渠道，设立众多的销售网点。但是这些销售网点需要大量的工作人员和设备，费用很高，最后企业因资金不足而没办法选择优秀的汽车推销人员，导致销售不抵支出，而使“埃德塞尔”牌汽车上市失败。

（2）间接分销渠道。间接分销渠道是指生产者通过中间商把产品销售给消费者或用户，中间商介入交换活动。现阶段，市场上绝大多数的商品都是通过间接分销渠道销售给消费者的。因此，如何利用间接分销渠道使自己的产品广泛分销，已成为现代企业进行市场分销时所研究的重要课题之一。间接分销渠道的优缺点如表9-3所示。

表9-3　间接分销渠道的优缺点

优点	缺点
简化渠道、简化交易	增加流通费用，削弱产品竞争力
扩大市场份额，提高市场占有率	信息反馈困难，可靠性差
借助中间商掌握的市场信息，促进产品的销售	形成“需求滞后差”，需求在时间上或空间上滞后于供给
利用中间商的储存、运输功能，满足消费者的不同需要	不利于厂、商合作

2. 分销环节的数量

按照分销环节数量的多少可以划分为长分销渠道和短分销渠道，这是在间接分销渠道的基础上来进行区分的。

(1) 长分销渠道。长分销渠道是指产品转移过程中经过两个或两个以上中间环节的渠道。这里分销环节是指中间商的多少，中间商越多，环节越多。长分销渠道的形式有：

生产者→批发商→零售商→消费者

生产者→代理商→批发商→零售商→消费者

生产者→代理商→批发商→用户

生产者→一级批发商→二级批发商→用户

小案例

上海铅笔一厂生产的爱丽丝化妆笔的成功销售就在于它的长分销渠道策略。在选择分销渠道时，该厂选择了上海百货公司作为经销商。上海百货公司不仅是一家大型的百货零售店，还是上海著名的一级批发商。该公司在全国各地与多家二级批发站有长期的供销业务关系，年销售额达10亿元左右，具有辐射面广、销售量大的特点，是一个理想的分销渠道伙伴。最后，通过双方的努力，爱丽丝化妆笔遍布全国市场，成为人们最容易买到的化妆笔。

资料来源：叶青．市场营销学．广州：暨南大学出版社，2012.

(2) 短分销渠道。短分销渠道是指产品从制造商向消费者转移过程中只通过一个中间环节的渠道。短分销渠道的形式有：

生产者→零售商→消费者

生产者→批发商→用户

生产者→代理商→用户

这种按照分销渠道的中间环节来划分的渠道类型因不要求区分渠道中的级数，所以有利于制造商在设计分销渠道时着眼于确定分销渠道的长短，而不仅仅拘泥于分销渠道的级数。

长度不同的分销渠道具有各自的特点，且适用范围也有差异。长度不同的分销渠道的特点如表 9-4 所示。

表 9-4　　长分销渠道与短分销渠道的特点

渠道长度类型	长分销渠道	短分销渠道
优点	销售的地点远、地域宽，能实现扩大销售的目的；分销渠道的保险系数大，个别中间商若不够合作也影响不大	产品流通费用较少，价格竞争性较强；信息反馈较快、较可靠；服务较容易
缺点	流通费用最多，削弱产品竞争力；信息反馈最慢，影响生产者的分销决策；中间商多，运输线路长，造成产品损耗大；生产者与中间商之间难以紧密合作	产品销售量较少；市场覆盖面小；抗风险能力差
适用范围	适用于产品远距离销售	适用于地产地销产品、小量产品、活鲜商品、易腐易碎商品、大型消费品的销售

3. 同一环节采用中间商的数量

按照同一环节采用中间商的数量可以分为宽分销渠道和窄分销渠道，这也是在间接分销渠道的基础上来区分的。宽分销渠道是指制造商在各个层次上选择两个以上的同类中间商的渠道类型。窄分销渠道是指制造商在某一地区或某一产品分类中只选择一个中间商的渠道类型。这两种分销渠道各有特点（如表 9－5 所示），究竟采用何种分销渠道，取决于市场需求总量、中间商能力、产品特性、企业策略等因素。

表 9－5　宽度不同的分销渠道的特点

渠道宽度类型	宽分销渠道	窄分销渠道
优点	销售量大，市场覆盖面大，销售速度快	由于仅有一个中间商参与，其流通费用少；生产者与中间商配合紧密；可防止假冒伪劣产品的侵扰，利于产品的创牌和保牌
缺点	商品的流通费用多，这是由于生产者要建立的分销渠道多	市场狭小，销售量小；销售风险较大
适用范围	适用于日用消费品、小件商品的销售	适用于特殊品和要求销售数量不多的产品的销售

（二）分销渠道系统

什么是产品分销渠道系统呢？所谓分销渠道系统，是指分销渠道在运作方式上逐渐形成的一套较为完整的运行体系。在体系中，渠道成员采取不同程度的联合经营步骤或一体化经营等方式，以适应现代的市场分销活动。分销渠道系统包括垂直分销渠道系统、水平分销渠道系统和多渠道分销系统。

1. 垂直分销渠道系统

垂直分销渠道系统是由生产者与中间商联合组成的统一体。联合统一体成员之间相互拥有产权，或者是一种特许代营的关系，它也可以是某一经济实力强、信誉高、有相当影响力的渠道成员与其他成员之间的合作。这一渠道系统有着共同的目标，由经济实力强、信誉好、富有影响力的某一渠道成员主持、控制和处理渠道系统的工作，渠道成员之间实行专业化、集中化的网络管理，使渠道系统真正成为一个统一体，以克服传统分销渠道系统的弊病，增强系统的竞争力，达到最佳的产品分销效果。具体包括以下几种：

（1）管理式垂直分销渠道系统。管理式垂直分销渠道系统是指通过渠道中某个有实力的成员（即渠道领袖）来协调整个产销过程的渠道系统。这个渠道模式最接近传统分销渠道，是垂直分销渠道系统最松散的一种结构形式。渠道领袖作为系统核心，凭借其规模、权利和技术专长等优势，吸引众多渠道成员参与合作，并对整个系统实行管理和协调，包括促销、库存管理、定价和商品陈列等方面；而其他渠道成员围绕着这个核心企业从事各种各样的渠道活动，自然而然地构成一个良好的渠道系统。通常情况下，名牌产品生产企业有能力而且会很容易从其他渠道成员那里得到强有力的渠道合作和支持。

（2）合同式垂直分销系统。合同式垂直分销系统由处在不同的生产和分销层次的企业组成，它们通过法律合同确定它们之间的分销权利和义务，从而形成一个联合渠道系统。合同式垂直分销系统能够实现某个渠道成员单独经营所难以达到的经营效果，这是因为它将力量相对弱小、独立的渠道成员组织起来，统一行动，能够实现规模经济和协同效应。

合同式垂直分销渠道系统仅仅是通过合同或协议来组建的，而不涉及产权和资金的投入，渠道体系的建设成本比较低。此外，合同或者协议是由渠道成员共同制定和认可的，而且是自觉意志的体现，因此渠道成员有明确的分工和合作，渠道效率较高。但同时也需要指出，合同式垂直分销渠道系统完全利用法律合同来规范和约束各渠道成员的行为也存在一定的风险，交易成本理论认为，只要有获利的可能就会有投机主义行为的存在，因此一旦个别渠道成员为了追求自身利益不惜违反合同或协议，那么这种渠道体系也就名存实亡了。

专栏

合同式垂直分销系统又分为三种形式：一是批发商倡办的自愿连锁系统。系统中批发商把独立零售商组织起来，成立自愿连锁系统，帮助它们和大型连锁组织竞争。批发商开发一个计划，独立零售商将自己的销售和购买活动标准化，更好地与其他连锁组织竞争。二是零售商合作组织。组织里的零售商组织一个新型的、共同拥有的企业，进行批发业务，可能的话，甚至有生产业务。成员多数货物都是从组织中购买的，并共同安排广告活动。根据各自购买的比例，每个成员分得利润。非成员也可以从组织中购买货物，但不分享利润。三是特许经营组织。特许经营组织中每个渠道成员都是一个特许权享用者，参与生产和分销中许多活动。近年来，特许经营零售形式迅速增长。其中特许经营组织有三种形式。第一种是制造商倡办的零售商特许经营体系；第二种是制造商倡办的批发商特许经营体系；第三种是服务公司倡办的特许经营体系，即由服务公司授权其他服务零售商，以便将其服务有效地提供给更多的消费者。

资料来源：[美] 菲利普·科特勒，加里·阿姆斯特朗. 市场营销：原理与实践（第16版）. 北京：中国人民大学出版社，2015.

（3）公司式垂直分销系统。公司式分销渠道系统是由同一个所有者名下的相关企业或部门所组成的一种渠道体系，它是所有垂直分销渠道系统类型中渠道成员关系最为紧密的一种形式。公司式垂直分销系统协调生产和分销的连续过程，但不是通过共同的所有权或合同，而是通过渠道中某个成员的规模和实力。顶尖品牌的制造商可以获得零售商的贸易合作和支持。

2. 水平分销渠道系统

水平分销渠道系统是由两个或两个以上相互独立的渠道企业组成的分销渠道系统。在系统中，各成员企业的关系平等，不像垂直系统那样处于从属关系，各成员都有权提出自己的意见和建议，通过共同参与，取长补短，达成一致意见，使系统的运行处于最佳状态，以取得最佳的经济效益。在这个系统中，同一层次的两个或多个公司联合起来，抓住新的市场分销机会。通过一起工作，公司把资产、生产能力、市场分销的资源结合起来，取得单一公司不能实现的业绩。公司可能和竞争者或非竞争者联合起来，短期合作或长期合作，还可能建立一个新的公司。

3. 多渠道分销系统

多渠道分销系统是指生产者或制造商采用多个分销渠道以满足来自多个细分市场的需

求。这种渠道系统一般分为两种形式：一种是生产者通过多种渠道销售同一品牌的产品，这种形式易引起不同渠道间激烈的竞争；另一种是生产者通过多渠道销售不同品牌的产品。

多渠道分销系统可以给运用此系统的企业带来三个方面的收益：一是市场覆盖面扩大，细分市场的顾客需求会得到更好的满足；二是降低了渠道成本，公司一般会选择运营成本较低的新渠道；三是可以实行顾客定制化销售，公司可以增设更适合顾客需求的渠道。

小案例

IBM 公司证明多渠道分销系统十分有效。许多年里，IBM 公司只通过自己的销售部门销售计算机。但是，当低成本小型计算机市场膨胀了的时候，那种单一渠道就不适合了。为了向许多有不同需求的子市场提供服务，适应迅速变化了的计算机市场，IBM 公司在不到 10 年里，增加了 18 个新渠道。如除了通过 IBM 公司引以为荣的销售队伍进行销售外，公司通过 IBM 直销公司（IBM Direct）的邮寄目录和电话销售系统销售计算机和配件。消费者也可以通过独立的 IBM 计算机经销商、大型的零售商购买计算机，这些零售商包括沃尔玛公司、Circuit City 公司和 Office Depot 公司。IBM 公司的经销商和加价销售的中间商向各种特殊的集团子市场销售计算机设备和系统。

资料来源：［美］菲利普・科特勒，加里・阿姆斯特朗．市场营销：原理与实践（第 16 版）．北京：中国人民大学出版社，2015.

4. 渠道组织的演变

技术的变化以及直接分销渠道，尤其是互联网的迅速发展，对营销渠道的特征和设计产生了深远的影响。其中一个主要趋势就是“去中介化”（disintermediation）。去中介化是指制造或服务企业摒弃中间商，直接面对最终消费者，或者用最新的渠道中介替代传统的渠道中介。

去中介化对生产商和中间商来说，既是机遇也是挑战。那些找到新途径为渠道增加价值的渠道创新者可以摒弃传统中间商，获得回报。而传统中间商必须持续创新以避免被摒弃。为了保持竞争力，产品和服务提供商必须发展新的渠道机会，如互联网和其他直接分销渠道。然而这些新渠道常常与已经建立的渠道产生直接的竞争，从而导致冲突。为了解决这一问题，企业常常想方设法使直接分销渠道作为整个渠道的补充，而不是竞争。

专栏

很多成功的商业模式在于对传统环节的优化，挤压出利润。去中心化就是制造或者服务企业摒弃中间商，以达到增加利润的目的。在互联网背景下，企业通过解决信息不对称的问题，达到去中介化的效果。从去中介化程度来看，市场上的产品主要可分为三类：

（1）互联网保留服务的所有环节，只是基于单个环节的效率提升，主要表现为信息平台。互联网将层层中介都变成自己的员工，但服务的参与方没有沉淀在平台上，价值提升小。

（2）互联网实现服务价值链的优化，部分取代线下的环节，主要表现为互联网与线下服务环节相结合的形式。而某些提供较重要服务的中间环节保证了服务链条的整体体验，短期内不可替代，平台将与之合作。

（3）互联网将服务价值链重新分配，完全取代中间环节，实现彻底的去中介化。当足够的供求双方能够长期留存在平台上时，平台只需要梳理和确定各个参与方的服务标准和流程，通过信息系统固化流程，降低人力运营的比重，提高服务的效率。

资料来源：互联网去中介化规律总结与运用.（2016-11-09）[2017-09-11]. https://www.jianshu.com/p/e53365aeff07.

第二节　分销渠道决策与管理

一、分销渠道决策

（一）影响分销渠道策略选择的因素

分销渠道策略是指制造商通过分析多种影响因素，制定出的有利于制造商将其产品以最有效的方式传递给消费者的分销渠道计划和方案。针对不同情况，制造的分销渠道策略是不同的，分销渠道的设计取决于多种复杂的因素。

1. 目标市场因素

（1）目标市场的大小和分布。目标市场的大小和分布是影响渠道策略选择的重要因素。如果目标市场小而集中则适宜采用直接分销渠道策略，即企业用自己的销售队伍直接把产品或服务销售给顾客或用户。反之，则适宜采用中间商渠道。如果目标市场很大且极为分散，适宜采用广泛分销渠道策略，即企业同时利用多种渠道，尽量扩大产品的销售区域和市场覆盖面。如果目标市场很大但相对集中，则适宜采用密集分销渠道策略，即企业在顾客相对集中的市场区域内同时利用多种渠道销售，增大销售网点的数量和相互覆盖的程度。

（2）顾客的购买习惯与要求。顾客对不同的商品往往具有不同的购买习惯和要求。例如，对香皂、香烟、饮料和小百货等日用小商品，顾客习惯于方便购买。因此此类商品的生产企业适宜选择长、宽且密的渠道策略，如广泛分销或密集分销。对高档产品（如高档服装、家具、奢侈品等），顾客习惯于精挑细选地选择性购买。因此此类产品的生产企业适宜采用独家分销渠道或选择分销渠道策略，即企业只选一家或少数几家信誉高、服务能力强的中间商进行销售。

2. 产品因素

产品因素包括产品数量、单价、体积、重量、款式、型号、服务、物理生理特征、时尚性、适用性、技术性和生命周期等因素。单价高、体积大、重量重的产品不适宜多次转手、多次运输和储存，否则其流通费用过高，也容易损坏产品，最好采用直接分销渠道或短渠道销售；技术性强、需要较多服务的产品应采取直接分销渠道，以做好销售服务工作；易毁易腐的产品、时尚性产品应采取短分销渠道销售，节约流通时间，以增加产品的销售收入。对于单价低的小件商品、日用品等，应采取间接分销渠道、宽分销渠道、长分销渠道销售，以扩大销售覆盖面，增加销售量。

产品处于生命周期不同阶段，应采取不同渠道销售。若产品处于投入期，生产者为了收集新产品的市场信息而试销，对新产品应进行短分销渠道或直接分销渠道决策；若产品处于成长期或成熟期，应采取间接分销渠道、宽分销渠道、长分销渠道决策，以扩大销售；若产品处于衰弱期，应采取短分销渠道、窄分销渠道决策，以降低流通费用、降低售价，争取后来购买者。

3. 企业因素

（1）企业产品的组合状况。产品组合的宽度和深度影响企业对渠道策略的选择。一般来讲，宽而深的产品组合，宜选择长而宽的分销渠道；反之则选择短而窄的分销渠道。从产品组合的关联度来看，关联度强的产品适合选择较短、较窄的分销渠道；反之，则宜选择较长、较宽的分销渠道。企业在选择渠道策略时，需要考虑企业的声誉和规模、企业的分销能力和管理水平、企业的服务能力三个方面。

（2）企业的声誉和规模。声誉好、知名度高、规模大、实力雄厚的企业，选择渠道和中间商的自由度大，可以根据自己的情况采用各种渠道策略。相反，如果企业的知名度低、规模小、实力弱，选择渠道和中间商的自由度就会比较小，一方面要借助中间商的力量销售产品，另一方面往往只能被（中间商）选择，因此它们的渠道策略常常是“被选择”出来的。

（3）企业的分销能力和管理水平。管理水平较高、分销能力强、分销经验丰富的企业，可以根据自己的情况采用各种渠道策略。反之，则应借助中间商的力量，选择较长的渠道。

（4）企业的服务能力。企业如果服务能力强，能够为消费者提供完善周到的售前、售中和售后服务，可以考虑采用直接分销或选择短而窄的间接分销渠道策略；反之，则应争取中间商的协助提供服务，采用各种间接分销渠道策略。

4. 中间商因素

（1）中间商的类型。当有适合的中间商类型时，可以考虑采用各种间接的渠道策略。反之，只能进行直接分销。在考虑批发商和零售商的选择时，对于消费者多且分散、需要广泛分销的产品，应经过批发商。如果某一市场上零售商较多且进货批量大，则可不经过批发商转手，由生产企业直接供货，缩短渠道。

（2）零售商的网点数量。当某一区域各种类型零售商的网点数量较多时，适宜采用密集分销渠道策略。当各种类型零售商的网点数量虽多但分散时，适宜采用广泛分销渠道策略。

（3）城乡中间商的差异。农村的零售商经营规模一般较小且分散，服务条件和服务能力较差，因此销往农村的产品适宜采用广泛分销渠道策略。城市零售商的经营规模相对来讲较大且分布集中，服务条件和能力较好，因此销往城市的产品宜采用密集分销渠道策略。

（4）中间商的信誉和能力。注重中间商信誉和能力的企业，适宜采用独家分销或选择分销渠道策略。

5. 竞争因素

当企业产品在质量、价格等方面不具有优势时，应避免与竞争者使用同一个渠道。反之，如果企业的产品在质量、价格、服务等方面与竞争者相比有一定的优势，则可以使用与竞争对手相同的渠道。另外，如果企业的产品在质量、价格、服务等方面与某一竞争者的知名品牌相比无明显劣势，只是差在品牌知名度上，那么企业可以采用跟随策略——竞争者的产品走到哪里，企业的产品就跟到哪里。

6. 政策法规与其他环境因素

国家的方针政策、法规、法令等，对一些企业选择渠道也有重要影响。例如，对于国民经济发展的方针、计划、价格政策、购销政策、专卖制度、专控商品以及运输部门对物资流向的规定等，企业在选择渠道策略时都必须加以考虑。一般而言，国家实行计划控制或专卖的产品，其分销渠道往往比较长且单一。

此外，一些其他的环境因素，也会影响企业对渠道策略的选择。比如，在经济形势转坏时，像通货紧缩或市场疲软，企业通常会尽量缩减不必要的环节，采用短分销渠道降低费用。自然资源的分布状况，交通条件的改善，也会改变某种产品的生产与销售规模，进而改变企业对于渠道长度、宽度和密度的选择。

（二）分销渠道设计的过程

斯特恩（Stern）等学者总结出分销渠道系统设计模型（如图 9－3 所示），该模型将渠道系统设计过程划分为 5 阶段、14 个步骤。

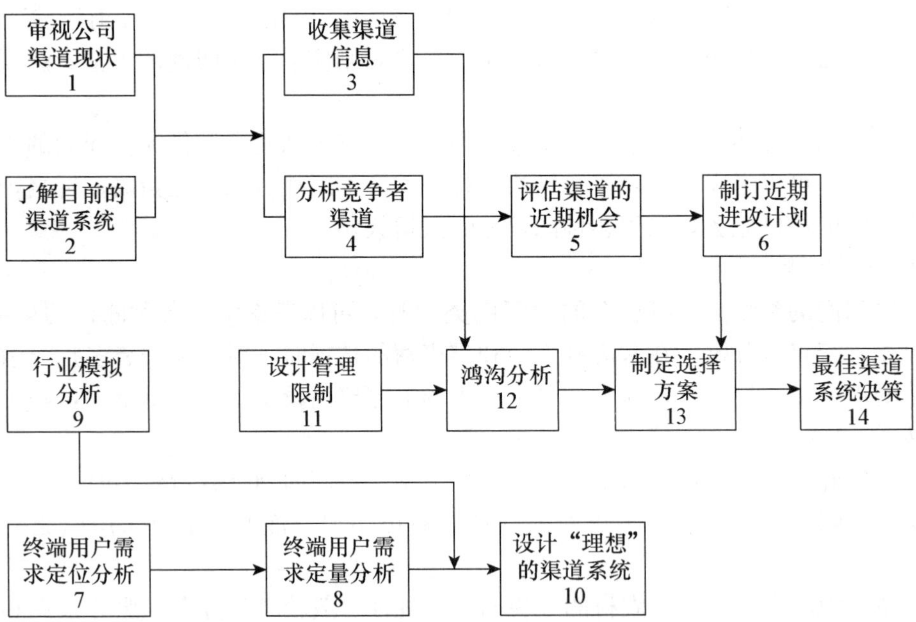

图 9－3　分销渠道系统设计模型

1. 当前环境分析

本阶段包括图中第 1～4 步。通过这些步骤，能够对目前分销渠道的状况、覆盖的市场范围及其对公司的绩效、面临的挑战等有一个清晰的认识和准确的把握。

第 1 步：审视公司渠道现状。了解公司以往进入市场的步骤，各步骤之间的逻辑联系及后勤、销售职能，公司与外部组织之间的职能分工，现有渠道系统的经济性（成本、折扣、收益、边际利润）。

第 2 步：了解目前的渠道系统。目前的渠道系统受外界环境的影响，宏观经济、技术环境和消费者行为等环境要素对分销渠道结构都有重要影响。渠道设计和改进始终面临着复杂的不断变化的环境挑战。一般说来，渠道环境越复杂、越不稳定，客观上就要求对渠道成员进行越有效的控制，而同时也要求渠道更具有弹性，以适应迅速变化的市场，这种高弹性和高控制是相矛盾的。设计者必须根据对环境要素和行业发展状况的分析，考虑不同的备选渠道方案，对现有渠道进行改进或建设新渠道。

第 3 步：收集渠道信息。对公司及竞争者的渠道环节、重要相关群体和渠道有关人员进行调查分析，获取现行渠道运作情况、存在问题及改进意见等方面的第一手资料。

第 4 步：分析竞争者渠道。分析主要竞争者的渠道策略，分析它们如何维持自己的地位、如何运用分销策略刺激需求、如何运用分销手段支持渠道成员等。一般避开竞争者的渠道较容易取得成功。但有时利用竞争对手的渠道也能够获得成功。

2. 制定短期的渠道对策

在这一阶段，设计者要根据前面的调研分析结果，把握渠道战略可能做出某些调整的机会，进行短期“快速反应”式调整。

第 5 步：评估渠道的近期机会。综合第 1～4 步获得的资料，进一步分析环境变化，特别是竞争者的渠道策略变化带来的机会。

第 6 步：制订近期进攻计划。这是一个将焦点放在短期策略上的计划，即“快速反应”计划。这种计划通常是对原渠道策略的适时、局部调整。其全面调整则要到第 14 步结束后才能真正完成。

3. 渠道系统优化设计

本阶段包含图中第 7～10 步，要求设计人员“忘掉”以前已有的分销系统，摒弃惯性思维，一切从零开始进行全新渠道的设计。

第 7 步：终端用户需求定性分析。这一步的关键是了解在服务输出过程中终端用户想要什么。一般要考察 4 个因素，即购买数量（终端用户希望购买多个还是一个单元的产品）、分销网点（终端用户是否要求就近购买，是否需要信息、技术支持，能否接受远程服务等）、运输和等待时间（终端用户关心的是运物时间还是运输安全性）、产品多样化或专业化（终端用户愿意选择综合性商店还是专业性商店）。

第 8 步：终端用户需求定量分析。在了解消费者（用户）需要何种服务/产品的基础上，本步骤将进一步了解这些服务/产品（如地点便利性、低价、产品多样性、专家指导等）对用户的重要程度，并比较分析这些特定要求对不同细分市场的重要性。

第 9 步：行业模拟分析。这一步骤的重点是分析行业内外的类似渠道，剖析具有高效分销渠道的典型公司，发现并吸纳其经验和精华。

第 10 步：设计“理想”的渠道系统。这是关键的一步。目标是建立能最好地满足最终用户需求的“理想”分销渠道模型。为此，首先要评估将第 7～9 步调研分析得出的服务/产品聚类特性整合到渠道中去是否可行。其次要论证渠道将上述服务/产品传递到相应的细分市场需要做出哪些努力，即设置哪些渠道功能才能保证满足客户的期望。最后要确认各分销功能由何种机构承担才能带来更大的整体效益。这里的关键是要解决渠道功能即分销流程的设计——怎样才能以最低成本来有效传递服务/产品。分销流程是渠道成员行使的系列职能，推动服务/产品传递给终端用户。完成每个流程都会带来其相关成本。例如，为了满足某细分市场用户“快速发货”（立即买到所要的货品）的要求，“理想”的渠道就必须强化物流功能，提供较多的产品储存，而这样做就会增加当地经销商的存货成本。

“理想”渠道设计的另一个问题是明晰公司主要以什么手段（精力、努力和奖金等）来满足各个细分市场最终用户的需求，即对某些渠道功能是采取“拥有”垂直整合，自己行使所有的分销职能，还是“外购”（让其他合作成员行使）。从理论上说，任何组织都不可能将所有的分销流程全部列入其“核心能力”系统。一个公司往往希望利用“外购”一些功能（如批发、零售、代理业务、运输等），而不是负担所有的分销成本。尽管信息技术进步已使企业有可能整合分销系统，但若资金在别的地方可以用得更有效益，那么，更多的“拥有”就不是良策。但是，如果某些分销功能是企业的核心能力，或该服务产出的传递无法依赖第三方或外部企业，则应由自己来完成（或通过垂直整合掌握在自己手中）。因此，为了发挥公司的技术和资源优势，理想的做法通常是将两种战略方法结合起来。一方面，将企业的主要资源集中于核心竞争力上，并为其他客户提供独特的价值；另一方面，将非关键又无特殊能力的其他行为，包括许多传统上认为是公司必不可少的某些业务，采用外购方式让外部成员承担。

4. 限制条件与鸿沟分析

本阶段要求对拟出的“理想”渠道方案的现实限制条件进行调研分析，并比较分析“理想”渠道系统同现实渠道系统的差异，为最后选定渠道战略方案提供依据。

第 11 步：设计管理限制。包括对管理者的偏见、管理目标和内部、外部威胁的详尽分析。

第 12 步：鸿沟分析。就是对“理想”渠道系统和现有的渠道系统进行比较，分析其差异即鸿沟。

5. 渠道战略方案决策

本阶段要根据前面调研分析的结果选择分销渠道方案，设计构建最佳渠道系统。

第 13 步：制定选择方案。

第 14 步：最佳渠道系统决策。最后一步是让“理想”渠道系统（第 10 步得出），形成充分吸纳了整个过程（上述 13 步）中的合理要求的最佳分销渠道系统方案。最佳系统可能并不是“理想”系统，但它将能最大限度地满足管理层的质量（传递终端客户的满意度）、效率、效益、适应性标准。

（三）分销渠道的评估

假如一个公司确认了几个分销渠道，并希望选择一个最符合公司长期目标的分销渠道，则公司必须评估所有的渠道，考虑经济、控制以及适应性方面的问题。

1. 经济标准

每个渠道选择都会有一定的销售额和成本。第一步是确定和代理商相比，公司的销售队伍能完成什么样的销售额。一方面，多数市场分销的管理人员相信，公司的销售队伍能够完成较多的销售。公司销售人员只销售公司生产的产品，并受过良好的销售方面训练。他们努力工作，他们的将来都要依靠公司。他们成功的原因是消费者情愿直接与生产公司打交道。

另一方面，代理商可能比公司的销售队伍销售得多。第一，代理商的销售人员数量比公司销售队伍中的销售人员多。第二，代理商已有许多订货合同，但公司销售队伍需要从零开始。第三，代理商的销售队伍可能像公司销售队伍一样努力，这取决于与其他产品相比佣金的情况。第四，一些消费者情愿与代理商打交道，它代表几个制造商，不像公司销售人员，只来自一个公司。

第二步是估计不同分销渠道完成不同销售量的成本。使用代理商的固定成本要比建立公司销售队伍成本低，但通过代理商成本上升很快，因为代理商的佣金数量比公司销售队伍的佣金要多。有一个销售水平 S，在这个水平上，两个渠道的成本相等。在 S 水平下，公司宁愿使用代理商。销售水平高于 S 时，公司愿意使用公司的销售队伍。一般来说，小公司使用代理商，大型公司在较小的地区内也使用代理商，原因是销售量小，不能保证公司销售队伍的运作。成本的盈亏平衡点是：公司销售队伍与代理商的成本关系。

2. 控制标准

进一步的评估要考虑与两种分销渠道有关的控制方面事宜，使用代理商引出许多控制方面的问题。代理商是独立的经营企业，兴趣全在使自己企业的利润达到最大。代理商可能只注意那些购买量大的客户，这些客户购买各家公司生产的产品，至于专门购买某公司产品的客户，代理商可能不怎么重视。此外，代理商的销售人员可能不能掌握公司产品技术方面的细节，也不能有效地进行促销。

3. 适应性标准

各个渠道都涉及长期的责任，也有损失的可能。一个使用代理商的公司可能要制定一个五年的合同，在这个期限里，其他销售手段，比如公司自己的销售队伍，可能变得十分有效，不过此时公司已不可能放弃代理商。所以，涉及责任方面事宜的分销渠道，特别要考虑经济方面和控制方面事宜。

二、分销渠道管理

（一）分销渠道成员管理

生产者对分销渠道成员管理包括对渠道成员的选择、激励、评估和调整等方面的内容。

1. 渠道成员的选择

生产企业寻找中间商可难可易。制造商要评估和分析中间商的因素包括：经商的年数、经营的其他产品的状况、企业成长和盈利的记录、财务状况、合作态度以及声誉。如果中间商是销售代理商，制造商还要评价其所销售的其他产品的数量和特征，以及其推销力量的规模和素质。如果中间商是独家经销的百货商店，生产者就要评价商店的店址、成长的潜力和客户的类型。对于中间商的选择包括以下两个方面：

(1) 中间商的种类。一个公司应该确认能够承担渠道工作的渠道成员的种类。例如，假如测试设备制造商开发了一种音频设备，能够探查机器部件间的装置问题，主管人员认为应该在所有生产电子设备、内燃机或蒸汽机的行业推销产品，所以市场包括了航空、汽车、铁路、食品包装、建筑和采油。公司现有销售队伍很小，存在的问题是如何进入这些不同工业市场。从管理方面考虑，有如下的分销渠道选择：1）公司销售队伍：扩大公司的直销队伍。派推销人员去各个领域，在有希望的地区联系，或者另外发展公司的销售力量，在不同的行业里服务。2）制造商的代理商：雇佣制造商的代理商，这些独立企业在不同的地区和行业承担来自各个公司产品的销售任务，销售新的测试设备。3）工业分销商：在不同地区和行业找到分销商，它们能够购买并承担一系列产品的销售。给分销商特许分销权，使它们多盈利，并进行产品的使用培训，同时给予促销方面的支持。

有时公司必须开发一个分销渠道，可这个渠道不是公司最满意的。其原因是使用原有渠道比较困难，或是费用太高。不过，决策结果可能很好。

（2）市场分销中间商的数量。公司必须决定在各个层次上的渠道成员数量。有三种策略可以选择：密集性分销、专卖性分销和选择性分销。

便利品和普通原材料的生产者寻求的是密集性分销。使用这种策略时，它们在尽可能多的经销商处储存货物，以便于消费者在需要这些货物时能立即得到。例如，牙膏、糖果和其他类似产品在众多商店里销售，最大限度地展示了品牌，消费者也最方便购买。

对比之下，一些生产者有目的地限制经销它们产品的经销商数量，这种做法称作专卖性分销。使用这种方法时，生产者只把专卖权给一些经销商，并且只允许在一定范围内销售。专卖性分销一般用在汽车和妇女高级服装的销售中。

密集性分销和专卖性分销之间，是选择性分销。这种方法使用的中间商不止一个，但数量又是有限的，这些经销商愿意经销公司的产品。多数电视机、家具、小型电器是通过这种方法分销的。通过使用选择性的分销渠道，它们不必对所有经销商做出努力，包括一些不重要的经销商。它们可以与选择出的渠道成员搞好工作关系，使销售水平达到平均水平之上。比起密集性分销来讲，选择性分销使生产者能够很好地覆盖市场，有更多的控制权，成本也低。

2. 渠道成员的激励

分销渠道成员选定之后，需要不断地激励它们，使它们的工作出色。公司不只是通过中间商销售，还要销售给中间商。多数生产商把这类问题看成是寻找中间商合作的方法。它们使用“胡萝卜加大棒”的方法，有时提供正面的激励，比如赚头多一些、特别交易、奖金、合作广告补助、展示补助和销售竞赛等。另外一些时候，它们使用负方向的激励，比如威胁要减少赚头、减缓供应、结束合作等。使用这种消极方法的生产者，一般没能好好研究分销商的需要、问题、力量和弱点。

作为渠道成员的中间商与生产者之间不是雇佣关系而是合作关系，它们是独立的经济实体，有自己的经营目标，从自己的利益出发考虑渠道的销售问题。生产者应站在中间商的角度来考虑问题才能使中间商积极经营，取得销售效果。为此，生产者应给予中间商合理的让利额度、价格政策、陈列津贴、销售奖励等。

3. 渠道成员的评估

生产者应对各类中间商的工作绩效进行定期评估。评估的标准包括：销售定额完成情况、平均存货水平、向顾客交货的时间、促销计划的执行、向顾客提供的服务保证等。生产商必须不断地检查渠道成员的工作业绩，包括销售指标、平均仓储水平、向消费者交货时间、损坏和丢失货物情况、配合公司促销和培训计划的情况以及对客户的服务等。公司应该承认和奖励工作好的中间商，对工作差的要进行帮助，实在不行，才要实施替换。一个公司可以定期地检查中间商，辞掉表现不好的。

对渠道成员的评估目的是及时了解渠道情况，发现存在问题，以便调整，以及有针对性地对中间商实施奖励或中止关系。

4. 分销渠道的调整

市场环境在不断变化，现有的分销渠道经过一段时间运作之后，就会与市场环境不相适应，应进行修改和调整，使其紧跟环境变化。环境的变化包括消费者需求的变化、购买方式的变化、市场的扩大或缩小、新渠道的出现、竞争对手对渠道成员的争夺、渠道成员之间的冲突等。现有的渠道不适应市场环境的要求时，企业必须对现有渠道适时地进行修改和调整。调整的方法有以下三种：

第一种：增减某一渠道成员。生产者应对经营不善、效率低、影响整条渠道运行的渠道成员进行剔除，另选合格的中间商加入。如果竞争对手在增加其渠道宽度，以增加市场占有率，影响到本企业的销售，企业也应考虑增加渠道成员，适应市场变化的需要。但是，增减某一渠道成员前，企业应分析对销售量及利润的影响程度，分析对渠道中其他成员的市场需求、利益、成本和情绪上的影响，在全面考虑成熟的基础上才能实施。

第二种：增减某一分销渠道。当生产者发现随着市场环境的变化，渠道过多，有的渠道作用不大，或发现现有渠道过少，不利于企业扩大市场份额的需要。在这些情况下，企业可适当增减某一分销渠道。

第三种：调整整个渠道系统。这是对企业现有渠道系统做通盘的调整。在企业的战略目标和分销组合实行重大调整，或渠道冲突无法解决而造成产品销售混乱时，需要对企业现有渠道系统作全面的调整。

（二）分销渠道冲突管理

制造商希望分销渠道成员之间展开合作，以获得更好的协同利润。然而渠道成员在合作的过程中，又产生了利害冲突和竞争。分销渠道冲突是指各种分销渠道系统中渠道成员之间的不和谐。

1. 分销渠道冲突的类型

渠道冲突随着其产生的主体、背景、原因等不同而呈现出多种多样的表现形式。通常将渠道间的冲突分为水平渠道冲突、垂直渠道冲突和渠道系统间冲突三类。

（1）水平渠道冲突。水平渠道冲突指的是同一渠道中同一层次渠道成员之间的冲突。比如，某制造商的一些批发商可能指控同地区的另一些批发商随意降低价格，扰乱市场。分销渠道中的水平冲突，当发生在不同企业之间时，实际上是竞争对手之间的冲突，冲突的解决就是看谁在竞争中能够胜出或者被淘汰。

（2）垂直渠道冲突。它是指在同一渠道中不同层次渠道成员之间的冲突，这种冲突较之水平渠道冲突要更常见。例如，某些批发商可能会抱怨制造商对价格控制太紧，留给自己的利润空间太小，而提供的服务（如广告、推销等）太少；零售商对批发商或制造商可能也存在类似的不满。

（3）渠道系统间冲突。渠道系统间冲突指的是当制造商在建立多渠道分销系统后，不同渠道服务于同一目标市场时所产生的冲突。渠道系统间冲突在某一渠道系统降低价格（一般发生在大量购买的情况下），或降低毛利时，表现得尤为强烈。分销渠道中的系统间冲突，很像一个企业内部不同业务单位之间的冲突，可以参考企业内部冲突的解决办法进行处理。

小案例

渠道冲突最常见的形式——串货

A公司生产G品牌手机，在湖南、湖北有两个二级代理商，它给湖南代理商的价格是每部500元，而给湖北代理商的价格是每部550元。当两家代理商碰到一起发现这个问题后，湖北的代理商再也不想从总部进货，而是从湖南代理商那里进货。这是一种什么样的现象呢？在现实分销中，我们把这种现象称为串货。后来A公司加强了串货管理，并且明确了以后的串货管理流程：弄清货物流向、合理划分区域和市场、制定合理的价格政策、制定合理的激励政策、制定合理的目标任务、设立串货保证金制度、设立市场秩序奖励基金、加强监控力度、加强处罚力度、加强教育引导。总而言之，串货是能够控制的，公司需要制定一套严格的渠道政策和管理控制中间商的有效体系。

资料来源：杨洪涛．市场营销．2版．北京：机械工业出版社，2015.

2. 渠道冲突的原因

引起渠道冲突的原因有很多，购赊业务中本来就存在矛盾。如制造商希望以高价出售产品，期望以现金来进行商品交易，客户则希望以低价来支付，并要求可靠的商业信用。由于渠道成员的所有权差别，以及在社会再生产过程中所处的地位不同，渠道冲突的产生原因多种多样。

（1）冲突的根本原因：

1）制造商与中间商目标不同。例如，制造商希望抢占更多的市场，以获得更多的销售增长和利润。但大多数零售商，尤其是小型零售商，希望在本地市场上维持一种相对舒适的地位，即当销售额及利润达到满意的水平时，就满足于安逸的生活。

2）渠道成员对制造商的依赖过高。例如，汽车制造商的独家经销商的利益及发展前途直接受制造商的产品设计和定价决策的影响，这也可能是产生冲突的隐患。

3）渠道成员的权利和任务不明确。例如，有些公司由自己的销售队伍向大客户供货，同时它的授权经销商也向大客户推销。地区界限、销售信贷等方面的任务和权利的模糊不清会导致诸多冲突。

4）渠道成员市场知觉的差异。例如，制造商预测近期经济前景良好，要求经销商提高存货水平，而经销商却认为市场前景并不像制造商所预测的那样乐观，而要求制造商降低它们的库存。

（2）冲突的直接原因：

1）存货水平。制造商和分销商为了自身的经济利益，都希望把自己的存货水平控制在最低。而存货水平过低又会导致销售商无法及时向客户提供商品而引起销售损失，甚至可能使客户转向竞争对手。同时可能出现的情况是，分销商的低存货水平往往会导致制造商的高存货水平。因此，存货水平若不合理，很容易产生渠道冲突。

2）大客户原因。制造商与终端用户建立直接购销关系，这些直接用户通常是大用户。制造商不想将与大客户交易中间的部分利润分给渠道中间商，而愿意直接交易，只想把余下的市场领域交给渠道中间商的客户，甚至希望中间商再去开发新的大客户。工业品市场需求的80/20规则非常明显，分销商会担心其大客户直接向制造商购买产品而威胁其生存。鉴于此类因素双方间的冲突就会出现。

3）价格原因。各级批发价的价差常是渠道冲突的诱因。制造者常抱怨分销商的销售价格过高或过低，从而影响其产品形象与定位。而分销商则抱怨给其的差价折扣过低而无利可图。

4）技术咨询与服务问题。若分销商不能提供良好的技术咨询和服务，制造商常以此作为采用直接销售方式的重要理由。渠道中间商认为提供技术的咨询和相应的服务是制造商应该承担的主要工作，这时双方间就会出现矛盾。对某些用户来说，甚至一些技术标准比较固定的产品，仍需要通过技术咨询来选择最适合其产品性能的产品以满足生产过程的需要。

5）分销商经营竞争对手产品。制造商大多不希望其分销商同时经营竞争企业产品，尤其在当前的工业品市场上，用户对品牌的忠诚度不高，经营其他竞争对手的产品会给制造商带来较大的竞争压力。而分销商则希望经营第二甚至第三制造商产品，扩大其经营规模获得更多的利润，同时避免受制于唯一的制造商，降低其经营的风险。

6）争占对方资金。制造商希望分销商先付款、再发货，而分销商则希望先发货、再付款。在市场需求存在不确定因素的时候，分销商更希望采用代销等方式，来降低其经营过程中的风险。而这种方式增加了制造商的资金占用，加大了其财务费用的支出。换句话说这是渠道中间商占用制造商的资金，当双方在争占对方的资金时冲突就会产生。

3. 渠道冲突的解决

（1）加强交流。对于那些渠道的垂直性冲突，有一种较为有效的处理方法，即让两个或两个以上的渠道层次上的人员实行互换。如让制造商的销售主管到经销商处去工作一段时间，让经销商经理到制造商处工作一段时间。经过双方这样的人员的对流，可以提供一个设身处地为对方考虑的机会，以化解双方存在的误解，便于重新确定共同目标。同时双方还可以开一些信息交流会，以让双方有更多的了解，促进双方更好地沟通，以利于以后较少冲突，实现有效的合作。

（2）谈判。在展开谈判时我们的目的是停止成员间的冲突。其中妥协也许会暂时避免发生冲突，可是解决不了冲突的根本原因。谈判为双方的讨价还价提供了一个机会，在谈判的过程中还要渠道成员间进行良好沟通，各自说明自己的观点，但要想使谈判有一个双方都满意的结果，就要渠道成员都做出让步，以达到一个双赢的结果。

（3）仲裁。在渠道成员的冲突僵持不下，但双方都有“停战”的愿望时，需要第三方加入利用仲裁来解决问题，仲裁方会在一个公正的立场提出解决方案。这种方法的使用较为普遍。

（4）法律的手段。冲突有时是要通过政府的参与解决，或诉诸法律。这种方法意味着渠道系统的领导力已不起作用，劝说、谈判都已无效。

（5）退出。这是解决渠道冲突的最后一种方法。在双方的冲突已无法沟通，已没有共同的利益和目标时，只能单方退出该渠道。

如前所述，渠道冲突是不能完全避免的，因此，上述解决渠道冲突的各种手段自然也不能从根本上杜绝渠道冲突。但是，通过使用上述各种手段却可以在一定程度上减轻或消除部分渠道冲突，从而将渠道冲突控制在系统可承受的范围内。

第三节　物流策略

一、物流的含义与目标

（一）物流的含义

物流是分销渠道中的重要一环，当产品的商流出现后，物流也就随之而来。当批发商从生产者手中购买到一批产品之后，批发商必然把这些产品运回自己的仓库，以便转手；当零售商从批发商那里购进一批产品，也必然把产品运回自己的仓库或者店内，以方便出售；而消费者从零售商那里买到产品，也必然运回自己的家中，才能使用产品，实现产品的使用价值。可见，产品的运输、储存是必不可少的，储存、运输的功能就是物流功能，由于物流实现了产品的空间转移，所以只有通过物流，才能实现产品从生产领域进入到流通领域，最后进入到消费领域。

由此可见，所谓物流就是指商品从供应地向接受地的实体流动过程，根据实际需要，将运输、仓储、装卸、搬运、包装、流通加工、配送、信息处理等基本功能有机结合，形成完整的供应链，为顾客提供多功能、一体化的综合性服务。

物流的成本在企业的销售费用中占有很大的比重，一般达到30％～40％，它比企业广告费用的占比（10％～20％）大得多。由此可见，物流策略、物流管理对降低物流成本和提高企业经济效益来说极为重要。加强物流管理不仅要降低物流成本，而且还应通过优化物流的服务，使产品能够及时、安全地送达目的地，并最终使顾客满意，这样才能吸引更多的顾客。

（二）物流的目标

设计物流系统的初始目标是研究消费者对服务的需要。消费者可能需要供应商提供几种物流服务：快速和有效地订货，快速灵活地送货，售前对商品分类和标价，订货信息查询、退换有问题的产品。

有的公司把物流目标解释为以最小的成本向顾客提供最满意的服务。遗憾的是，没有物流系统能最大限度地满足消费者，同时又使成本达到最少。最大限度地满足消费者意味着迅速交货、大量储存、灵活分类、自由退货政策和其他服务，所有这些都要增加成本。对比之下，最小成本意味着放慢交货速度、少量储存、集中运输，这些意味着对消费者的服务水平降低。一个公司必须先研究对消费者来说的各种分销服务的重要性，然后对各个子市场设定满意的服务水平。公司一般至少愿意提供和竞争者一样的服务。由于目标是利润最大化，而不是销售量，因此，公司必须衡量最好的服务与成本的关系。一些公司比竞争者的服务差，目的是降低价格。另一些公司提供好的服务，然后提高价格，以补偿成本。在决定最后的物流目标时，企业需综合多种因素，统筹兼顾，权衡得失，组合出最优的具体的物流目标。企业在制定具体的目标时，应考虑以下因素：

(1) 顾客的需要与竞争对手的情况。顾客的需要主要是：及时交货、安全搬运产品、接受次品的退货和更换、代客存货和运送货。企业了解顾客的需要固然重要，但也应了解竞争对手满足顾客需要的程度。只有知己知彼才能制定出具有竞争力的具体目标。

(2) 分析顾客需求的重点。不同的顾客、不同的产品，顾客的需求重点不同。企业应分析出顾客的需求重点，在制定具体物流目标时尽力满足顾客的需求重点。

(3) 确定企业的服务项目和标准。企业在上述分析的基础上，制定自己的服务项目和标准，企业的服务标准要有特色，要优于竞争者。

(4) 根据物流目标设计物流系统。通常根据系统成本公式设计几个系统方案，从中选择成本最低的方案。系统成本公式为：

$$D=T+F_w+V_w+S$$

公式中：D 为物流系统总成本；T 为总运输成本；F_w 为总固定仓储成本；V_w 为总可变仓储成本；S 为由于延误所损失销量的总成本。

二、物流策略

物流策略有以下核心内容：订单程序管理，仓储管理，存货管理，运输管理。

(一) 订单程序管理

订货可以通过许多方式进行，如通过邮寄或电话、推销人员或者计算机和电子信息网络下订单。一些情况下，供应商可以为客户订货。一旦收到订单，必须迅速准确处理。订货处理系统备有发票，并把信息传给需要它们的人。有关仓库收到通知后，包装和发送订货。产品没有存货时，需要订货。发出的货物带有与送货和计账有关的单据，复印件送到各个有关部门。

小案例

凯玛特公司的一个快速反应计划，选择了由供应商来管理零售商的存货补充业务。凯玛特公司把每天的产品销售记录传给供应商，它分析销售信息，下订单，然后通过电子信息系统回传给凯玛特公司。在凯玛特公司的系统里，这些由供应商下的订单就如同凯玛特公司自己开出的一样有效。凯玛特公司的一个主管说："我们不修改订单，我们也不提问。

我们和这些供应商的关系是这样的，我们相信它们开出的订单符合我们的仓储需要。”

资料来源：[美] 菲利普·科特勒，加里·阿姆斯特朗. 市场营销：原理与实践（第16版）. 北京：中国人民大学出版社，2015.

公司和客户同时从有效率的订单处理过程中获益。理想情况下，销售人员每天通过计算机发送来订单，订货部门迅速处理订单，仓库及时送出订货。账单也是尽快发出。多数公司现在使用计算机化的订货处理系统，加速了“订货—发货—结账”速度。

（二）仓储管理

由于生产过程和消费过程的不一致，几乎所有的产品都需要储存一定的时间，以缓解预测销售量与实际销售量在数量、时间和地点上的差异。

1. 仓库数量策略

仓库数量的选择是仓库决策中的一项重要内容。仓库数量决策实际上就是选择集中仓储还是分散仓储，或者说公司的物流系统使用多少个仓库。在某些情况下，由于公司规模的原因，这一决策相对简单。也就是说，小规模企业大多数只需要一个仓库，而大规模企业则需要权衡各类影响因素。

仓库数量的决策对企业物流系统的总成本有重要影响，主要表现在：（1）仓库数量越多，运输成本越低；（2）仓库数量越多，顾客流失成本越低（这主要因为仓库数量增多使得企业能够更及时和充分地满足顾客对产品和服务的需求，顾客满意度随之提高，进而降低了顾客流失的成本或丧失销售额的成本）；（3）仓库数量越多，仓储固定成本越高；（4）仓库数量越多，仓库变动成本或存货成本越高。

2. 仓库地点和类型策略

仓库的形式多样，规模各异，渠道管理的仓库通常按照所有权的不同，分为自有仓库、公共仓库和合同仓库。自有仓库是指企业自己拥有并管理的仓库，具有能有效实施控制、较高的柔性化水平等优点。但是缺点是占用资金多，同时在需要更换仓库地点时缺乏弹性。而公共仓库是专门向客户提供相对标准的仓库服务的，可以按照使用空间大小支付费用，且不会占用大量的资金。

如果租用公共仓库，就需要对仓库地点和类型加以选择，而且要有专业性的仓库可用，例如冷藏仓库、散装仓库等。目前，大多数企业使用的仓库有两种类型：一种为储备仓库，是供产品储备较长时间之用；另一种为中转仓库，是供各企业短期存放，作为收货、存放及迅速对顾客交货的场地。

（三）存货管理

存货水平影响着客户的满意程度。存货管理主要解决的是存货太多和存货过少的差距问题。存货太多，增加了不必要的开支，是一种浪费。存货过少，会导致缺货、紧急运输或生产成本增加，使客户不满意。在进行存货决策时，管理部门必须平衡增加仓储量的成本与相应的销售和利润的关系。存货管理涉及何时订货和订多少货的问题，即订货的订货点和订货数量的经济批量问题。下面分别对这两个问题进行讨论。

1. 订货点

订货点是指库存产品减少到需要重新订货的点。在正常情况下，随着产品的销售，存货数量在下降，下降到一定的存货水平时，应进行订货，否则会产生脱销现象。订货点公式为：

订货点＝平均每天销量×订货周期＋安全储量

而

安全储量＝(预计每天最大销量－平均每天销量)×订货周期

例：某商品年需要量为 1 200 件，预计每天的最大销量为 4 件，订货周期为 10 天，则

安全储备＝(4－1 200/365)×10
＝7(件)

订货点＝3×10＋7＝37(件)

这就是说，当该商品销售剩余 37 件时，应该进行订货。

2. 经济批量

当商品进货数量过多时，会导致大的储存量而增加储存费用；当进货量过少时，会增加进货次数以致增加进货成本。那么，进货批量应该是多少时才会使总费用达到最低呢？这里，我们用经济批量来确定精确的数量。

如图 9－4 所示，订货成本随着存货数量的增加而降低，而持用成本随着存货数量的增加而增加。将订货成本与持用成本曲线垂直相加，就形成了订货总成本曲线。订货总成本曲线上位置最低的一点，就是最佳订货量 Q^*。

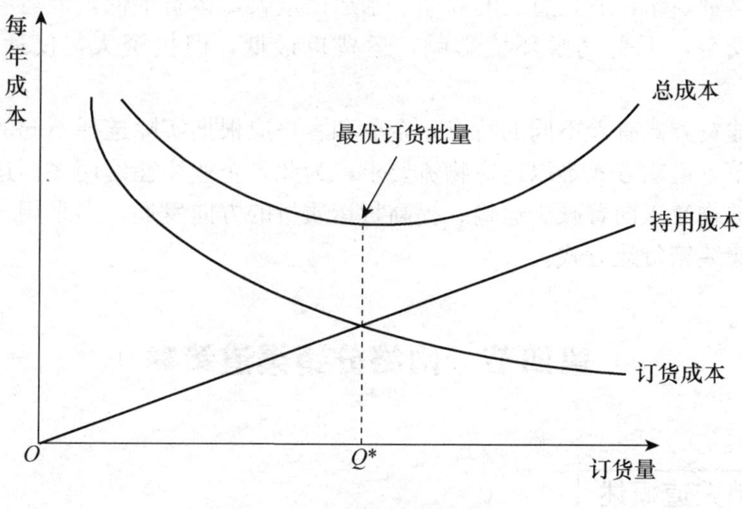

图 9－4　最佳订货量策略图

经济批量公式为：

$$Q^* = \sqrt{\frac{2DL}{H}}$$

式中：Q^* 为最佳订货量；D 为年存货需求量或存货总量；L 为每次订货费用；H 为单位存货平均年度持用成本。

例：一商品年需求量为 1 200 件，每次进货费用为 20 元，每件年仓储费为 4.8 元，则

$$Q^{*}=\sqrt{\frac{2DL}{H}}=\sqrt{\frac{2\times 1\,200\times 20}{4.8}}=100(\text{件})$$

可见，该商品每次进货 100 件时，使总成本达到最低。

(四) 运输管理

运输是物体借助运力在空间上产生的位置移动。由于时间长、距离远，运输活动消耗的能源和动力较多，产生的物流成本很高。运输管理主要包括以下几个方面：

(1) 运输的原则。运输有两条基本原则：规模经济和距离经济。规模经济的特点是随着装运规模的增长，使每单位的运输成本下降。距离经济的特点是每单位距离的运输成本随着运输距离的增加而减少。距离经济的合理型类似于规模经济，尤其体现在运输装卸的费用上的分摊，距离越长，可使固定费用分摊后的值越小，从而每单位距离支付的总费用越小。

(2) 运输的路线。运输路线要根据所运输的商品对于运输时间与运输条件的具体要求来选择。在选择合理的运输路线时，应对客户的地理位置、交通状况进行全面的分析，结合自己的生产地点、仓库分布，才能利用优选法选取最佳的运输路线。

(3) 运输的方式。运输方式包括陆路的铁路运输、公路运输、水路运输、航空运输和管道运输五种。不同的运输方式有着不同的特点：公路运输方便灵活，但运量相对较小，运费也高。铁路运输运量大，运费也较低，但仅限铁路沿线城市和地区。空运速度最快，但运量小，且运费高昂，适宜急运的商品。水运运量大，运费最低，但运载时间较长。管道运输量大、安全，不受气候环境影响，运费也最低，但投资大，仅适合运送气体和液体。

不同的运输费方式有着不同的特点，企业和客户应根据实际选择不同的方式来实现物流目标，然而单一运输方式难以适应物流要求，为此，企业往往使用多种运输方式联合运输。现在全国的物流正向着减少运输、提高货运质量的方向发展，多采用“门对门”的汽车货运方式和集装箱货运方式。

第四节　网络分销渠道策略

一、网络分销渠道概述

(一) 网络分销渠道的含义

网络分销渠道是指借助于互联网，将产品从生产者向消费者处转移的通道。与传统分销渠道相比，网络分销渠道在功能、结构等方面存在着明显的优势，网络分销渠道的出现带来了一场分销渠道的革命。

网络分销渠道的产生是互联网改变人们的生产和生活方式的一个重要侧面。从厂商的角度看，为在激烈的市场竞争中抢占先机，需要通过网络分销渠道传递信息，实现网上销

售。从客户角度看，由于消费者购买行为的理性化，消费者需要通过网络获得尽可能多的信息，也愿意通过网络实现购买。

（二）网络分销渠道的结构

与传统分销渠道相同，网络分销渠道也可分为直接分销渠道和间接分销渠道（如图9-5所示）。网络的直接分销渠道和传统的直接分销渠道都是零级分销渠道，这方面没有大的区别；而对于间接分销渠道而言，网络分销渠道中只有一级分销渠道，即只有一个网络中间商，而传统的间接分销渠道则存在一级或多级分销商。

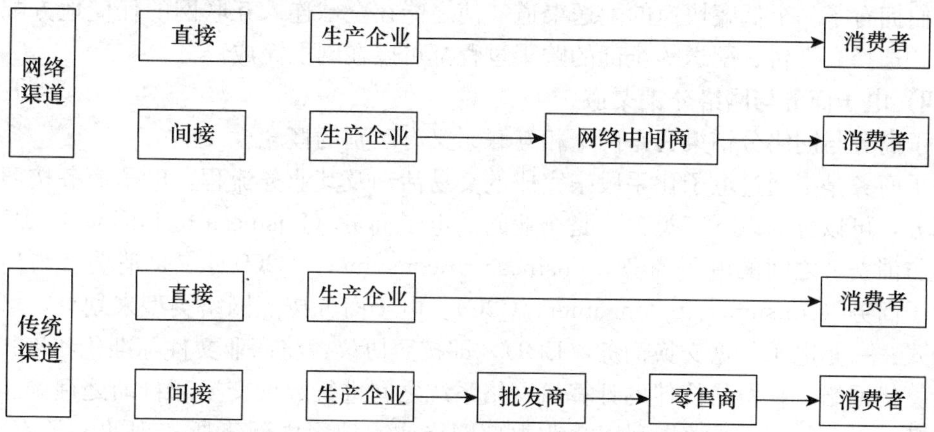

图9-5　传统分销渠道和网络分销渠道的结构比较

网络间接分销渠道克服了传统分销渠道的缺点。网络中间商一方面通过互联网强大的信息传递功能，完全承担着信息传递的作用；另一方面，利用其在各地的分支机构承担着批发商和零售商的职能。这样既提高了渠道的效率又节约了成本，是对千百年来传统交易模式的一个根本性变革。

（三）网络分销渠道的特点

网络分销渠道主要有以下特点：

（1）网络技术的应用。网络分销渠道是随着互联网技术的产生而产生的，网络分销渠道应用了大量的网络技术，如局域网技术、搜索技术、网上订货技术、网上支付技术、网上配送技术等。

（2）渠道的扁平化。网络分销渠道的应用大大减少了渠道中间商的数量，拉近了企业与消费者的距离；同时使企业建立直销分销渠道的难度大大降低。企业利用自己的或中间商的商务网站一方面发布企业和产品方面的信息，另一方面可以接受客户的访问和订购。

（3）渠道的虚拟化。网络分销渠道是虚实相结合的，甚至是完全虚拟的。虚拟渠道的主要表现形式就是电子商店，在线销售、网上零售、网上拍卖、网上采购、网上配送等新分销形式都是电子商店的经营方式。电子商店是传统商店的延伸，是网络与商业的融合。

（4）空间和时间的延伸。由于互联网具有全球性、全时性的特点，网络分销渠道一方面拓展了分销渠道的范围，使之加大加宽，因为互联网打破了地域和国界的限制，因此基于互联网的网络经济使全球市场的整合成为现实，这样产品的分销渠道就扩展到了更广阔的全球市场，而非局限于局部区域市场；另一方面，网络分销渠道也不受时间的限制，可以每天 24 小时地实现在线服务，与传统渠道相比，大大延长了运行时间。

(5) 整合性的增强。网络分销渠道以电子信息为工具，能够把企业价值链和供应链中的活动整合在一起。如当客户在网上购物时，下订单、支付、配送、售后服务等环节都可以利用互联网进行整合，除实物配送外，其他过程都可以在网上完成。

(6) 数字产品渠道的革新。由于数字产品独特的性质，互联网的发展使数字化产品的销售商们拥有了一个低廉快速的配送渠道，使之能在全球连入互联网的任何地方配送自己的产品，选择、支付、配送等全部的购买过程都可以在网上完成。

(四) 电子商务与网络分销渠道

电子商务与网络分销渠道是两个相互联系又有区别的概念。

电子商务是指通过电子化手段来完成的交易活动及其业务流程。电子商务按照交易对象来划分，可以分为以下三类：一是企业间的电子商务（business to business，B2B）。二是企业与消费者之间的电子商务（business to consumer，B2C）。三是消费者与消费者之间的电子商务（consumer to consumer，C2C）。电子商务按照网络类型来划分，可以分为以下形式：一是电子数据交换商务（EDI），即按照协议，将商业文件标准化和格式化，并通过计算机网络，在贸易伙伴的计算机网络系统之间进行数据交换和自动处理。二是本地电子商务（intranet），通常指利用企业内部网络或本地区内网络所实现的电子商务活动。它是利用互联网技术在企业内部所建立的网络系统，只有企业内部的人员可以使用，存取信息只限于企业内部，并在安全控制下连接互联网。三是互联网商务。以计算机、通信、多媒体、数据库技术为基础，通过互联网，在网上实现商务活动。四是移动电子商务。利用移动网络的无线连通性，用各种非 PC 设备，如手机、PDA、车载计算机、便携式计算机等，在电子商务服务器上检索数据，开展商务交易活动。

我们这里所讨论的网络分销渠道主要是指利用互联网实现销售而形成的企业分销渠道，包括互联网商务和移动电子商务。

二、网络分销渠道管理

(一) 网络分销渠道的分类

传统的分销渠道由生产商、批发商、代理商、零售商等共同组成，这种流通渠道一般是单向的、静止的、实体的流通。而网络分销渠道加强了生产者和消费者之间的沟通交流，用户可以直接和生产商联系，如用户可以直接从网上挑选和购买自己需要的商品，并通过网络方便支付款项，明显提高了渠道的效率。网络分销渠道可以分为两大类：网络直接销售、网络间接销售。

1. 网络直接销售

网络直接销售是指通过网络直接把产品销售给顾客的分销渠道，是一种利用网络媒体手段的直销。网络直接销售有两种方式：一种是企业拥有自己的网站，有专人从事网络分销活动并处理有关产品的销售事务；另一种是企业委托信息服务商在其网点发布信息，企业利用有关信息与客户联系，直接销售产品。

网络直接销售的优点有很多，企业可以直接从网络上收集到真实的客户需求信息，可以合理安排生产，可以随时根据顾客的需求展开各种形式的促销活动，迅速扩大市场占有率，同时因为降低了分销成本，企业可以以较低的价格出售生产的产品，可以通过网络及时了解顾客对产品的意见，及时处理这些意见，从而进一步改善经营和管理。

2. 网络间接销售

网络间接销售主要是指通过网络商品交易中介机构来销售产品。在这种过程中，网络中间商利用先进的通信技术和计算机、软件技术，把商品供应方、购买方和银行紧密联系起来，为客户提供全方位的服务，从而大大节省了资源、提高了效率。简单来说，网络分销商可以分为以下几种：

（1）行业在线分销商。行业在线分销商是面向行业的 B2B（企业对企业）模式，有时也称为垂直门户或者行业门户网站。这种模式每次交易量很大、交易次数较少，并且购买方比较集中。

（2）传统网上零售商。传统网上零售商是一种“鼠标＋水泥”的模式，这种模式下企业通常采取建立企业网站、投放网络广告以及网络促销活动的形式来进行网络分销。这些网络分销通常的渠道都是以 PC 为主的上网终端，采用大众传播的形式，分为企业网站、网络广告和网络促销活动三种方式。

（3）新兴网上零售商。随着网络的发展出现了一些新兴的网络零售商，它们一般没有实体店铺，面向网络消费者，纯粹地进行网络零售，是一种 B2C（企业对消费者）模式。这种模式的每次交易量小、交易次数多，而且购买者非常分散。这种模式打破了诸多时间和空间上的局限，给予消费者的便利性得以提升。消费者可以足不出户每周 7 天、每天 24 小时地购物。对于零售商来说，他们可以通过这种模式接近大量的消费者，这就使得经营那些因受地域限制而无利可图的非常专业的生意成为了可能。

（4）网络信息服务商。过去，买家要花费大量努力去收集全世界范围内的供应商的信息。而网络信息服务商使得市场更有效率，买家可以通过以下方式更容易地获取大量的信息：1）供应商网站；2）信息中介，即收集可选卖家的信息并增加价值的第三方；3）市场制造者，即通过联系购买者和销售者来创造市场的第三方；4）顾客社区，即购买者可以交流购买供应商产品和服务的经历的网络平台。

（5）O2O 模式。O2O 即 online to offline（线上到线下），是指将线下的商务机会与互联网结合，让互联网成为线下交易的前台。O2O 模式，早在团购网站兴起时就已经开始出现，只不过消费者更熟知团购的概念。团购商品都是临时性的促销，而在 O2O 网站上，只要网站与商家持续合作，那商家的商品就会一直“促销”下去。O2O 的商家都是具有线下实体店的，而团购模式中的商家则不一定。也有观点认为，O2O 是 B2C 的一种特殊形式。

这些方式的优点是，生产企业、中间商和最终顾客可以进行直接沟通和交流，可以与顾客进行互动，从而实现一对一分销；可以使生产企业与中间商的沟通更加顺畅，工作效率也更高；可以不受时间、空间上的限制，使交易更加便利，提高交易的成功率。

小案例

朝太阳（香港）公司是美国“海绵宝宝”在中国的官方合作伙伴。朝太阳母婴是公司旗下战略推出的大中国区连锁品牌，汇聚数百个中外知名品牌，集合上万款优质母婴名品，引进亲子游乐空间等服务项目。作为母婴行业的创领者，朝太阳母婴重塑市场新生态，创建网购实体，全面打造中国母婴行业领先、具创造性的“O2O全平台整合分销模式”。通过六石科技先进的云管理系统，朝太阳母婴将母婴行业线上、线下平台打通，解决了消费者真正关心的价格、品牌、安全三大要素，为消费者提供别具一格的“跨平台、跨地域、跨门店”的消费体验。

1. 店面端的主要工具：终端App

此为线下实体向线上电商引流分单的工具，安装在终端的大触屏电脑上，实现商品展示、选购下单、付款、会员服务的功能，以解决店面面积不够大、产品不足够摆放等问题，客户到店若没有找到需要的商品，可以通过终端App在线下单。

2. 一号多店：微商城系统高级版

各个分店有自己独立的二维码，解决总部与各门店利益冲突关系，互利共赢。

3. 六石品牌智管：全产品赋码追溯

每个产品具有独立二维码，扫描可知道来源渠道，具备防止假冒伪劣、渠道控价、吸粉等功能。朝太阳自2014年10月使用六石O2O系统以来，短短的10个月，使用效果十分显著。

（1）解决了线上线下利益冲突的问题，将线上线下全面打通，实现O2O分销闭环；

（2）使用终端机后，每个门店每月增加了8 000元～10 000元营业额；

（3）使用推客系统后，每个内部员工推客新增了9个新用户；

（4）优化库存，实现各门店货物管理一体化；

（5）开展多种微活动，增加粉丝黏性，提高品牌知名度。

资料来源：母婴O2O模式开启，朝太阳母婴＋互联网成功落地实施.（2015-11-02）[2017-09-13]. http://www.sohu.com/a/39259433_234011.

（二）网络分销渠道管理

1. 网络分销渠道的设计

（1）渠道模式的选择。渠道模式分为网络直销渠道和分销渠道两种。企业选择何种模式要考虑三个方面的情况：一是产品的属性与特点。像软件产品和在线服务可直接在线销售；而对大多数有形产品，还必须有传统的分销渠道提供配送支持。二是企业的规模和分销范围。小企业一般直接分销，大企业拥有独立的分销体系，其分销体系的长短因产品和市场情况而定，也可以采取多种分销渠道。三是市场状态。如果目标市场需求潜力大、竞争压力大，企业就倾向于直接分销，以加强对市场的影响；反之，可由中间商负责分销。

（2）渠道建设。根据销售对象的不同，网上销售可简单地分为两种主要方式。一种是B2B（企业对企业），这种模式每次的交易量大、交易次数少，并且购买比较集中。因此渠道建设的关键，一是订货系统，方便订货和结算；二是专门的送货方式，以保证送货的质量和速度。另一种方式是 B2C（企业对消费者），这种模式的每次交易量小、交易次数多，而且购买者比较分散，所以建立一个良好的结算系统和配送系统是非常重要的。

（3）渠道策略。渠道策略即确定分销渠道的中间商的数目。在网络分销中，分销渠道大大缩短，企业可以通过选择多个中间商，如信息服务商或商品交易中间商，来弥补短分销渠道在信息覆盖上的不足，增加渠道的宽度。

2. 渠道成员的选择

（1）选择网络分销商。在进行选择的时候，应该从成本、信用、覆盖面、特色和连续性等方面进行综合考虑。这五个因素，也称为 5C 因素。

1）成本。成本是寻找网络中间商必需的费用，这种费用包括：生产企业给中间商的价格折扣、促销支持费用等；网络中间商建立网站的费用；维持正常运行的费用。对这些费用，维持成本是主要的、经常的，并且各个中间商之间有较大的差别。

2）信用。这里的信用是指网络中间商信用度的高低。由于网络的虚拟性，网上交易存在着不确定性，买卖双方也缺少安全感。所以，信誉就是网络虚拟市场中质量、服务和安全的保证。生产企业只有通过信用好的中间商才能在消费者心中建立品牌和服务信誉。

3）覆盖面。覆盖面指网络中间商所能影响的地区和人数，往往由网站知名度决定。对于企业而言，不仅要看网络中间商覆盖面的广度，还要看覆盖面是否与自己的目标市场相吻合，是否能够给企业带来真正的经济效益。

4）特色。电子商务分销本身就体现了一种个性化服务，更多地满足网络消费者的个性化需求。每个站点受企业文化、经营理念、经济实力的影响会表现出各自不同的特色。生产企业在选择分销商的时候，就必须选择与自己的目标顾客群的消费特点相符合的特色网络分销商，才能真正发挥网络销售的优势，取得良好的经济效益。

5）连续性。网络站点和网络中间商的寿命长短不一。企业必须选择具有连续性的网站和网络中间商，以便在用户与消费者中建立品牌信誉和服务信誉。

（2）通过电子网络选择渠道成员。在寻找或了解潜在合作伙伴时，最简便的方法就是通过门户网站如在百度、搜狗等搜索引擎，键入关键词（比如企业名称或商品名称），按照网站、网页、商品、行业、黄页等方式进行搜寻、查找和阅读。通过搜索引擎，企业可获得大量的相关信息，包括潜在合作者的候选名单、候选者的基本资料、媒体对一些候选者的报道等。这些信息将有助于企业甄别候选者，缩小选择范围。

另外，与候选者接触，可以先通过网络进行，如通过在网上发广告征寻代理商或通过电子邮件与候选者进行一对一的沟通。当双方达成初步意向以后，再面对面接触和商谈。这样做，能节约合作双方的洽谈成本。

3. 确定物流配送

自营物流配送系统、普通邮政寄送、借助第三方物流企业是目前电子商务通常采取的三种物流配送方式。在制定物流决策时，应考虑以下几个要素：

（1）商品的品种。有些产品适合网上销售并网上传输，但对有些实体产品来说，必须借助传统的运输手段来进行传送。

（2）消费者的地区分布。虽然互联网的覆盖面极为广泛，但不是网络所及的区域都是网上销售的区域。在大城市，由于各方面的条件比较优越，订货量也相对比较集中，就可以按照较高的标准组织送货；对于偏远地区的订单则要进行集货，送货期限相对较长，各种服务也可能较大城市差些。

(3) 物流成本。从理论上讲，由于电子商务分销中的物流借助了网络技术，其物流成本应当比传统物流成本要低，可在实际中并非完全如此。由于网络分销中物流的多品种、小批量、多批次、短周期的特点更加明显，所以某些状况下很难单独考虑物流的经济规模，物流成本反而上升。因此，在制订物流方案时，要综合考虑物流成本。

(4) 物流方式。如果物流子系统在企业战略上处于重要地位，能形成企业核心竞争力，在企业自身资源允许的前提下，就应该选择自营物流；如果它对企业战略影响不大，那么就在顾客服务水平和成本之间进行权衡，并对自营物流和第三方物流的成本作比较，只有在企业相对成本较低的情况下，选择自营物流才有利；否则，就应该实行物流外包。

4. 网络结算系统

选择结算方式时，企业应考虑到目前的实际发展状况，应尽量提供多种方式方便消费者选择，如可以与银行结算联网，开发网络结算系统，将网上消费的结算与银行转账系统联网，使消费者能够轻松地在网上购物、网上结算。同时企业还要考虑网上结算的安全性。

5. 网络分销渠道的管理

当电子网络分销渠道与传统渠道共存于一个生产企业时，就可能在目标、领域以及认知等方面发生不同渠道之间的冲突。美国学者科兰（Coughlan）等将其分为三种情形：

(1) 制造商自建电子网络直销渠道，从而产生网络直销渠道与传统渠道之争；

(2) 制造商通过原有渠道之外的网络中间商销售，从而产生网络中间商渠道与传统渠道之争；

(3) 制造商的产品被原有的某些中间商在网上销售，于是出现传统渠道中使用网络分销渠道的成员与未使用网络分销渠道的成员之间的争斗。

当然，这三种情形还可能以组合的方式出现。这三种情形或其组合，会在制造商与传统渠道成员之间诱发各种各样的冲突。比如在第一种情形下，首先，会引发目标冲突。制造商希望通过各种渠道（包括网上渠道）实现利润最大化。当网上渠道会给制造商提供相对于传统渠道更高的毛利时，制造商更愿意让消费者直接从它的网站上购买，而不是通过传统渠道购买，这就与传统渠道中成员（如商店）的目标相冲突。其次，会引发领域冲突。这种冲突会导致一些成员的搭便车行为。最后，还可能存在认知冲突。制造商通常认为，它们建立网上渠道，只是为了扩大市场，增加销售，使那些不愿意或不能够从其他渠道中购买商品的消费者买到产品，并不会侵害渠道合作伙伴的利益。但渠道合作伙伴却不这么认为。它们会认为那些建立了网上渠道的制造商是在争夺原本属于它们的生意。

总之，当制造商从事电子商务以后，无论是自己建立网上直销渠道，还是通过网络中间商进行网上销售，都会增加引发渠道冲突的概率。

那么，应该怎样解决这些冲突呢？科兰等从制造商角度给出了解决这些冲突的一些对策：网上直销，同时给传统的渠道成员提供一些企业网站上没有的优惠；利用产品线差异化，保持传统渠道成员的市场地位；运用奖励机制，与传统渠道成员分享销售成果等。

本章小结

分销渠道也称为销售网络或分销网络，它是指产品从生产领域向消费领域转移所经过的通道。它具有收集与传达信息、促销、洽谈、组配、物流、风险承担和融资等功能。其流程由实物流、所有权流、付款流、信息流和促销流五部分构成。

分销渠道的销售模式分为消费品的分销渠道模式和生产资料的分销渠道模式。对分销渠道进行分类有以下标准：按照有无中间商参与可分为直接分销渠道和间接分销渠道；按照销售环节的数量多少可以划分为长分销渠道和短分销渠道；按照同一环节采用的中间商数量多少可以分为宽分销渠道和窄分销渠道。

影响渠道策略的因素主要有目标市场、产品、企业、中间商、竞争者和政策法规等。因此，企业在选择渠道策略前，必须综合分析各种影响渠道策略的因素，然后做出决策。

分销渠道的设计共分为 14 步，目的是寻找到最佳的渠道系统。这种最佳系统可能并不是“理想”系统，但它将能最大限度地满足管理层的质量、效率、效益、适应性标准。

分销渠道管理包括成员管理和冲突管理。分销渠道成员管理包括对渠道成员的选择、激励、评估和调整等方面的内容；分销渠道间的冲突分为水平渠道冲突、垂直渠道冲突和渠道系统间冲突。可以通过加强交流、谈判、仲裁、法律的手段和退出等方式来解决冲突。

物流是实现厂商的产品和目标之间可达性的必然途径，物流的目标是实现整体的最优化而非局部的最优。企业在制定具体的目标时，应考虑以下因素：顾客的需要与竞争对手的情况、分析顾客需求的重点、确定企业的服务项目和标准以及根据物流目标设计物流系统。

网络分销渠道是指借助于互联网，将产品从生产者向消费者处转移的通道。与传统分销渠道相比，网络分销渠道在功能、结构等方面存在着明显的优势，网络分销渠道的出现带来了一场分销渠道的革命。它具有网络技术的应用、渠道的扁平化、空间和时间的延伸和整合性强的优点。

思考题

1. 什么是分销渠道？分销渠道的功能有哪些？
2. 影响分销渠道策略选择的因素有哪些？
3. 试分析分销渠道的设计过程。
4. 试述制造商对渠道成员的选择、激励、评估和调整。
5. 在分销渠道中会产生哪些渠道冲突？
6. 什么是物流？物流管理的核心内容有哪些？
7. 网络分销渠道与传统渠道的结构有什么不同？

第十章　整合营销传播策略

学习目标

1. 了解和掌握整合营销传播的内涵、特征和开发流程，重点掌握整合营销传播决策的影响因素。

2. 了解和掌握广告策划和实施过程，掌握销售促进的方式和销售促进策略决策过程。

3. 了解和掌握直接营销策略的工具和人员推销的步骤。

引导案例

西泠公司：整合营销策划之战

1994年9月，在杭州西湖爆发了一场空调大战，在这场大战中，西泠公司大获全胜。在短短的三个月间，西泠空调就销出一万多台，这是因为西泠公司采取了成功的整合营销之战。春节刚过，西泠公司市场部便开始紧锣密鼓地收集各方资料，通过对市场调查分析之后，确定了空调市场的策略：先树立起可靠、品种全的形象，再在服务上做到尽善尽美。4月2日，西泠人在浙江《周末文摘》上登载《西泠电器1994—001服务公告》："购买空调你最关心的是什么？销售产品我们最关心的是什么？西泠将有一系列的服务接受你的检验。"西泠人开始向用户灌输西泠公司服务第一的观念。

此后，在《浙江日报》《钱江晚报》《杭州日报》等报刊上都出现了同样的整版广告。持续一个月后，西泠公司正式召开发布会，公布了"西泠的承诺"：西泠也许做不到十全十美，但尽可以做到无微不至。为证明自己的诚意，西泠公司公布了自己的热线电话号码并宣布：用户如有需要可拨电话，西泠人将上门提供咨询和服务。

西泠公司的第二个步骤是在当地的各种媒体上开始宣传，让西泠的牌子深入人心，并且向公众作出了更为明确的表示，承诺最优质的服务。各媒体上出现这样的广告：做不到100，赔你100元。西泠公司向消费者作出三大承诺：5月1日至7月31日内，凡在杭州解百、百大、新天龙、杭州大厦等十大商场购买分体式空调，次日起72小时内上门免费安装，出现故障的24小时内调换新机。如有违反，每迟一天，赔偿用户100元。凡产品有质量、安装质量问题，除上门维修外，再每次赔偿用户100元。凡安装、维修人员有收礼、吃喝现象，一经查实，不但退还礼物，还奖励用户100元。这一下消费者得到了安全的保障，对西泠空调不再仅是一个初步的印象，而是更为细致的了解，并对它给予了信任和好感。

天气持续高温，使空调一下子成了热销产品。6月25日，空调市场猛然启动，至6月30日达到高峰，使西泠公司一天就销出分体式空调近1 400台。巨大的销售量给服务带来了空前压力。尽管西泠为售后服务准备了三百多人十多辆车，仍无法保证自己的承诺得到保障。

西泠公司面对这种情况并没有为了一时小利而强撑下去，掩盖自己的不足，而是用了另一种更高明的诚实策略。谁也没有想到，正在空调畅销的高峰，西泠公司却对外宣布：7月6日至7月8日停售三天。西泠公司在《告消费者书》中这样说："尽管我们已经采取各种措施，仍不能保证您的利益及我们的承诺得到最高尊重。为此，杭州各西泠空调特约经销商店停止销售各类西泠空调三天。"西泠公司这个声明不但不会得罪消费者，还会更加博得消费者的推崇，即使西泠公司暂不售货，恐怕消费者也会主动等待，因为这已经形成了一种信任。西泠公司的这个策略反而树立了西泠长期经营所需要的典范形象。

资料来源：张梁. 市场魔术师——营销突破的21种模式. 北京：当代世界出版社，2000.

第一节 整合营销传播概述

一、整合营销传播的内涵及特征

（一）整合营销传播的概念

目前，理论界还没有对整合营销传播（integrated marketing communication，IMC）的精确概念达成共识。美国广告同业协会认为 IMC 是："通过评估各种不同的传播技术——广告、直接营销、销售促进以及公共关系等——在特定传播计划中扮演的角色，并经过整合，使之提供清晰、一致的信息，以发挥有效的和最大的传播效果。"美国奥美广告有限公司对整合营销传播的定义为："融合各自传播技能与方式，为客户解决市场的问题或创造宣传的机会。"从这两个概念来看，前者主要强调过程，后者更多强调结果。

因此，整合营销传播是一个通过计划、创造、整合和执行各种营销传播工具，使营销信息随时间推移送达目标受众并对其产生清晰、一致和最大化影响的传播过程。

（二）整合营销传播的特征

整合营销传播主要有如下三个基本特征：

第一，顾客导向。整合营销传播以服务顾客为宗旨，使每一位顾客都能体验到企业高效、优质、一致的服务，它把消费者贯穿于整个整合营销传播活动的每一个环节，并实现与消费者的双向沟通。

第二，系统思考。整合营销传播以系统化思想为指导，将整个营销作为一个系统，对其进行计划、协调和控制，不仅关心局部，更注重全局，考察所有行动与方案的效果，使得营销资源在营销工具间进行最优配置。

第三，将动态思维整合营销理念引入了整体观和动态观，要求企业用动态的观点看待市场，认清企业与市场之间的互动关系，并根据市场的变化及时调整发展战略。企业内部的所有部门都应当相互配合，形成一个紧密团结的整体。

二、整合营销中的 4C 观念

20 世纪 80 年代，美国出现了 4C 营销理论，对消费者（consumer）、成本（cost）、便利（convenience）和沟通（communication）这四个市场要素进行了重新的设定。在这一理论的指导下，整合营销传播应运而生。根据整合营销传播理论，企业应以消费者的需求为中心，对促销、广告、公关、新闻媒体、直销、CI（企业形象识别）、包装、产品开发等所有与企业相关的传播和营销活动进行重组和整合，通过多种渠道向消费者传播同一品牌的相关信息，从而获得消费者的认可。

（一）消费者

此处指消费者的需要和欲望。企业要把重视顾客放在第一位，强调创造顾客比开发产品更重要，满足消费者的需求和欲望比开发产品功能更重要，不能仅仅出售企业想制造的产品，更要提供顾客想要购买的产品。

（二）成本

此处指消费者获得满足的成本，或是消费者满足自己的需要和预想所愿意付出的成本价格。其中包括企业的生产成本，即生产适合消费者需要的产品成本；消费者购物成本，不仅指购物的货币支出，还有时间消耗、体力和精力耗费以及风险承担。因此，企业要想在消费者支持的价格限度内增加利润就必须降低成本。

（三）便利

此处指购买的方便性。相比传统的营销渠道，新的观念更重视服务环节，在销售过程中强调为顾客提供便利，让顾客既购买到商品，又享受到便利。企业要深入了解不同的消费者有哪些不同的购买方式和偏好，把便利原则贯穿于营销活动的全过程，售前做好服务，及时向消费者提供关于产品的性能、质量、价格、使用方法和效果的准确信息，售后应重视信息反馈和追踪调查，及时处理和答复顾客意见，对有问题的商品主动退换，对使用故障积极提供维修，对大件商品甚至终身保修。

（四）沟通

此处指与用户沟通。企业可以尝试多种营销策划与营销组合，如果未能达到理想的效果，则说明企业与产品尚未完全被消费者接受。这时，不能依靠加强单向劝导顾客，要着眼于加强双向沟通，增加相互理解，实现真正的适销对路，培养忠诚的顾客。

三、整合营销传播的作用

整合营销传播与狭义上的促销带动销售的作用不同之处在于整合营销以消费对象为服务主体，中心思想是传播营销信息。整合营销在营销组合中的主要作用呈一种递进关系，分别为：传递信息，强化认识；突出特点，诱导需求；指导消费，扩大销售；滋生偏爱，稳定销售。这些作用中的每一个依次向右导向下一个，最终让消费者成为忠实受众，同时不断提升企业品牌形象。

（一）传递信息，强化认识

尽管销售是市场营销的核心活动，但先要让消费者顺利和正确地了解到产品信息，对产品有一个认识。信息传递分为单向和双向两种。单向信息传递是指卖方发出信息，买方纯粹是接收，然后做出反应性决策，这是间接促销的主要方式。双向促销则是买卖双方互通信息，这是直接促销的主要方式。例如，卖方首先提供关于产品的性质、功能和价格等基本信息给买方，来诱导买方的兴趣和购买；然后买方向卖方反馈关于产品的价格和功能等异议，促使卖方能够更好地满足买方需求。

（二）突出特点，诱导需求

在消费者了解完卖方的产品后，卖方要做的就是在激烈的竞争环境下把自己的产品与其他竞品区分开来。买方之所以选择卖方的产品，不光是因为其有需求和购买力，更重要的是其看中了卖方某一种或者多种差异化的特色，从而产生浓厚的兴趣。

（三）指导消费，扩大销售

在促销活动中，各种手段和工具的结合往往可以使消费者很清楚地了解消费方式和过程，从而刺激他们把潜在购买欲望变为事实购买，实现扩大销售的功效。

（四）滋生偏爱，稳定销售

一旦购买，消费者自然会产生对产品的喜爱，真正体会到产品这种差异化的优势。整合营销传播主张不仅在销售产品前要大力宣传和促销，在销售后更要利用各种工具做好售后形象性宣传和提示性宣传，让购买者在潜移默化中愈加热爱该品牌，进而重复购买，最终成为品牌的忠实顾客，使企业达到稳定销售的目的。

四、整合营销传播的开发流程

（一）整合营销传播的过程

为了取得最大的传播效率，营销者需要了解传播是怎样进行的、哪些因素决定或影响传播的效果，从而据此制定营销传播的方案。信息传播过程可以分为宏观和微观两种模式。

1. 宏观传播模型

宏观传播模型的传播过程分为三个阶段，包含九个要素。具体过程如图 10－1 所示。

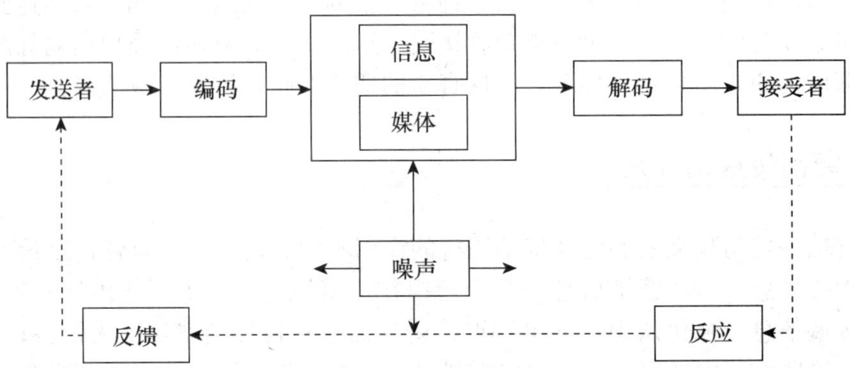

图 10－1　宏观传播模型

三个阶段分别是：信息编码阶段、信息解码阶段和信息反馈阶段。具体可以解释为：信息发送者将信息编码为信息符号，并通过一定的媒体进行传播，再由接受者将信息解码还原为信息并予以接收，接受者对所接收的信息做出反应，并将部分反应反馈给发送者。九个构成要素分别为：发送者、编码、信息、媒体、解码、接受者、反应、反馈和噪声。

该信息传播模式及构成要素说明了一个有效的营销传播系统应该是怎样的。发送者或传播者必须知道应该把什么样的信息通过什么样的途径传递给接受者即受众，应该获得什么样的反应；他们必须是编码专家，并且懂得目标受众是怎样解码的；他们必须建立通畅的反馈渠道，以便了解目标受众对信息的反应；他们知道传播过程将受到哪些干扰或歪曲，以及如何克服这些干扰和歪曲。

2. 微观传播模型

营销传播的微观模型主要关注的是消费者对传播的反应。如表 10－1 所示，即四种最著名的消费者反应层次模式：AIDA 模式、效果层次模式、创新采用模式和沟通模式。这些模式均遵循认知、情感和行为三个阶段。从本质上来说，这三个阶段是购买者“学习→

感觉→动作”的体现，这个过程适用于“复杂的购买行为”，即顾客在购买过程中持有比较慎重的态度，且产品的差异性较大，比如购买汽车的行为。

表 10-1　　　　微观反应层次模型

阶段	AIDA 模式 （一般）	效果层次模式	创新采用模式	沟通模式
认知阶段	注意	知晓 ↓ 认识	知晓	接触 ↓ 接收 ↓ 认知反应
情感阶段	兴趣 ↓ 欲望	喜爱 ↓ 偏好 ↓ 信任	兴趣 ↓ 评估	态度 ↓ 意图
行为阶段	行动	购买	信任 ↓ 采用	行动

另外，这个过程还可以组合成其他的次序，比如“动作→感觉→学习”。它适用于“减少不协调的购买行为”，即顾客购买过程非常慎重，且产品的差异性较小，比如购买手机的行为；还可以有“学习→动作→感觉”这一次序，它适用于“习惯性的购买行为”，即顾客购买的慎重程度比较低，且产品的差异性较小，比如购买油盐的行为。以上三种组合次序分别对应三种不同的目标受众。

（二）整合营销传播方案的开发流程

整合营销传播方案的开发是一项复杂的系统工程，它主要由八大步骤构成（见图 10-2）。

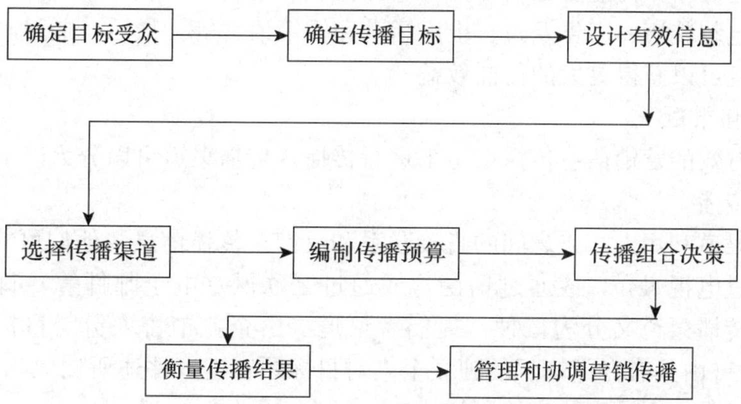

图 10-2　整合营销传播方案的开发流程

1. 确定目标受众

传播者首先要确定传播的目标受众。目标受众是指企业营销传播的沟通对象，是营销传播者所确定的信息接受者。确定目标受众，不仅包括确定对象，还要确定对象所具有的特点及其对企业、企业产品及企业竞争者的现有印象。实际的营销传播中，目标受众既可以是企业产品的潜在购买者、目前使用者、决策者或影响者，也可以是中间商；既可以是个人、小组，也可以是特殊公众或一般大众。

2. 确定传播目标

在明确目标受众后，营销传播者必须确定传播目标，即确定从目标受众那里寻求什么样的反应。大多数情况下，企业最终的传播目标是促使目标受众做出购买反应或产生购买欲望。但购买行为是消费者在购买决策方面的心理和行为长期演变过程的最终结果，营销传播者需要知道如何把目标受众从其目前所处的位置推向更高的购买准备阶段。营销传播者要寻求目标受众在认知、情感和行为方面的反应，即向消费者头脑里灌输某些东西，以改变消费者的态度，或使消费者做出某项特殊行动。购买者做出购买决策一般可能经过六个阶段，即知晓、了解、喜爱、偏好、信任和购买。

3. 设计有效信息

在理想状态下，营销传播者所设计的信息应能在目标受众中引起注意，提起兴趣，唤起欲望，导致行动。为了实现这种效果，在设计信息时应该着重解决好四个问题：信息内容（说什么）、信息结构（如何合乎逻辑）、信息形式（用什么符号）和信息源（谁来说）。

一则适合传递的信息，就其内容而言，应该具有传播者预期反应的说服力，即主题、诉求、创意和构思。说服力分为三种类型：（1）理性说服力。诉诸购买者自身的切身利益，例如展示产品能实现购买者利益的品质、性能和价值。（2）情感说服力。诉诸购买者的情绪和情感，例如喜悦、恐惧、自尊、羞愧等。（3）道义说服力。诉诸购买者的道德感、是非感，通常用来规劝人们支持社会公益事业。

信息的有效性还依赖于它的结构和形式。一个健全的结构有助于增加信息的说服力，传播者应该考虑所传递信息是否要有明确的导向性，是否结合正反两个方面的论证，是否遵循一定的表达次序。传播者还要为信息设计具有吸引力的形式，包括产品的外观、品牌名称和标志、包装装潢、广告发布、推广活动和推销语言等。最后，通过具有吸引力的信息源发出的信息可以获得更大的传播效益。

4. 选择传播渠道

必须选择有效的营销信息传播渠道来进行传播。传播渠道可以分为以下两类：

（1）人员传播。

人员传播渠道利用人与人之间的直接联系和反馈来传播信息。他们可能面对面，或通过电话，或通过电视媒介，或通过信函，或通过互联网（电子邮件等）直接进行信息传播。人员信息传播渠道又分为三种：提倡者渠道（由企业销售人员与目标顾客接触所构成），专家渠道（由具有专门知识的独立个人对目标顾客进行评述所构成），社会渠道（由邻居、家庭成员与目标顾客的交谈所构成）。

人员传播的主要优点包括：可直接获得信息反馈，特别适用于需要根据用户特性进行的个性化传播，对特殊用户、疑难用户或大用户，往往非用它不可。主要缺陷是传播范围较小，按用户计算的单位传播成本相对较高等。

（2）非人员传播。

非人员信息传播渠道是指不需要与人接触就能传播信息的各种媒介，包括媒体、气氛和事件。受众能接触到的媒体主要有印刷媒体（报纸、杂志、直接邮件）、广播媒体（收音机、电视）、电子媒体（录音、录像）和展示媒体（广告牌、公示牌、海报等）。气氛是指在购物、休闲娱乐或消费场所形成的与目标顾客购买和消费有关的“整体配套环境”，包括光线、颜色、声响、装饰物、气味、人员着装与表演神态等各种要素及其搭配，用来建立或加强受众购买某一产品的倾向。事件是刻意安排的活动，偶然用来向目标受众传递特别的信息，如企业就某种新产品召开新闻发布会或举行庆典活动，以便取得特殊的信息传播效果。

通过非人员传播渠道不仅可以直接影响购买者的态度和行为，而且更重要的是可以影响舆论导向，进而间接地、更有效地影响更多的购买者。在大多数情况下，传播人员更倾向于选择非人员传播渠道。

5. 编制传播预算

编制营销传播预算可以算得上是现代营销中最困难的决策。对于一个现代企业来讲，问题往往不在于是否应该花钱来促销、传播，而在于应该花多少钱来促销和传播。目前经常使用的编制营销传播预算的方法主要有四种：量入为出法、销售百分比法、竞争对等法、目标任务法。

（1）量入为出法。

量入为出法指根据企业对促销费用的承担能力来安排促销费用的投入水平。这种方法较为简便易行，只需了解企业财务部门当年能够为促销部门提供多少经费，就可以比较方便地确定年度促销预算的总额。一般而言，企业根据其财力情况来决定促销开支的多少并没有错，但是这种方法往往未考虑促销作为一种重要营销手段对企业销售的直接影响，未把销售投入视为一种必要的投资。所以，严格来说，量入为出法在某种程度上存在着片面性。企业做促销预算时一定要考虑需要花费多少促销费用才能完成销售指标这一重要问题。

（2）销售百分比法。

销售百分比法是指企业以一个特定的销售量或销售价的百分比来安排促销预算。此方法的优点在于：费用可以随企业能够提供的资金量的差异而变动，促使那些注重财务的营销管理者认识到，企业所有类型的费用支出都与总收入的变动密切相关；同时也可以促进企业管理者根据单位促销成本、产品售价和销售利润之间的关系去考虑企业的经营管理问题。

但此法也存在不足之处。根据可用资金的多少而不是根据市场机会的发现去安排拨款，可能会失去有利的市场营销机会。而且，每年的预算都在随着销售收入而变动，这可能会与企业的长期营销方案相抵触。另外，该法是所有的促销都按同一比率分配预算，妨碍了根据每一产品与销售地区的实际需要来确定促销预算，势必会造成不合理的平均主义。

（3）竞争对等法。

竞争对等法指根据竞争对手在促销方面的大致费用来决定自己的预算。市场营销实践中，大量企业喜欢运用此法来确定自己的促销预算，以形成与竞争对手旗鼓相当的对等局势。采用此法需要一定的前提条件：1）竞争者的预算代表了该行业的集体智慧；2）维持竞争优势有助于组织促销战；3）企业能获得竞争者确定促销预算的可靠信息。

但实际情况是，这些前提条件很难实现。企业没有根据去相信另一个与之竞争的企业会比自己更了解自己在促销方面该支出的费用，而且不同企业的声誉、资源、实力、机会和目标都存在一定程度的差异。另外，至今也没有什么证据显示依据竞争对手对等法制定的预算会缓解或消除促销战的爆发。

（4）目标任务法。

目标任务法指营销人员在明确广告的特定目标、确定达到该目标必须完成的任务的基础上，估算完成各项任务所需费用及其总和而得出促销预算。企业在编制预算前，要求每位经理需按照要求准备促销预算申请书。

目标任务法是一种比较理想的促销预算方法，该法的优点在于：它能使营销管理者较好地处理市场份额、促销水平、试用率等与促销预算总额的关系，克服预算费用确定的盲目性。其缺点是没有从成本的观点出发来考虑某一促销目标是否值得追求的问题。例如，企业的促销目标是下年度将品牌的知名度提高20%，这时所需的促销费用也许会比实现该目标后对利润的贡献额超出许多。因此，如果企业能够按照成本来估计各目标的贡献额，然后再选择最有利的目标来付诸实施，效果会更好。

6. 传播组合决策

营销传播预算确定以后，传播者还必须根据需要和可能，确定广告、销售促进、直复营销、公共关系和人员推销等促销工具的具体形式与重点、次重点、非重点，以及如何把总传播预算在各种促销工具之间进行合理分配，使各种促销工具形成一个最佳促销组合。为此，企业必须进行促销组合决策。

7. 衡量传播结果

促销计划执行后，营销传播者必须衡量它对目标受众的影响：一方面要了解目标受众接收信息的情况，如识别率、显露率、记忆率、记忆内容、对信息的感觉、对产品和企业的前后看法等；另一方面要收集受众反应的行为数据，如多少人购买这一产品，多少人喜爱它并与别人谈论过它，等等。

8. 管理和协调营销传播

大的企业经常雇用一些传播专家和他们的品牌经理一起工作，但这种合作方式有时并不能很好地管理和协调整合营销传播工作。目前，许多大的广告公司开始收购市场推广公司、公关公司、包装设计咨询公司、网络开发公司和直邮公司等，这样一些大的广告公司就具有了更强的管理和协调整合营销传播的能力。企业也开始雇用大的广告公司进行整合营销传播的管理和运作。

成功的整合营销传播，能产生更高的信息一致性和巨大的销售影响。它把责任加到每一个人头上，经过反复多次的企业实践，把企业和品牌的形象与信息统一起来。整合营销传播将会改进企业的能力，使之附带着恰当的信息，在恰当的时间和地点影响恰当的顾客。

五、影响整合营销传播决策的因素

（一）产品市场类型

不同产品市场具有不同的性质，这就决定了其消费对象需求的不同。一般来说，在面对消费品促销时，因为市场范围比较广，更宜采用拉式策略，以广告为最常见的优选，接下来是销售促进、人员推销和公共关系等；对于工业用品，因为产品多需要详细的沟通和解释，且购买数量又非常庞大，则需以人员推销为主，其次是销售促进、广告和公共关系；另外，针对一些世界名牌类产品，要在竞争中追求长久的竞争力，加快新顾客接受自己产品的节奏，则需要重视公关活动，而不能只做短期的让利促销活动。

（二）企业产品的市场地位

企业产品的市场地位越强，品牌效应也越强。随着市场地位排列顺序的下降，品牌效应也会下降。因此，对于强势品牌，广告支出的比重就会相对大一些；而市场地位处于中间或稍后的品牌，销售促进的支出比例通常相对高一些。

（三）产品生命周期阶段

在产品生命周期的不同阶段，用户对产品的认知和态度会有很大差别，由此各种传播工具的成本效应也存在较大差异。一般来说，在导入阶段，广告和宣传推广具有很高的成本效应，随后是人员促销，通过取得更大的分销覆盖面和销售促进，以推动产品试用；在成长阶段，由于消费者的相互转告，需求保持增长的势头，所有传播工具都是必要的；在成熟阶段，其重要度依次为销售促进、广告、人员促销；在衰退阶段，销售促进继续保持较强的势头，广告和宣传的成本效应则降低了，而推销人员只需给产品最低限度的关注即可。

（四）目标群体的类型

目标群体的类型会对促销传播活动产生一定的影响。例如，地域范围是一个主要的因素，若对象是小型的本地区域市场，就应以人员推销为主；对广泛的全国或国际市场而言，拉式策略则效果好得多。此外，在有竞争者的市场条件下，制定营销传播组合策略时还应考虑竞争者的策略，要有针对性地变换自己的策略。

（五）企业的促销预算

营销传播活动是许多企业的一项巨大开支，且难以避免。许多企业往往资金有限，能用于促销方面的费用更是捉襟见肘，那么如何能花最少的钱达到最佳的效果就成了各企业最关心的话题。不论如何，企业先应该理性衡量自身能力，在预算上促销费用应该是企业能够承受的，且是适应竞争需要的。然后进一步考虑所销售产品的市场寿命和促销本身目标等细节因素，来决定要不要用这样或那样的促销手段，以及预测大致能取得什么样的效果。

总的来说，一件产品的广告宣传设计不仅仅由它的目标群体的需要所决定，企业总体战略形象和定位也对广告的整体风格有着非常关键的影响。即便是同一件产品，在不同的产品生命周期阶段，也应酌情采取有差别的促销传播组合。

第二节　大众传播策略

一、广告策略

（一）广告的概念及作用

美国营销协会对广告的界定是："广告是由明确的广告主，将其创意、产品、劳务等，以付费的方式所进行的非人员提示、推荐活动。"现代社会，广告作为一种经济现象，无处不有，无时不在。从营销的角度看，广告的作用主要有以下几点：

（1）介绍产品。广告能使顾客了解有关产品的存在、优点、用途及使用方法等，有助于顾客根据广告信息选择适合自己的产品；同时，广告信息的传播，对培养新的需求和新的消费方式有一定作用，对扩大销售量和开发新产品具有重要意义。

（2）促进试验性购买。顾客使用产品是广告要达到的目的，对于产品的潜在顾客以及新产品的推广，广告具有刺激、鼓励人们做第一次购买的作用。顾客通过试验性购买和使用产品，才有可能成为企业的忠实顾客。

（3）开拓新市场，发展新顾客。企业要发展壮大，就需要谋求扩大市场、拓展产品销路。对于新的细分市场，由于广告能广泛、经常地接近顾客，因而能起到开路先锋的作用。广告是进行市场渗透的有力武器。

（4）保持或提高市场占有率。企业要做到这一点，就必须让消费者经常感觉和认识到该产品的存在。广告是达到这一目的的有效手段。

（5）树立或加深企业商标的印象。顾客购买产品时，企业的名称和商标往往是选择的重要依据。因此，企业名称和商标是否能赢得顾客的好感和信赖，直接关系着产品的销售。广告是确立理想企业与商标印象的重要途径。

总之，广告的作用是多方面的。在品种繁多的现代产品市场上，广告已经成为企业在竞争中取胜的必要手段。

（二）广告设计的原则

广告效果不仅取决于广告媒体的选择，还取决于广告设计的质量。高质量的广告必须遵循以下原则来设计：

1. 真实性

广告的生命在于真实。虚伪、欺骗性的广告，必然会有损企业的信誉。一方面，广告的内容要真实，包括：广告的语言文字要真实，不宜使用含糊、模棱两可的言辞；画面也要真实，并且两者要统一起来；艺术手法修饰要得当，以免使广告内容与实际情况不符。另一方面，广告主与广告产品也必须是真实的，如果广告主根本不生产或不经营广告中宣传的产品，甚至连广告主也是虚构的单位，那么广告肯定是虚构、不真实的。企业必须依据真实性原则设计广告，这也是一种商业道德和社会责任。

2. 社会性

广告是一种信息传递。广告在传播经济信息的同时，也传播了一定的思想意识和价值观念，必然会潜移默化地影响社会文化、社会风气、社会习俗。从一定意义上讲，广告不仅是一种营销传播形式，而且是一种具有鲜明思想性的社会意识形态。其昂贵的社会性体现在：广告必须符合社会文化、伦理规范、思想道德的客观要求。具体来说，广告要遵循政府的有关方针政策，不违背国家的法律、法规和制度，有利于社会风气的改善，有利于培养民众的高尚情操，杜绝损害民族尊严和个人人格的，甚至是迷信等内容的广告等。

3. 针对性

广告的内容和形式要富有针对性。即对不同的产品、不同的目标消费者群体、不同的历史时期、不同的情景要有不同的内容，采取不同的表现手法。由于各个消费者群体都有自己的喜好、禁忌和风俗，为适应不同消费者群体的不同特点和要求，要根据不同的广告对象来决定广告的内容，采用与之相适应的形式。

4. 艺术性

广告是一门科学，也是一门艺术。广告把真实性、针对性、思想性寓于艺术性之中，是利用科学技术，吸收文学、喜剧、音乐、美术等各学科的艺术特点，把真实的、富有思想性和针对性的广告内容通过完善的艺术形式表现出来。只有这样，才能使广告像优美的诗歌、美丽的图画、动人的音乐一样，成为精美的艺术品，给人以很高的艺术享受，使人受到感染。这就要求广告设计要构思新颖，语言生动、有趣、诙谐，图案美观、色彩和谐，不断创新广告形式。

（三）广告策划和实施过程

一个完整的广告策划和实施过程，是经过多个详细的步骤来完成的，并且由于广告一般耗费巨大，这个过程每一步都需要准确地把握，确保不浪费企业资源。营销人员必须以分析目标市场及其购买动机为起点，一旦有了明确的判断，就要做出五大决策，才能完整地策划一次广告活动。图 10－3 描绘了这五个决策的具体内容和顺序。

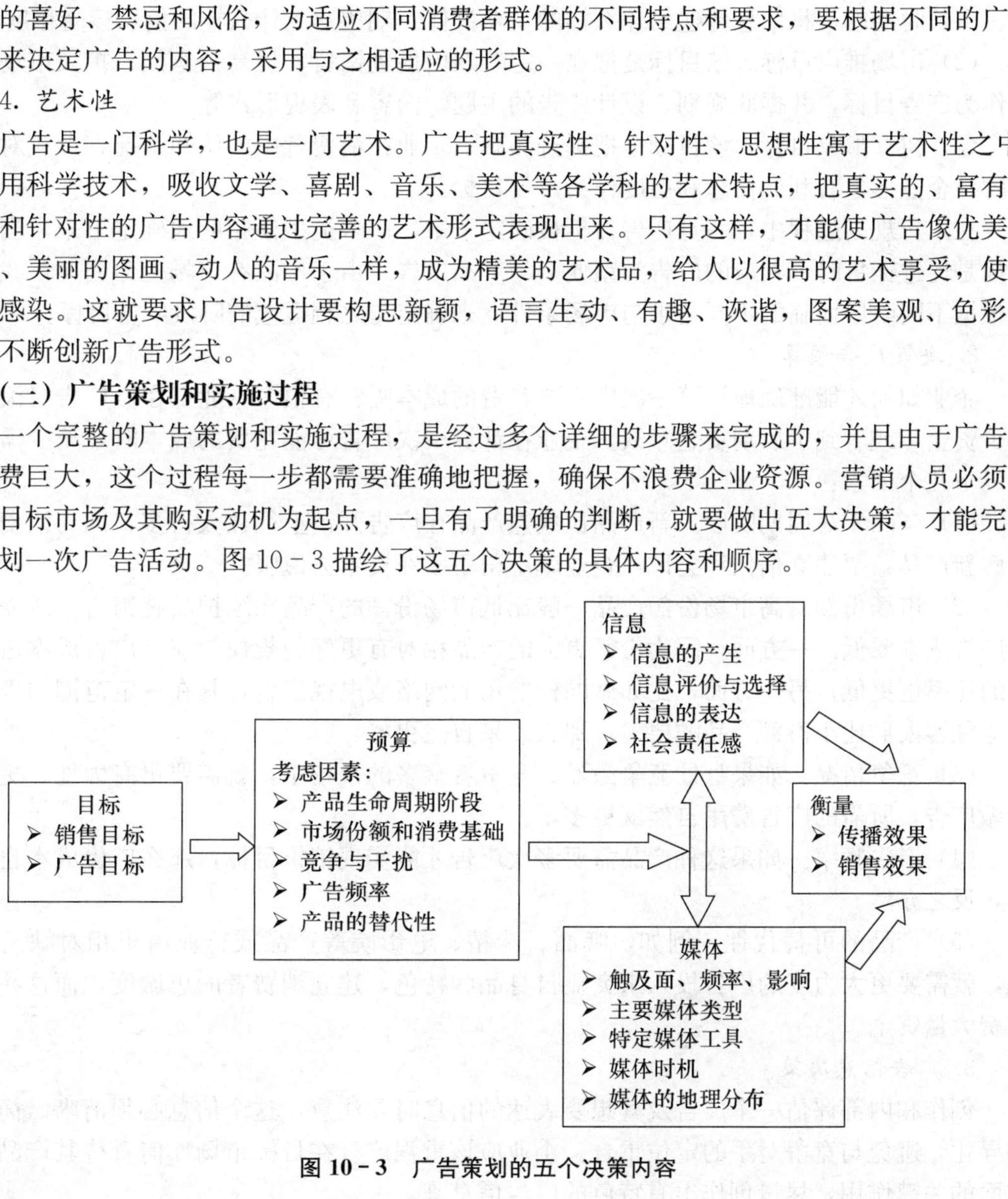

图 10－3 广告策划的五个决策内容

1. 确立广告目标

广告目标是指一个特定时期内针对某类受众所要完成的特定传播任务。广告目标由营销目标派生而来，确定广告目标时首先应对企业营销目标、企业产品、定价和渠道策略加以综合分析，才能明确广告在配合其他营销策略、在营销整体效果中所起的作用和应完成的任务。其次要对目标市场进行分析，了解现在和潜在的市场规模及容量，根据顾客对企业品牌、企业形象的认知进行分析，在此基础上才能确定具体的广告目标。具体的广告目标可以分为三类：

（1）传播效果目标。在该目标下规划广告方案、确定广告目标时，首先要从量和度的角度、时空的角度考虑广告传播效果的要求，进而确定具体的广告目标。比如，在什么时间、多长时期内，将信息传递给什么样的受众群体，期望达到什么样的信息接受程度。

（2）市场推广目标。该目标是把在一定时期内促进销售、提高销售额、扩大市场占有率作为广告目标，并据此规划、设计广告的主题、内容和表现形式等。

（3）树立形象目标。该目标是把提升品牌、企业在消费者中的认知情况，形成对产品品牌、企业形象有利的信念和态度作为广告目标。

在广告规划过程中，一旦广告目标被确定下来，广告类型便相应地确定下来。当广告目标是促进销售时，相应的广告类型便多为产品广告。由于产品有市场生命周期，我们还需根据不同阶段面临的不同需求与市场条件，来确定与之相适应的阶段广告目标。

2. 决策广告预算

企业如何才能准确地计算一次广告要花费的成本呢？有很多企业都在做广告时浪费了不少资金，或者到了后期资金短缺。企业在计算一次广告可能花费的成本时，至少需要考虑以下几个因素：

（1）产品生命周期阶段。新产品比成熟产品在广告开销上往往大得多，因为消费者不了解新产品，要建立信任和尝试，企业就不得不多花资本去说服。

（2）市场份额。高市场份额产品一般比低市场份额的产品在维护品牌销售上所需花费的广告成本要低。一方面，因为份额更大的产品相对有更好的规模效应，广告成本占总成本的比率也更低；另一方面，比如做同样费用的网络或电视广告，其在一定范围内可覆盖的老顾客人群比小份额产品的要多，那么效果自然更好。

（3）竞争情况。如果身处竞争激烈、竞争者众多的市场中，就需要更有力地、更频繁地做广告，所需的广告费用自然就更多了。

（4）广告频率。如果这种产品需要多次广告才能实现销售目标，那么广告成本自然更高，反之亦然。

（5）产品的可替代性。例如，啤酒、味精、电影院等产品或行业由于相对缺乏差异化，就需要更大力度的广告投入来突显自身品牌特色，建立消费者的忠诚度，而这些都需耗费大量资金。

3. 广告信息决策

创作和内部评估一个广告及其想要表达的信息时要注意，这个信息必须清晰、简明和差异化，避免与竞争对手的定位重合。企业应该重视广告在目标市场如何看待其产品定位方面的关键作用，尽量创作出有特色的广告信息来。

广告信息的来源分为外部和内部两个方面。外部来源有顾客、经销商、广告代理商和竞争者的产品、广告等；内部来源有企业推销人员、中高层管理人员等。另外，构思技术是帮助产生有用信息的有效方法。最后，要对广告信息进行评价和选择，一个好的广告通常只强调一个销售主体。

4. 广告媒体选择策略

广告媒体也称广告媒介，是广告主与广告受众之间的连接物。它是广告宣传必不可少的物质条件。广告媒体并非一成不变，而是随着科学技术的发展而发展。科技的进步，必然使得广告媒体的种类越来越多。常见的广告媒体主要有以下几种：（1）报纸；（2）杂志；（3）广播；（4）电视；（5）互联网；（6）邮寄广告；（7）基于地点的广告；（8）附着在产品上的广告。

不同的广告媒体有不同的特性，这决定了企业从事广告活动必须对广告媒体进行正确的选择，否则将影响广告效果。企业选择广告媒体一般参考以下影响因素：

（1）产品的性质。不同性质的产品，有不同的使用价值、适用范围和宣传要求。广告媒体只有适应产品的性质，才能取得较好的广告效果。生产资料和生活资料、高技术产品和一般生活用品、价值较低的产品和高档产品、一次性产品和耐用品等都应采用不同的广告媒体。通常，对高技术产品进行广告宣传，应面向专业人员，多选用专业性杂志；而对一般的生活用品，则适合选用能直接传播到大众的广告媒体，如广播、电视等。

（2）消费者接触媒体的习惯。选择广告媒体，还要考虑目标市场上消费者接触广告媒体的习惯。一般认为，能使广告信息传到目标市场的媒体是最有效的媒体。例如，对妇女用品广告，既可选用电视，也可选用妇女喜欢阅读的妇女杂志或在妇女商店布置橱窗或展销。

（3）媒体的传播范围。媒体传播范围的大小直接影响着广告信息传播区域的宽窄。适合全国各地使用的产品，应以全国发行的报纸、杂志、广播、电视等作为广告媒体；属地方性销售的产品，可通过地方性报刊、电台、电视台和霓虹灯、楼宇等传播信息。

（4）媒体的影响力。在电视、广播、杂志、报纸、网络等媒体上做广告有各自的优缺点，企业要在众多媒体种类中选择适当的进行品牌宣传是一个非常复杂的过程。媒体影响力的强弱决定了媒体传播价值的大小，从而决定了企业品牌传播效果的好坏。

（5）媒体的费用。各广告媒体的收费标准不同，即使同一种媒体，也因传播范围和影响力的大小而存在价格差别。考虑媒体费用，应该注意其相对费用，即考虑广告效果。千人成本是选择广告媒体时需考虑的影响因素。

小案例

超市购物车广告、购物袋广告，甚至是超市地板广告，都在提醒你购买 Jell-O 果冻或帮宝适尿不湿；超市收银台的大幅广告则为沃尔沃轿车地区经销商招揽生意；甚至超市出售的鸡蛋上都印有 CBS 电视台的节目广告。当你走出商店，开过的垃圾车上张贴着 Glad 垃圾袋广告。去球场躲躲？球场内的可视屏幕上播放着百威啤酒的广告。

今天，广告无处不在。DVD 影片、停车票存根、地铁口站口、高尔夫球记分牌、送货卡车、比萨饼包装盒、加油泵、ATM 取款机、垃圾桶，你能想到的任何地方，都有了广告。

5. 广告效果评价

一次完整成功的广告策划活动得依靠精细的事后评估和测量。事后评价是为了检验一次广告活动的效果和效率，同时也为下一次改良做出贡献。广告效果的评价主要包括传播效果的评价和销售效果的评价。

（1）传播效果的评价。传播效果评价的目的，在于分析广告活动是否达到预期的信息沟通效果。具体测量的是认知效果和态度效果。认知效果的测定可以采用问卷调查和媒体接触效果调查的方式进行；态度效果的测定一般可采用直接评分法、实验测试法等。

（2）销售效果的评价。对于销量的影响如何测量，似乎也是个十分棘手的问题。销量的评估和测量往往比广告本身对市场影响的评估和测量更难把握，销量本身是由许多因素影响的。产品的特征、定价、可得性、竞争者的竞争行动等都可以影响销量。如果这些可变因素越少，或者说越容易控制，那么广告因素对销量的影响就越好测量。因此，在直销情形下对销量的评估测量最容易，在新品牌上市时所做的告知性广告对销量的影响最难测量。

二、销售促进策略

（一）销售促进的概念

销售促进简称促销，是用来直接刺激消费者或经销商快速或大量购买的各种短期手段或工具的总称。如果说广告是购买的原因，那么促销就是对购买的一种激励，是增进消费者购买的策略。销售促进的工具有：消费者促销（样品、优惠券、现金返回、价格减价、赠品、奖金、光顾奖励、免费试用、产品保证、产品陈列和示范）、交易促销（购买折让、广告和展示折让、免费产品），以及业务和销售员促销。

小案例

Cellfire 公司向在该公司注册免费服务的全国手机用户发放电子优惠券，其不断增长的客户包括：达美乐比萨、星期五餐厅、好莱坞视频、1-800 鲜花网和哈迪斯餐厅。如果打算使用优惠券，用户只要打开已经存储在手机中的商店优惠券目录，从中选择你想要的那个，然后点击“现在使用”按钮，最后向商店的收银员展示一下就可以了。达美乐甚至可以让持有这些优惠券的顾客通过手机上的链接，给最近的达美乐店打电话下订单。

Cellfire 公司分发优惠券，给消费者和商家都带来了显著的好处。消费者不用去寻找、裁剪和打印纸质优惠券，也不用在购物时记着带上它们。实际上他们随时随地都带着他们的“手机优惠券”。对商家来说，移动优惠券使它们更加有针对性地面对目标市场，也削减了打印和分发纸质优惠券的成本。“我们不需要为电子优惠券支付分销成本，”一位客户说，“我们只在优惠券兑现时才支付。”而且，电子优惠券的兑现率很高。Cellfire 公司首席执行官表示：“我们发现（电子优惠券）兑现率高达 10%～15%，而纸质优惠券的兑现率平均不到 1%。”

（二）销售促进的方式

1. 无偿

这指的是针对目标顾客不收取任何费用的一种促销手段。它包括两种形式：（1）无偿附赠，以“酬谢包装”为主；（2）无偿试用，以“免费样品”为主。所谓“酬谢包装”指的是以标准包装为衡量基础，但给消费者提供更多价值的一种包装形式。它可分为四类：额外包装，即在包装内额外增加分量而无偿赠予；包装内赠，即将赠品放入包装内无偿提供给消费者；包装外赠，即将赠品捆绑或附着在包装上无偿提供给消费者；功能包装，即包装具有双重以上使用价值，不但可以做包装物，还可另做他用。所谓“免费样品”指的是将产品直接提供给目标对象试用而不予取偿。实施“免费样品”促销，最主要的问题在于如何将样品分送到目标顾客手中。

2. 惠赠

这指的是对目标顾客在购买产品时所给予一种优惠待遇之促销手段。这包括以下三类：（1）买赠，即购买获赠。只要顾客购买某一产品，即可获得一定数量的赠品。最常用的方式如买一赠一、买五赠二等。（2）换赠，即购买补偿获赠。只要顾客购买某一产品，并再略做一些补偿，即可再换取到其他产品。（3）退赠，即购买达标时退利获赠。只要顾客购买或购买到一定数量的时候，即可获得返利或赠品。它包括消费者累计消费返利和经销商累计销售返利。如当购买量达到 1 000 万元之时返利 5%。当购买到 10 个商品时，免费赠送一个商品，当消费三次以上时退还一次的价款等。

3. 折价

这指的是在目标顾客购买产品时，所给予不同形式的价格折扣之促销手段。这包括以下形式：

（1）折价优惠券，通称优惠券，是一种古老而风行的促销方式。优惠券上一般印有产品的原价、折价比例、购买数量及有效时间。顾客可以凭券购买并获得实惠。

（2）折价优惠卡，即一种长期有效的优惠凭证。它一般以会员卡和消费卡两种形式存在，可使发卡企业与目标顾客保持一种比较长久的消费关系。

（3）现价折扣，即在现行价格基础上打折销售。这是一种最常见且行之有效的促销手段。它可以让顾客现场获得看得见的利益并心满意足，同时销售者也会获得满意的目标利润。因为，现价折扣过程一般是讨价还价的过程。通过讨价还价，可以达到双方基本满意的目标。

（4）减价特卖，即在一定时间内对产品降低价格，以特别的价格来销售。减价特卖的一个特点就是阶段性。一旦促销目的完成，即恢复到原来的价格水平。减价特卖促销，一般只在市场终端实行。但是，制造商一旦介入进来，就可能是一种长久的促销策略。减价特卖的形式通常有“包装减价标贴”“货架减价标签”“特卖通告”三种。

（5）减价竞争，即削减现行价格，让利于市场，并获得竞争优势的销售。减价竞争与现价折扣不同，现价折扣属于战术性促销，而减价竞争则一般是战略性促销，它从范围上、数量上、规模上、期效上都比现价折扣大。减价竞争可以说是一种以新的价格参与市场竞赛的战略。它是发动市场侵略性竞争的“杀手锏”。

（6）低价经营，即产品以低于市场通行价格水平来销售。低价经营属于一种销售战略，其整体价格水平在长期内均需低于其他经营者。而且，一开始，低价经营者就应以优惠的价格面市。从长远上看，低价经营虽是局部微利，但这一促销策略可以强有力地吸引消费群，并达到整体丰利的目的。

(7) 大拍卖及大甩卖。商品大拍卖是将商品以低拍的方式，以非正常的价格来销售；商品大甩卖也是以低于成本或非正常价格的方式来销售。大拍卖和大甩卖都是一种价格利益驱动战术。对商家而言，大拍卖和大甩卖又是一种清仓策略。通过大拍卖或大甩卖，能够集中吸引消费群，刺激人们购买欲望，在短期内消化掉积压商品。

4. 竞赛

这指的是利用人们的好胜和好奇心理，通过举办趣味性和智力性竞赛，吸引目标顾客参与的一种促销手段。主要有以下几种形式：

(1) 征集有奖竞答，即竞赛的发动者通过征集活动或有奖问答活动吸引消费者参与的一种促销方式。如广告语征集、商标设计征集、作文竞赛、译名竞赛等。

(2) 竞猜比赛，即竞赛的发动者通过举办对某一结局的竞猜以吸引顾客参与的一种促销方式。如猜谜、体育获胜竞猜、自然现象竞猜、揭秘竞猜等。

(3) 优胜选拔比赛，即竞赛的发动者通过举办某一形式的比赛，吸引爱好者参与，最后选拔出优胜者的促销方式。如选美比赛、健美大赛、选星大赛、形象代言人选拔赛及饮酒大赛等。

(4) 印花积点竞赛，即竞赛的发动者指定在某一时间内，目标顾客通过收集产品印花，在达到一定数量时可兑换赠品的促销方式。印花积点是一种古老而具影响力的促销术。只要顾客握有一定量的凭证（即印花，包括商标、标贴、瓶盖、印券、票证、包装物等形式），即可依印花量的多少领取不同的赠品或奖赏。

小案例

多力多滋最近开展了一项“拥有它，品尝它，命名它”的抽奖活动。公司邀请消费者品尝刚生产的最新口味的产品，然后为它起个名字，并为它写一则广告，提交名字或广告的消费者可参加抽奖，公司从中随机抽出100名“多力多滋风味大师”。这100名大奖得主会得到参加多力多滋调查和开发的活动的机会，给未来的口味创意提供反馈意见。每人同时还获得多力多滋的52张优惠券，一年之中有效，每周仅限使用一张。这款产品采用一个黑色袋子包装，商标看起来像是来自科学实验室，引起了很多消费者的关注。在开始的一个月中，活动收到了多达10万份参赛作品，而且引起了网上的博主们热议，甚至相互询问它的口味到底怎么样。

（三）销售促进策略决策过程

1. 确定销售促进目标

销售促进目标是由基本的市场营销沟通目标推衍出来的，而后者又是由产品的更基本的市场营销目标衍生出来的。从这个角度讲，销售促进的特定目标将依目标市场的不同而有所差异。就消费者而言，目标包括鼓励消费者更多地使用产品和促进其大量购买，争取未使用者试用，吸引竞争者品牌的使用者等。就零售商而言，目标包括吸引零售商经营新的产品和维持较高水准的存货，抵消各种竞争性的促销影响，建立零售商的品牌忠诚度，获得新的零售商的合作与支持等。就推销人员而言，目标包括鼓励其促销一种新产品或新式样、新型号，激励其寻找更多的潜在顾客，刺激其推销商品等。

2. 选择销售促进工具

有许多不同的销售促进工具可以用来实现不同的目标，而且各种新工具仍不断地被发展出来。选择销售促进工具，必须充分考虑市场类型、销售促进目标、竞争情况以及每一种销售促进工具的成本效益等各种因素。下面我们仅从市场类型和销售促进目标的角度进行分析。

(1) 企业使用于消费者市场的销售促进工具。

假如销售促进目标是抵制竞争者的促销，则可设计一组降价的产品组合，以取得快速的防御性反应。假如企业产品有明显的竞争优势，目标在于吸引消费者率先采用，则产品样品可作为有效的销售促进工具。企业可以向消费者赠予免费样品或试用样品，尤其是当企业推出新产品时。这些样品可以挨户赠予，通过邮寄赠予，在商店散发，在其他商品中附送，也可以公开广告赠予。

(2) 零售商使用于消费者市场的销售促进工具。

零售商关心的是顾客的光顾、购买以及吸引更多的人进入店中，销售促进工具的选择便以此目标为中心。折扣券、特价包、赠品、交易印花、购（售）点陈列和商品示范表演、竞赛、兑奖、游戏等在零售业最常用。

折扣券就是给持有人一个凭证，他在购买某种商品时可凭此免付一定金额的钱。折扣券可以邮寄，附在其他商品中，或在广告中附送。这是一种刺激成熟品牌产品销路的有效工具，也可以鼓励买主早期试用新品牌。

特价包就是向消费者提供低于正常价格的销售商品的一种方法，其做法是在商品包装或标签上加以附带标明。它们可以采取减价包的形式，即将商品单独包装起来减价出售，例如原来买一件商品的价格现在可以买两件。也可以采取组合包的形式，即将两件相关的商品并在一起减价出售，例如牙膏和牙刷等。特价包对于刺激短期销售十分有效。

3. 制定促销方案

在制定整体促销方案时，还应考虑如下几个方面的因素：

(1) 确定所提供促销刺激的大小。虽然较高的刺激程度有利于产生较高的销售反应，但刺激程度并非越高越好，应该适度。

(2) 制定参与条件。即界定促销刺激对象（如消费者个人或分销商）的参与条件。

(3) 决定促销的持续时间。促销的持续时间可参考产品平均购买周期的长度确定，而合理的促销持续时间要考虑促销效果的充分实现和促销效率的水平。

(4) 选择促销物的分发途径。如放在包装内，在购买现场分发，随邮寄品或附在广告媒体上发送等。

(5) 决定促销时机。即制定出全年促销活动的日程安排。

(6) 编制促销总预算。

4. 实施和控制促销方案

销售经理必须对每一项促销工作确定实施和控制促销方案。实施促销方案必须包括前置时间和销售延续时间。前置时间是开始实施这种方案前所必需的准备时间。销售延续时间是指从开始实施促销方案时起，到大约95%的促销商品到达消费者手里为止的时间。控制促销方案是指营销人员根据促销效果评价和其他反馈信息，对促销方案做出的修订、调整或中止实施等。

5. 评价促销效果

每一次销售促进的结果都应该进行细致科学的评价，可用三种方法对促销的效果进行衡量：销售数据统计、消费者调查和经验。

三、公共关系策略

（一）公共关系的概念及特点

公共关系是一系列用来建立和维护企业与公众间良好关系以及产品形象的活动。营销中的公共关系则是企业主动与其顾客、供应商、经销商以及其他相关公众建立和维护良好关系，支持产品宣传和形象建设的活动。公共关系的基本特点表现在以下几方面：

（1）公共关系所针对的对象覆盖范围广。公共关系的对象除了现有和潜在的消费对象以外，还有许多其他的社会利益群体。企业要想顺利地生存和发展，达到战略经营目标和成长目标，就必须科学地、合理地处理好各种社会关系。

（2）公共关系工作的主动性强。一个企业从建立开始，就处于复杂的社会关系网络之中。因此，其公共关系的维护应是经常性的工作。一个好的公共关系部门或人员，并不是在企业出了问题之后才开展公共关系活动的。公关作为营销组合策略，是一种更主动、更经常的积极活动，具体表现在和与其有联系的有关群体或个人开展经常性的公共关系活动。

（3）公共关系本质上是一种信息传播与沟通活动。公共关系运用信息传播与沟通的方式来协调组织与各个利益群体之间的关系。

（4）公共关系的目的主要是树立和保持企业及产品的信誉和形象。企业的各项策略和措施要尽可能地符合公众和社会利益，真诚地面对社会公众，以身作则的行动是与公众进行交流的根本，这样企业才能获得各个利益群体的理解与支持。

（二）公共关系策略的方式

1. 宣传性公关

宣传性公关与广告颇为相似，是通过报纸、网络、杂志、广播、电视、宣传册等媒体方式，向社会各界传播企业和产品信息，以形成对企业形象的有利导向。一般而言，宣传性公关都以撰写文字形式为主，如文章、演讲稿、报告等。由于这种公关方式可选媒体范围甚广，传播范围大，对企业宣传的效果非常好。

2. 征询性公关

征询性公关是指企业通过征询目标对象相关问题，来调查消费者心中对企业的真实形象，以及间接提升消费者对企业的好感。例如，民意调查、客户满意度调查、目标对象咨询业务、热线电话、客服人员、信息交流会等都属于征询性公关。

3. 交际性公关

交际性公关也是许多人非常熟悉的一种公关。我国许多企业和民众以往都错误地、狭隘地认为公共关系就是指人际关系，即交际性公关。事实上，交际性公关只不过是公关策略中的一种类型，在我国传统上比较重要而已。交际性公关是通过语言和文字的沟通，为企业广交良友，巩固社会人际和组织关系，从而达到更便利地开展营销活动的目的。交际性公关的主要形式有：宴请、招待会、电话访问、信函、座谈、茶话会等。通过上述形式，企业可以获取更高的社会群体间信任。

4. 服务性公关

服务性公关不仅要求公关部门以服务意识去对待身边的内外利益群体，更是对整个企业的一种高层次服务意识的要求。对各类社会群体的实惠服务，良好服务态度，以及适时提供一些销售附加服务、维修、培训等优惠，都可以获得受众的赞扬和回报。总之，服务性公关要求企业的任何服务行为不光是一项工作，更是一次公关策略、一种公关形式，充分利用每一次服务行为，才能把受众对企业的满意度提升到最高。

5. 赞助性公关

有时赞助可以作为单独的营销传播工具使用。这里把赞助看作是公关的一种策略，主要因为赞助是企业通过经济上的投入，支持例如卫生、教育、文化、体育等事业的发展，或参与国家、社区的重大社会活动，来换取声望上的提升，从而塑造强有力的良好的企业形象。这种方式公益性强、影响力大，但成本较高。每四年一届的奥运会就是一个最典型的例子，大量的企业争先恐后地投入巨资争取赞助奥运会的机会，可见赞助性公关对企业的正面影响非常显著。

（三）公共关系策略决策过程

1. 确定公共关系目标

公共关系的目标主要是在公众中树立正面的企业形象、产品形象和扩大影响。具体的目标可以是提高知名度、使潜在客户了解公司和产品，也可以是用最有利的方式处理公司面临的危机事件等。

2. 选择公共关系工具

即选择为达到既定目标的相对最有效、最适当的公共关系工具，包括新闻报道、赞助、举办展览和开展主题活动等。

3. 制订和实施公共关系计划

指就具体目标和业务开发制订出切实可行的计划，包括具体的目标、活动内容、活动时间、执行人和执行要求等。对可能发生的危机事件还应制订必要的应急计划，以便在必要时及时启动该计划。

4. 评估公共关系效果

一般可以通过三种方式获得相关数据并进行评价：（1）通过统计各种大众传媒对企业和产品报道的次数、版面大小，并比照相应的广告效果来加以确定；（2）通过公众调查，了解知名度和企业形象的变化；（3）比照相应的广告效果来确定企业公关活动对销售业绩的影响等。

第三节　人员传播策略

一、直接营销策略

（一）直接营销的概念及特点

直接营销是指企业与已定位的客户或潜在客户之间进行直接接触，系统地运用数据信息与之进行沟通，从而建立持久、良好的客户关系并达到市场营销目标的营销形式。

无论是独立使用还是在一个更广泛的综合营销组合体系中辅助使用，直接营销都会给企业和消费者带来许多好处，也正因为如此，直接营销得以迅速地发展。

直接营销有如下特点：

（1）对客户来说，直接营销更为方便、简单和私人化。客户不用去商店，就可以随时随地通过浏览直邮条目和企业的网站，了解自己感兴趣的产品和信息。随后，客户可以使用电话或者互联网与企业进行互动交流，一旦客户得到了确定的信息，就可以立刻订购。直接营销绕过复杂的中间环节，可以准确地面对客户，通过各种现代化信息传播工具与客户进行直接沟通，可以准确地了解和掌握他们的需求，真正贯彻了消费者导向的基本原则。

（2）对于企业来说，直接营销是建立良好的客户关系的极佳方式。今天，企业利用先进的数据技术和信息技术，可以把客户定位到更细小的群体直至单个客户，通过定制化、个性化的交流，与客户维持良好关系。

（3）直接营销的另一个优点是其效果的可测量性。借助于各种数据，直接营销的效果可以得到精确的计算。

（4）直接营销的成本更低。对于企业来说，由于减少了流转环节，节省了昂贵的店铺租金，使营销成本大为降低；直接营销经常采用的形式如直邮营销、电话营销、目录营销等，成本都不高，一通电话的成本可能只是几毛钱，而电子邮件的成本更是可以忽略不计。对于客户来说，直接营销完善的订货、配送服务系统使得客户的购买成本也相对降低。

（5）在使用的具体传播形式上，直接营销的重复使用率更高。例如用于直接回应电视广告的节目通常是最廉价的，因此在不花费较高成本的条件下，企业就可以重复播出。

（二）直接营销策略的工具

1. 电话营销

电话营销是主要的直接营销方式。简单来说，电话营销就是利用电话传递品牌信息，直接向客户销售产品或服务。电话营销之所以能够获得企业的青睐，是因为它能够给企业带来明显的好处。电话营销具有六个优势：（1）由于结果很容易被测量，因而企业可以准确地计算电话营销的投入和产出；（2）电话营销能够和面对面的营销一样，实现定制化、个性化的信息传播和交流；（3）相较于面对面的营销，电话营销的成本更低；（4）在进行电话营销时，企业可以根据自己的数据库对营销对象进行准确的定位；（5）在与客户保持稳定而又频繁的个性化沟通上，电话营销具有显而易见的经济性；（6）和其他形式的媒体相比，电话营销所传达的信息能够更快地到达客户。

电话营销一般分为两类：内向电话营销和外向电话营销。当客户主动打电话给企业，进行咨询或订购时，就属于内向电话营销；而当这个过程反过来，变成企业打电话对客户进行营销，则是外向电话营销。

内向电话营销是由客户或潜在客户发起的，它是企业和客户进行沟通和交流的重要方式，随着客户管理系统（CRM）的广泛应用，它的重要性也日趋提升。内向电话营销是重要的客户接触点之一，而对于企业来说，客户接触点是极具价值的，因为通过接触，企业可以倾听客户的声音，如果企业善于回应的话，那么客户保留的可能性就非常高。

外向电话营销是由进行营销活动的企业发起的，由于可以利用数据库对营销对象进行准确的定位，因此外向电话营销在直接营销组合中发挥着重要的作用。企业进行外向电话营销时，必须要遵循诚实、礼貌、时机恰当的原则。

和整合营销传播体系的其他方式一样，电话营销是一个非常专业化的领域，需要受过专业培训的人员来实施。此外，电话营销还需要投资购买硬件设备，用于开展直接营销业务。因此，有一些企业会把直接营销业务委托给专业电话公司。

2. 直邮营销

直邮营销指通过对客户邮寄产品信息、报价、企业声明等直接邮件进行营销。按照科特勒的统计和分析，直邮营销占所有直接营销媒体开销的 23%，占直接影响总销售额的 31%。

直接邮购很适合直接的、一对一的宣传和营销。相较于电视、杂志等大众媒介，直接邮件具有高度的目标客户选择性、很强的针对性和灵活性，因而，它拥有更高的客户转化率和保持率。

以前，企业邮寄出来的直接邮件都是纸质形式的，现在直接邮件行业有了新的方法和途径，其中录像带和光盘已经成为美国发展最快的直接邮件媒介。现在，随着新技术的发展，一些其他的新的邮件形式也在逐渐普及。

（1）手机短信邮件。

手机作为现代最主要的通信工具已经为绝大多数人所持有。直接发送短信广告到目标客户的手机上，点对点发送，并带有强制性收看效果，浏览量几乎可达到 100%，较之一闪而过的电视、广播广告和浩如烟海的平面广告，手机广告到达率和浏览率无疑是最高的。此外，企业还可以根据产品的特点，弹性选择广告的投放时间，甚至具体到某个时间段内发布，因此具有更好的灵活性。短信邮件的另一个明显的好处就是花费低廉，通过电信运营商大批量发送短信，使得短信的单位成本非常低廉。随着通信技术的飞速发展，短信不再仅仅传送纯文本信息，手机多媒体可以把诸如图片、音乐、视频等信息传送给客户，从而达到更好的传播效果。

（2）电子邮件。

利用网络和信息技术，企业可以将各种信息以电子邮件的形式发送给客户。电子邮件拥有纸质版邮件所无法比拟的速度。同时，电子邮件也拥有更丰富的信息表现形式，通过诸如音乐、录音、动画、视频剪辑等形式，电子邮件可以让自己变得“丰富多彩”，能够吸引客户的注意力，从而更有效地传达品牌信息。

（3）语音邮件。

语音邮件是用电话地址来接收和储存口语信息的系统。企业把要发送的信息事先录制好，针对客户的语音信箱和录音电话进行专门的播送。当客户查询语音信箱和录音电话时，信息就会自动播送。

综上所述，直接邮件成功的关键在于准确的邮寄名单，而邮件名单取决于企业的客户数据库以及对此进行细分的能力。邮件必须要邮寄给企业想要的客户，这样不仅可以避免邮件的浪费，而且能取得更好的营销效果。通常进入邮寄名单的，是那些已经购买过用直接邮件进行营销的产品的客户。

3. 目录营销

目录营销是指企业运用目录作为信息的传播载体，通过邮寄给经过选择的客户以实现销售的营销活动。商品目录描绘了企业所提供的产品和服务，而且经常配发图片以进行说明。最初的商品目录是印刷形式的，通过邮政公司寄送到客户手中，但互联网时代使得大多数公司都开始使用上了电子目录，以作为印刷目录的替代或支持。

4. 电视营销

电视营销是指利用电视广告直接向顾客销售或取得订单。具体可以分为两种：一是直接回应广告，即销售人员通过电视广告来展示和介绍企业的产品，并同时告知查询订购电话，顾客只要打个电话即可完成交易约定。与电视广告不同，电视直销提供的是订购电话，并且顾客只需在自己要求的地点付款接货。二是家庭购物频道，主要是通过有线或无线电视频道播放系列产品广告信息，观众可全天 24 小时随时收看，并可随时拨打电话订购。

小案例

《连线》杂志将 QVC 描述成一个吸引“低收入家庭主妇迅速打电话再次购买一个陶瓷小丑”的地方，然而，看看 QVC 过去一段时间的盛名，我们发现它是世界上最成功和最有创新性的零售商之一。上年，该公司获得了 70 亿美元销售额和 7.6 亿美元的营业利润，这几乎是亚马逊所获得利润的两倍。尽管 QVC 不出售任何广告，但它是美国收入第三高的广播电视台。它的利润比所有基于电视进行销售的零售商的利润总和还要多。尤为突出的是，归功于与吸引消费者上网的电视节目的精明合作，公司网站现在是全美排名第六的大型商业互联网零售商。

QVC 已经磨炼了一套适合自身电视销售的科学和艺术。它的生产商善于即时反应，及时调整产品、拍摄角度、灯光和对话，以求得销售额和利润的最大化。QVC 已成为“娱乐零售”的黄金标准——零售和娱乐的结合。QVC 的员工将它称为“后院篱笆”式购买——一种商人是从隔壁过来的邻居的感觉。根据 QVC 商务总裁的说法，“我们并不是在销售”。相反，QVC 的使用者在利用产品与消费者建立关系。

5. 电子营销

电子营销是电子商务的一部分，是从购买者角度来看的电子商务。营销者可以给消费者发送个性化的内容，而消费者可以进一步个性化这些内容，从而与更广泛的群体进行互动和对话。电子营销主要可以通过网站、在线广告、电子邮件、在线社区互动以及社交网络等手段实现。

(1) 网站。网站是企业形象的代表，更是企业营销的根据地，所以网站的设计不容小觑。杰弗里·雷波特（Jeffry Raport）和伯纳德·贾沃斯基（Bernard Jaworski）认为有效的网站应具备以下七个设计要素：情景——网站布局和设计；内容——网站上的文本、图片声音和视频；社区——怎样使用户之间进行沟通和交流；客户化——为不同的用户制定网站相关内容，或者让用户设置自己的个性化网页页面；沟通传播——怎样使用户之间进行沟通和交流；连接——网站同其他网站链接的程度；电子商务——网站处理和解决交易的能力。

网站的访问者一般会依据舒适性（使用简洁、功能齐全等）和美观性（字体适中、颜色恰当等）来评判网页的好坏，而优质的网页更会吸引顾客消费。此外，企业的网页设计还要注意动态变化性和安全性。

(2) 在线广告。企业的在线广告主要有描述性广告和嵌入式广告两种。前者是指企业将带有文字和图片的小块广告投放在相关网站上；后者则是投放在一些视频、影视作品播放前的动态广告。

(3) 电子邮件。电子邮件可以使销售人员与顾客随时沟通，并对相关产品进行及时宣传，成本大大低于直接邮寄，同时速度快、效果佳。但是许多人会使用电子邮箱的邮件过滤系统，防止广告类邮件的接收，因此电子邮件的发送要适时、有针对性。

(4) 在线社区互动。在线社区和论坛可以是由顾客自发设立，与企业无经济关系的虚拟社区；也可以是由企业出资设立的相关言论、信息的集散地。不论何种形式，它都是企业收集信息、推销产品、拉近顾客关系的宝贵资源。

(5) 社交网络。社交网络已成为 B2C 和 B2B 营销领域的新宠，更是其营销传播的主力。当下风靡的社交网络主要有微信和微博，它们不仅具有信息量大、传播及时、顾客数量多、范围广等优势，还具有话题和口碑营销的特点。例如，通过设立微信平台的公共账号，可以自动生成目标顾客群，因为用户会主动搜索并关注他们感兴趣的内容。然后通过每天产品信息的最新发送和互动活动，达到良好的营销效果。此外，微博的转发、微信朋友圈的点赞也是企业信息与服务的较好的口碑式宣传方式。

6. 其他媒体营销

企业还可以通过杂志、报纸等印刷媒体或电台媒体向顾客推销产品与服务。书籍、食品、服装、日用品、汽车等企业可以在报纸、杂志上刊登相关广告，结合产品的精美图片，给读者以视觉冲击，增强其购买欲望。其他产品和服务可以通过在电台媒体上播放相关广告或者做专题栏目来进行介绍，同时结合热线电话订购，使得听众在听到感兴趣的某种产品信息时方便购买。这些营销方式使营销信息成为一种正面的接收式信息，而不是被动的推销式信息，避免了顾客的反感心理，增强了信息的传播速度。

（三）直接营销策略的效果测评

1. 预测直接营销效果的因素

（1）客户名单。企业在进行直接营销时所使用的客户名单是影响回应率最为关键的因素。并不是数据库里所有的客户都是直接营销的对象。企业必须要对客户进行分类，找出最有可能产生回应的那部分客户的名单。

（2）媒介组合。在直接营销的具体过程中，企业会协调多种直接营销手段、分阶段进行以求增加客户的回应。由于不同的直接营销媒介对客户的影响力是不同的，因此在预测时就需要针对不同的媒介组合来进行。

（3）优惠措施广告。在进行直接营销之前，优惠措施广告的各个组成要素——产品、价格、优惠和奖励等，都需要经过预测。企业根据预测的结果，选择能让自己得到更高的回应率的一种。

（4）广告创意。一则优惠措施广告的创意方式会有很多种，但是，企业所选择的广告创意必须是和自己品牌的整体创意战略保持一致。

（5）发送频率。向客户发送优惠措施广告的频率，是非常重要的一个影响其结果的因素。因为如果频率过低，就无法保持与客户的沟通和联系；而如果频率过高，则有可能引起客户的厌烦。

2. 直接营销效果的评估

一般来说，直接营销的效果评估有两种方法：

（1）通过计算客户的回应率来评估直接营销的效果。回应率的计算很简单，只要用回应的客户数除以发出的直销广告的总数，就可以得出结果。

（2）通过计算每单位销售成本来评估直接营销的结果。这种方式相较于回应率能够更为精确和直观地反映出营销活动的效果。首先，计算出制作所有直销广告的总成本，然后除以回应数，就得出了每单位销售成本。

二、人员推销策略

（一）人员推销策略的概念及特点

1. 人员推销的概念

人员推销是最古老的销售方法，也是现代企业重要的推销手段。人员推销是指企业的销售人员与有可能成为本企业购买者的人进行交谈，作口头宣传，以达到推销产品、实现企业销售目标的一种直接销售的方法。这里所指的销售人员包括：企业的推销员、市场代表、商店售货员、批发企业的供货员以及其他直接同消费者接触的销售人员。销售人员有着六项主要任务：（1）发掘顾客。销售人员要积极寻找或发掘新的潜在顾客，以开拓市场。（2）沟通。（3）推销。（4）服务。推销人员尚需为顾客提供各种服务，如充当顾问、提供维修和安装服务、安排财务融通、催促送货等。（5）搜集信息。销售人员也需执行市场信息搜集工作，探测市场动态，并定期向管理层提交各项市场走势报告。（6）分销产品。遇到货物缺乏时，销售人员必须协助安抚顾客及分配有限的产品。

2. 人员推销的特点

相对于其他促销形式，人员推销具有以下特点：

(1) 信息传递的双向性。人员推销是一种典型的双向沟通的促销形式。推销人员通过与推销对象直接对话，不但可以面对面了解对方的需求，及时采用适当的措施和语言来排除对方的顾虑、解答疑难，还可以从顾客那里了解到有关产品和企业的信息，并及时反馈给企业，以便更好地满足需求，取得良好的营销效果。

(2) 推销过程的灵活性。在人员推销的过程中，推销人员可以根据各类顾客的特殊需求，设计有针对性的推销策略，诱发顾客的购买欲望，促成购买。

(3) 推销目的的双重性。人员推销不是单纯意义的买卖关系，它一方面要推介企业、推销产品，另一方面要满足顾客需要，与顾客建立良好的关系，以利于开展"关系营销"。人员推销的双重目的是相辅相成、相互联系的。

(4) 满足需求的多样性。通过推销人员有针对性的宣传、介绍，满足顾客对商品信息的需求，通过直接销售的方式，满足顾客方便购买的需求；通过为顾客提供售前、售中、售后服务，满足顾客在技术服务方面的需求；通过推销人员礼貌真诚的服务，满足顾客消费心理上的需求；最重要的还是通过产品的使用效能来满足顾客对商品使用价值的需求。

尽管人员推销有着上述优点，但也存在一些明显缺陷：人员推销的成本较高，当市场地理范围较大时不适用；对推销人员的素质要求较高；对推销人员的管理也比较困难。

(二) 人员推销的步骤

1. 寻找预期顾客和鉴定价格

侦察到的优质目标客户必须具备五个条件：有需求、有购买力、有购买决策权、有接近的可能性、有使用能力。寻找顾客的方法有很多，既可以通过推销员个人观察、访问、查阅资料等方法直接寻找；也可通过广告开拓，或利用朋友介绍，或通过社会团体与推销员间的协作等间接寻找。因推销环境与产品不同，推销人员寻找顾客的方式也不尽一致。成功的推销员都有其独特的方法。

2. 准备工作

在走出去推销之前，推销人员必须具备三类基本知识，即产品知识、顾客知识和竞争者知识。同时，要选择最佳的接近方式和访问时间。

3. 接触客户

接触客户是指推销人员与顾客发生接触，以便成功地转入推销面谈。此时，推销人员的头脑里要有三个主要目标：(1) 给对方一个好印象。推销员既要注意礼仪，又要不卑不亢，同时不宜诋毁竞争对手。(2) 验证在准备阶段所得的全部情况。(3) 为后面的谈话做好准备。

4. 产品展示和演示

产品展示和演示是推销过程的中心，推销人员这时要运用各种方法激发顾客的购买欲望和行为。推销说服的策略一般有两种：(1) 提示说服。通过直接或间接、积极或消极的提示，将顾客的购买欲望与产品特性联系起来，以此促使顾客做出购买决策。(2) 演示说服。通过产品、文字、图片、音响、影视、证明等样品或资料去劝导顾客购买产品。

5. 处理异议

异议是指顾客针对推销人员提示或演示的产品或劳务提出的反面的意见和看法。推销人员必须首先认真分析顾客异议的类型及其主要根源，然后有针对性地使用处理策略。

6. 达成交易

达成交易是推销人员要求对方订货购买的阶段。多数推销人员认为，接近顾客和达成交易是推销过程中最困难的步骤。在洽谈过程中，推销人员应随时给予对方成交的机会。有些买主不需要全面介绍，推销人员应立即抓住机会成交。在这个过程中，推销人员还可以提供一些优惠条件，以促成交易。

7. 跟进与维持

跟进是指推销人员为已购买产品的顾客提供各种售后服务。跟进与维持是人员推销的最后环节，更是推销工作的始点。因为跟踪服务能提高顾客对企业和产品的信赖，促使顾客重复购买。同时，通过跟踪服务获得的各种反馈信息，能够为企业决策提供依据，同时帮助推销员积累经验，从而为开展新的推销提供广泛而有效的途径。

本章小结

本章通过整合营销传播概述、大众传播策略以及人员传播策略三节对整合营销传播策略的内容进行了系统的介绍。在整合营销传播概述一节中，详细介绍了整合营销传播的内涵以及特征、整合营销中的4C观念、整合营销传播的作用、整合营销传播的开发流程以及影响整合营销传播决策的因素；在大众传播策略一节中，详细介绍了广告策略、销售促进策略以及公共关系策略。其中，在广告策略部分主要介绍了广告的概念、设计原则以及策划和实施过程，在销售促进策略部分主要介绍了销售促进的概念、销售促进的方式以及销售促进策略的决策过程，在公共关系策略部分主要介绍了公共关系的概念及特点、公共关系策略的方式以及公共关系策略的决策过程。最后，在人员传播策略一节中详细介绍了直接营销策略、人员推销策略。

思考题

1. 简述整合营销传播的开发流程。
2. 简述影响整合营销传播决策的因素。
3. 简述什么是广告以及广告对于企业的作用。
4. 简述广告策划和实施过程。
5. 简述销售促进策略的决策过程。
6. 简述公共关系策略的决策过程。
7. 直接营销策略的工具有哪些？
8. 概括描述人员推销的步骤。

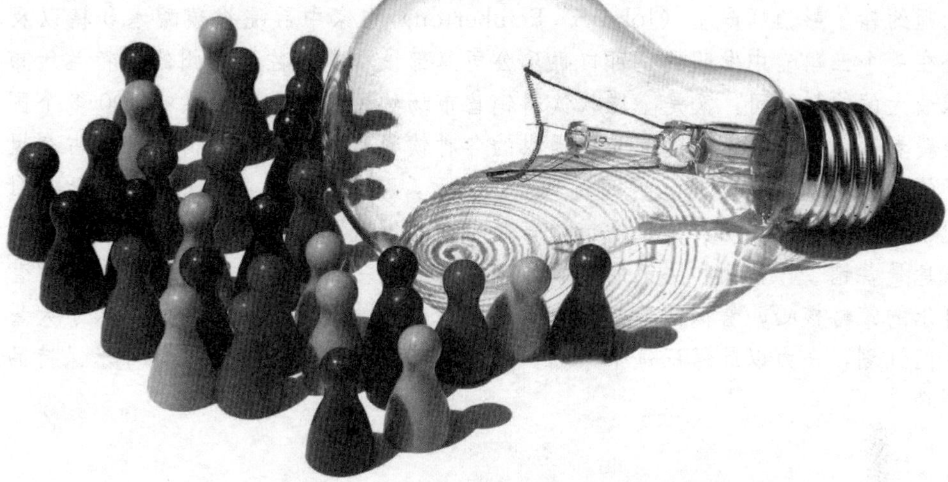

第十一章　营销计划、组织、实施与控制

学习目标

1. 掌握市场营销计划的概念及内容。
2. 掌握市场营销组织的类型。
3. 理解市场营销实施的过程，掌握市场营销控制的步骤及类型。

引导案例

可口可乐的营销秘诀

可口可乐，这风行世界一百余年的奇妙液体是在1886年由美国佐治亚州亚特兰大市的药剂师约翰·彭伯顿博士（John S. Pemberton）在家中后院将碳酸水和糖以及其他原料混合在一个三角壶中发明的。可口可乐公司总部设在美国佐治亚州的亚特兰大市，目前是全球最大的饮料公司，又是全球软饮料销售市场的先锋，全世界共有200多个国家及地区的消费者可以在当地享用这家公司提供的各种饮料。可口可乐公司的产品占全世界软饮料市场的48%，其品牌价值已经超过700亿美元，是世界第一品牌。可口可乐为什么能取得如此骄人的业绩？仅从其出色的市场营销中，我们就可以窥探到它成功的秘密。详尽的市场信息是营销工作预测和决策的根本依据，始终如一的“本地化思维、本地化营销”是可口可乐的策略核心，看似简单却是一个复杂而精确的实施过程，其间投入了大量专门人才、专门计划，全力以赴保证每个策划步骤实施到位，这也许正是可口可乐保持品牌活力的独到功夫。

第一节　市场营销计划

一、市场营销计划的概念

市场营销计划是指在对企业市场营销环境进行调研分析的基础上，制定企业及各业务单位的营销目标以及为实现这一目标所应采取的策略、措施、步骤的明确规定和详细说明。

市场营销计划在企业的计划体系中，处于极其重要的地位。它是指导和协调市场营销活动的主要工具，是企业市场营销顺利进行、取得良好经济效益的前提。如财务计划、生产计划、人力资源计划等都要围绕营销计划来展开，生产计划要根据营销部提供的营销计划来决定生产哪种产品、生产多少、何时完成，财务计划要根据营销计划做好资金调拨和筹措。值得注意的是，制订企业营销计划应始终与企业发展战略方向保持一致。例如，企业发展战略中把建立跨行业、跨地区、跨国界的企业集团作为发展目标，那么，营销计划就应当根据这一战略方向来制订，在计划中就应当充分体现这一战略思想。

二、市场营销计划的作用

市场营销计划是指导和协调市场营销活动的主要工具，是企业市场营销活动顺利进行并取得良好经济效益的前提。企业必须为每一次的市场营销活动精心地准备计划，并分析、预见实施中可能出现的各种问题，设置防范措施，这样才能使企业的市场营销活动取得预期的效果。市场营销计划的作用主要表现在以下三点：第一，市场营销计划是企业对未来市场营销活动的规划和行动策略，有利于企业对整个营销活动的有效控制。第二，市场营销计划可以减少企业市场营销活动的盲目性，使企业有明确的营销目标，并且使企业能够明确地知道应该通过何种营销手段来达到该营销目标。第三，科学合理的市场营销计划可以使企业更好地协调各部门、各环节的关系，使各部门的行动保持一致，从而促使企业营销目标的实现。总之，市场营销计划是企业市场营销活动的基础和关键，企业只有制订出科学合理的市场营销计划，并且有效地执行市场营销计划，才能达到预期的营销目标。

三、市场营销计划的类型

（一）按计划时期的长短划分

按计划时期的长短划分，可分为长期计划、中期计划和短期计划。长期计划的期限一般5年以上，主要是确定未来发展方向和奋斗目标的纲领性计划。中期计划的期限1～5年。短期计划的期限通常为1年，如年度计划。

（二）按计划涉及的范围划分

按计划涉及的范围划分，可将营销计划分为总体营销计划和专项营销计划。总体营销计划是企业营销活动全面、综合性的计划。专项营销计划是针对某一产品或特殊问题而制订的计划，如品牌计划、产品线计划、区域市场计划、促销计划、定价计划等。

（三）按计划的程度划分

按计划的程度划分，可分为战略计划、策略计划和作业计划。战略计划需要考虑哪些因素会成为今后驱动市场的力量，可能发生的不同情境，企业希望在未来市场占有的地位及应当采取的措施。策略计划是对营销活动某一方面所做的策划。作业计划是各项营销活动的具体执行性计划，如某一次具体促销活动的计划，其特点是非常细致和具体，对活动的目的、时间、地点、活动方式、组织机构、费用预算等都有详细的说明。

营销战略计划仅仅是企业营销企划工作的起点，它引导制订更周密完整的具体计划以完成组织的目标。各部门、各业务单位、各项产品和目标市场都必须制订进一步的策略计划或业务计划。

四、市场营销计划的内容

市场营销计划一般而言是一份书面材料，以作为指导营销管理人员进行市场营销活动的指南。编制一份市场营销计划，将有助于联系企业内部的工作环境来审视外部的营销环境，一旦市场营销计划编写好以后，它就是企业各项活动成功与否的参照物。一般来说，市场营销计划的主要内容包括以下几个方面（见表11-1）。

表 11-1　营销计划的内容

内　容	目　的
(1) 计划概要	为使管理者迅速了解而提供所建议计划的简略概要。
(2) 当前营销状况	提供与市场、产品、竞争、分销和宏观环境有关的背景数据。
(3) 机会与风险	概述主要的机会和威胁、优势和劣势，以及在计划中必须要处理的产品所面临的问题。
(4) 营销目标	确定计划中想要达到的关于销售量、市场份额和利润等领域的目标。
(5) 营销策略	描述为实现计划目标而采用的主要营销方法。
(6) 行动方案	明确应该做什么、谁来做、什么时候做、需要多少成本。
(7) 营销预算	概述计划所预期的财务收益情况。
(8) 营销控制	说明将如何监控该计划。

(一) 计划概要

计划概要是对主要营销目标和措施的简短摘要，目的是使管理部门迅速了解该计划的核心内容和主要目标。例如某零售商店年度营销计划的概要是："本年度计划销售额为5 000万元，利润目标为500万元，比上年增加10%。"这个目标经过改进服务、灵活定价、加强广告和促销努力是能够实现的。为达到这个目标，今年的营销费用要达到100万元，占计划销售额的2%，比上年提高12%。

(二) 当前营销状况

当前营销状况是计划正文的第一部分，主要提供该产品的有关背景资料，包括市场、产品、竞争、分销和宏观环境状况的分析。具体内容有：

(1) 市场状况。列举目标市场的具体数据，包括该市场的总体规模与增长，过去几年销售总量、总额，不同地区或细分市场的销售，消费者或用户需求，消费观念及购买行为动态和趋势。

(2) 产品状况。列出企业产品组合中每一个品种近年来的销售价格、市场占有率、成本、费用、利润率等方面的数据，主要采用定量分析方法。

(3) 竞争状况。明确主要的竞争者，并列出主要竞争者的市场规模、目标、市场份额、产品质量、价格、营销战略和战术及其有关特征，以准确了解竞争者的意图和行为，判断竞争者的变化趋势。

(4) 分销状况。描述公司产品所选择的分销渠道的类型和在各种分销渠道上的销售数量，主要经销商及经营能力变化，激励所需的费用和交易条件。如某产品在专业商店、百货商店、折扣店等各种不同渠道上的销售比例。

(5) 宏观环境状况。主要对与该产品线相关的宏观环境的状况和主要发展趋势作出简要的介绍。一般对人口统计、经济、技术、政治、法律、社会文化等基本宏观环境因素进行描述与分析。

(三) 机会与风险

机会与风险分析可利用市场营销状况资料，采用有关工具和方法（如SWOT分析法）对企业和产品线面对的内外部环境进行深度分析；明确产品的机会与威胁、优势与劣势，寻找到产品面临的问题，以便于确定有针对性解决问题的营销战略和行动方案。在这项分析中，必须把风险与机会的分析与企业的优势与劣势分析结合起来进行，这样才能使这项分析真正给企业带来赢利的机会，回避可能遇到的风险。一个市场机会能否成为企业的营销机会，关键在于这个机会能否与企业在目标与资源方面的优势相匹配，如果在这方面恰是企业的优势，那么就应当充分发掘和利用这个市场机会，否则就不能贸然上马。因此，在计划中要对市场机会和风险进行科学、详细的预测、分析和判断。

（四）营销目标

营销目标是市场营销计划的目的与核心内容。在这里应主要建立两种目标，即财务目标和营销目标。这些目标要用数量化指标表达出来，要将目标定得实际、合理，并有一定的开拓性。目标中包含了对任务的数量和时间要求。比如，企业希望增加利润，就可能要求该产品实现25%的投资回报、若干纯利润或销售收入，因此该产品的销售利润必须达到20%，销售量完成多少，以什么价格销售，扩大或缩减多少销售网点，企业以及品牌的知名度提高到多少等。对于财务目标，确定每一个战略目标的财务报酬目标，主要包括投资回报率、利润率、利润额、年度现金流量等指标。财务目标必须转化为营销目标，目标中包含了对任务数量和时间的要求。营销目标主要包括销售额、销售增长率、销售量、市场占有率、品牌知名度、分销网络、广告效果等。

（五）营销策略

营销计划的这一部分是表述企业将采用的营销策略，包括目标市场选择和市场定位、营销组合策略等。明确企业营销的目标市场，即企业准备服务于哪个或哪几个细分市场，如何进行市场定位，确定何种市场形象；企业在其目标市场上采用什么样的产品、渠道、定价和促销策略。

（六）行动方案

行动方案是对各种营销战略的实施制订具体的手段与途径，是实现营销战略与目标的根本保证。简单来说，营销计划中的行动方案所要解决的问题有：将要做什么，何时开始做，何时完成，由谁来做，成本是多少，行动方案的具体内容是什么。整个行动计划可以列表加以说明。为落实营销战略，要制订可实际操作的具体计划和行动方案。对于每个营销战略要素，应具体确定将由何人在何时何地花多少费用和采用何种方法步骤，负责完成何项具体工作。

（七）营销预算

营销预算即开列一张实质性的预计损益表。在收益的一方要说明预计的销售量及平均实现价格，预计出销售收入总额；在支出的一方说明生产成本、实际分销成本和营销费用，以及再细分下去的明细支出，预计支出总额。最后得出预计利润，即收入和支出的差额。企业的各业务单位编制出营销预算后，送上层主管审批，经批准后，该预算就是材料采购、生产调度、劳动人事以及各项营销活动的依据。

（八）营销控制

营销计划的最后一部分是检查和控制，用以监督计划的完成状况，通常的方法是将目标和预算按月或季度分解，上一级管理者定期检查计划完成情况，发现偏差及时采取修正行动，保证整个计划能井然有序、卓有成效地付诸实施。凡未完成计划的部门，应分析问题说明原因，并提出改进措施，以争取实现预期目标。

第二节　市场营销组织

市场营销组织是企业为了实现预定的营销目的而使全体营销人员通力协作的科学系统，是指企业内部涉及营销活动的各个职位及其结构。制定和实施市场营销战略，都离不开有效的市场营销组织。

一、市场营销组织的演变过程

现代企业的营销组织，是随着经营思想的发展长期演变而形成的。西方企业内部营销组织的结构，随着经营思想的发展和企业自身的成长，大体上经历了五个显著的阶段。

第一阶段，简单的销售部门（如图 11－1 所示）。企业组织设置以生产部门为主，销售部门的职能也仅仅是在推销生产部门生产的产品，具体表现为“生产什么，就卖什么”，销售部门对产品生产没有发言权。但简单的销售部门只适合需求比较单一，选择性较小且同质性较高的产品的销售。

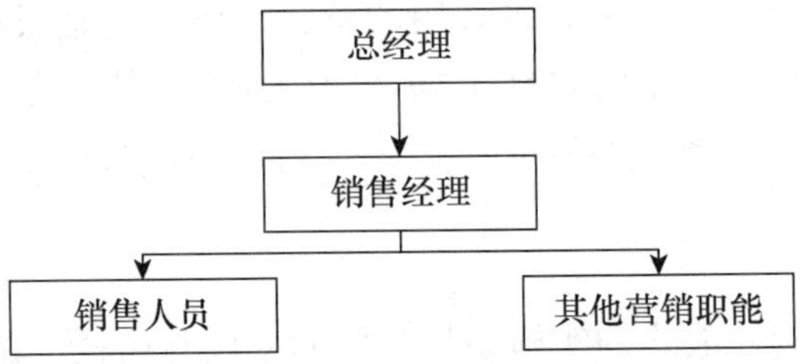

图 11－1　简单的销售部门

第二阶段，兼具营销职能的销售部门（见图 11－2）。20 世纪 30 年代以后，市场上产品数量得到了较大的增加，消费者在购买商品时有了更多的选择机会，且由于生活水平的改善和提高，消费者开始注意同类产品在质量上的差异，并对创新的产品表现出极大的兴趣，他们宁愿花高一点的价钱去购买质量较高和比较新型的产品。这样一来买卖双方的关系发生了一些微妙的变化，生产者对消费者在产品质量和类型上的要求再也不能熟视无睹了，否则他们的产品就会滞销，甚至卖不出去。随着企业业务的扩大以及外部市场竞争日趋激烈，往往需要企业增加某些新的营销职能，如开展市场调研、广告宣传等工作。为保证新营销职能的连续性、经常性和专业性，销售经理可聘用一位市场主管来专门负责这方面工作。这时，企业营销组织不仅承担着销售职能，同时还承担着某些营销功能，但是销售仍然是营销工作的重点，其他营销职能的作用并不明显。

第三阶段，独立的营销部门（见图 11－3）。随着工业化的迅速发展，大量产品充斥市场，出现了供大于求的现象。市场状态由原来的卖方市场转化成了买方市场。企业的工作重点是用尽一切手段去刺激消费者购买自己的产品，使用各种推销和促销手段，于是，企业经营管理观念由产品导向转变至推销导向。在这个阶段，总经理往往要把营销职能从销售部门中分离出来，建立单独的营销部门，给予营销部门更多的决策权和自主权。在这一

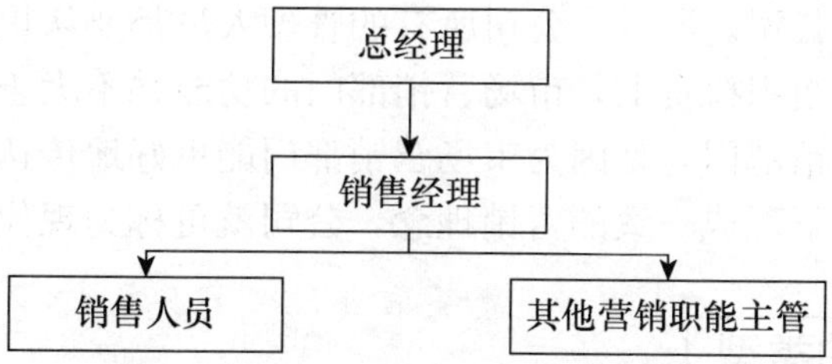

图 11-2　兼具营销职能的销售部门

阶段，营销与销售两个部门既是各自独立的但又联系十分紧密。

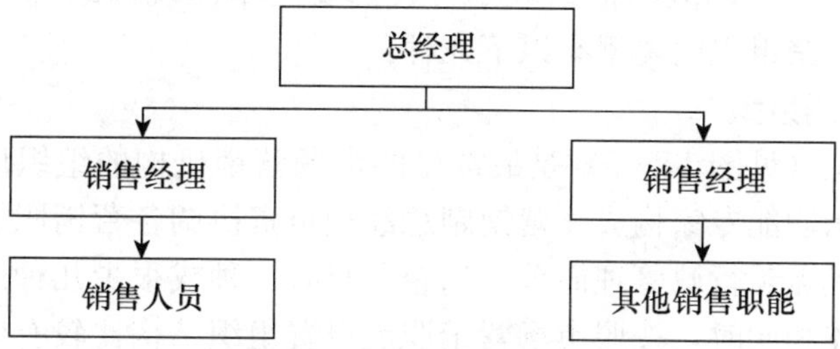

图 11-3　独立的营销部门

第四阶段，现代营销部门（见图 11-4）。随着市场竞争变得日益激烈，消费者变得越来越挑剔。产品的卖方不仅必须使其商品具有竞争能力，而且更重要的是要真正认清消费者的需求，激起和满足顾客的欲望，把顾客作为整个市场活动的起点和中心，一切从顾客出发，经营企业的推销观念逐渐演变为市场营销观念。为了解决销售活动与营销活动之间日益扩大的冲突，将销售部门与营销部门合二为一，现代营销部门的雏形出现了。在总经理之下设营销副总经理，主管销售部门和营销部门工作，从而提高协调效率。同时，这种营销组织架构可以充分发挥两类人员和两种工作的各自优势，取长补短，从而有利于提高企业综合市场营销能力。

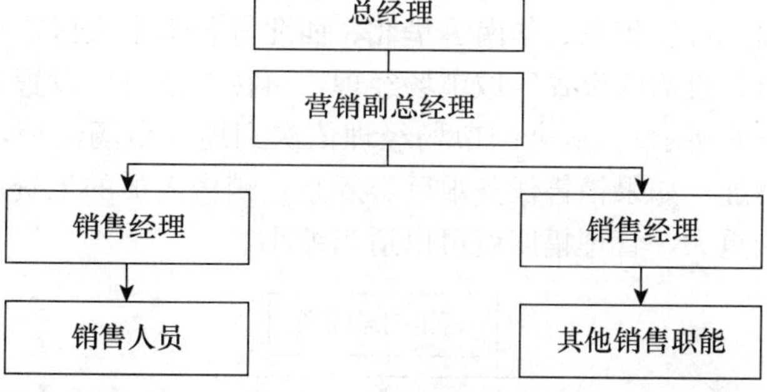

图 11-4　现代营销部门

第五阶段，现代营销公司。一个公司营销的成败除了需要出色的营销部门外，还取决于公司其他部门对顾客的态度和它们的营销责任。真正的现代营销公司应当做到：一切部门都是为顾客而工作的。营销不只是一个部门的名称，不能把营销等同于销售，不能把营销部门仅仅视为市场运作部门。只有把营销作为贯穿公司运营始终的公司哲学，才能称得上真正意义的现代营销公司。所以，公司所有的管理人员都要认识到企业的一切工作是为顾客服务的。在观念及组织权责上，市场营销部门的功能并不大于其他部门的功能。其他部门听从及支持市场营销部门，是因为市场营销部门能更好地传达消费者的需求和更直接地面对消费者。公司上下形成一致的营销理念，公司就可称为现代市场营销公司。

二、市场营销组织的类型

为了实现企业目标，市场营销经理必须选择合适的市场营销组织。现代企业的营销部门有若干不同的组织形式，但不论采取哪种，都要基本体现以顾客为中心的营销指导思想。大体上，市场营销组织的类型有以下几种：

（一）职能型营销组织

职能型营销组织（见图 11－5）是最常见的市场营销机构的组织形式。它由营销副总经理领导的各种营销职能专家构成。营销副总经理负责协调各营销职能专家的关系。职能型组织模式的主要优点是行政管理简单。当企业只有一种或很少几种产品，或者企业产品的市场营销方式大体相同时，按照市场营销职能设置组织结构比较有效。不过，随着产品品种的增多和市场的扩大，这种组织模式就暴露出发展不平衡和难以协调的问题。由于无专人对产品和市场负责，因而会产生营销管理不细、规划不周以及部门间需要做过多的协调工作等问题。

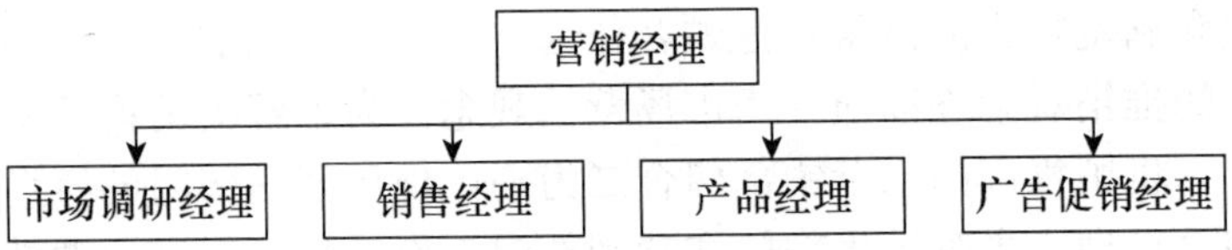

图 11－5　职能型营销组织

（二）地区型营销组织

业务涉及全国甚至更大范围的企业，可以按照地理区域组织、管理销售人员。如一个全国性市场经理下面，可设华东、华南、华北、西北等若干个大区市场经理，每个大区市场经理下面按省、市、自治区设置区域市场经理，再往下还可以设置若干地区市场经理或销售代表（如图 11－6 所示）。从全国市场经理依次到地区市场经理，所辖下属人员的数目即管理幅度逐级增加。如果销售任务艰巨、复杂，销售人员的工资成本太高，他们的工作成效又对利润影响重大，管理幅度就可以适当缩小。

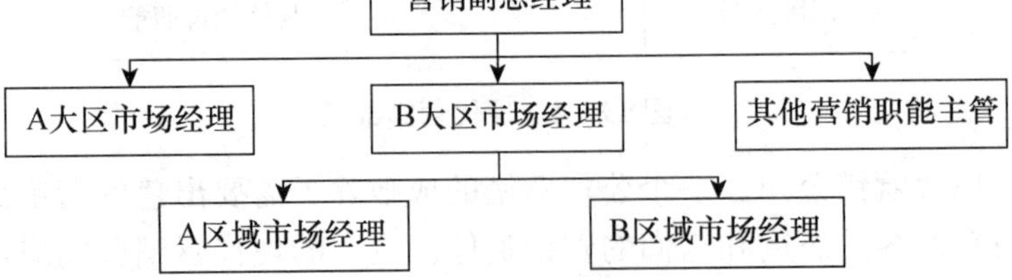

图 11－6　地区型营销组织

（三）产品管理型营销组织

产品管理型营销组织（见图 11－7）是在企业内部建立产品经理组织制度，以协调职能型组织中的部门冲突。如果企业生产的产品间差异很大，产品品种繁多，按职能设置的市场营销组织就无法应付和处理，这时建立产品经理组织制度是比较适宜的。其基本做法是，由一名产品市场营销经理负责，下设几个产品线经理，产品线经理之下再设几个具体产品经理去负责各具体的产品。产品（品牌）管理型组织于 1927 年产生，首先为宝洁公司采用，以后有许多厂商，尤其是食品、肥皂、化妆品和化工企业效仿。

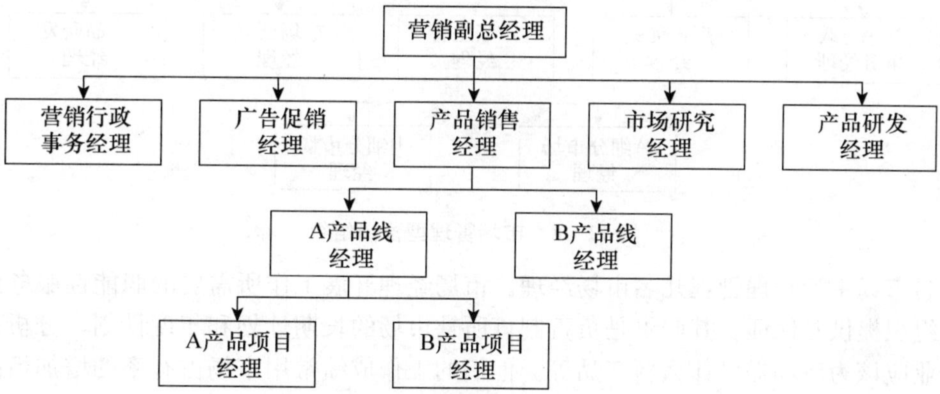

图 11－7　产品管理型营销组织

产品经理的职责是：制订产品的长期营销和竞争战略；编制年度市场营销计划和进行销售预测；与广告代理商和经销代理商一起研究广告和促销方案；激励推销人员和经销商经营该产品的积极性；搜集市场信息，改进产品，适应不断变化的市场需求；经常与其他部门沟通和协调。产品管理型营销组织模式的优点如下：产品经理可协调产品的营销组合策略；能及时反映产品在市场上出现的问题，对市场变化做出积极反应；由于有专门的产品经理，那些较小品牌产品可能不会受到忽视。这种模式也存在一些问题，较为突出的有：(1) 缺乏整体观念。在产品型组织模式中，产品经理注重产品的技术方面，而忽视营销的其他功能。(2) 部门冲突。产品经理与其他营销部门经理协调困难，冲突、摩擦不断发生。(3) 多头领导。由于权责划分不清，下级可能会得到多方面的指令。例如，产品广告经理在制订广告战略时接受产品市场营销经理的指导，而在预算和媒体选择上则受制于广告经理，这就有可能产生不协调。

小案例

美国宝洁公司（P&G）1927 年首先采用了产品管理型营销组织结构。以后许多厂商尤其是食品、肥皂、化妆品和化学工业的厂商纷纷效仿。如通用食品公司的各产品经理分别负责麦片、宠物食品、饮料等各类食品，而在麦片产品部门中，又分别有营养麦片、含糖儿童麦片、家用麦片等单一的产品经理，依次下去，营养麦片经理又要管理他的各品牌经理。

（四）市场管理型营销组织

在市场经济发达国家，许多企业按照市场型结构建立营销组织。当企业面临如下情况时，建立市场型组织是可行的：拥有单一的产品线；市场各种各样（不同偏好和消费群体）；不同的分销渠道。许多企业都在按照市场系统安排其市场营销机构，使市场成为企业各部门为之服务的中心。市场管理型营销组织的基本形态如图 11－8 所示。

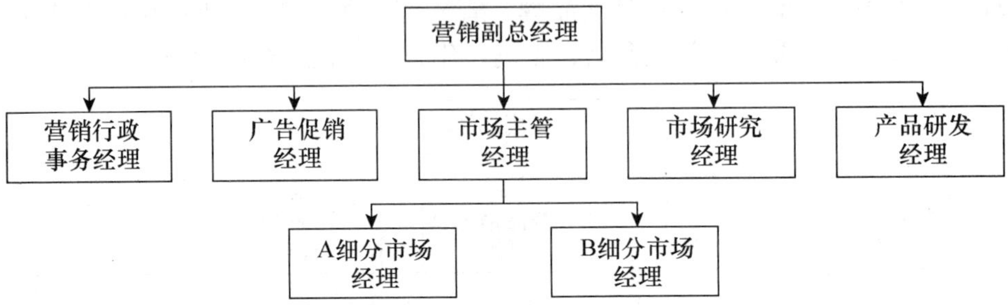

图 11－8　市场管理型营销组织

一名市场主管经理管理几名市场经理。市场经理开展工作所需要的职能性服务由其他职能性组织提供并保证。其职责是负责制订所辖市场的长期计划和年度计划，分析市场动向及企业应该为市场提供什么新产品等。他们的工作成绩常用市场占有率的增加情况来判定，而不是看其市场现有赢利情况。市场管理型组织的优点在于，企业的市场营销活动是按照满足各类不同顾客的需求来组织和安排的，这有利于企业加强销售和市场开拓。有些学者甚至认为，以企业各个主要的目标市场为中心，建立相应的营销部门和分支机构，是确保实现以顾客为中心的现代营销观念的唯一办法。市场管理型组织的缺点是，存在权责不清和多头领导的矛盾，这和产品型组织类似。

（五）矩阵型营销组织

矩阵型营销组织是职能型组织与产品型组织相结合的产物，它是在原有的按直线指挥系统为职能部门组成的垂直领导系统的基础上，又建立一种横向的领导系统，两者结合起来就组成一个矩阵（见图 11－9）。

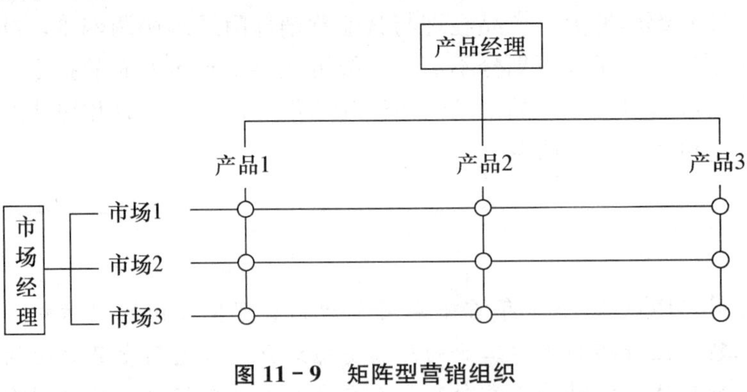

图 11－9　矩阵型营销组织

在市场营销管理实践中，矩阵型组织的产生大体分两种情形：

（1）企业为完成某个跨部门的一次性任务（如产品开发），就从各部门抽调人员组成由经理领导的工作组来执行该项任务，参加小组的有关人员一般受本部门和小组负责人的共同领导。任务完成后，小组撤销，其成员回到各自的岗位。这种临时性的矩阵型组织又叫小组制。

(2) 企业要求个人对于维持某个产品或商标的利润负责，把产品经理的位置从职能部门中分离出来并固定化，同时，由于经济和技术因素的影响，产品经理还要借助于各职能部门执行管理，这就构成了矩阵。矩阵型组织能加强企业内部门间的协作，能集中各种专业人员的知识技能而又不增加编制，组建方便，适应性强，有利于提高工作效率。但是，双重领导过于权力化，稳定性差和管理成本较高的缺陷又多少抵消了一部分效率。

三、市场营销组织的职能

市场营销组织的职能是随着公司规模的扩大和公司营销观念的改变而逐渐成熟和丰富起来的，在简单的营销部门中，其主要职能就是推销产品，在制造部门与消费者之间充当传递产品的角色。而后，营销组织陆续承担诸如市场调研、产品传播、产品促销之类的职责，最终形成了现代营销组织的种种职能。一般来说，营销组织的职能包括：开展市场调查，收集信息；建立销售网络，开展促销活动；开拓新的市场，发掘潜在顾客；进行产品推销，提供优质服务；开发新的产品，满足顾客不断发展的需求；建立客户关系，维系老顾客，等等。

（一）营销部的职能

以营销为中心的公司，在生产经营中，营销部依据市场需求引导公司的生产经营活动，重点解决营销费用与目标顾客相适应、产品顺利通过市场交换的问题。营销部门通过识别、确认和评估市场上存在的需要和欲望，选择和决定公司能够最好地为之服务的市场或顾客群体，进行目标市场决策，从而为整个企业明确努力的方向。同时，营销中心还必须负责管理其他部门的管理和销售人员，以及与其他机构相互协调，以保证公司日常营销活动的正常运行。

小案例

IBM、DEC 等公司销售的产品是按客户要求定制的电脑硬件和软件，公司的销售团队由销售人员和技术人员组成，始终保持与客户的紧密联系。IBM 公司的一个客户经理所辖的销售团队除了销售人员外，还包括产品代理商、系统工程师和咨询师。在 3M 公司，每一销售区域都建立了跨职能的销售团队，团队包括后勤人员、信息系统管理人员和销售人员。Black&Decker 公司的销售团队中包括销售人员、营销人员、信息系统专家、销售预测人员和财务分析人员，他们共同致力于为沃尔玛这样的大客户提供服务。

（二）下属各部门的职能

在市场经济的最初阶段，企业的销售部门只是承担一种产品的展示和传递作用，根本谈不上执行什么营销职能。在那时，市场上的情况是需求极度大于供给，企业根本用不着担心产品销售不出去，企业日常经营活动都是围绕怎样提高生产效率和节约生产成本而展开的。到 20 世纪 30 年代，西方国家普遍出现了经济大萧条，人们的购买力陷于低谷，致使市场出现大面积的供过于求，大量产品堆积在企业的仓库内卖不出去，于是企业开始担心产品的销售问题，由此出现了专门的推销部门。而后随着市场经济的发展，人们的消费观念在改变，公司的规模也在日益扩大，于是，出现了一系列的其他营销职能部门，如市场调研部门、广告与促销部门、分销部门等。时至今天，随着网络技术的发展，由此衍生了营销信息、客户关系管理等新兴的营销部门。每个部门都承担了一部分营销的功能，它们之间相互配合，相互协调，使营销在现代公司中的作用越来越大。以下就营销中心下属的几个比较典型的部门的职能进行阐述。

1. 市场调研部门

市场调研部在营销组织中的作用相当于眼睛对人的作用，它是营销管理的有机组成部分，其作用是向管理者提供决策所需要的信息，公司的营销活动很多都是根据调研部门的调查结果而开展的。市场调研部门一般负责以下职能：宏观环境调研、市场需求分析、销售分析、市场占有率分析、竞争产品研究、价格研究、广告研究、分销渠道研究、消费者购买行为分析等。

2. 广告和促销部门

传统意义上的广告和促销部门，其职能包括两方面：广告宣传和销售促进。这两种职能的共同点在于都必须与现行和潜在的利益关系方和公众沟通，以拉力和推力两种形式促进消费者对公司产品或服务的渴求，从而带动产品的销售。随着整合营销理论的成熟和推广，在很多现代公司中，建立整合传播部门逐渐成为新的趋势，而且大有可能取代传统广告和促销部门。整合传播部门相对于传统广告和促销部门来说，虽然它的主要职能仍是一种沟通作用，但其先进之处在于要求部门的所有成员从接受者的角度来考虑营销的全部过程。

3. 销售/推销部门

销售部或者推销部是最早出现的营销部门，伴随推销观念的产生而产生。该部门最初的职责就是将过剩的产品销售给消费者。由于在那一时期经济比较萧条，人们的购买能力弱，故公司需要用一系列有效的推销和促销工具去刺激他们大量购买，因此组织销售人员对产品进行推销便成了推销部门的职能，这也是现在不少公司销售部门的主要职能。此外，很多公司销售部门还承担着销售渠道建设的职能。

4. 新产品开发部门

以营销为中心的公司，往往将新产品开发部门划归给营销中心管辖。将新产品开发部门置于营销中心之下的优越性在于，营销中心是直接与市场接触的部门，他们最了解消费者需求，最懂得顾客想要什么样的产品，因此，市场专家与产品设计专家一起来开发新产品，才能够使新产品更好地满足消费者的需求。技术领先的产品不一定能在市场上畅销，只有结合消费者的需求开发产品，才能保证新产品在市场上受消费者欢迎。

四、市场营销组织的设计

设计营销组织是每一位营销管理人员的根本任务之一。营销管理人员从事管理的前提是进行组织规划，包括设计组织机构和人员配备等。市场营销组织设计的程序有如下几个步骤：

（一）分析组织环境

任何一个市场营销组织都是在不断变化着的社会经济环境中运行的，要受这些环境因素的制约。由于环境是企业营销部门不可控制的因素，因此，市场营销组织必须随着内外部环境的变化而不断地调整。环境包括很多复杂因素，宏观的如政治经济、社会文化、技术等，微观的如市场状况、产品特点、企业规模等，其中对市场营销组织影响较为明显的有如下几种：

（1）市场需求状况。如果企业面对的市场地理分布广泛，政治、经济、文化、法律和科技环境差异较大，那么企业宜选用以地区型或市场型为主的组织机构，也可以选择矩阵型的营销组织机构。对于市场规模不大的企业，可以选择功能型组织机构，以利于营销活动的控制与管理。

（2）企业的规模。一般情况下，企业规模越大，市场营销组织的层次越多、越复杂。规模大的企业需要大量专门的营销技术人员，设置的专职部门也比较齐全，有较多的管理层次。反之，企业的规模小，需要的专门的营销人员就少，市场营销组织也就相对简单。

（3）产品的特点。企业经营的产品品类、产品本身的特色、产品项目的关联性以及产品的技术服务方面的要求等，都会影响企业营销组织机构的设置。如果企业经营的产品品类多、特点突出，产品项目之间的关联性不强，且技术服务方面的要求高，那么一般考虑设置以产品型模式为主的营销组织机构。

（4）产品生命周期。在产品生命周期的不同阶段，企业的市场营销战略和市场营销组织相应地改变。通常，在导入期，企业冒着很大的风险向市场投放产品，往往建立临时性的组织如销售小组，以便迅速地对市场行为作出反应。在成长期，消费需求增大，利润不断上升，吸引了大批竞争者进入该市场，这时企业要建立有效的市场营销组织如市场导向型矩阵组织，确立自己强有力的竞争地位。在成熟期，消费需求稳定，利润开始下降，于是企业必须建立高效率的组织如职能性金字塔形组织，以获取最大利润。而在衰退期，产品需求减弱，此时，企业为保持原有的利润水平，开始精简部分组织机构，如减少销售地点等，有时也可能设立临时机构，帮助产品重新开拓市场。

（5）竞争者状况。企业应根据竞争者的数量和竞争对手的行为作出反应。在分析竞争者状况时，企业应从两方面入手：一是竞争者是谁，它们在干些什么；二是如何对竞争者行为作出反应。

（6）技术、创新。科学技术是一种“破坏性”的创造，一个新技术的应用往往会改变企业组织结构，甚至催生新的行业。以互联网技术为代表的新技术的广泛应用，改变着企业营销组织架构，首席“惊喜官”的设置，顾客员工化的出现，线上线下联动，要求传统企业增设面向网络的部门。

（二）确定组织内部活动

市场营销组织内部的活动主要有以下两种类型：一是职能性活动，它涉及市场营销组织的各个部门，范围相当宽泛，企业在制定战略时要确立各个职能在市场营销组织中的地位，以便开展有效的竞争；二是管理性活动，涉及管理任务中的计划、协调和控制等方面。企业通常是在分析市场机会的基础上，制定市场营销战略，然后再确定相应的市场营销活动和组织的专业化类型。假定一个企业满足下述条件：企业年轻且易于控制成本；企业的几种产品都在相对稳定的市场上销售；竞争战略依赖于广告或人员推销等技巧性活动，那么，该企业就可能设计职能型组织。同样，如果企业产品销售区域很广，并且每个区域的购买者行为与需求存在很大差异，那么，它就会建立地区型组织。

（三）建立组织职位

企业在确定了市场营销组织活动之后，还要建立组织职位，使这些组织活动有所归附。为此需考虑三个要素，即职位类型、职位层次和职位数量，以弄清楚各个职位的权利、责任及其在组织中的相互关系。

1. 职位类型

每个职位的设立都必须与市场营销组织的需求及其内部条件相吻合。通常，对职位类型的划分有以下三种方法：（1）划分直线型和参谋型。处于直线职位的人员行使指挥权，能领导、监督、指挥和管理下属人员；而处于参谋职位的人员则拥有辅助性职权，包括提供咨询和建议等。事实上，直线和参谋之间的界限往往是模糊的。一个主管人员既可能处于直线职位，也可能处于参谋职位，这取决于他所起的作用及行使的职权。（2）划分专业型和协调型。显然，一个职位越是专业化，它就越无法起协调作用。但是，各个专业化职位又需要从整体上进行协调和平衡，于是，协调型职位就产生了，项目经理或小组制都是类似的例子。（3）划分临时型和永久型。严格地说，没有任何一个职位是永久的，它只是相对于组织发展而言较为稳定而已。临时型职位的产生主要是由于在短时期内企业为完成某项特殊任务，如组织进行大规模调整。

2. 职位层次

职位层次是指每个职位在组织中地位的高低。比如，公共关系和销售管理的地位孰高孰低，对于不同的企业其情况就大不一样。这主要取决于职位所体现的市场营销活动与职能在企业整个市场营销战略中的重要程度。

3. 职位数量

职位数量是指企业设立组织职位的合理数量。它同职位层次密切相关。一般地，职位层次越高，辅助性职位数量也就越多。很明显，市场研究经理在决策时就要依靠大批市场分析专家和数据处理专家的帮助。职位决策的目的，是把组织活动纳入各个职位。因此，建立组织职位时必须以市场营销组织活动为基础。企业可以把市场营销活动分为核心活动、重要活动和附属性活动三种。核心活动是企业市场营销战略的重点，所以首先要根据核心活动来确定相应的职位，而其他的职位则要围绕这一职位依其重要程度逐次排定。职位的权利和责任的规定，主要体现在工作说明书上。工作说明书包括工作的名称、主要职能、职责、职权和此职位与组织中其他职位的关系以及与外界人员的关系等。如果企业决定设立新的职位，有关部门主管就要会同人事专家拟出一份关于该职位的工作说明书，以便对应聘人员进行考核和挑选。

（四）设计组织结构

组织结构的设计和职位类型密切相关，企业如果采用矩阵型组织，就要建立大量的协调性职位；如果采用金字塔形组织，则又要求有相应的职能性职位。因此，设计组织结构的首要问题是使各个职位与所要建立的组织结构相适应。从这个意义上来讲，对组织结构的分析要注重外部环境因素（包括市场和竞争状况），它强调组织的有效性。但是，市场营销经理总是希望节约成本和费用，同时还要考虑效率。通常，组织的效率表现为以较少的人员和上下隶属关系以及较高的专业化程度去实现组织的目标。这取决于两个因素：一是分权化程度，即权力分散到什么程度才能使上下级之间更好地沟通。二是管理幅度，即每一个上级所直接管理的下级人数。人们普遍认为，假设每一个职员都是称职的，那么，分权化程度越高，管理宽度就越大，则组织效率也就越高。此外，营销组织总是随着市场和企业目标的变化而变化，所以，设计组织结构要立足于将来，为未来的组织结构的调整留下更多的余地。

（五）配备组织人员

企业配备组织人员时必须为每个职位制定详细的工作说明书，从受教育程度、工作经验、个性特征及身体状况等方面进行全面考察。而对再造组织来讲，还必须重新考核现有员工的水平，以确定他们在再造组织中的职位。

（六）评价和调整营销组织

没有尽善尽美的组织，它总是不同程度地存在摩擦与冲突。因此，从营销组织建立时起，营销经理就要经常对组织进行检查、评价，监督组织的运行状况，并及时加以调整，使组织不断得到发展。

市场营销组织需要调整的原因主要有以下几点：

（1）外部环境的变化。包括经济周期的变化、竞争程度的变化、新的生产技术出现、政府法规和财政政策的出台、产品系列或销售方法的改变等。

（2）组织主管人员的变动。新的主管人员试图通过改组来体现其管理思想和管理方法。

（3）现存组织结构有缺陷。当存在着管理幅度过大或层次太多、信息沟通困难或部门协调不够、决策缓慢等问题时，必须调整组织结构。

（4）组织内部主管人员之间的矛盾可以通过改组来解决。所以，为了不使组织结构变得呆板、僵化和缺乏效率，企业必须适当地、经常地对组织结构加以重新调整。

综上所述，企业市场营销组织的设计和发展大体要遵循以上六个步骤，这六个步骤相互联系、相互作用，形成一个动态有序的过程。为了保持市场营销组织的生机和活力，市场营销经理就要根据这一过程进行有效决策。

第三节 市场营销实施

营销实施是指企业将营销战略和计划转为行为和任务，并保证这种任务的完成，以实现营销战略目标的过程。营销实施是一个艰巨而复杂的过程，研究表明，许多战略目标之所以未能实现，是因为没有得到有效实施。营销管理人员常常难以判断营销工作具体实施中的问题，营销失败的原因可能是由于战略本身有问题，也可能是由于正确的战略没有得到有效的实施。

一、市场营销实施中出现的问题及其原因

企业在实施营销战略和营销计划过程中为什么会出现问题？正确的营销战略为什么不

能带来出色的业绩？原因主要有以下几个方面：

（一）计划脱离实际

企业的营销战略和营销计划的制定过于专门化，而实施则要依靠营销管理人员。制定者和实施者之间常常缺乏必要的沟通和协调，导致下列问题的出现：

（1）制定者只考虑总体战略而忽视实施中的细节，结果使营销计划过于笼统。

（2）制定者往往不了解实施过程中的具体问题，所以常常脱离实际。

（3）制定者和实施者之间缺乏必要的沟通与协调，致使实施者在实施过程中经常遇到困难，因为实施者不能完全理解需要他们去实施的营销战略和营销计划。

（4）脱离实际的战略导致制定者和实施者相互对立和不信任。

（二）长期目标和短期目标的不一致

营销战略通常着眼于企业的长期目标，涉及今后3～5年的营销活动。而具体执行这些营销战略的营销组织人员则是依据其短期工作绩效，如销售量、市场占有率或利润率等指标来实施奖惩的。因而，营销组织人员常常选择短期行为。为克服企业的长期目标和短期目标之间的矛盾，企业必须采取适当措施，设法求得两者的协调。

（三）因循守旧的惰性

企业的营销活动往往是为了实现既定的战略目标。新的战略如果不符合企业的传统和习惯，就会遭到抵制。新旧战略之间的差异越大，实施新战略可能遇到的阻力也就越大。要想实施与旧战略截然不同的新战略，常常需要打破企业传统的组织结构。

（四）缺乏具体明确的实施方案

有些营销战略和营销计划之所以失败，是因为制定者没有进一步制定具体明确的实施方案。企业的决策者和营销管理人员必须制定详尽的实施方案，规定和协调各部门的活动，编制详细周密的实施时间表，明确各部门经理的职责。只有这样，企业的营销战略和营销计划的实施才能有保障。

二、市场营销实施应具备的技能

为了有效地开展营销活动，企业营销人员必须具备和灵活运用一套专业技能，营销实施技能主要有以下四种：

（一）分配技能

分配技能指营销经理为各种职能、政策和计划分配时间、费用和人力资源的能力。如确定究竟花费多少钱用于展销会，或对“边际”产品应做好哪些保证工作，这些都需要分配技能。

（二）监控技能

监控技能包括建立一个控制系统，以便对营销活动的结果及时进行反馈。控制有年度计划控制、收益率控制和战略控制，从实施的角度看，企业主要注重前两种控制。

（三）组织技能

组织技能涉及确定营销人员之间的关系结构，以利于实现企业的各项目标。制定有效的执行程序的重要前提是：将企业集中化和正规化程度掌握在与控制系统相适应的限度内，以及理解非正式营销组织的地位和作用。非正式组织和正式组织相互配合，才能对许多执行活动的效果产生影响。

(四) 相互配合技能

相互配合技能指营销经理借助于其他力量来完成自己工作的能力。营销经理不仅要动员企业内部的人员去有效执行预期的战略，还必须利用企业外部的力量。

三、市场营销实施的过程

市场营销实施过程如图 11－10 所示，图中的五项内容是紧密相连、密不可分的。

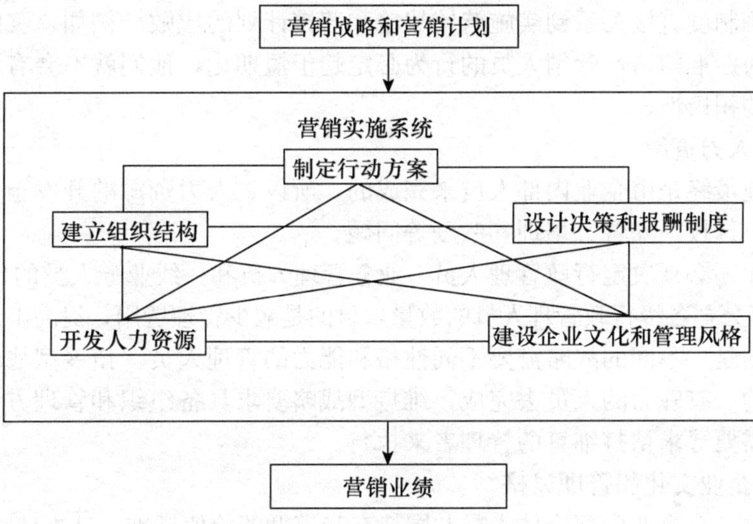

图 11－10　市场营销实施过程

(一) 制定行动方案

为有效实施营销战略，必须制定详细的行动方案。这个方案应当明确营销战略和营销计划实施的关键决策和任务，并将执行这些决策和任务的责任落实到个人和小组。另外，还应包括具体的时间表，定出行动的确切时间。

(二) 建立组织结构

企业的正式组织在营销战略和营销计划的实施过程中起决定性的作用，组织将战略实施的任务分配给具体的部门和人员，规定明确的职权界限和信息沟通渠道，协调企业内部的各项决策和行动。

具有不同战略的企业，需要建立不同的组织结构。也就是说，组织结构必须同企业战略相适应，必须同企业本身的特点相适应，必须同企业的环境相适应。

组织结构具有两大职能：(1) 提供明确的分工，将全部工作分解成便于管理的几个部分，再将他们分配给各有关部门和人员；(2) 发挥协调作用，通过正式的组织联系和信息沟通网络，协调各部门和人员的行动。

专栏

美国学者托马斯·彼得斯（Thomas J. Peters）及罗伯特·沃特曼（Robert H. Waterman, Jr.）在他们合著的《成功之路》一书中，研究总结了美国43家卓越企业成功的共同经验，指出有效实施企业营销战略和营销计划的组织结构的特点如下：

1. 高度的非正式沟通；

2. 组织的分权化管理；

3. 精兵简政。

（三）设计决策和报酬制度

决策和报酬制度直接关系到实施营销战略和营销计划的成败。例如，奖励如果是以短期的经营利润为标准的话，营销人员的行为必定趋于短期化，他们就不会有为实现长期战略目标而努力的积极性。

（四）开发人力资源

营销的实施最终是由企业内部人员来完成的，所以，人力资源的开发至关重要。这涉及人员的考核、选拔、安置、培训和激励等问题。

此外，企业还必须决定行政管理人员、业务管理人员和一线业务人员的比例。在美国，许多企业削减了公司各级行政管理人员的数量，目的是减少管理费用，提高工作效率。

应当指出的是，不同的战略需要不同性格和能力的管理人员。拓展型战略要求具有创业和冒险精神的、有魄力的人员去完成；维持型战略要求具备组织和管理方面的才能；而紧缩型战略则需要寻求精打细算的管理者来执行。

（五）建设企业文化和管理风格

企业文化是一个企业内部全体人员共同持有和遵循的价值标准、基本信念和行为准则。企业文化对企业经营思想和领导风格，对职工的工作态度和作风均起着决定性的作用。

管理风格是指企业中管理人员不成文的习惯约定和共同工作的方式，一种人际关系和组织环境气氛。有些企业的管理者习惯于一种紧张而富有逻辑的工作秩序，心照不宣的默契；而另一些管理者却推崇宽松随和的组织气氛，给予较大的工作自由度。不管何种管理风格，都应有利于营销的实施。

（六）协调实施系统各要素间的关系。

为了有效地实施市场营销战略，企业的行动方案、组织结构、决策和报酬制度、人力资源、企业文化和管理风格这五大要素必须协调一致，相互配合。

表11－2列举了营销实施中应回答的问题。营销战略和营销计划能否顺利实施，取决于企业能在多大程度上协调和开展上述几个方面的活动。

表11－2　　营销实施中应回答的具体问题

实施要素	所要回答问题
1. 制定行动方案	（1）营销实施的任务有哪些？哪些是关键性的？ （2）如何完成这些任务？采取什么样的措施？ （3）本企业拥有什么样的实力？

续前表

实施要素	所要回答问题
2. 建立组织结构	（1）本企业的组织结构是什么样的？ （2）各部门的职权是如何划分的？信息是如何沟通的？ （3）临时性组织如专题工作组和委员会的作用是什么？
3. 设计决策和报酬制度	（1）重要制度有哪些？ （2）主要控制因素是什么？ （3）产品和信息是如何沟通的？
4. 开发人力资源	（1）本企业人员的技能、知识和经验各是什么？ （2）他们的期望是什么？ （3）他们对企业和工作是何态度？
5. 建设企业文化和管理风格	（1）是否具有共同价值观？ （2）共同价值观是什么？他们是如何传播的？ （3）企业经理的管理风格是什么？ （4）如何解决矛盾？
6. 各要素之间的配合	（1）各要素是否与营销战略相一致？ （2）各要素之间是否配合协调？

第四节　市场营销控制

一、市场营销控制的概念

所谓营销控制，就是市场营销管理者用以跟踪企业营销活动各个环节的一套工作程序，其目的是确保营销活动按计划运行。在执行市场营销计划的过程中，当出现意外情况和问题时，企业需要有一套反馈和控制程序，以确保营销目标的实现。所以，在实施企业营销计划过程中，不仅需要积极执行，而且还要有效控制，努力实现计划目标。营销控制是企业营销管理的一个重要职能，也是实施企业营销计划的一项必要措施。企业营销控制主要有年度计划控制、赢利能力控制、营销效率控制和市场营销审计。市场营销控制一般要做四件事：第一，市场营销控制的中心是目标管理，营销控制就是监督任何偏离计划与目标的情况出现；第二，市场营销控制必须监视计划的实际执行情况；第三，通过营销控制过程，判断任何偏离计划的行为产生的原因；第四，市场营销控制者必须采取改正方案，甚至改变目标本身。

二、市场营销控制的原则

市场营销控制的目的是要保证企业的营销活动按照营销计划和要求开展，有效地实现其预定目标。为此，有效的营销控制应遵循以下原则。

（一）适时控制原则

企业营销活动中产生的偏差只有及时采取措施加以纠正，才能避免偏差的扩大，或防止偏差对企业不利影响的扩散。及时纠偏，要求营销管理者及时掌握能够反映偏差产生及其严重程度的信息。如果等到偏差已经非常明显，且对企业造成了不可挽回的影响后，反映偏差的信息才姗姗来迟，那么，即使这种信息是非常系统、绝对客观、完全正确的，也不可能对纠正偏差带来任何指导作用。

（二）适度控制原则

适度控制是指控制的范围、程度和频度要恰到好处。这种恰到好处的控制要注意以下几个问题：

（1）防止控制过多或控制不足。控制常给被控制者带来某种不愉快，但是如果缺乏控制则可能导致营销活动的混乱。过多的控制会对营销组织中的人造成伤害，对营销组织成员行为的过多限制会抑制他们的首创精神，从而影响个人能力的发挥和工作热情的提高，最终会影响企业的效率。过少的控制则会导致营销活动无法有序地进行，不能保证各部门活动进度和比例的协调，从而造成资源的浪费。有效的控制应该既能满足对企业的营销活动监督和检查的需要，又要防止与营销组织成员发生激烈的冲突。

（2）处理好全面控制与重点控制的关系。任何营销组织都不可能对每一个部门、每一个环节的每一个人在每一个时刻的工作情况进行全面的控制。由于存在对控制者的再控制的问题，这种全面控制甚至会造成组织中控制人员远远多于现场作业者的现象。现实中并不是所有成员的每一项工作都具有相同的发生偏差的概率，也并不是所有可能发生的偏差都会对营销组织带来相同程度的影响。适度控制就是要求企业在建立控制系统时，利用例外原则等工具，找出影响企业营销成果的关键环节和关键因素，并据此在相关环节上设立预警系统或控制点，进行重点控制。

（3）使花费一定费用的控制得到足够的控制收益。任何控制都需要一定费用，衡量工作成绩、分析偏差产生的原因以及为了纠正偏差而采取的措施，都需支付一定的费用；同时，任何控制，由于纠正了营销组织中的营销活动中存在的偏差，都会带来一定的收益。一项控制，只有当它带来的收益超出其所需成本时，才是值得的。控制费用与收益的比较分析，实际上是从经济角度去分析上面考察过的控制程度与控制范围的问题。

（三）客观控制原则

控制工作应该针对企业及其营销的实际状况，采取必要的纠偏措施，或促进企业营销活动沿着原先的轨道继续前进。因此，有效的控制必须是客观的，符合企业实际的。客观的控制源于对企业营销活动状况及其变化的客观了解和评价。

（四）弹性控制原则

企业在营销过程中经常可能遇到某种突发的、无力抗拒的变化，这些变化使企业营销计划与现实条件严重背离。有效的控制系统应在这样的情况下仍能发挥作用，维持营销活动的开展，也就是说，应该具有灵活性或弹性。弹性控制通常与控制的标准有关。一般来说，弹性控制要求企业制定弹性的营销计划和弹性的衡量标准。

三、市场营销控制的步骤

市场营销控制是营销管理的主要职能之一，是营销管理过程中不可缺少的一个环节，它具有动态性和系统性，具体包含五个步骤：

（1）确定控制对象，即确定对哪些营销活动进行控制。在决定控制对象时，应当权衡利弊，使控制成本小于控制活动所带来的效益。最常见的营销控制的对象包括销售收入、销售成本和销售利润三个方面。在确定控制对象的同时还应确定控制的量，即控制频率。一般来说，对于影响重大的、容易脱离控制、容易出现问题的对象应加大控制频率。

（2）确定衡量标准。评价工作要有一个总的尺度，借以衡量营销目标和计划的实施情况。当进行营销过程控制时，问题就比较复杂，需要建立一套相关的标准，例如将一个长期目标转化为各个时期的阶段目标，将战略目标分解为各个战术目标等。当然，这些指标不是一成不变的，同一企业不同时期标准可能会不一样；不同的企业也有不同的标准。

（3）明确控制方法。一种基本的控制方法是建立并积累与营销活动相关的原始资料，如各种资料报告、报表和原始账单等，它们能及时、准确、全面、系统地记载并反映企业营销的绩效。另一种方法是直接观察法。选择哪一种方法，根据实际情况而定。

（4）按标准检查工作进度。对工作完成好的部门要总结经验，在以后的工作中推广；对于任务完成较差的要及时找出原因，下一步再针对问题提出解决方案。

（5）及时纠正偏差并提出改进建议。对工作绩效进行差异和对比分析，针对问题提出解决方案，及时纠正任务执行中的偏差。有的企业在制订计划的同时还提出了应急措施，这在实施过程中，一旦发生偏差可以及时补救。很多企业事先没有预定措施，这就必须根据实际情况，迅速制订补救措施加以改进，以保证计划目标能顺利实现。

四、市场营销控制的类型

营销控制并不是一个单一的过程，它分为年度计划控制、盈利率控制、效率控制和战略控制。年度计划控制是按年度计划核查各项工作进展情况，并在必要时采取纠正措施。盈利率控制是检查和确定在各种产品、地区、最终顾客群和分销渠道等方面的实际获利能力；效率控制是寻找能够改善各种营销手段和开支效果的方法；战略控制则是审查企业的营销战略是否抓住了市场机会，以及是否能与不断变化的营销环境相适应。表 11－3 简要概括了四种营销控制的特点。

表 11－3　　营销控制种类

控制种类	责任者	控制目的	方法
年度计划控制	高层管理部门 中层管理部门	检查计划目标是否实现	销售分析，市场份额分析，销售-费用分析，财务分析，顾客态度分析

续前表

控制种类	责任者	控制目的	方法
盈利率控制	营销监查人员	检查公司在哪些方面盈利，哪些方面亏损	产品、地区、顾客群和分销渠道订货多少等盈利情况
效率控制	直线和职能式结构 营销监查人员	评价和提供经费开支以及营销开支的效果	销售队伍、广告、促销和分配等效率
战略控制	高层管理部门 营销审计人员	检查公司是否在市场、产品和渠道等方面正在寻求最佳机会	营销有效性评价手段，营销审计

（一）年度计划控制

年度计划控制的目的是确保企业年度计划中制定的销售、利润和其他目标的实现。年度计划控制的核心是目标管理。年度计划控制主要是对销售额、市场份额和费用率等进行控制。

1. 销售分析

销售分析是将销售目标和实际销售情况进行衡量和评价。销售分析有两种方法：

（1）销售差异分析。

这种方法用来衡量不同因素对造成销售差距的影响程度。

例如，年度计划规定在第一季度，以 1 元 1 件的单价销售 4 000 件产品，共计 4 000 元。季度末实际只按每件 0.8 元的单价销售了 3 000 件产品，共计 2 400 元，销售业绩差额共有：4 000－2 400＝1 600 元，是销售预期的 40％。于是产生了这样的问题：这一业绩差额中有多少是由于降价造成的，有多少是因为销售量未完成造成的？对这一问题可计算如下：

由于降价造成的差额＝（1－0.8）×3 000/1 600＝600/1 600＝37.5％，由于未完成销售量造成的差额＝1×（4 000－3 000）/1 600＝1 000/1 600＝62.5％，可见将近 2/3 的业绩差额是因为没有完成规定的销售量指标。因此应进一步分析未完成规定销售量的原因。

（2）微观销售分析。

这种方法是用来衡量导致销售差距的具体地区。

如上例中该公司在甲、乙、丙三个地区有销售业务，预计销售量分别是 1 500 件、500 件和 2 000 件，共计 4 000 件。实际销量分别是 1 400 件、525 件和 1 075 件，与计划差距分别为－6.67％、＋5％和－46.25％，可看出，丙地区是未达到预计总销量的主要障碍。因此，应进一步查明丙地区销量减少的原因，并加强该地区营销工作的管理。

2. 市场份额分析

市场份额分析能揭示出企业同其他竞争者在市场竞争中的相互关系。如果企业市场份额提高了，那么企业在与对手的较量中就取得了胜利，反之则说明企业在与对手的较量中处于不利地位。

市场份额分析有四个指标：

（1）总市场份额。指其自身的销售在全行业总销量中占有的百分比。

（2）可占领市场份额。指其自身的销售占其可占领市场的总销售比例。

（3）相对市场份额（与三个最大竞争者比）。指企业的销量与三个最大竞争者的总销量之比。如一个企业占有市场销量的30%，而它的三个最大竞争对手分别占有20%、10%和10%，那么这家企业的相对市场份额就是30/40=75%。实力比较雄厚的企业的相对市场份额一般都在33%以上。

（4）相对市场份额（与领先竞争者比）。指企业与领先竞争者的销量之比。企业的相对市场份额上升，表明它正在缩小与市场领先竞争者的差距。

3. 费用率分析（营销费用-销售分析）

在企业年度计划控制中，确保企业在达到销售计划指标时营销费用无超支。例如，某企业的营销费用-销售比率为30%，其中包括：销售人员费用比率（15%）；广告费用比率（5%）；促销费用比率（6%）；营销调研费用比率（4%）。

管理者应当对各项费用率加以分析，并将其控制在一定的限度内。如果费用率变化不大，处于安全范围内，则不需采取措施。如果变化幅度过大，或是上升幅度过快，以致接近或超出控制上限，则必须采取有效措施。如图11-11中，时间点15的费用率已经超出控制上限，应立即采取控制措施。有的费用率即使落在安全控制范围之内也应加以注意。图11-11中从时间点9起费用率就逐步上升，如能及时采取措施就不至于升到超出控制上限的地步。

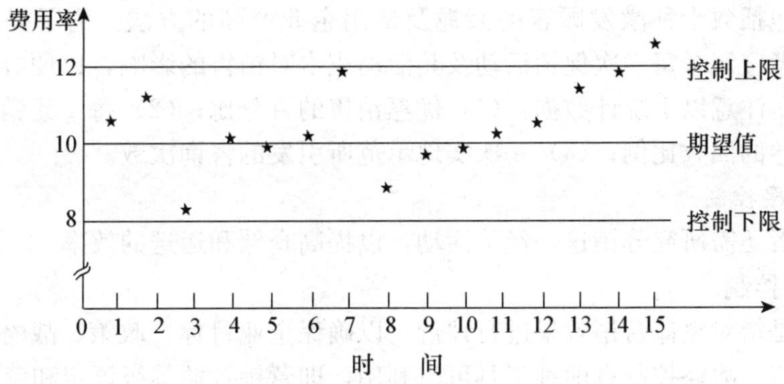

图11-11　费用率分析

（二）盈利率控制

除了年度计划控制外，企业还要衡量和评估不同产品、地区、市场、分销渠道和订货批量等方面的盈利水平，使企业管理者在产品、市场或营销活动的扩大、收缩或改进决策方面得以借鉴。

盈利率分析是通过对财务报表的有关数据进行一系列分析处理，把所获利润分摊到不同产品、不同地区、不同渠道或不同市场上，从而衡量每一种产品、地区、市场、分销渠道的盈亏情况。其具体步骤是：

（1）确定功能性费用。即销售、推广、包装、储存、运输等活动引起的各项费用。

（2）将功能性费用按产品、地区、市场、分销渠道进行分配。

（3）根据收入及费用编制损益表，如产品损益表、地区损益表、渠道损益表和市场损益表等。

盈利率分析的目的在于找出妨碍获利的因素，并采取相应措施排除或减弱这些不利因素的影响。由于可采取的措施很多，企业应全面考虑之后做出最佳选择。

（三）效率控制

效率控制就是企业采用有效的方法对销售队伍、广告、销售渠道等活动进行控制，从而实现综合效率的最大化。

1. 销售队伍效率控制

反映销售队伍效率的关键指标有：(1) 每个销售人员每天推销访问的平均次数；(2) 平均每次推销访问所花费的时间；(3) 每次推销访问的平均收入；(4) 每次推销访问的平均成本；(5) 每百次推销访问获得的订单百分比；(6) 每阶段新增顾客数；(7) 每阶段失去顾客数；(8) 总成本中推销成本的百分比。

2. 广告促销效率控制

主要应掌握的统计资料有：(1) 每一种媒体类型、每一种广告工具触及 1 000 人的广告成本；(2) 每一种媒介工具能够注意、看到、联想该广告的人与该媒体观众的百分比；(3) 消费者对广告内容和广告吸引力的意见；(4) 对于产品态度的事前、事后衡量；(5) 由广告所激发的询问次数；(6) 每次调查的成本。

3. 营业推广效率控制

营业推广包括数十种激发顾客的兴趣及试用企业产品的方法。为了提供营业推广效率，营销管理者应记录每一次促销活动及其活动成本对销售的影响，以便寻找最有效的促销措施。特别是注意以下统计数据：(1) 优惠销售的百分比；(2) 每 1 元销售额中的展示成本；(3) 赠券的回收比例；(4) 一次实地示范所引发的咨询次数。

4. 分销效率控制

企业管理者还需研究分销这一经济活动，以提高仓储和运送的效率。

（四）战略控制

战略控制是指对整体营销效果进行评价，以确保企业目标、政策、战略和计划与市场营销环境相适应。战略控制有两种工具可以利用，即营销效益等级评定和营销审计。

1. 营销效益等级评定

营销效益等级评定可从顾客宗旨、整体营销组织、足够的营销信息、营销战略导向和营销效率五个方面进行衡量。上述五个方面为编制营销效益等级评定表的基础，由各营销经理或其他经理填写，最后综合评定。每一方面的分数都指出了有效营销行动的哪些因素最需要注意，这样，各营销部门便可据此制订校正计划，用以纠正其主要的营销薄弱环节。

2. 营销审计

营销审计是指对一个企业或一个业务单位的营销环境、目标、战略和营销活动所作的全面的、系统的、独立的和定期的检查，其目的在于发现问题和机会，提出行动建议和计划，以提高企业的营销业绩。

小案例

联合利华是全球消费品巨头，拥有跨 14 个类别的上百个消费品牌。在联合利华，每个国家的分部都拥有自己的控制职能，对运营控制进行监督也成了一线管理层职责的一部分，这是“第一道防线”，公司的审计职能与这些业务运营相互独立。区域及类别领导团队则与联合利华的执行管理团队一起，共同构成了“第二道防线”，而公司的内部审计和外部审计被视为“第三道防线”。

五、市场营销审计

市场营销审计是指对一个企业或一个业务单位的营销环境、目标、战略和营销活动所作的全面的、系统的、独立的和定期的检查，其目的在于发现问题和机会，提出行动建议和计划，以提高企业的营销业绩。市场营销审计是市场营销控制的重要工具，是市场营销战略控制的重要组成部分。

营销审计通常由企业主管和营销审计机构共同完成，包括拟定有关审计目标、资料来源、报告形式以及时间安排等方面的详细计划，这样就能使审计所花的时间和成本最小。营销审计的基本准则是，不能仅仅依靠内部管理者收集情况和意见，还必须访问顾客、经销商和其他有关外部团体。

专栏

在“互联网＋”的社会背景下，其对社会发展中的各行各业的发展都有着较为深刻的影响，从生产关系、生产效率、方法等多个方面推进着社会的综合发展。在审计工作方面，“互联网＋”相关的电子信息网络技术解决了审计与被审计两种单位之间的距离差异，使得在审计过程中获取数据的成本有了明显的降低，提升了工作人员分析数据的能力上限，提高了审计信息质量，打破了多方面的限制局面。从审计工作的基本内容来分析，随着数据资源和网络技术的快速发展，相应的风险问题得到了更加有效的预见和控制，企业在“互联网＋”的环境下做出网络化的转型，对审计工作提出了更高的要求，同时对审计资源和技术也产生了一定的影响。

（一）市场营销审计的特性

（1）全面性。市场营销审计涉及企业全部主要的市场营销活动，而不仅仅是产生问题之处。仅仅审计出现问题之处，可能会发生误导，看不到真实的问题和原因。全面的营销审计才能有效地找到公司营销的真实问题与原因。

（2）系统性。营销审计是对整个内部营销活动和外部营销环境的审计，包括营销环境、内部营销制度和各种具体的营销活动，然后在此基础上制订调整行动的计划，以提高组织的整体营销效益。

（3）独立性。营销审计可以通过六种途径进行：自我审计、交叉审计、上级审计、公司审计处审计、公司任务小组审计和局外人士审计。自我审计是营销经理利用考核指标和考核表自己评价自己的营销活动效益。这种审计缺乏客观性和独立性。一般而言，最好聘请外界经验丰富的专业人士进行审计。

(4) 定期性。市场营销审计应当定期进行，不应在发生问题时才去审计。问题之所以发生往往是在发展顺利的时候没有进行审计。

(二) 营销审计的内容

1. 市场营销环境审计

(1) 宏观环境审计。

宏观环境审计包括：1) 人口统计，如人口环境的发展变化对公司带来的机会和威胁，公司应当采取的行动；2) 经济因素统计，如顾客的收入、储蓄、信贷和产品价格等方面有哪些变化将影响公司，公司可采取哪些行动；3) 生态因素审计，如公司所需要的资源和能源的成本和获利性的前景如何，公司在环保方面发挥过什么作用；4) 技术因素审计，产品技术发生过哪些主要变化，公司在这些技术领域的地位如何，有何产品会替代本公司产品；5) 政治因素审计，哪些政治和法律因素会影响公司的营销战略与策略，公司采取了何种对策；6) 文化环境审计，消费者的生活方式和价值观发生了哪些变化，对本公司产生何种影响。

(2) 任务环境审计。

包括：1) 市场因素审计，如市场规模、成本、地理分销和盈利状况，细分市场的识别和确定；2) 顾客因素审计，如顾客和潜在顾客对本公司和竞争者的产品质量、服务、销售队伍、价格、声誉等怎样评价，不同的顾客群体如何作出购买决策；3) 竞争者审计，如竞争者的目标、战略与策略、优势与劣势、规模和市场占有率等，哪些趋势将影响未来的竞争和替代品；4) 经销商审计，如应当选择哪些分销渠道接近顾客，各种渠道的效率和成长潜力如何；5) 供应商审计，如原材料的可获得性如何，供应商的销售模式有哪些变化；6) 辅助机构审计，如运输的成本与可获得性如何，仓储的成本和可获利性如何，财务资源的成本和可获利性如何，广告代理和营销研究公司的效率如何等；7) 公众审计，如公司在公众中的形象如何，公众为公司提供了哪些机会，造成哪些威胁，公司可采取哪些步骤。

2. 市场营销战略审计

营销战略审计包括：(1) 企业使命审计，如企业使命是否用市场导向的术语明确地表述，是否切实可行；(2) 营销目标审计，如公司营销目标能否有效地指导营销计划和衡量营销实绩，是否与公司的竞争地位、资源和机会相适应；(3) 营销战略审计，如营销战略是否适应竞争者战略和经济环境，是否适应产品生命周期阶段，竞争者的战略与经济状况，市场细分和目标市场选择是否适当，是否为目标市场制定了有效的市场营销组合，实现营销目标的资源是否充足。

3. 市场营销组织审计

市场营销组织审计包括：(1) 市场营销组织正式结构的审计，如营销主管人员是否有足够的权力和责任，营销活动能否按功能、产品、最终用户和地区而有效地组织；(2) 营销组织功能效率的审计，如营销部门和销售部门及其他各部门之间能否保持良好的沟通和工作关系，产品管理系统能否有效地运作；(3) 职能部门相互之间联系效率审计，如营销部门与制造、研究开发、采购、财务、会计以及法律等部门之间能否有效地沟通与协作，亟须解决的问题是什么。

4. 市场营销制度审计

市场营销制度审计包括：（1）营销信息系统审计，如营销信息系统能否提供关于顾客、潜在顾客、经销商、竞争者、供应商以及各种公众的真实、及时、足够的信息，公司决策者有没有开展所需要的市场营销研究，有没有正确地利用调研的结果；（2）营销计划系统审计，如营销计划的制定是否有效，销售定额的制定是否适当；（3）营销控制系统审计，如营销控制程序能否保证季度、年度等目标的实现，营销部门是否定期分析产品、市场、地区和分销渠道的盈利情况和营销成本；（4）新产品开发系统审计，如公司是否很好地组织、激发、收集和筛选新产品构思，新产品开发投资是否进行适当的营销研究和商业分析，推出新产品之前是否进行市场试销。

5. 市场营销生产效率审计

市场营销生产效率审计包括：（1）盈利率分析，如公司不同产品、市场、地区和分销渠道相应的盈利率分析，利润情况如何；（2）成本效益分析，如不同营销活动的成本情况如何，哪些营销活动还有可以降低成本的空间。

6. 市场营销功能审计

营销功能审计包括：（1）产品审计，如不同产品线的目标市场是什么，能否满足目标市场的需求，哪些产品线应当淘汰，哪些产品线应当增加，哪些产品线需要进一步改进；（2）价格审计，如公司的价格目标、政策、战略和定价程序是什么，定价是否正确地考虑了成本、需求和竞争因素，顾客与经销商对本公司产品的价格与质量有何看法；（3）分销审计，如公司的分销网络能否充分地覆盖市场，渠道成员工作效率如何，可采取哪些激励方法提高其工作积极性，有无必要改变分销渠道；（4）广告审计，如广告目标是否合理，广告费用是否适宜，广告预算如何确定，广告主题及文案是否有效，广告媒体是否适当，广告效果如何；（5）销售促进和公共关系审计，如销售促进预算是否足够，各种销售促进工具是否有效利用，公共关系及公共宣传预算是否足够，公共关系部门员工是否胜任；（6）销售队伍审计，如销售队伍规模是否恰当，销售队伍是否按照地区、市场或产品因素而合理组织，销售人员报酬水平和构成是否足以起到激励作用，销售队伍的工作热情、能力和努力状况如何，销售业绩评价方式是否合理等。

（三）营销审计的实施过程

营销审计是一项复杂而细致的评估活动。其具体实施过程是：

（1）由公司管理当局和营销审计人员一起拟订一份有关审计目标、涉及面、深度、资料来源、报告形式以及时间安排的协议。

（2）根据协议要求准备一份详细的计划，包括会见何人、询问何问题、接触地点和时间等。在进行营销审计时，尤其应该注意的是，审计人员不能仅仅向公司经理征询意见，还必须访问顾客、经销商以及外界其他有关人士。

（3）对收集到的资料进行分析评估，提出主要的审计结果和建议。

营销审计主要是审计企业的产品质量、特色、式样、品牌的顾客欢迎程度，企业定价目标和战略的有效性，市场覆盖率，供应商等渠道成员的效率，广告预算、媒体选择及广告效果，销售队伍的规模、素质以及能动性等。营销审计过程实际上就是公司经理吸收、消化和发展所需营销行动的过程。

本章小结

本章讲解了市场营销计划、组织、实施与控制的内容。市场营销计划是指在对企业市场营销环境进行调研分析的基础上，制定企业及各业务单位对营销目标以及为实现这一目标所应采取的策略、措施和步骤的明确规定和详细说明。市场营销组织的演变经历了简单的销售部门、兼具营销职能的销售部门、独立的营销部门、现代营销部门与现代营销公司五个阶段。营销组织包括职能型营销组织、地区型营销组织、产品管理型营销组织、市场管理型营销组织与矩阵型营销组织五种基本类型。市场营销实施，是指企业将营销战略和计划转为行为和任务，并保证这种任务的完成，以实现营销战略目标的过程。市场营销控制，就是市场营销管理者用以跟踪企业营销活动各个环节的一套工作程序，其目的是确保营销活动按计划运行。企业营销控制主要有年度计划控制、盈利率控制、效率控制和战略控制。市场营销审计，是对一个企业市场营销环境、目标、战略、组织、方法、程序和业务等作综合的、系统的、独立的和定期性的核查，以便确定问题的范围和各项机会，提出行动计划，提高公司营销业绩。市场营销审计是市场营销控制的重要工具，是市场营销战略控制的重要组成部分。一次完整的营销审计主要由六个部分组成：市场营销环境审计、市场营销战略审计、市场营销组织审计、市场营销制度审计、市场营销生产效率审计及市场营销功能审计。

思考题

1. 企业营销组织的演变过程是怎样的？
2. 企业如何根据自身的特点选择不同类型的市场营销组织？
3. 市场营销审计的主要内容有哪些？

参考文献

1. ［美］艾拉·考夫曼．数字时代的营销战略．北京：机械工业出版社，2017.

2. ［美］巴特利特．大数据分析：商业分析新常态．北京：人民邮电出版社，2015.

3. ［美］彼得·德鲁克．管理的实践．北京：机械工业出版社，2009.

4. ［美］菲利浦·科特勒．混沌时代的管理和营销．上海：华夏出版社，2009.

5. ［美］菲利普·科特勒，加里·阿姆斯特朗．市场营销：原理与实践（第 16 版）．北京：中国人民大学出版社，2015.

6. ［美］加里·阿姆斯特朗，菲利普·科特勒．市场营销学．北京：机械工业出版社，2013.

7. ［美］杰夫·坦纳．大数据营销．北京：人民邮电出版社，2015.

8. ［美］克里斯·安德森．长尾理论．北京：中信出版社，2015.

9. ［美］克里斯托弗·洛夫洛克．服务营销精要．北京：中国人民大学出版社，2011.

10. ［美］利昂·G．希夫曼．消费者行为学（第 10 版）．北京：中国人民大学出版社，2011.

11. ［美］迈克尔·所罗门，等．消费者行为：决定购买的内在动机．北京：中国人民大学出版社，2014.

12. ［美］史蒂夫·里夫金，杰克·特劳特．重新定位．北京：机械工业出版社，2011.

13. ［美］唐·舒尔茨．全球整合营销传播．北京：机械工业出版社，2012.

14. ［美］伊恩·爱瑞丝．大数据思维与决策．北京：人民邮电出版社，2014.

15. 毕克贵．市场营销学．北京：中国人民大学出版社，2015.

16. 冯光明，郑俊生．市场营销学．北京：经济管理出版社，2011.

17. 郭国庆．服务营销管理．北京：中国人民大学出版社，2009.

18. 黄沛，张喆．市场营销学．北京：北京师范大学出版社，2007.

19. 惠亚爱．市场营销策划实务．北京：人民邮电出版社，2012.

20. 贾名清，蒋善涛．市场营销学．南京：东南大学出版社，2011.

21. 江林．消费者行为学．上海：上海财经大学出版社，2015.

22. 李付庆．消费者行为学．北京：清华大学出版社，2011.

23. 李怀斌，周学仁，安昊明．市场营销学．3 版．大连：东北财经大学出版社，2014.

24. 李怀斌．市场营销学．北京：清华大学出版社，2010.

25. 梁文玲，许先，宣锋．市场营销学．2版．北京：中国人民大学出版社，2014.
26. 刘树，马英．消费者行为分析．北京：北京大学出版社，2013.
27. 柳兴国．市场营销学．北京：中国人民大学出版社，2014.
28. 吕一林，冯蛟．现代市场营销学．5版．北京：清华大学出版社，2012.
29. 秦仲篪，袁超，李萍．品牌营销．北京：清华大学出版社，2016.
30. 石青辉．市场营销学．厦门：厦门大学出版社，2012.
31. 王海忠．品牌管理．北京：清华大学出版社，2014.
32. 王瑄．新编市场营销理论与实训教程．武汉：华中科技大学出版社，2015.
33. 吴泗宗，等．市场营销学．4版．北京：清华大学出版社，2012.
34. 肖志雄．市场营销学．北京：机械工业出版社，2015.
35. 熊国钺．市场营销学．5版．北京：清华大学出版社，2017.
36. 杨洪涛．市场营销．2版．北京：机械工业出版社，2015.
37. 杨剑英．市场营销学．南京：南京大学出版社，2010.
38. 叶青．市场营销学．广州：暨南大学出版社，2012.
39. 殷博益．市场营销学．2版．南京：东南大学出版社，2012.
40. 张梁．市场魔术师——营销突破的21种模式．北京：当代世界出版社，2000.
41. 朱洪春，庄薇薇，付宏科．市场营销实务．上海：上海交通大学出版社，2017.
42. 庄贵军．营销管理——营销机会的识别、界定与利用．北京：中国人民大学出版社，2011.

后　记

经全国高等教育自学考试指导委员会同意，由经济管理类专业委员会负责高等教育自学考试电子商务专业教材的审定工作。

《市场营销》自学考试教材由东北财经大学汪旭晖教授担任主编，东北财经大学张其林、郭一凡担任副主编，王东明、张建军、于婷宜、陈鑫、朱力、林晶、王婷婷、任晓雪、李璐琳、刘志、刘昀、雷娜及包头财经信息职业学校王琦凡参与编写。全书由汪旭晖、张其林、郭一凡和王东明统稿。

参加本教材审稿讨论会并提出修改意见的有北京航空航天大学方虹教授、北京外国语大学崔校宁副教授、东北财经大学张杨副教授。

对于编审人员付出的辛勤劳动，在此一并表示感谢！

全国高等教育自学考试指导委员会
经济管理类专业委员会
2018 年 1 月